以案说法

——专利复审、无效典型案例指引

国家知识产权局专利复审委员会◎编著

国家知识产权局
专利复审委员会

图书在版编目（CIP）数据

以案说法：专利复审、无效典型案例指引／国家知识产权局专利复审委员会编著. —北京：知识产权出版社，2018.9（2022.1重印）
ISBN 978–7–5130–5292–4

Ⅰ.①以… Ⅱ.①国… Ⅲ.①专利—审查—案例—中国 Ⅳ.①D923.425

中国版本图书馆 CIP 数据核字（2017）第 286675 号

责任编辑：崔开丽　　　　　　　　　　责任校对：王　岩
文字编辑：李陵书　申立超　　　　　　责任印制：刘译文

以案说法
——专利复审、无效典型案例指引
国家知识产权局专利复审委员会　编著

出版发行：	知识产权出版社有限责任公司	网　　址：	http://www.ipph.cn
社　　址：	北京市海淀区气象路50号院	邮　　编：	100081
责编电话：	010–82000860 转 8377	责编邮箱：	419916161@qq.com
发行电话：	010–82000860 转 8101/8102	发行传真：	010–82000893/82005070/82000270
印　　刷：	三河市国英印务有限公司	经　　销：	各大网上书店、新华书店及相关专业书店
开　　本：	787mm×1092mm　1/16	印　　张：	28.75
版　　次：	2018 年 9 月第 1 版	印　　次：	2022 年 1 月第 3 次印刷
字　　数：	460 千字	定　　价：	98.00 元
ISBN 978–7–5130–5292–4			

出版权专有　侵权必究
如有印装质量问题，本社负责调换。

编委会

主　　任：申长雨
副 主 任：张茂于
编　　委：葛　树　朱仁秀　马　昊　高胜华　郑慧芬
　　　　　蒋　彤　马文霞　石　竞　田　华　刘　铭
　　　　　李　越　任晓兰　陈迎春　邹　凯　杨克非
　　　　　黄　颖　温丽萍　樊晓东

编写组

主　　编：葛　树
副 主 编：朱仁秀　马　昊　高胜华
成　　员：石　竞　田　华　刘　铭　李　越　李亚林
　　　　　任晓兰　陈迎春　沈　丽　杨克非　黄　颖
　　　　　温丽萍　樊晓东　王伟艳　刘　雷　刘　鹏
　　　　　李　礼　李　熙　邹　凯　杨军艳　周晓军
　　　　　娄　宁　路剑锋　王　滢　史　晶　刘丽伟
　　　　　刘颖杰　李　华　哈雅坤　郭丽娜　袁　婷
　　　　　曹铭书　潘　珂　魏　聪

序　言

中国专利制度是伴随着改革开放的伟大实践建立和发展起来的，这一制度在鼓励发明创造，推动经济社会发展方面发挥了无可替代的重要作用。

专利审批是整个专利制度运行的基础，也是专利保护的源头，历来受到专利申请人和社会各界的高度关注。特别是专利复审、无效请求审查作为整个专利审批程序的最后审级，通常面对各方当事人对事实认定及法律适用等诸多争议，更是考验着专利审查人员对法律适用的精准把握，对技术方案新颖性、创造性、实用性的深刻理解，以及对权利要求保护范围是否清晰并得到说明书支持，说明书是否充分公开等一系列问题的准确判断。审查人员正是通过一个个的具体案例，践行着法律赋予自己的职责使命，诠释着专利制度的公平公正，保障着专利制度的正常运转。

专利复审委员会作为专利复审、无效请求审查部门，在长期的实践中已累计作出复审、无效请求审查决定10万余件，这些审查决定的公正性和权威性得到了各方面的广泛认可和充分尊重。这些决定中既有对现有审查标准进行的深入阐释，也有对审查实践中遇到的新情况新问题进行的推演论述，具有很好的法律诠释作用，对类似案件审查标准的适用也具有重要的启发和参考价值。

为了更好地发挥复审、无效请求审查决定对同类案件的审查指导作用，专利复审委员会开展了典型案例的选编工作。围绕专利审查实践中审查标准适用的热点、难点问题，着重从2010年专利法第三次修改后所作的众多审查决定中，遴选出500余件具有典型指导意义的优秀决定，通过分类整理、提炼要点，归纳总结相关审查标准要义，编写成了《以案说法——专利复审、无效典型案例指引》一书。

希望本书的编辑出版有助于发挥复审、无效典型案例对整个专利审查工作的指导作用，弥补制定法的不足，促进专利审查质量的持续提升。也

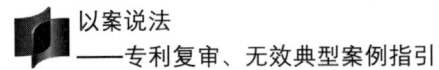

希望通过本书深入浅出的案例诠释,为知识产权行业的从业者和广大创新主体提供专利实践的专业指引,进一步促进专利的高水平创造、高质量申请和高效益运用,夯实知识产权强国建设的质量基础。

是为序。

申长雨

2018 年 9 月 20 日

目 录

第一章 不授予专利权的客体 ... 1
1 《专利法》第 2 条所称的发明创造 ... 1
   1.1 技术方案的判断 ... 2
   1.2 实用新型专利保护客体的特殊问题 ... 4
2 根据《专利法》第 5 条不授予专利权的客体 ... 7
   2.1 发明创造是否违反法律 ... 7
   2.2 发明创造是否违反社会公德 ... 9
   2.3 发明创造是否妨害公共利益 ... 10
3 根据《专利法》第 25 条不授予专利权的客体 ... 11
   3.1 发明创造与科学发现 ... 11
   3.2 智力活动规则和方法 ... 12
   3.3 疾病的诊断和治疗方法 ... 15
   3.4 动物和植物品种 ... 28
4 计算机领域的特殊问题 ... 30
   4.1 涉及商业方法的专利申请 ... 30
   4.2 计算机算法 ... 31
   4.3 图形用户界面 ... 32
   4.4 语义分析 ... 33
   4.5 机器翻译 ... 34
   4.6 汉字输入方法 ... 35
   4.7 计算机图形学 ... 37
   4.8 信号结构和帧结构 ... 38

第二章 现有技术和现有设计 ... 39
1 现有技术与现有设计的审查基准 ... 39

1.1　为公众所知的概念 ·· 39
　　1.2　公开时间的判断 ·· 50
2　出版物公开 ·· 53
　　2.1　书　刊 ··· 54
　　2.2　专利文献 ·· 55
　　2.3　技术标准 ·· 56
　　2.4　学位论文 ·· 61
　　2.5　其他印刷品 ·· 63
3　使用公开 ·· 64
　　3.1　销　售 ··· 64
　　3.2　招、投标 ·· 67
　　3.3　展　会 ··· 71
　　3.4　药品上市审批前的临床试验 ······························ 72
4　互联网公开 ·· 73
　　4.1　互联网的公布与出版 ·· 74
　　4.2　新闻报道 ·· 76
　　4.3　电子商务 ·· 78
　　4.4　社交网站 ·· 80
　　4.5　其　他 ··· 83

第三章　新颖性 ·· 85
1　新颖性的审查原则 ··· 86
　　1.1　同样的发明或实用新型 ···································· 86
　　1.2　单独对比原则 ·· 87
2　对比文件公开内容的认定 ·· 90
3　新颖性判断的常见情形 ··· 92
　　3.1　简单的文字变换 ·· 92
　　3.2　具体（下位）概念与一般（上位）概念 ············ 93
　　3.3　惯用手段的直接置换 ······································· 94
　　3.4　数值和数值范围 ·· 96
　　3.5　参数、用途或制备方法等特征 ························· 97

4 抵触申请 ··· 102
4.1 在先申请的申请人 ································ 103
4.2 向国务院专利行政部门提出的申请 ················ 103
4.3 以在先申请的全文为比较基础 ···················· 104
4.4 外观设计不能作为发明和实用新型的抵触申请 ····· 105

5 化学领域发明的新颖性 ································ 105
5.1 化合物发明 ······································· 105
5.2 组合物发明 ······································· 114
5.3 物质的制药用途发明 ···························· 117

6 优先权 ·· 121
6.1 "相同主题的发明或实用新型"的判断 ············ 122
6.2 "首次申请"的判断 ···························· 127
6.3 优先权成立对现有技术时间节点的影响 ·········· 128

7 新颖性宽限期 ······································· 129
7.1 享有宽限期的时间条件 ·························· 129
7.2 宽限期同时适用于新颖性和创造性的抗辩 ········ 130
7.3 不影响新颖性、创造性的公开行为 ··············· 130
7.4 宽限期声明的提出 ······························ 135

第四章 创造性 ··· 138

1 最接近的现有技术的确定 ···························· 138
1.1 对技术领域的考量 ······························ 139
1.2 对发明要解决的技术问题的考量 ················ 141
1.3 对发明构思和技术手段的考量 ··················· 143

2 发明的区别特征和发明实际解决的技术问题的确定 ····· 147
2.1 发明区别特征的确定 ···························· 148
2.2 发明实际解决的技术问题的确定 ················ 154

3 技术启示的判断 ····································· 165
3.1 在现有技术中寻找解决技术问题的技术手段 ······ 165
3.2 所属领域技术人员的改进动机对技术启示判断的影响 ···· 170
3.3 发明构思对技术启示判断的影响 ················· 183

- 3.4 准确把握现有技术的公开内容对技术启示判断的影响 …… 186
- 3.5 合乎逻辑的分析推理和有限的试验对技术启示判断的影响 …………………………………………… 190
- 4 其他因素对判断发明创造性的影响 ………………………… 195
  - 4.1 人们一直渴望解决但始终未能获得成功的技术难题 …… 195
  - 4.2 技术偏见 ……………………………………………… 196
  - 4.3 预料不到的技术效果 ………………………………… 197
- 5 几种不同类型发明的创造性判断 …………………………… 202
  - 5.1 组合发明 ……………………………………………… 202
  - 5.2 选择发明 ……………………………………………… 203
  - 5.3 转用发明 ……………………………………………… 203
  - 5.4 要素变更的发明 ……………………………………… 205
- 6 化学领域发明的创造性判断 ………………………………… 205
  - 6.1 化合物发明的创造性 ………………………………… 205
  - 6.2 组合物发明的创造性 ………………………………… 209
  - 6.3 制备方法发明的创造性 ……………………………… 213
  - 6.4 制药用途发明的创造性 ……………………………… 214

第五章 实用性 …………………………………………………… 216

- 1 实用性的判断 ………………………………………………… 216
  - 1.1 在产业上能够制造或者使用 ………………………… 216
  - 1.2 能够产生积极效果 …………………………………… 219
- 2 缺乏实用性的典型情形 ……………………………………… 220
  - 2.1 无再现性 ……………………………………………… 221
  - 2.2 违背自然规律 ………………………………………… 222
  - 2.3 利用独一无二的自然条件 …………………………… 223
  - 2.4 非治疗目的的外科手术方法 ………………………… 224
  - 2.5 无积极效果 …………………………………………… 225

第六章 说明书 …………………………………………………… 227

- 1 能够实现的必要条件 ………………………………………… 228

1.1　清　楚 ·· 228
　　1.2　完　整 ·· 231
2　能够实现的判断 ·· 236
　　2.1　权利要求与能够实现 ······································ 236
　　2.2　技术问题、技术效果与能够实现 ···························· 237
　　2.3　实验证据与能够实现 ······································ 239
　　2.4　生物材料的保藏 ·· 246

第七章　权利要求 ·· 249
1　权利要求保护范围的确定 ·· 249
　　1.1　权利要求的理解与认定 ···································· 249
　　1.2　技术特征对权利要求保护范围的影响 ························ 261
2　权利要求应当清楚 ·· 265
　　2.1　权利要求的类型应当清楚 ·································· 265
　　2.2　权利要求的保护范围应当清楚 ······························ 267
3　权利要求应当以说明书为依据 ···································· 274
　　3.1　申请文件的教导 ·· 274
　　3.2　现有技术的水平 ·· 279
　　3.3　与功能性特征有关的支持问题 ······························ 283
　　3.4　马库什化合物权利要求的支持问题 ·························· 286
　　3.5　与数值范围有关的支持问题 ································ 288
4　独立权利要求应当记载必要技术特征 ······························ 290
　　4.1　以发明或实用新型声称要解决的技术问题为准 ················ 290
　　4.2　与发明或实用新型要解决的技术问题相对应 ·················· 292

第八章　修　改 ·· 295
1　修改依据 ·· 295
　　1.1　可以作为修改依据的内容 ·································· 295
　　1.2　不能作为修改依据的内容 ·································· 297
2　"直接地、毫无疑义地确定"的判断 ······························ 299
　　2.1　基于公知常识的技术特征改变 ······························ 299

  2.2 基于分离技术特征的重新组合 …………………………… 304
  2.3 基于下位概念或实施例的概括 …………………………… 305
  2.4 基于必要技术特征的删除 ………………………………… 306
  2.5 基于明显错误的修改 ……………………………………… 307
  2.6 基于权利要求类型转化的修改 …………………………… 309

第九章 单一性 ………………………………………………………… 311
 1 单一性判断的要点 ………………………………………………… 311
  1.1 特定技术特征的认定 ……………………………………… 311
  1.2 相同或者相应的特定技术特征 …………………………… 313
 2 特定领域单一性的判断 …………………………………………… 314
  2.1 马库什要素是化合物的权利要求 ………………………… 314
  2.2 生物序列的单一性 ………………………………………… 316

第十章 证据的认定 …………………………………………………… 318
 1 证据资格与证明力 ………………………………………………… 318
  1.1 书 证 ………………………………………………… 318
  1.2 证人证言 …………………………………………………… 321
  1.3 鉴定意见 …………………………………………………… 323
  1.4 互联网证据 ………………………………………………… 324
  1.5 域外证据 …………………………………………………… 328
 2 举证责任 …………………………………………………………… 330
 3 证明标准 …………………………………………………………… 332
  3.1 达到证明标准 ……………………………………………… 332
  3.2 未达到证明标准 …………………………………………… 336
 4 举证期限 …………………………………………………………… 338
 5 证据的调查收集 …………………………………………………… 341
  5.1 现场勘验申请的审查 ……………………………………… 341
  5.2 鉴定申请的审查 …………………………………………… 342

第十一章 程 序 ………………………………………………… 343
 1 复审请求的审查 …………………………………………………… 343

  1.1 对驳回决定程序合法性的审查 …………………………… 344
  1.2 对驳回理由的审查 …………………………………………… 348
  1.3 对驳回决定未提及的其他理由和证据的审查 …………… 349
  1.4 引入公知常识或公知常识性证据 ………………………… 353
  1.5 复审程序中的听证 ………………………………………… 355
 2 无效宣告请求的审查 ……………………………………………… 357
  2.1 确定审查文本 ……………………………………………… 357
  2.2 对请求人提出的无效理由进行审查 ……………………… 358
  2.3 对请求人提出的无效理由之外的其他理由进行审查 …… 358
  2.4 引入公知常识或公知常识性证据 ………………………… 362
  2.5 无效程序中的听证 ………………………………………… 364
 3 当事人主体资格 …………………………………………………… 365
  3.1 专利权人的主体资格认定 ………………………………… 365
  3.2 无效宣告请求人的主体资格认定 ………………………… 365
 4 委托手续 …………………………………………………………… 366
  4.1 根据《专利法》第19条的要求委托专利代理机构 …… 366
  4.2 特别授权 …………………………………………………… 367
 5 一事不再理 ………………………………………………………… 368
  5.1 "相同理由"的判断 ………………………………………… 368
  5.2 "相同证据"的判断 ………………………………………… 371

第十二章 外观设计 …………………………………………………… 374

 1 外观设计专利的保护客体 ………………………………………… 374
  1.1 外观设计的定义 …………………………………………… 374
  1.2 不符合外观设计定义的情形 ……………………………… 377
  1.3 主要起标识作用的平面印刷品 …………………………… 381
 2 外观设计对比判断的主体和客体 ………………………………… 382
  2.1 判断主体 …………………………………………………… 382
  2.2 判断客体 …………………………………………………… 385
 3 实质相同的判断 …………………………………………………… 399
  3.1 外观设计实质相同的判断基准 …………………………… 399

3.2　实质相同的情形 …………………………………………… 401
4　明显区别的判断 …………………………………………………… 407
　　4.1　与一项相同或相近种类产品现有设计对比 …………………… 407
　　4.2　现有设计的转用 …………………………………………… 408
　　4.3　现有设计特征的组合 ……………………………………… 409
　　4.4　整体视觉效果的判断 ……………………………………… 419
5　外观设计与在先权利的冲突 ………………………………………… 431
　　5.1　在先权利的范围 …………………………………………… 432
　　5.2　请求人的主体资格 ………………………………………… 432
　　5.3　与在先商标权相冲突 ……………………………………… 433
　　5.4　与在先著作权相冲突 ……………………………………… 435
　　5.5　与知名商品特有包装装潢相冲突 …………………………… 438
6　其　他 …………………………………………………………… 440
　　6.1　违反法律、社会公德或妨害公共利益 ……………………… 440
　　6.2　外观设计应当清楚地显示专利保护的产品 ………………… 441
　　6.3　修改超范围的认定 ………………………………………… 443
　　6.4　优先权的认定 ……………………………………………… 444

第一章　不授予专利权的客体

对发明创造授予专利权必须有利于推动其应用,提高创新能力,促进科学技术进步和经济社会发展。为此,专利法不仅从正面规定了授予专利权的申请应符合哪些条件,比如必须具备新颖性、创造性等;还从维护国家和社会利益的角度出发,对可授予专利权的发明创造的范围作出了某些限制性规定。

被排除在专利保护之外的内容大致有以下三种类型:第一种是申请的内容不满足专利法所规定的发明创造的定义的;第二种是违反法律规定、有违社会公德、妨害公共利益的,以及违反法律、行政法规的规定获取或者利用遗传资源,并依赖该遗传资源完成的发明创造;第三种是出于对国家经济、技术发展状况的考虑或者出于其他考虑,不给予专利保护的。这些内容分别体现在我国《专利法》第2条、第5条以及第25条的规定之中。

1　《专利法》第2条所称的发明创造

根据《专利法》第2条第2款及第3款的规定❶,发明,是指对产品、方法或者其改进所提出的新的技术方案;实用新型,是指对产品的形状、构造或者其结合所提出的适于实用的新的技术方案。这一定义强调了专利权保护客体的基本属性,即可以被授予专利权的发明和实用新型必须属于"技术方案"。提出的专利申请只有构成技术方案,才有获得专利保护的可能。

---

❶ 《专利法》第2条第4款对外观设计进行了定义,有关外观设计的客体判断问题参见本书第十二章。

1.1 技术方案的判断

根据《专利审查指南》第二部分第一章第2节的规定，技术方案是对要解决的技术问题所采取的利用了自然规律的技术手段的集合。技术手段通常是由技术特征来体现的，如果权利要求要求保护的方案采用了技术手段，解决了技术问题并获得了相应的技术效果，则该权利要求整体上构成了技术方案，符合《专利法》第2条第2款的规定。

第119361号复审决定（201310396828.9）涉及一种万能棋，权利要求1对棋盘本身的结构进行了限定，并具体限定了棋盘为双面棋盘，其主体为正方形，正方形区域的正反面分别标有中国象棋和国际象棋的棋盘格式。同时，以正方形的边作为底边，从四个顶点向外延伸形成等腰三角形，利用等腰三角形区域和所述正方形区域形成跳棋格式。决定认为，本申请的权利要求1要求保护一种万能棋，其中包含了对棋盘本身的结构所提出的改进，并在该结构的基础上对棋盘盘面的布局、图案、颜色等进行了限定，从而使棋盘具有了中国象棋、国际象棋以及跳棋等多种棋类游戏的功能，并非是在一个现有结构的棋盘上根据需要来实施某种人为规定的游戏规则。权利要求1的上述方案采用了对棋盘结构进行改进的技术手段，解决了现有棋盘功能单一的技术问题，实现了棋盘功能多样化的技术效果，因此权利要求1的方案整体上属于技术方案，符合《专利法》第2条第2款的规定。

如果专利申请仅根据对个别自然现象而产生的感官经验归纳得出一定规则，未采用技术手段解决技术问题，以获得符合自然规律的技术效果的方案，则不属于《专利法》第2条第2款规定的客体。

在第39198号复审决定（200510072481.8）涉及的案件中，要求保护一种石墨铅笔分类（按硬度HK分）的色彩图案标示法。决定认为，本申请权利要求1-9保护一种能对石墨铅笔的硬度进行快速识别的色彩图案标识法。根据本申请的记载可知，利用本申请的方法对石墨铅笔进行识别的过程实质上分三个步骤进行。步骤一：根据硬度不同对铅笔进行色彩和图案的定义；步骤二：将和石墨铅笔的硬度对应的上述色彩及图案数量标注在石墨铅笔上；步骤三：人们根据已经掌握的色彩、图案数量和硬度的对应关系，能根据石墨铅笔上标注的色彩和图案数量迅速识别出铅笔的硬度。由于上述步骤二、步骤三的实现依赖于步骤一的定义，因此认定本申请是否属于专利法意义上的技术方案，其关键在于步骤一中的"定义"行为遵循的是自然规律还是仅是人为设定的规则。复审请求人根据铅笔硬度来定义色彩和图案的这一手段，显然属于人为设定的规则，而这种设定的"创意"和"灵感"仅仅来源于复审请求人对个别自然现象的感官经验，而非具有普遍适用性的客观规律。综上，本申请的上述方法并未利用自然规律，其不属于专利法意义上的技术手段。

判断权利要求所要求保护的方案是否构成技术方案时，应当将所述方案作为一个整体，分析其是否实质上采用了技术手段，并解决了技术问题、产生了技术效果。"将方案作为一个整体"的含义是：一方面不能仅关注方案中的某些特征，从而认为具有技术参数、技术术语就简单地断言其构成技术手段；另一方面不能忽略方案中所包含的技术性内容，仅凭方案中具有某些非技术性内容就否定整个方案的技术性。

第 87756 号复审决定（200810185997.7）涉及一种自适应控制器设计方法及过程控制器的调谐系统和方法，权利要求 1 的方法包括步骤（a）~步骤（f），定义用于过程控制的模型组，评估每个模型，计算自适应参数，根据计算的自适应参数值更新控制器的控制逻辑，并使用具有所述更新的控制逻辑的过程控制器控制所述过程。上述步骤中包括具体的计算过程以及多个计算方程，将 m^n 个模型的组由 m 个自适应参数值的组替代，通过参数的评估而非模型的评估，驱动自适应控制器，减少了被评估对象的总数，显著降低了计算要求和存储要求，具有较短的自适应时间。决定认为，虽然权利要求中涉及计算方法，然而这些计算方法利用了过程控制（包括前馈和反馈）数据处理基础上的自然规律，其处理结果是对自适应控制器控制逻辑策略的优化，控制策略遵循生产装置或设备中进行的物质和能量的相互作用和转换过程的自然规律。因此，权利要求 1 要求保护的方案整体采用了技术手段，并且基于该技术手段在方案中所发挥的作用使得方案作为一个整体解决了"在控制器中降低计算和存储要求"这一技术问题，获得"较短的自适应时间、最小化施加到 PID 调谐规则的使用限制、涉及简化、以低过程激励实现自适应"这一技术效果，因此属于专利法保护客体。

判断权利要求要求保护的方案是否解决了技术问题，应从所采用的技术手段入手进行整体判断，不应仅局限于权利要求涉及的主题或申请人声称的问题。

第29176号复审决定（200410049846.0）涉及一种提供直通式银行金融服务的系统，其包括发送和接收银行的个人用户的身份识别符和交易信息的远程终端，用于对接收到的信息进行加密和解密的密押设备，用于密押设备和金融应用服务器之间信息传输的有线传输网络，以及用于控制和处理来自密押设备的信息的金融应用服务器。决定认为，在判断权利要求要求保护的方案是否解决了技术问题时，不应仅仅考虑申请人在说明书中声称的"为同业金融机构、公司等集团用户提供人民币异地资金汇划服务"这一问题，而是应当从技术手段入手作整体判断，涉案申请通过专线的有线传输网络来传输信息，以克服使用Internet网络带来的易遭受攻击、易受公众网络运行状况影响的缺点，同时利用用户的身份识别符来防止授权客户外的非法使用，并采用了密押设备对传输的信息进行加密来确保交易信息传输的安全性；上述有线传输网络、密押设备等都是利用了自然规律的技术手段，其功能实现与否不以人的意愿为转移。通过涉案申请的技术手段，解决了技术问题，并且能够在银行用户与银行之间通过安全网络连接进行直通式的数据信息传递，有效地提高了数据传递的效率和安全性，获得了技术效果。因此，该权利要求的方案属于专利法保护的客体。

1.2 实用新型专利保护客体的特殊问题

1.2.1 产品的形状和/或构造

《专利法》第2条第3款❶所称"产品的形状"是指产品所具有的、可以从外部观察到的确定的空间形状，其由产品的三维形态所表征。粉末状或者颗粒状的物质或材料由于无确定的形状，不属于实用新型专利保护的客体。

---

❶ 原《专利法实施细则》第2条第2款。

在第 19885 号无效决定（200620127114.3）涉及的案件中，其权利要求 1 的方案为"一种无粉尘颗粒硅肥，其特征是：呈颗粒体状，颗粒的粒径为 0.1~5.6mm"。决定认为，涉案专利权利要求 1 的硅肥为颗粒状的物质，没有确定的形状，并且，该权利要求中也不包含构造特征，鉴于实用新型专利仅保护产品的形状和/或构造的技术方案，因此权利要求 1 的颗粒硅肥不属于实用新型专利保护的客体。

1.2.2 包括方法特征的产品权利要求

对于既包括产品结构特征，又包括结构部件的加工装配方法的实用新型权利要求，如果其实质上只是使用已知的加工方法对其结构特征进行限定，则不属于对方法本身的改进，仍然属于实用新型专利保护的客体。

在第 23819 号无效决定（201120447218.3）涉及的案件中，涉案专利涉及一种卡压式不锈钢薄壁管的管道连接件，该管道连接件包含有连接体，胶粘层和被连接管材，其特征部分限定了"被连接管材（3）是插入在连接体（1）的端头内孔中，之后在连接体（1）的连接端头部位的外圆柱面上卡压出一道一道正多边形的柱面和下凹的圆环圈"。决定认为，涉案专利保护的并不是一种加工方法，使用"插入""卡压""之后"这样的词语，只是使用现有的连接方法对其结构特征的限定，其保护的实际上是一种装配完成后的产品，体现的是一种使用状态下的产品结构，因此，涉案专利属于实用新型专利保护的客体，符合《专利法》第 2 条第 3 款的规定。

当权利要求中既包括产品的各个组成部分等构造特征，又包括各个组成部分之间的信号传输特征时，如果是以信号传输方式来表示各个组成部分的相互连接关系，并且在所述信号传输方式都是已知的情况下，所述权利要求不是针对方法本身提出的技术方案，属于实用新型专利保护的客体。

在第 23527 号无效决定（201120152809.8）涉及的案件中，涉案专利涉及一种全自动快装箱锁扣装订机，该装订机包括级进模、原料输送装置、驱动装置、工件输送装置、控制器和检测元件，还包括上述部件之间的信号传输关系。决定认为，为了实现全自动装订的目的，装订机的各个组成部分需要在控制器的调配下协调配合，其中信号传输方式是表达各个组成部分之间相互连接和配合的方式，并非请求人所说的通过计算机软件程序或协议的控制方法，也非计算机软件程序或协议本身。该权利要求的技术方案不属于对方法本身的改进，属于实用新型专利保护的客体。

某些技术特征虽然不是对结构的直接描述，而是产品具体部件之间的连接关系或运动配合关系，但这类技术特征间接地对结构作出了限定，不属于对方法本身提出的改进，相关的技术方案属于实用新型专利保护的客体。

在第27597号无效决定（201120066365.6）涉及的案件中，涉案专利涉及一种新型LED灯支架，具体包括"扩光罩（1），LED灯珠（2），铝基板（3），铝管（4），灯头端盖（5），螺丝（6），插头端子（7），保护盖（8），安装扣（9），电源电路（11），热缩套管（12），电源插线（13），连接件（14）和接地片（15）"等特征，权利要求3进一步限定了"所述的连接件（14）可以将LED灯支架之间进行有效的插接扩展，当不需要扩展时将保护盖（8）盖在灯头端盖（5）上，防止碰触插头端子（7）"。决定认为，权利要求3是权利要求1的从属权利要求，其主题名称与权利要求1相同，均为"一种新型LED灯支架"，属于产品权利要求，并且权利要求1已经通过各部件的限定表征了该方案是对产品的形状、构造等方面的改进，至于权利要求3的附加技术特征，其本质上限定了连接件能够连接其他LED灯支架以及其与保护盖可以实现替换，所属领域技术人员能够理解其具体限定的是部件的连接关系，不属于对方法本身提出的改进，属于实用新型的保护客体。

1.2.3 包括材料特征的产品权利要求

材料特征通常不属于产品形状、构造的范畴，但就保护的整体技术方案来看，如果其中所包含的材料特征属于已知材料，则不会影响该技术方案成为实用新型专利保护的客体。

在第28559号无效决定（201120154898.X）涉及的案件中，涉案专利权利要求1保护的是一种柔性的无辐射安全发热桌垫，该桌垫为多层结构，并具有开关、电源适配器和插座。权利要求3进一步限定了"第一皮革材料层、第二橡胶材料层为硅胶、皮革类耐高温、绝缘、阻燃的材料"。决定认为，权利要求3的附加技术特征限定了第一皮革材料层、第二橡胶材料层为硅胶、皮革类耐高温、绝缘、阻燃的材料，这些材料均属于现有技术中的已知材料，该技术方案是将该已知材料应用于所述发热桌垫的上下表面的两层结构中，不是对材料本身的改进，因此权利要求3属于实用新型专利保护的客体，符合《专利法》第2条第3款的规定。

2　根据《专利法》第5条不授予专利权的客体

根据《专利法》第5条第1款的规定，违反法律、社会公德或者妨害公共利益的发明创造不能被授予专利权。

2.1　发明创造是否违反法律

2.1.1　"法律"的范畴

《专利法》第5条第1款所称的法律，是指由全国人民代表大会或者全国人民代表大会常务委员会依照立法程序制定和颁布的法律，不包括行政法规和规章。

在第9798号无效决定（02236237.1）涉及的案件中，请求人认为该专利保护的环保型节能民用水锅炉设有排气安全阀，违反了《安全生产法》（附件4）第29、30条，《特种设备安全监察条例》（附件3）第2条以及《小型和常压热水锅炉安全监察规定》（附件2）第2、4、28条的规定。决定认为，附件2属于部门规章，其制定机构是国家质量技术监督局；附件3属于行政法规，其制定机构是国务院；只有附件4属于《专利法》第5条规定的法律范畴，其制定机构是全国人民代表大会常务委员会。但是，附件4的第29、30条本身并未规定锅炉不得设有排气安全阀，因此，该技术方案并未违反国家法律的规定。

2.1.2　发明创造与法律相违背

《专利法》第5条第1款的审查对象为整个申请文件，即权利要求书、说明书和附图。判断一项发明创造是否属于违反法律的情形，应当结合整个申请文件记载的内容进行判断，而不是仅仅依据权利要求的内容。

在第112540号复审决定（201280005456.6）涉及的案件中，涉案申请涉及一种游戏系统及其使用方法，根据说明书的记载，该申请的技术方案用于博彩业。决定认为，涉案申请属于博彩领域，以现金头彩作为玩家参与电子游戏的最终奖励。具体技术方案是在玩家进行现金下注的基础上，通过随机设置的多个位数的游戏代码符号和红利代码符号，吸引玩家不断参与游戏从而最终获得大奖。实际上，这种为了博得头彩的游戏方式属于一种赌博行为，玩家以赌博心理选择某台游戏机，在该台游戏机中押注并持续参与游戏，通过上述行为方式企图获取最终的金钱利益。尽管涉案申请设置了代码匹配、随机移动方向等多种机器实现方式，但是其本质上并不是通过游戏内容本身吸引玩家，而是通过最终累积式的头彩来吸引玩家，其多种游戏设置为赌博行为创造了更多随机条件，仅仅是为了延长玩家获取金钱利益的过程，增加了过程中更多玩家参与并押注的可能性。涉案申请并不是对电子游戏本身所进行的技术改进，而是通过设置赌博条件而吸引玩家博取头彩，明显违反我国相关法律规定，不符合《专利法》第5条第1款的规定。

如果发明创造本身不违法，仅仅存在被滥用而导致有违反国家法律的可能，则不属于《专利法》第5条第1款所排除授权的情形。

在第3168号无效决定（96201956.9）涉及的案件中，请求人主张涉案专利可用作赌博工具，而赌博为我国刑法所禁止，因而该专利不符合《专利法》第5条的规定。决定认为，该专利权利要求的主题是一种魔术麻将，根据常识可知，麻将本身是一种常用的娱乐用具，虽然其可能用于赌博等违法活动，但结合专利说明书可知，该专利的目的在于通过对麻将结构的限制来提供一种图案不能够被触摸到的麻将，使之具有魔术效果，从整个说明书及权利要求书中也不能理解出其有专用于赌博的意图，不能仅因为存在可用于赌博目的的可能就认定其违反法律。

2.2 发明创造是否违反社会公德

社会公德是指公众普遍认为是正当的、并被接受的伦理道德观念和行为准则，其所包含的内容是与经济、文化发展水平相适应的，与个人习惯、好恶相应的公共生活规则。如果发明创造没有达到公认的令人厌恶或无法接受的程度，则不宜直接认定其违反了社会公德。

在第 5313 号复审决定（01113689.8）涉及的案件中，涉及一种含遗体骨灰的雕塑材料及其遗像雕塑制作工艺。决定认为，该申请涉及的是一种含遗体骨灰的雕塑材料，以及运用此雕塑材料制作遗像雕塑的工艺。这种雕塑材料和遗像雕塑制作工艺的公开、使用以及遗像雕塑的制造，表现为一种殡葬形式。这种殡葬形式对于节省土地资源在客观上具有积极意义，也是《公民道德建设实施纲要》所倡导的。殡葬形式本身应当属于风俗习惯范畴。风俗习惯相对于社会公德而言，是一个更为具体的范畴。不同的殡葬形式可能会被具有不同风俗习惯的人群所接受，如果涉案申请不会对社会公德这一最为基本的道德规范构成影响，由此不能推断为违反社会公德，不属于《专利法》第 5 条所规定的不授予专利权的申请。

对于涉及人胚胎干细胞的发明，如果基于说明书记载的内容，所属领域技术人员能够确认具体实施方案采用的是稳定、成熟且可商购获得的细胞品系，不涉及任何对胎儿进行操作的内容，则该发明不涉及人胚胎工业或商业目的的应用，不违反社会公德。

在第 103528 号复审决定（200880117963.2）涉及的案件中，涉案申请要求保护一种从多能干细胞产生能够进行葡萄糖刺激的胰岛素分泌的细胞的方法，根据说明书的记载，该方法是在现有的多能干细胞分化方法的基础上，通过在特定分化阶段另外添加特定的分化诱导因子，来提高分化为能够响应葡萄糖刺激而分泌胰岛素的胰腺内分泌细胞的分化效率。权利要求 1－36 明确限定了"其中所述多能干细胞为确立的人胚胎干细胞系"，说明书实施例 1 记载了实施本发明方案所采用的人胚胎干细胞培养物为来源于 WiCell Research Institute 的人胚胎干细胞系 H1、H7 和 H9，实施例 2－15、17 中具体采用了 H1 细胞系进行定向诱导分化，实施例 16 具体采用了 H9

细胞系进行定向诱导分化。决定认为，基于说明书的内容，可以认为本申请的分化方法所使用的是已经确立或建立的常规稳定的人胚胎干细胞系，所属领域中存在合理的途径获取所述常规稳定的胚胎干细胞系，无需直接使用或破坏人胚胎，虽然其最初来源于人胚胎，但由于其已经能够在体外稳定传代，使得所属领域技术人员能够不再破坏胚胎而重复获得，不应再对其原始来源进行无限的追根溯源，进而认为其违反社会公德。

2.3 发明创造是否妨害公共利益

一般而言，药物在治疗某种疾病的同时，都会或多或少地给人体带来一些毒副作用。因此，对于药物的使用都有一定的限制，以防止其滥用而导致对人体的伤害。但是，不能因其存在滥用而导致健康风险，就认定其妨害公共利益。

在第107899号复审决定（201210594482.9）涉及的案件中，涉案专利申请涉及一种用于治疗慢性阻塞性肺气肿的中药组合物，该中药组合物包含原料药"马兜铃"，该成分具有一定的肾毒性，国家食品药品监督管理局发布的《关于加强广防己等6种药材及其制剂监督管理的通知》规定"凡含马兜铃、寻骨风、天仙藤和朱砂莲的中药制剂严格按处方药管理"并且"儿童及老年人慎用，孕妇、婴幼儿及肾功能不全者禁用"。决定认为，首先，上述通知内容是要加强马兜铃及其相关制剂的监督管理，杜绝滥用，而并非绝对禁止在组方中使用该原料药。涉案申请的中药组合物因为含有原料药马兜铃而可能对人体产生一定肾毒性，但在医师的指导和产品明确标识其不良反应、毒副作用的前提下，患者应当有能力合理应用相关药物，进而防止其长期滥用而危害健康。其次，涉案申请说明书实施例6记载了药物毒性实验分析的内容，证明该中药组合物无毒性，肾功能检查和肾脏病理形态学检查已足以表征该中药组合物的长期使用不产生肾毒性。最后，《中华人民共和国药典》规定马兜铃药材的日服用量为 4.5g～9g；《中药大辞典》规定马兜铃药材的用法用量为"内服；煎汤 3～9g；或入丸、散"，虽然制备过程中涉及干燥等步骤，但经过大致换算可确定其中药组合物中马兜铃的用量远低于《中华人民共和国药典》和《中药大辞典》的规定，也就是说，该中药组合物中马兜铃的用量范围符合相关规定。因此，涉案申请不属于《专利法》第5条规定的不授予专利权的范畴。

如果发明创造的相关手段必然造成致人伤残或损害财物的后果，则该发明创造属于专利法规定的妨害公共利益的情形。

在第86465号复审决定（200910118426.6）涉及的案件中，涉案申请涉及一种智能联网远程报警电击机控金库门。由说明书记载的内容可知，其利用高压发生器产生的直流高压电流来提供高压电击防护功能，从而防止不法分子打开金库门，达到防盗的目的。决定认为，涉案申请使用直流高压电流产生的高压电击防护功能来防止不法分子打开金库门，该直流高压（220V）不属于人体的安全电压（通常为36V），非法操作人员在没有任何警告的情况下，很容易被电击，即使电击的时间短，也会使人惊跳、肌肉收缩、痉挛，且正因为金库门是固定安装，人在肌肉收缩、痉挛时将难以摆脱该电击体，进而会对身体造成伤害，严重时会致人伤残甚至死亡，因而其实施或者使用会给公众或者社会造成危害，妨害公共利益。

3 根据《专利法》第25条不授予专利权的客体

3.1 发明创造与科学发现

科学发现，是对自然界中客观存在的物质、现象、变化过程及其特性和规律的揭示，属于人们认识的延伸，这些被认识的物质、现象、过程、特性和规律不是专利法意义上的发明创造，不能被授予专利权，但是根据上述认识对客观世界进行改造所形成的技术方案可以被授予专利权。

在第9918号无效决定（95111654.1）涉及的案件中，权利要求1保护一种练习本，其中进一步限定了该练习本的制作采用黄色纸张，该黄色纸张的反射光波频谱为波长550～610纳米内的色光。针对请求人关于将黄色纸做练习本具有治疗近视或者防止近视的功能属于科学发现的主张，决定认为，涉案专利要求保护一种练习本，该练习本具有防近视的功能，涉案专利是利用专利权人发现的在一定频谱范围内的黄色纸张的反射光相对安全舒适来防治近视，其保护的是利用科学发现所制成的产品，属于专利法保护客体。

3.2 智力活动规则和方法

智力活动的规则和方法，是指导人们进行思维、表述、判断和记忆的规则和方法，不能被授予专利权。

3.2.1 单纯的智力活动的规则和方法

如果要求保护的方法在使用过程中必须直接借助于人的感知力、理解力、决策力或者完全依赖于相关经验、态度等人的主观意识，不受自然规律的约束，则属于单纯的智力活动规则和方法，是《专利法》第25条第1款第（2）项规定不授予专利权的情形。

第5374号复审决定（02111388.2）所涉案件涉及一种"鸽子的驯养方法"。决定认为，根据说明书的记载，其发明目的是提供一种鸽子的驯养方法，把鸽子的饲养地与观赏点分开，解决鸽子的粪便和脱落的羽毛对广场、公园等景点造成污染的问题。权利要求1所限定的解决方案利用了鸽子天生具有一定的记忆力，并且在饥饿时进行觅食的动物本能。同时，实现上述过程还强烈地依赖于鸽子对饲养者行为所作出的反应和饲养者对鸽子所作反应的识别和判断能力，即依赖于鸽子与饲养者之间的相互感知能力以及饲养者的经验、识别和判断能力，才能确定鸽子是否熟悉了饲养地和观赏点。该解决方案没有采用技术手段，也没有利用自然规律，必须通过人的思维运动作为媒介才能间接地作用于自然产生结果。因此，权利要求1属于《专利法》第25条第1款第（2）项规定的智力活动的规则和方法，不能被授予专利权。

3.2.2 包含技术特征

判断一项权利要求是否属于智力活动的规则和方法，应当从权利要求的全部内容进行判断。即使其主题名称看似是一种智力活动的规则和方法，但只要权利要求中包含了技术特征，就不应当依据《专利法》第25条排除其获得专利权的可能性。

在第 10516 号复审决定（00129659.0）所涉及的案件中，涉案申请要求保护一种关联式的即时有声教学方法，其以书籍或是各种具体的器物作为学习目标，利用光学辨识装置读取标示于学习目标的标签，并通过储存标签的识别码作为识别学习目标的依据、建立对应于学习目标的声音资料、提供搜寻单元、声音输出单元等方式实现有声教学。决定认为，上述方案的实质在于建立教材与声音资料之间的即时关联性，提供一种有声教材，从而摆脱完全依赖平面文字或图形教材作为教学媒介的传统教学方式。根据说明书的记载，该教学方法不仅改善了以往单调的学习形式，而且解决了录音带、影音带或多媒体电脑教学等辅助器材携带不方便的问题，获得了适合学龄前幼童学习以及非现场教学的教学效果。虽然权利要求要求保护的主题为一种教学方法，但并不是通过指导学习者主观的思维活动以取得更好的教学成绩的方法，而是通过上述一系列客观的且具有实际操作意义的技术特征，来实现对教学媒介上的技术性改进，不属于《专利法》第 25 条第 1 款第（2）项规定的不授予专利权的智力活动的规则和方法。

对于由参数指标及其阈值选择限定的产品质量控制方法，不能因为权利要求中包含某些人为设定的指标，就一概认定其属于智力活动规则和方法。如果所述指标不是主观随意选择的结果，而是由产品自身性能决定的，则可认定该方案利用了自然规律，不属于智力活动的规则和方法。

第 112558 号复审决定（201110201369.5）涉及一种制备卡介菌培养基的原料马铃薯的质控方法，所述质控方法包括直链淀粉占总淀粉比例这一参数指标及其对应的阈值。决定认为，涉案申请说明书实施例记载了马铃薯中直链淀粉占总淀粉比例影响马铃薯的溶解性，从而影响卡介菌的生长性状，并明确了直链淀粉占总淀粉比例的阈值及其效果。说明书还比较了水分、总淀粉含量、支链淀粉含量这些指标对于卡介菌生长的影响，结果显示只有实施例中验证的直链淀粉占总淀粉比例这一指标能够准确体现原料马铃薯对卡介菌生长状态的影响。可见，涉案申请对于参数指标以及对应阈值的选择均是以卡介菌生长状态为标准，在使用符合涉案申请确定的直链淀粉占总淀粉比例的马铃薯情况下，相比于使用不符合要求的马铃薯，卡介菌具有更好的生长状态，这是客观存在的技术效果。因此，涉案申请的方案中参数指标选择、阈值选取遵循了自然规律，对所要解决的技术问题和技术效果发挥着技术性作用，并不是人为的任意选择，不能因为质量控制方法含有上述参数指标以及阈值而直接认定其属于智力活动的规则和方法。

自然规律是物质运动固有的、本质的、稳定的联系，人们可以认识自然规律并对其加以利用。专利保护发明创造的目的正是鼓励人类不断地探求自然，并利用所探求的结果来服务于人类，这种利用自然规律对客观世界进行改造的活动，不属于智力活动的规则和方法。

在第5312号复审决定（99126227.1）涉及的案件中，涉案专利申请涉及一种全球尺度强地震趋势预测方法。决定认为，地震的发生是有其自然规律的，而且各强地震之间也存在着一定的相关性。然而，限于人类目前对该自然规则和相关性的认识，人类还很难准确地表述这种规律和相关性。请求人正是从前后地震之间存在相关性这一自然规律出发，利用统计的方法从1900年以来发生的所有地震事件次数中统计出前后地震相关性的概率分布，从而获得相关的概率统计结果，这一点反映在权利要求1的步骤A3。接着，请求人利用步骤A3的结果根据相关性这一自然规律前算、反算后计算出未来地震发生的概率，这一点反映在权利要求1中由步骤B1到B3所组成的步骤B上。由此可见，该方法利用了自然规律，不属于专利法意义上智力活动的规则和方法。

3.2.3 除主题名称外实质为智力活动的规则和方法

如果权利要求的主题名称为产品，而对其进行限定的全部内容均属于信息的表达、标记或编排方式等规则，并且所述信息的表达、标记或编排方式未对该产品的物理结构产生任何影响，则上述产品权利要求实质上属于智力活动的规则和方法。

在第1197号复审决定（94239972.2）涉及的案件中，涉案专利申请涉及一种姓氏定位通讯录，通过姓氏拼音检索表以及根据各姓氏所含人口数占我国总人口的比例，来划分各姓氏在通讯录中的空间容量。决定认为，涉案专利申请中的姓氏拼音检索表以及姓氏收录空间设计仅属于特定信息的检索编排方法,即通过人的思维、推理实现特定信息在载体上的标识和设计,并未涉及通讯录载体和特定信息与载体的结合或连接等技术特征,尽管权利要求要求保护的是产品,其本质仍然属于智力活动的规则和方法。

3.3 疾病的诊断和治疗方法

3.3.1 疾病的诊断方法

诊断是医生或者兽医根据所获得的临床资料,通过分析、评价、整理后,对人体或动物体所患疾病提出符合逻辑的判断过程;疾病的诊断方法,是识别、研究和确定有生命的人体或动物体病因或病灶状态的过程。

一项与疾病诊断有关的方法如果同时满足以下两个条件,则属于疾病的诊断方法,不能被授予专利权:(1)以有生命的人体或动物体为对象;(2)以获得疾病诊断结果或健康状况为直接目的。

3.3.1.1 诊断结果

评判"与疾病诊断有关的方法"是否属于疾病的诊断方法,重点在于判断所述方法的直接目的是获得"诊断结果",还是为了获得"中间结果"。

如果专利申请文件中明确记载了要求保护的检测方法所获得的结果直接用于诊断特定类型的疾病,则通常无法将检测结果与诊断用途割裂开来,应当将检测所得到的信息认定为疾病的"诊断结果"。即使申请人在专利审查程序中删除了说明书中与诊断相关的所有记载,或者强调发明所要求保护的技术方案中不包含诊断的内容,所属领域技术人员基于原始申请文件记载的信息,通常仍有充分理由认定该检测方法的直接目的就在于诊断疾病。

在第 15588 号复审决定(02825879.7)涉及的案件中,权利要求的主题为"检测来自患者的生物学材料样品中的碱性鞘磷脂酶的体外方法",其中并未涉及相关疾病,说明书记载了在肠道癌变中碱性鞘磷脂酶发挥重要作用,并且易于以排泄方式选择性地大量流失,还明确记载了该酶的过量排泄可作为结肠直肠癌变的诊断标记。决定认为,涉案申请的发明目的在于通过检测可能处于上述肠道病理状态的患者粪便中的上述标记物来获得患者的疾病或健康状况,从所获得的碱性鞘磷脂酶的信息本身即可直接得出相应疾病的诊断结果或健康状况，该信息属于"诊断结果"，相应的检测方法属于疾病的诊断方法。即使申请人删除了说明书中的所有诊断信息和权利要求中的诊断步骤，并强调权利要求的技术方案不涉及诊断用途，不对应任何特定疾病，仅属于检测该酶含量的一般方法，这样的理由也不能改变基于申请文件的记载所认定的基本事实。

如果专利申请文件中并未明确记载检测结果与相关疾病之间存在关联，则需要结合说明书背景技术和所属技术领域的常识，判断由该方法得到的检测信息能否用于诊断相关疾病，并在此基础上进一步衡量根据该检测信息本身能否直接得出相应疾病的诊断结果。

在第15241号复审决定（200510019561.7）中，该申请要求保护一种结核杆菌基因的检测方法，说明书记载的发明目的不涉及诊断用途，也未明确记载该检测方法与诊断结核病之间的关联。决定认为，结合背景技术部分对结核病现有检测方法的缺陷以及需要进一步改进的方向的记载，所属领域技术人员足以认识到其发明目的在于改进已有的检测方法以便更好地诊断结核病；同时，结合现有技术可知，通过检测结核杆菌特有的插入序列中的所述区域，即可确定待检样品中是否含有结核杆菌，众所周知，来自正常生物体的样品不应当含有结核杆菌，可见在此基础上即可直接得出生物体结核病的诊断结果或感染状况。由此可以判断结核杆菌基因的检测信息应当属于"诊断结果"，而非"中间结果"，相应的检测方法实质上是疾病的诊断方法。

肿瘤标志物种类、染色体拷贝数、外源病菌、病毒等生物学物质或指标与疾病关联程度较高，其表征的疾病特异性较强，这些生物学物质或指标的检测信息往往足以使得所属领域技术人员能够判断受检对象是否患有该种疾病或病症，医生可以依据这样的检测信息进一步排除受检对象患病或者选择对受检对象实施治疗，该检测方法已经具有了实际的临床诊断意义，通常应当将检测所得到的生物学物质或指标信息认定为疾病的"诊断结果"。

在第34984号复审决定（200410074306.8）中，该申请所述检测方法的结果涉及血清中胰腺癌差异蛋白含量的检测,该蛋白含量的明显降低与胰腺癌的发生和发展直接相关,如果蛋白含量明显降低到191.15mg/L以下,所属领域技术人员可以判断该病人患有胰腺癌的可能性大。决定认为,如果发明保护的检测方法涉及某种特定疾病的标志物,所属领域技术人员可以根据该标志物的含量诊断或辅助诊断相应的疾病,则该方法属于疾病的诊断方法,不能被授予专利权。该申请的直接目的在于分析检测结果以判断患者患胰腺癌风险的程度,即直接获得患者的健康状况,相应的检测方法属于疾病的诊断方法。

如果现有技术的检测方法本身属于疾病的诊断方法,对其进行的优化或改进只是提高了其检测结果的灵敏度或者准确性,则这种改进不改变其能够获得疾病诊断结果的本质,仍属于疾病的诊断方法。

在第31937号复审决定(200380105073.7)中,该申请要求保护"从病原的预定组鉴定病原生物的方法"。决定认为,尽管该技术方案相对于现有技术的改进之处体现在采用基因扩增的方式提高了检测的灵敏性和准确性,但是由于检测出存在病原生物以及存在哪种病原生物时,就能够直接获得该临床样品来源的主体的病原体感染情况,即疾病的诊断结果或健康状况,因此该方法实际上是以获得疾病诊断结果或健康状况为直接目的,属于疾病的诊断方法。

3.3.1.2 中间结果

如果检测方法的直接目的只是从活的人体或动物体获取不具有疾病诊断意义的信息,或者对已经脱离人体或动物体的组织、体液或排泄物进行处理或检测以获取或处理作为中间结果的信息,而非获得诊断结果或健康状况,则所述方法不属于疾病的诊断方法。如果要求保护的检测方法所获得的结果并不明确对应于特定类型的疾病,所属领域技术人员依据自身掌握的普通技术知识能够判断该结果无法直接用于诊断用途,则上述检测结果属于"中间结果",相应的检测方法不属于疾病的诊断方法。

在第77730号复审决定(200880023632.2)中,发明涉及"用串联质谱法检测体液样品中维生素B6数量的方法",说明书仅在背景技术部分泛泛提到了维生素B6缺乏或过量与多种疾病或健康状况的可能联系。决定认为，所属领域公知维生素B6参与了体内多种生理和代谢过程，饮食、生活习惯等因素都可能影响其浓度，根据其体液浓度的水平既不能直接确定生物体的患病情况，也不足以直接判定健康状况。涉案申请的发明目的在于对现有检测方法的改进，而非发现某些指标与疾病或健康状况之间的特异相关性；相应地，申请文件中并未涉及任何具体的分析、比较等诊断过程和步骤。因此，有充分理由认定所属领域技术人员根据该方法所获得的信息不能直接判断疾病的诊断结果或健康状况，该信息属于"中间结果"，相应的检测方法不属于疾病的诊断方法。

在第67292号复审决定（200910258228.X）中，涉案申请要求保护一种用于测量血样的谐振频率的方法。决定认为，一方面，血样谐振频率仅是反映止血特性的参数之一，并不能反映全部止血特性；另一方面，止血慢或者出血只是凝血功能障碍的临床表现之一，判断检测对象是否患有凝血功能障碍疾病需要从整体上进行多项凝血障碍因子筛查试验和其他确诊试验，仅凭"谐振频率"这一数据不能够直接诊断该受试者患有凝血功能障碍，因此测量血样谐振频率的方法既不能用于诊断疾病，亦不能用于判定健康状况，不属于疾病的诊断方法的范畴。

如果要求保护的检测方法属于获得生物学信息的一般性方法，得到的检测结果不是直接应用于诊断某些特定的疾病或健康状况，而是应用于实验等非诊断目的，则该检测结果不具有诊断意义，属于"中间结果"。

在第77874号复审决定（200710110070.2）中，涉案申请涉及"确定微流体装置中的试样中的核酸浓度的方法"，说明书记载发明目的在于克服现有核酸浓度确定方法的缺陷，找到一种更佳的测定核酸浓度的方法。决定认为，该申请通过改进检测装置结构的技术手段，克服了现有技术中确定核酸浓度时需要进行稀释等技术缺陷。该检测方法的直接目的在于对现有核酸浓度确定方法进行改进，并不是获得"诊断结果"，不属于疾病的诊断方法。

当所属领域技术人员能够确认发明要求保护的成像方法必须与其他检测方法相结合，才能有效得出疾病的诊断结果或者健康状况时，该成像结果属于"中间结果",相应的成像方法不属于疾病的诊断方法。

在第 27205 号复审决定（200910235731.3）中,涉案申请要求保护粘弹性介质弹性检测方法。决定认为,该方法只能获得人体内部组织的弹性信息,即使利用超声图像得以确定弹性信息与内部组织准确位置间的关系,亦必须结合其他检测指标才能有效判断该弹性信息异常的部位是否为癌症组织。因此,该发明的直接目的在于获得组织的弹性信息,不属于疾病的诊断方法。

在发明针对检测方法本身做出了优化或改进的情况下,如果检测结果与特定疾病或健康状况之间不存在直接联系时,通常需要考虑其作为可授权客体的合理性。

在第 69273 号复审决定（200680036534.3）中,涉案申请要求保护"估计来自核酸分子库的选定核酸分子数目的方法"。决定认为,所属领域技术人员可以理解该申请技术方案是对现有核酸扩增和/或定量方法的改进,目的是实现精确定量小样品中的核酸靶标,获得的核酸分子数目并不对应于特定的疾病或者健康状况,该技术方案不属于疾病的诊断方法。

3.3.1.3 同一主体

如果发明涉及立体样品的检测方法,所述检测方法获得的结果并非针对作为离体样品来源的同一主体,而是通过统计分析的方法获得某种规律或者判断原则,进而用于不特定个体的疾病诊断或者健康状况的判断,则所述离体样品检测方法本身不属于疾病的诊断方法。

第 16198 号复审决定（03136093.9）中,涉案申请要求保护一种体外确定"neu 基因调节剂 1 基因"是否为精神分裂症易感基因的方法,其通过体外检测精神分裂症患者的基因序列,分析该基因的等位基因在精神分裂症核心家族中的传递频率,根据是否存在传递频率的显著性差异,判断该基因是否为精神分裂症易感基因。说明书中记载了利用鉴定获得的精神分裂症易感基因,判断一般人群的精神分裂症易感性的诊断应用。决定认为,该技术方案以精神分裂症患者的离体样品为对象,在实施该方案之前已经确定了患者对象；而在分析离体样品中等位基因的生物学特征后，以判断一般人群的精神分裂症易感性为直接目的，即相应的疾病诊断结果或健康状况并非针对离体样品检测方法的同一主体，因此该申请的技术方案不属于疾病的诊断方法。

3.3.1.4 健康状况

"健康状况"主要体现在影响人体或动物体生存与发育的机体状态，而不是人体或动物体是否患有疾病以及患有何种疾病。"健康状况"的评估结论可以用于确定患者更加适于哪种诊断或治疗手段、亚健康人群或动物应当以什么手段预防疾病等，其实质上属于疾病诊断的范畴；对这类申请给予专利保护，将会影响医生自由选择该方法确定人体或者动物体的身体状态，导致诊断或者治疗疾病的过程受到限制。

在第34233号复审决定（200610023414.1）中，涉案申请要求保护一种判别上皮细胞癌症性质的方法。决定认为，专利法意义上的"疾病诊断方法"并非局限于能够直接得到疾病的类型及阶段的方法。根据该申请方法所得到的癌细胞比例分布，尽管所属领域技术人员未必能够直接获得诸如本体已经是癌症进展状态（包括分型、分期）等具体的诊断内容，但至少能够结合不同病症的病理常识直接获得诸如本体是否存在癌变风险、是否已发生癌变等健康状况的结论，该方法属于疾病的诊断方法。

如果对"健康状况"的检测与评估包含患病风险度、是否处于健康状况或亚健康状况以及治疗效果等内容，则其属于疾病诊断方法。如果对健康状况的检测与评估仅仅是与人体或动物体生存与发育缺乏直接联系的生理学状态，则所述健康状况的检测与评估不属于疾病的诊断方法。

在第86912号复审决定（200780034610.1）中，涉案申请要求保护一种确定来自受治疗者创伤部位组织内的总胶原的方法，根据说明书的记载，其技术方案是在获取创伤部位的组织样品后，经样品处理、生化检测及计算获得受治疗者创伤部位组织内的总胶原含量。决定认为，在创伤愈合的增殖阶段，进入创伤的成纤细胞产生了肉芽组织所需的胶原等蛋白质，在创伤的重塑过程中胶原沉积，可见组织中胶原的含量反映了创伤的愈合状况，所属领域技术人员将该信息与所属领域公知的人体正常组织中胶原含量相比较，即可获知检测对象创伤部位的愈合状况，而该状况属于健康状况的范畴。因此该申请的技术方案属于疾病的诊断方法。

在第 11831 号复审决定（98804915.5）中，涉案申请要求保护一种检测病人对冠状动脉疾病易感性的体外方法，根据说明书的记载，其技术方案是通过基因筛查而评估个体罹患冠状动脉疾病风险度的方法。决定认为，虽然所述方法限定在"体外"进行，从表述形式上看是以离体样品而不是以有生命的人体或动物体为对象，然而这种对离体样品分析的直接目的和结果是获知同一主体患冠状动脉疾病的风险度，仍然属于疾病诊断方法的范畴，不能被授予专利权。

当申请文件已经定义或解释了涉及生物体自身生物学状态的术语时，相应生物学状态的评估是否属于"健康状况"的判断，需要充分考虑该术语本身在该申请文件中的含义是否与生物体的健康状况相对应。

在第 31928 号复审决定（02826908.X）中，涉案申请要求保护一种基于受试者的样品监控生物学状态的体外方法。针对该发明所定义的受试者"生物学状态"，说明书中将其定义为受试者在被观察中的相关范围的状态，所述范围可包括"能够被监控状态变化的受试者的任何方面"，诸如"癌症、外伤、衰老、传染、组织变性、发育阶段、身体健全、肥胖症以及情绪"。决定认定，该申请所要求保护的检测"生物学状态"的方法，实质上包含了获得同一主体疾病诊断结果或健康状况的方法，尽管从表述形式上看与疾病的诊断无关，但其直接目的仍是获得疾病的诊断结果，属于疾病的诊断方法。

3.3.1.5 与疾病诊断有关方法的排除式限定

如果检测方法权利要求中未明确涉及诊断步骤，所属领域技术人员根据申请文件记载的内容，能够确定该方法既可以用于疾病诊断的目的，也可以用于疾病诊断之外的其他检测目的，则可以采用"用于非诊断目的""非诊断性方法"等术语对权利要求作进一步限定，放弃要求保护的方法在疾病诊断领域的权利主张，从而避免权利要求存在属于疾病诊断方法的缺陷。

在第 55959 号复审决定（200680005892.8）中，涉案申请要求保护一种用于测定生物学样品中胸苷激酶活性的方法。根据该发明说明书的记载，该方法既可用于癌症诊断、疾病进展的预后监控等诊断目的，又可用于筛选影响酶促途径候选药物等非诊断目的。权利要求 1 的主题为"用于测定生物学样品中的胸苷激酶活性的非诊断方法"，已经在保护的技术方案中排除了不能被授予专利权的疾病诊断方法的主题，属于可授权的客体。

如果申请文件中限定了检测人体或动物体中与特定疾病直接相关的物质，只要实施该方法，在客观上就实现了疾病诊断的目的；或者虽然没有限定检测人体或动物体中与特定疾病直接相关的物质，但是所属领域技术人员无法确定其还可以用于非诊断领域，或者排除诊断领域的应用之后，使得所属领域技术人员无法理解和确定发明的实际应用，则即便在权利要求中采用"用于非诊断目的""非诊断性方法"等限定方式，该技术方案的实质仍然属于疾病的诊断方法。

在第 93858 号复审决定（200910221879.1）中，涉案申请要求保护一种显像方法。决定认为，尽管该发明权利要求的主题为"一种非诊断性显像方法"，旨在排除以诊断疾病为目的的方法，但是根据说明书的记载，该显像方法利用放射性同位素标示物选择性地被存在机能障碍的线粒体摄取的原理，来侦测与线粒体病变相关的疾病，即以有生命的人体或动物体，或者其血、尿或组织样本等离体样品为对象，直接目的实质上仍然在于获得同一主体的疾病诊断结果，因此该主题属于疾病的诊断方法，不能被授予专利权。

3.3.1.6 与疾病诊断方法有关的制药用途权利要求

物质的制药用途权利要求，俗称"瑞士型权利要求"，指的是类似"物质或组合物 X 在制备用于治疗疾病 Z 的药物中的应用"这种撰写形式的权利要求，一般认为该类型权利要求保护的是药物制造方法，而非疾病的诊断与治疗方法。

在第 103924 号复审决定（201180024021.1）中，涉案申请要求保护一种 DNA 聚合酶在制备试剂盒中的应用。决定认为，该申请权利要求的主题名称为"DNA 依赖性 DNA 聚合酶和至少一种天然的脱氧核糖核苷在制备用于测量样品中脱氧核糖核苷激酶活性的试剂盒中的用途",其中试剂盒属于药用试剂,因此该权利要求要求保护的技术方案属于制药用途权利要求,不涉及疾病的诊断方法。

在第 93124 号复审决定(200580017610.1)中,涉案申请要求保护一种分子信标在制备检测试剂中的应用。决定认为,该申请权利要求主题为"改良分子信标在制备检测人 β-珠蛋白基因突变的检测试剂中的用途",属于制备检测试剂的制药用途发明,该技术方案涉及如何将改良的分子信标用于制备检测试剂,虽然该检测试剂能够用于对患病风险度进行评估或者进行基因筛查,并可以获得同一主体的疾病诊断结果或健康状况,但是该权利要求保护的仅仅是分子信标在制备检测试剂中的应用,并不涉及诊断疾病的内容,因此不属于疾病诊断方法。

3.3.2 疾病的治疗方法

治疗是干预或改变特定健康状况的过程。疾病的治疗方法,是为使有生命的人体或者动物体恢复或获得健康或者减少痛苦,阻断、缓解或者消除病因或病灶。疾病的治疗方法包括以治疗为目的和具有治疗性质的各种方法。预防疾病或者提高免疫的方法视为治疗方法。

3.3.2.1 以治疗为目的的方法

疾病的治疗过程通常包括选择作用对象并对其进行处理,阻断、缓解或者消除有生命的人体或动物体的病因或病灶,使患者由疾病状态恢复为正常状态。疾病的治疗方法所针对的对象是有生命的人体或动物体(患者),行为主体是医生。在评判一项与疾病治疗有关的方法是否属于疾病的治疗方法时,需要从行为主体、所针对的对象、目的和结果几个方面加以考量,特别需要注意该方法是否实际影响了医生在治疗疾病中选择各种方法和条件的自由。

在第 95595 号复审决定(201010218853.4)中,涉案申请要求保护"连续性血液净化局部枸橼酸抗凝两阶段补钙量的定量计算方法"。根据说明书的记载,该方法是在连续性血液净化疗法过程中,使用局部枸橼酸进行抗凝时,计算患者在治疗不同阶段的补钙量,并且补钙伴随整个治疗过程。决定认为，该方法只能在连续性血液净化疗法的治疗过程中进行计算，实际上属于治疗方法不可缺少的一部分，如对该方法授权必然会限制医生在连续性血液净化疗法中选择局部枸橼酸抗凝的自由，因此该方法属于疾病的治疗方法，不能被授予专利权。

在第74262号复审决定（200480009006.X）中，涉案申请要求保护"一种测定面罩中的呼吸气流的方法"，其中包括通过传感器收集面罩中气体的流速数据、通过用线性平滑法处理数据和调整数据从而获得平滑化的吸气和呼气阵列的步骤。决定认为，该方法中对气流的测量并不属于通常意义上正压通气治疗方法，这样的方法如被授予专利权并没有限制医生采用面罩来对患者进行正压通气治疗的自由；同时该方法中限定的数据处理和获得的平滑化的吸气和呼气阵列的步骤也并非正压通气治疗中的步骤，其目的在于提高数据的准确性，消除干扰和误差，也与治疗无关。因此，所述技术方案并未限制医生在治疗过程中选择的自由，属于可授予专利权的客体。

外科手术方法，是指使用器械对有生命的人体或者动物体实施的剖开、切除、缝合、纹刺等创伤性或者介入性治疗或处置的方法。根据目的的不同，外科手术方法分为治疗目的和非治疗目的的外科手术方法。以治疗为目的的外科手术方法是疾病治疗的重要方法之一，根据《专利法》第25条第1款第（3）项的规定不能被授予专利权。非治疗目的的外科手术方法因不具备实用性，也不能获得专利权的保护。

在第48517号复审决定（200780018878.6）中，涉案申请要求保护一种改进在针对特定患者的心脏介入手术中使用的基于电磁和声学导管在导管跟踪空间内的校准和跟踪方法，该导管校准和跟踪方法应用于导管插入过程中，参考模型图像对跟踪期间的导管位置进行校正。决定认为，由于导管插入过程以及在病患体内操作该导管的过程是伴随心脏介入手术进行的，属于外科手术不可分割的一部分，而心脏介入手术本身属于治疗为目的的外科手术方法，因此发明主题属于疾病的治疗方法，不能被授予专利权。

3.3.2.2 具有治疗性质的方法

具有治疗性质的方法包括，例如为实施外科手术治疗方法和/或药物治疗方法采用的辅助方法、处置人体或动物体伤口的方法等。具有治疗性质的方法属于疾病的治疗方法，不能被授予专利权。

在第16576号复审决定（01814476.4）中，涉案申请要求保护一种用于已安装在患者体内的人造气路装置的监测方法，其对已经位于患者体内的设备进行压力监测，并且在压力超过某一阈值时报警或根据压力的函数产生信号。决定认为，根据说明书的记载，该方法通过监测患者体内的装置的压力，对患者的麻醉状况或生理参数进行监控，从而在所监测的数值超过阈值时报警，提醒医护人员进行处理，属于实施外科手术治疗方法所采用的辅助方法，这种辅助方法本身具有治疗性质，属于疾病的治疗方法。

手术规划和手术导航方法是具有治疗性质的方法的一个重要类型。手术规划是以计算机图形学为基础，以影像学技术为手段获取医疗图像，并对这些图像进行处理和三维模型重建，在手术前利用患者病灶点及周围组织的三维立体图像构造"虚拟患者"，通过虚拟现实技术帮助医生对图像处理步骤中的信息处理结果进行交互式调节，依据患者图像信息结合其医学知识对虚拟患者进行虚拟手术，以便预先确定最佳的手术方案，并指导实际的手术操作。手术导航是指利用虚拟现实技术模拟手术中的关键步骤，借助定位仪器跟踪操作过程中手术器械相对于人体组织器官的位置关系，引导医生更为安全、高效地开展手术。手术规划和手术导航均属于具有治疗性质的方法。

在第101855号复审决定（201310064967.1）中，涉案申请要求保护一种用于设计医学过程的模拟方法。根据说明书的记载，该方法是设计并确定医学装置进行手术治疗的路径，通过模拟进行验证得到进行手术治疗的方案，医生可以据此对患者实施治疗心房纤颤等心脏疾病的手术。决定认为，就实施对象而言，尽管该方法是以心脏的图像或标测图作为直接实施对象，但是该心脏的图像或标测图来自真实的特定病人，其信息表征的是该病人的人体结构、状态或机能，对该图像反映的人体结构、状态和机能进行识别处理，在手术前获得医疗装置能够插入心脏的路径以及心脏上或心脏内用于治疗的一个或多个点。可见，该模拟方法的实施对象实质上仍是有生命的人体。就直接目的而言，该方法借助于计算机和模拟技术对手术过程进行模拟,模拟过程并不是与实际的手术相互独立的过程,通过该方法为实际的手术过程确定了治疗方案,医生要依据该治疗方案来最终实施并完成手术,与手术直接相关,因而该方法实际上是实施外科手术前的一个步骤,是整个外科手术的组成部分之一,也即是阻断、缓解或者消除病因或病灶过程的一部分,目的是提高外科手术的成功率,对病人进行更好的治疗。可见,该方法是一种在对心脏病人进行手术前的术前规划设计和模拟的方法,而且在这个模拟过程中点和路径的选择以及各项参数的验证都依赖于医生的经验,实质上是实施外科手术治疗方法所采用的辅助方法,属于疾病的治疗方法,不能被授予专利权。

计算机图像处理技术如果是以有生命的人体或动物体为实施对象,并且其目的是利用计算机技术为实际手术做术前必要准备并可在手术中回放,以更好地提高手术治疗的效果,实质上仍属于手术规划方法,同样具有治疗性质。

在第118178号复审决定(200680041212.8)中,涉案申请要求保护一种通过计算机对肝脏图像进行处理的方法。决定认为,虽然其主题名称限定为借助计算机图像处理技术帮助医生利用计算机仿真和交互等技术对病人进行虚拟手术,确定最佳手术方案,但就其实质而言是为肝脏手术提供手术方案而对肝脏的解剖标志点等进行分割,从而辅助于外科手术的准备,属于手术规划方法。虽然手术规划与实际的手术是相互独立的过程,但手术规划为实际的手术过程确定手术治疗方案做准备,医生要依据该治疗方案实施实际的手术过程,因此与治疗过程直接相关。即使其实施的直接对象是图像数据,但肝脏图像是从患者身上采集的,该图像的任何细节均与患者的肝脏完全对应,而不是脱离实际人体的虚拟构建的图像,因此这种针对实际患者的手术规划方法本质上仍是以有生命的人体或动物体为对象,目的是利用计算机技术为实际手术作术前必要准备并可在手术中回放,以更好地提高手术治疗的效果,其授权将会限制医生实施手术前对手术规划方法的自由选择,并很可能影响实际手术的治疗效果。因此该方法属于疾病的治疗方法。

3.3.2.3 疾病的预防免疫方法

疾病的预防免疫方法通常包括选择作用对象，用人工方法将免疫原或免疫效应物质输入到作用对象机体内，使机体获得防治某种传染病的能力，使对象脱离处于病态的危险，所述方法针对的作用对象是有生命的人体或动物体（患者）；行为主体是医生或者兽医。因其授权将会影响医生或兽医的选择自由，被视为疾病的治疗方法。

在第 27610 号复审决定（02820262.7）中，涉案申请要求保护一种防止在哺乳动物外周器官中局部缺血诱导的组织损伤的方法。决定认为，该方法以有生命的动物体为直接实施对象，属于对有生命的动物体直接实施的预防疾病的方法，应当视为疾病的治疗方法。

3.3.2.4 美容方法

美容方法通常是指美化头发、皮肤、面容等或改善其外观的方法。基于美容方法的目的与效果，可以将美容方法划分为两类，"单纯的美容方法"和"包含治疗手段的美容方法"。

单纯的美容方法，即不介入人体或不产生创伤的美容方法，包括在皮肤、毛发、指甲、牙齿外部可为人们所视的部位局部实施的、非治疗目的的身体除臭、保护、装饰或者修饰方法。如果发明要求保护的方法不是以治疗为目的，并且也不包括创伤性或介入性的处置过程，则属于单纯的美容方法，不应当将其纳入疾病的治疗方法的范畴。

在第 37259 号复审决定（200580021133.6）中，涉案申请要求保护的一种通过降低、减轻、去除或者减少皱纹或细纹来对哺乳动物面部皮肤的表面区美容处理的方法。决定认为，哺乳动物面部具有皱纹或细纹并不是一种疾病，本申请所要求保护的方法是以降低、减轻、去除或减少皱纹或细纹为目的，其实质是对面部的修饰，并非以治疗为目的，同时该方法通过电磁辐射照射皮肤也不涉及创伤性或介入性的处置过程，因此属于单纯的美容方法，而非疾病的治疗方法。

如果发明要求保护包含治疗手段的美容方法，例如包含以治疗为目的的整容、肢体拉伸、针灸、麻醉、推拿、按摩、刮痧、气功、催眠、药浴、空气浴、阳光浴、森林浴以及护理方法等,则通常认定该美容方法属于疾病的治疗方法而不能被授权专利权。

在第57843号复审决定（201010516728.1）中,涉案申请要求保护一种针对真菌感染的指甲的修整护理方法。该方法是通过施用水溶性维生素C和复合维生素B配制的营养水浸泡搓洗被真菌感染过的指甲及其周围皮肤,促进甲母基与甲根对营养的吸收及分泌角蛋白的速度,加快指甲生长速度,再通过浸泡、修剪、搓洗及无创修复,减少感染面积、减慢感染速度,使正常指甲的面积逐渐增多、抗感染能力增强,最终使指甲恢复到正常状态。根据说明书的记载,该方法可对灰指甲（患有甲真菌病的指甲）加以修复,在指甲恢复到正常状态后,镜鉴发现其表面的真菌数量已经减少到不足以改变指甲生理状态的范围。决定认为,该方法可以治疗真菌感染的指甲（例如,灰指甲等）,而不仅是对指甲可视部位进行保护、装饰或修饰,即为以有生命的人体为直接实施对象、以治疗真菌感染的指甲为目的的护理方法,属于疾病的治疗方法,不能被授予专利权。

3.3.2.5 与疾病治疗有关方法的排除式限定

对于一些涉及具体治疗步骤的疾病治疗方法的权利要求,当申请人在权利要求中采用类似"用于非治疗目的的""非治疗性方法"等限定,放弃要求保护所述方法在疾病治疗领域的权利主张时,应当结合原说明书和权利要求书的内容,判断发明要求保护的方法能否应用于非治疗领域。

在第32892号复审决定（03826067.0）中,涉案申请要求保护银杏、黄柏或它们的提取物抑制载脂蛋白D分解的非治疗目的的用途。决定认为,该技术方案的本质是将银杏、黄柏或它们的提取物用于人体表面,抑制存在于体表的载脂蛋白D分解,从而达到抑制体臭的效果。由于该方法可基于同样的作用机理被用于治疗目的和非治疗目的,均能对体臭产生抑制效果,因此在明确排除其治疗目的的用途之后,相应的主题不再涉及疾病的治疗方法。

3.4 动物和植物品种

动物和植物品种不能被授予专利权。专利法所称的"动物",是指不能自己合成，只能靠摄取自然的碳水化合物及蛋白质来维系其生命的生物。专利法所称的"动物"不包括人。专利法所称的"植物"，是指可以借助光合作用，以水、二氧化碳和无机盐等无机物合成碳水化合物、蛋白质来维系生存，并通常不发生移动的生物。各种分类阶元的动植物、处于不同发育阶段的动植物体以及植物体的繁殖材料均属于专利法意义上的动物和植物品种。

在第35968号复审决定中（200680033271.0）中，涉案申请要求保护"来自产生黄色种皮种子的油菜植物的植物细胞"。决定认为，判断特定植物的某种细胞、组织或器官是否属于繁殖材料，不能脱离专利申请本身的内容，应当站位所属领域技术人员的视角，依据该植物的自然特性以及说明书中对该细胞、组织或器官的具体描述进行分析判断。结合说明书的描述，该申请的发明目的是培养油菜植株并利用其种子榨油，该过程利用了所述植物细胞的全能性将植物细胞再生为整株植物，而不能发育为完整植株的植物细胞显然无法用于榨油，因此该申请所述的植物细胞是可以发育为完整植株的植物繁殖材料，属于专利法意义上的植物品种范畴，不能被授予专利权。

对于保护主题为动物和植物的专利申请，无论是具体品种，还是各种分类阶元的动植物，无论是通过主要是生物学的方法获得的动植物，还是通过基因工程手段获得的转基因动植物，均不能被授予专利权。

在第38053号复审决定（200510052742.X）中，权利要求保护主题为"含有来自植物害虫的、对植物害虫的生存、生长、增殖重要的DNA序列的植物细胞"，并具体限定了所述序列相对于启动子的方向及其克隆在合适的载体上。决定认为，结合说明书的记载，转化有DNA序列的植物细胞的最终目的是使所述植物细胞再生出转化植株，进而使得转基因植物能够减轻寄生害虫的侵害，因此通过基因工程的重组DNA技术等生物学方法得到的转基因植物仍属于植物品种的范畴。

4 计算机领域的特殊问题

4.1 涉及商业方法的专利申请

商业方法遍及行政管理、支付方案、商业行销、购物、签单、拍卖、金融投资、税务处理、保险、保健服务、旅游服务、法律服务等领域。涉及商业方法的发明专利申请可分为单纯商业方法发明专利申请和涉及计算机程序的商业方法相关发明专利申请。

单纯的商业方法发明专利申请往往仅涉及传统的商业交易方法和商业交易规则，属于智力活动的范畴。

涉及计算机程序的商业方法相关发明专利申请是指以利用计算机及网络技术实施商业方法的发明专利申请，其既具有涉及计算机程序的共性，又具有计算机网络技术与商业活动结合所带来的特殊性。"互联网＋"时代层出不穷的各种新商业模式，大多都属于商业活动与计算机网络技术的相互结合。这类方法是否属于专利保护的客体，还需要根据其权利要求的方案的具体描述来进行判断。

4.1.1 单纯商业方法的计算机实现

将传统的商业交易方法或规则移植到计算机上，以通用计算机来实施的方案属于单纯商业方法的计算机实现，其通常被认为没有采用利用自然规律的技术手段。

在第 31196 号复审决定（200610034432.X）中，涉案申请要求保护一种电子交易的信用计算的方法，其方案中首先根据本次交易的信用评价值和成交金额权重值，计算出本次信用计分值；然后判断第一用户是买家还是卖家，并根据第一用户是买家还是卖家的身份来调整该次的信用计分值，并更新第二用户的信用记录。决定认为，涉案申请的发明目的是提供一种电子交易的信用计分的方法，以提高信用计算的可信度，综合地表现了不同交易类型的信用状况，使得不同交易类型的信用更加平衡可信。从整个方案的内容来看，其所涉及的电子交易信用计算方法实际上是一种商业交易方法，所涉及的如何根据买卖双方不同的用户身份及其相应的计分规则来计算用户的信用计分则是一种商业交易规则,实际上属于商业应用。在该方案中,按照人为制定的计分规则、用户身份来计算用户的计分,这些内容属于人为制定的规则,而不属于符合自然规律的技术手段。也就是说,该方案只是将按照人为制定的规则进行信用计算的方式以计算机手段来实现,并没有采用利用自然规律的技术手段,不属于专利法意义上的技术方案。

4.1.2 新商业模式

将某种商业构思与计算机网络技术相结合形成的商业模式,虽然其中包含了商业构思的内容,但只要这种新型商业模式采用了技术手段,解决了技术问题并带来了技术效果,则属于专利法保护的客体。

在第96991号复审决定(200880013544.4)中,涉案申请要求保护一种实时交互式在线社交购物网络方法,包括远程接受用户感兴趣的产品的数据;通过网页的交互连接,使用户与零售商之间就感兴趣的产品进行交流,实现交互式在线购物。决定认为,根据说明书背景技术部分的记载可知,现有技术中,虽然在线购物可能是极其有效甚至高效的,但当前的在线购物模式不存在顾客可在实体店获得的社交方面的功能,缺少实时交互,导致客户与商家之间无法实时交流信息。涉案申请为了实现用户和零售商之间的交流,在门户设备处接收有关用户感兴趣的产品的数据,并将所述数据传送给提供产品的零售商的商家设备,通过实时建立网页来促进用户与零售商之间的交互连接。其中,建立的网页同时显示给用户和零售商,使用户与零售商之间能够实时交流。涉案申请所解决的实时交流的问题属于技术问题,所采用的建立页面等手段属于技术手段,实现了自动匹配用户和商家,使他们可以实时通信的技术效果。因此,涉案申请要求保护的方案属于技术方案。

4.2 计算机算法

如果一项权利要求实质上保护的仅是以数据为对象的运算和操作,尽管其可以在通用计算机上执行运算步骤,但是申请中并没有体现出该算法被具体应用到某一技术领域以解决存在的某种技术问题,则该方案没有采用技术手段解决技术问题,也没有获得符合自然规律的技术效果,不属于技术方案。

在第35767号复审决定(200780012334.9)中,涉案申请要求保护一种用于产生含nRND个位BRi的随机数的方法,通过随机选择静态位表以组合将要被生成的随机数,显著提高随机数的随机性。决定认为:结合说明书中记载的内容可知,其所解决的问题是通过基于抛"公平"硬币的柏努力试验原理的算法来产生随机数;所获得的效果是产生含nRND个位BRi的随机数;因此,权利要求1实质上保护的是一种基于解决如何产生含nRND个位BRi的随机数的问题的算法,其解决的问题以及获得的效果都不是技术性的,并且该算法也没有被应用到具体的技术领域中来解决该技术领域中的特定技术问题,不属于技术方案。

4.3 图形用户界面

图形用户界面(Graphical User Interface,GUI),也称为图形用户接口,是采用图形方式显示的计算机操作环境用户接口,它极大地方便了非专业用户的使用,使得用户可以通过窗口、菜单、标签、图标、按钮等方式来对计算机程序进行操作,直观、简单,极大地提高了用户的使用体验。目前,在涉及图形用户界面的专利申请中,大致可以分成二类:图形用户界面本身、图形用户界面生成或控制方法。

4.3.1 图形用户界面本身

图形用户界面本身专利申请是指只规定图形用户界面的构成要素如菜单、标签、图标、按钮等在屏幕上的位置的专利申请。由于这些位置的规定通常只是人为确定的,并不涉及技术内容,没有利用自然规律,因此图形用户界面本身的相关专利申请不符合有关客体的规定。

在第15232号复审决定(200410045654.2)中,涉案申请要求保护一种在显示设备上显示的图形用户界面系统,该系统包括环境区组件、过程区组件、活动区组件、联系人信息组件和呼叫状态区组件。决定认为,实质上，该图形用户界面系统限定的只是一种平面布局，是对平面的规划、设计和/或安排，这种对平面的布局可由所属领域技术人员根据需要任意设定，并不需要采用技术手段。该界面系统可以解决的问题以及所能达到的效果仅是在计算机显示设备上规划出一种人为设定的、图形用户界面的平面布局，所述界面系统未解决技术问题，也未取得技术效果，因此不属于技术方案。

4.3.2　图形用户界面生成或控制方法

对于图形用户界面生成方法专利申请和图形用户界面控制方法专利申请，如果其包含了图形用户界面生成或控制中的具体工作流程，并且体现了界面生成或控制的技术交互过程，则可以确定其符合有关技术方案的规定。如果图形用户界面的生成方法或控制方法中仅仅限定了对于某一部分的定义和特定区域的划定等，则不符合有关技术方案的规定。

在第 45456 号复审决定（200810098546.X）中，涉案申请要求保护一种在电子装置中生成使用者界面的方法。决定认为，该方案虽然提及使用处理电路来接收并处理使用者输入的方向指令，并设定移动至特定区域的至少一未触发代表图像或至少一已触发代表图像所代表的执行中程序或未执行程序可为使用者所操作，但是却并未对所述处理电路如何实现上述功能的具体工作流程进行记载；该方案实际所要解决的问题仍然是使用者界面的设计布局问题，这不构成技术问题；该方案所采用的手段是通过定义了两类图像，即未触发代表图像和已触发代表图像来代表非执行中程序和执行中程序，并将这些图像设计成环状轨迹排列和旋转，以及定义了一个用于使移动至此的程序可被使用者操作的特定区域，而这些定义仅仅是一种人为的规定，而未涉及具体的技术实现手段；同时，该方案所获得的效果仅仅是使界面浏览更加人性化，从而获得更好的用户体验，这不是技术效果。

4.4　语义分析

所谓语义分析，即通过计算机程序实现的自然语言处理，其本身并不必然排除在保护客体之外，需要通过分析其问题、手段、效果是否具有技术性来进行整体上的判断。

在第35656号复审决定（200410056725.9）中，涉案申请要求保护一种计算机实现的自然语言处理方法。该方法利用的计算机、网络等，对文本进行标识、生成语义结构、评分以及选择等。决定认为，使用分别的语义剖析生成二阶段评估过程，在每一阶段必须完全考虑整个句子的内容，这使得该过程变慢，另外，如果由于组成不好、片断或错误的输入而使句法剖析失败，语义过程也会失败。这些问题是计算机实现自然语言处理过程中遇到的客观问题，属于技术问题。涉案申请要求保护的方案中包括了对文本进行标识、生成语义结构、评分以及选择等手段，这些手段是基于对自然语言的构成进行分析的基础上进行的，是技术手段。涉案申请要求保护的方案获得的效果是改进了计算机实现的自然语言处理系统的识别准确度，同时提高了这一系统的处理效率，这是符合自然规律的技术效果。

4.5 机器翻译

利用机器对语言进行自动化翻译，虽然使用了计算机，但如果整体上看仅仅是定义了两种自然语言的转换规则和对应关系，并不是对机器翻译的技术性改进，则不属于专利保护的客体。

在第44768号复审决定（200910105966.0）中，涉案申请要求保护一种机器翻译方法，其限定的方案是借助于具有特定格式的中间语言模型，先将第一语种的格式转换为符合中间语言模型格式的统一语义表达式语句，再将该语句中第一语种的词组翻译为对应的第二语种，最后按照第二语种的语言表达方式，组成第二语种的语句。决定认为，权利要求1限定的方案只是根据发明人自己的主观认识，对自然语言之间的转换规则进行了规定和定义，借助于发明人自己规定的中间语言模型以及人为规定的各语种之间的语言对应关系，实现了各语种语言之间的翻译转换，并不是对机器翻译方法的技术性改进，也没有在机器翻译上体现不同语言文字自身固有的客观语言规律与计算机技术结合的改进，因此并没有采用技术手段。该方案所要解决的问题是按照人为规定实现自然语言之间的翻译转换，不构成技术问题，获得的效果仅仅是实现自然语言之间的翻译转换，也不是技术效果。

利用机器对语言进行自动化翻译，如果在机器翻译方法上体现了不同语言文字自身固有的客观规律与计算机技术结合的改进，则属于专利保护的客体。

在第 35577 号复审决定（200810011904.9）中，涉案申请要求保护一种通用数码语义库供机器语言翻译的方法，该方法利用机器实现了各语种之间的自动对译。决定认为，涉案申请所要解决的问题是如何利用计算机实现语言之间自动化翻译的问题，属于技术问题；该方法把所有词汇根据词性特征、语义特征分解为基本语义点，按语义特征、词性特征、背景环境、句法关系，分门别类进行有规律排序，在基本语义点上按同义词关系配置两种以上语言，利用计算机在各语种之间以基本语义点为基础，按照语法规则和句法公式指令实现符合各语种的语言规律的自动对译，在机器翻译上体现了不同语言文字自身固有的客观语言规律与计算机技术结合的改进，而并非仅仅涉及人为指定的不同语言中各语义之间的对应匹配规则，因而采用了技术手段；该方法获得了在不同语种之间进行自动翻译的效果，属于技术效果。

4.6 汉字输入方法

单纯的汉字编码方法属于一种信息表述方法，不属于专利保护的客体，但是如果汉字编码方法与输入设备相结合，构成计算机系统处理汉字的一种计算机汉字输入方法或者计算机汉字处理方法，使得计算机系统能够在汉字编码后的信息的指令下对内部或外部对象进行控制，则属于专利保护的客体。

在第 53045 号复审决定（200910213605.8）中，涉案申请要求保护一种汉字输入方法。决定认为，涉案申请所要解决的问题是现有技术在拼音和五笔混输的模式下，输入串还可能会被当作是拼音串，而当用户要输入拼音时，若用户输入的拼音串还不完整，在词库中还查找不到对应的拼音词,则当输入到第四个字符时,会按照五笔输入直接上屏,输出对应的五笔词,从而给用户的拼音输入造成干扰。该问题属于现有技术中汉字输入法中存在的技术问题,即在混合输入的模式下,若用户输入到第四个字符时,没有良好的判断方式来判断五笔词和拼音词哪个为用户所希望获得,而是直接按照五笔词上屏。涉案申请采用的手段是通过获取输入串并判断输入串能否进行拼音扩展,当输入串能进行拼音扩展时,则对输入串进行拼音扩展,并从词库中查找扩展后的输入串对应的拼音词,并将该拼音词与五笔词共同作为候选词进行显示。该手段属于能够利用汉字信息为指令,运行根据相应的方法编制的程序,从而控制或处理外部对象或者内部对象,即通过对输入的字符串进行分析,将分析结果作为指令,控制显示的候选词,属于技术手段。涉案申请所获得的效果是能确保在拼音串未输入完整时,拼音串能正确的识别出,避免了当输入串对应有四码唯一的五笔词时直接上屏的情形,尽可能的减少了拼音串与五笔串之间的干扰,在输入串不会用五笔拆分时能立即用拼音打出来,而能用五笔拆分时则不会被认为是拼音串,从而提高了文字输入的流畅性。该效果能够使得使用这种改进的五笔和拼音混合的输入法时获得更加精准的上屏词,解决了现有技术中存在的问题,取得了相应的技术效果。因此,涉案申请要求保护的方案属于技术方案。

仅仅明确输入设备为某种特定的输入设备以及从操作者的角度描述如何操作该输入设备,不属于汉字编码方法与输入设备的结合,相应的输入方法不属于技术方案。

在第 9837 号复审决定(01115560.4)中,涉案申请要求保护一种电脑汉字典码输入方法,其具体记载了用鼠标选择单击目标部首或部件后,再继续点击特征选择条件窗口中给出的各个候选特征中的接续目标特征的输入汉字的方法,例如在部首与笔画数的组合来检索汉字的过程中,首先按照部首的笔画数在对话框中找到该部首,然后输入该字的剩余笔画数以从候选字对话框中找出该字。决定认为,涉案申请要求保护的方法仅记载了人机交互的界面上如何用鼠标点击所述界面上的输入汉字的候选窗口和特征条件的选择窗口上点击由部首、拼音、笔画、笔顺、笔画数部件和间架结构构成的索引直至选取到目标汉字的方法,而该方法仅仅是所述汉字典码输入法的使用方法或操作说明,由于该方法没有记载计算机如何对鼠标点击的所述索引进行处理,以使该索引能与各类汉字标准字库中的汉字相关联,从而可以得到目标汉字的技术特征,电脑主机、显示器、鼠标等硬件特征都是用来限定汉字输入法的使用方法或操作说明的特征,并不是计算机如何根据索引在汉字标准字库中搜索汉字并输出目标汉字的技术特征,其未采用技术手段或利用自然法则,而仅仅是来源于人的思维,是人为制定的一种汉字输入法的使用规则,因此涉案申请不属于专利法意义上的技术方案,不能被授予专利权。

4.7 计算机图形学

所谓计算机图形学类申请指的是如何利用计算机表示图形,进行图形的计算、处理和显示的申请,如果在该类申请中,记载有诸如如何处理图形以便实现图形呈现的技术手段,则该方案属于专利保护的客体。

在第109650号复审决定(201110130739.0)中,涉案申请要求保护一种三维图形裁剪方法,其利用公知的图形处理装置实现三维图形的裁剪,编制由计算机执行的一种裁剪三维图形的执行程序,实现对三维图形的裁剪。决定认为,根据涉案申请说明书背景技术中的描述可知,三维图形呈现技术是将观赏者在视点所看到、并且位在近裁剪平面和远裁剪平面之间的视野范围中的立体物件及场景,利用渲染程序以像素为单位使其显示在二维屏幕上。然而,在一些情况下,例如高速运动的游戏场景中,视点有时会位于视野范围之内,此时,如果仍然采用原有近裁剪平面和远裁剪平面来设定视野范围,则会造成图形处理上的错误。因此,涉案申请方案所要解决的问题在于,在三维图形显示呈现过程中,当视点位于近裁剪平面和远裁剪平面之间时,如何设定正确的视野范围并进行相应的三维图形裁剪处理,上述问题属于技术问题。采用的手段在于根据视点的坐标数据判断该视点是否位于一第一近裁剪平面与一远裁剪平面之间,如果是,重新设定近裁剪平面,即第二近裁剪平面,其与所述远裁剪平面形成新的视野范围,并依据该第二近裁剪平面对该三角形执行近裁剪程序,从而获得可视部分的多个顶点的坐标数据。上述手段首先判断视点是否位于视野范围内，即视点是否与视野不匹配，其次，如果视点位于视野范围内则调整视野范围，并根据调整后的视野范围对立体物件进行裁剪，使得立体物件形成与调整后视野范围相匹配。整个过程遵循视点变化导致视野变化，从而引发立体物件经裁剪后的可视部分联动地变化的自然规律。因此，上述手段属于遵循自然规律的技术手段。达到的效果在于避免为变化后的视点显示错误的立体物件可视化部分，属于技术效果。

4.8 信号结构和帧结构

在涉及信号结构和帧结构的发明申请中，诸如信号结构和帧结构的大小以及划分、每个组成部分所执行功能的定义、所采用序列码、扩展码等特征，通常意义上一般理解人为定义的内容，因此，对于权利要求主题名称为信号结构或帧结构并且通过这一类信号结构或帧结构人为定义的内容来限定的方案，不符合关于客体的规定。但对于将该信号结构或帧结构具体应用在信号传输中的方案，往往结合了其他技术性手段，解决了技术问题，并获得了技术效果，通常符合关于客体的规定。

在第58746号复审决定（200910084033.8）中，涉案申请要求保护一种导航和通信一体化的信号结构，其限定了该种信号结构由电文、扩频码和载波组成，同时具体限定了电文、扩展码及两种信号结构的具体组成。决定认为，根据涉案申请的记载可知，其中的两种信号结构都是在载波上调制同时包括导航信息和通信信息的电文，换句话说，涉案申请所要求保护的一种导航和通信一体化的信号结构，实质上是一种在载波上调制同时包括通信信息和导航信息这两种信息内容的电信号，即权利要求1作为一个整体要求保护的是电信号本身，而电信号本身不属于专利法意义上的产品发明，因而该权利要求不符合《专利法》第2条第2款的规定。

第二章　现有技术和现有设计

1　现有技术与现有设计的审查基准

根据《专利法》第22条第5款、第23条第4款的规定，专利法所称的现有技术和现有设计，是指申请日以前在国内外为公众所知的技术和设计。

现有技术与现有设计是专利制度中重要的法律概念，是判断专利申请是否符合授权条件的基础。

判断一项技术或设计是否构成现有技术或设计，通常围绕以下两方面进行：一是所述技术或设计是否为公众所知；二是为公众所知的时间是否早于申请日。

1.1　为公众所知的概念

《专利审查指南》进一步明确，现有技术或现有设计应当在申请日以前处于能够为公众获得的状态，并包含有能够使公众从中得知实质性技术或设计的内容。因此，"公众""公众能够所知的状态"以及"获知的实质性内容"是正确理解"为公众所知"这一概念的关键因素。

1.1.1　公众与特定人

"为公众所知"的主体是公众，现有技术或设计是否面向公众公开，通常是判断为公众所知首先遇到的问题。这里的公众为专利法意义上的公众，一般指不受特定条件限制的人，但人的数量、地域范围等因素不足以对专利法意义上公众构成限制；而对相应技术或设计内容负有保密义务的人非专利法意义上的公众，属于特定人。

1.1.1.1 公众

某些技术手册的使用者通常是具有相关行业或专业背景的人，但是该技术手册一旦公开出版发行，则使用者的行业或专业背景并不能构成对专利法意义上公众的限制，手册所承载的技术内容已经处于为公众所知的状态。

在第 28737 号无效决定（201320424967.3）涉及的案件中，请求人提交了由北京包协玻璃容器委员会、北京玻璃总厂科技学术协会出版的《埃姆哈特——行列式制瓶机操作手册》作为证据 1，用以证明该手册所披露的技术内容已构成现有技术。该手册通告中记载"操作或维修行列式制瓶机的人员应该透彻熟悉本手册内关于制瓶机操作和使用说明……因此，要求操作和维修人员或者在制瓶机附近区域工作人员经常留心和注意"；对此决定认为，这样的措辞"仅仅表明上述人员应该熟悉本操作手册，并未限定该手册仅对操作或维修行列式制瓶机的人员这一部分人公开，操作或维修行列式制瓶机的人员也不负有对证据 1 进行保密的义务"，"证据 1 的发行对象应为公众，而不是特定人，该操作手册处于公开发行的状态"。此外，决定指出，从该手册的编译发行者以及序言可以认定，该手册发行的目的不仅为全行业使用这种设备的用户提供技术信息，帮助其提高生产质量，而且具有面向公众宣传、推广相关设备操作方法的目的，因此，该手册一经出版就处于公众想得知就能够得知的状态。

向社会公开招标所发布的招标文件和公告，尽管其对投标人的资质、信誉、能力有所要求，且需要履行相关手续并购买才能得到招标文件，但其不妨碍公众通过正常渠道能够获知招标文件的内容，则该招标行为仍然是面向公众公开的，不属于向特定人发售的情形。

在第 32123 号无效决定（201420491206.4）涉及的案件中，请求人提交了招标人为"神华神东煤炭集团有限责任公司"、招标编号为 CSIE14032654 的招标文件，以及发布于神华招标网的神华神东矿用自救器过渡站设备采购安装总承包招标公告，该公告说明其采用的是公开招标方式，载明凡有意参加投标者请于招标时间到招标地点购买招标文件，同时公告了招标的时间、地点等信息。针对专利权人关于，因招标文件和公告中对投标人的资质和能力、信誉等有要求，要进行资格审核，并且说明"招标人不得泄露招标投标活动中应当保密的情况和资料"，以及需要在网上完成注册手续并需要购买才能得到招标文件；此次招标是针对特定人的，不是对公众的，招标文件等不构成现有技术的主张；决定认为，"本案中的招标形式属于招标企业向社会公开发售招标文件的公开招标"，招标方对投标人资质等的要求，只是"招标人出于对产品的安全性、产品质量、投标人是否具有履行合同的能力、是否具备足够的生产能力、能否按期交付产品、售后服务是否方便快捷等方面因素的考虑"，是"对投标人的入选范围作出的符合商业习惯的非特定性限制"；而需要注册购买才能获得招标文件，并不妨碍"社会公众通过正常渠道能够获知招标文件的内容"。因此，本案中的招标行为"不属于向特定人发售招标文件的情形"。

限地区发行的刊物，特别是其上印有"限国内发行"字样，在现国内公开发行的刊物，其发行对象仍然是"公众"，而非特定人。不能认为只有在世界范围内发行，其发行的对象才构成专利法意义上的公众。

在第12955号无效决定（00219748.0）涉及的案件中，请求人提交的一本名为《磷肥与复肥》（季刊）的杂志。该杂志上印有"限国内发行"的字样。决定认为："'限国内发行'并不说明其为保密、公众不可得知的材料"，并且该杂志"封面上印有'本杂志愿成为：窥探磷肥工业的窗口，交流各种肥料信息的桥梁，联系矿、工、商的纽带'"，可见该杂志的"目的在于交流信息，其一经发行就已处于公众想得知就能够得知的状态"。

通常，产品用户应当被认为是公众的一部分，其在申请日前通过公开销售渠道得到专利产品，并能够从中获得该专利的实质内容，该专利即丧失新颖性，除非存在法定的、约定的或默示的保密义务使该用户从公众中特定化出来。

在第881号无效决定（93228043.9）涉及的案件中，请求人提交的证据1为某喷射润滑装置于申请日前的销售发票，证据6为该设备的装配图纸，证据9是买方购买该设备的证明，主张该喷射润滑装置在涉案专利申请日前已经公开销售给鞍钢第一发电厂。在确认该公开销售行为后，决定指出："一般而言，产品用户应当被认为是公众的一部分，除非存在法定的、约定的或默示的保密义务使该用户从公众中特定化出来。假如产品用户被普遍地排除于公众范畴之外，则《专利法》第22条第2款中国内公开使用的规定将会形同虚设。就本案而言，鞍钢第一发电厂作为一个用户在申请日以前不但已经得到本案专利的喷射润滑装置，而且能够从该装置上获知其实质性技术内容，并且目前尚无证据表明该用户是特定人。"

1.1.1.2 特定人

处于保密状态的技术或设计内容不属于现有技术，那么当其获知者对此负有保密义务，且在获知者未违反义务泄露、传播技术或设计内容的情况下，该技术或设计不能构成现有技术或设计，相应的获得者为从公众中特定化出来的特定人，不属于专利法意义上的公众。

负有保密义务的人一般分为以下两种。

（1）基于法律规定或合同约定负有保密责任的人

根据法律或相关部门规定，应承担保密义务的人员属于特定人，技术内容为特定人所知，并不导致该技术内容公开。例如，国家科委发布实行的《科学技术成果鉴定办法》规定参加鉴定的有关人员应当承担保密义务❶，则基于该保密义务，科技行政管理机关、鉴定单位、同行专家以及其他参加技术成果鉴定的人员均属于特定人范畴。

在第335号无效决定（88200179）涉及的案件中，请求人提交了青岛市科委于申请日前对某设备所作的"鉴定意见书"，用于证明该设备因技术成果鉴定构成现有技术。决定认为：国家科委颁发的《科学技术成果鉴定办法》第9条规定，鉴定委员会成员对科技成果的科学价值、技术水平、学术水平、技术成熟性、经济合理性进行审查和评议，并对所鉴定的科技成果承担保密的义务。可见，鉴定会的目的并不是向公众公开技术或推销产品，鉴定会成员负有保密责任，若无证据证明泄密，则他们在申请日前

---

❶ 1987年发布的《科学技术成果鉴定办法》第9条，1994年发布的《科学技术成果鉴定办法》第38条。1994年发布的办法自1995年1月1日起施行，1987年发布的办法同时废止。

第二章 现有技术和现有设计

了解相关技术的事实并不导致该技术处于公众想得知就能得知的状态。

如果委托加工合同明确约定受托方负有保密义务，则其显然属于负有保密义务的特定人范畴，在未违反合同约定的情况下，其基于委托加工合同对相关技术或设计内容的了解，以及所实施的加工制造行为不能导致该技术或设计为公众所知。

在第 20471 号无效决定（200720124202.2）涉及的案件中，请求人提交了专利权人公司（甲方）与请求人威云公司（乙方）在申请日前签订的两份设备加工合同，用以证明在设备加工过程中、运输途中和使用过程中相关技术内容已经处于为公众所知的状态。决定认为，"两份合同的第 6 条均记载：'甲方提供的图纸其知识产权归甲方所有，乙方不得对外泄露、对外或自行组织生产，若违反按其产值的 30% 向甲方支付技术转让费'，可见，威云公司对于其在承揽加工过程中获取的相关信息具有保密义务，因此，在没有充分证据证明相关产品确已在本专利申请日之前处于公开状态的情况下，该委托加工行为本身并不构成专利法意义上的公开，对辊机设备的结构在委托加工过程中并非处于公众想要得知即可得知的状态"。

如果买卖合同约定乙方根据甲方指示制造产品，并由甲方独家收购乙方制造的产品，乙方在一定期限内不得向第三方销售该产品，则合同双方实为委托加工关系，基于合同约定，甲乙方之间的买卖行为并非面向公众的公开销售，相应的技术或设计内容乃至产品的转移也仅限于合同双方之间。因此，不能说明相关信息已经处于合同之外的任意第三方（公众）想得知就能够得知的状态。

在第 18935 号无效决定（201030186506.9）涉及的案件中，请求人提交了澳门德商朗德公司（甲方）与江苏惠宝翔鹰公司（乙方）于申请日前签订的买卖合同，用以证明相关产品已经在签订合同的三年内销售给甲方。决定认为，根据买卖合同可知，乙方根据甲方发出的订单加工相应的产品并将其发送给甲方，产品名称、规格以及品种均由甲方发出的订单所确定，"合同第 13 条约定乙方的货物由甲方独家收购，并约定三年之内不向第三方销售产品的条件，因此江苏惠宝翔鹰金属制品有限公司与澳门德商朗德公司之间的买卖关系属于特定的销售关系"。即"如果合同约定乙方根据甲方指示制造产品并由甲方独家收购乙方制造的产品,并约定乙方在一定期限内不得向第三方销售该产品,则甲乙双方之间的产品交付行为只是所述产品控制权在合同双方之间的转移,并不能说明该产品交付时其外观设计处于合同之外的任意第三方(即公众)想得知即可得知的状态"。"该合同双方之间附条件的买卖行为并不属于专利法意义上的公开销售,合同产品的外观设计也不构成涉案专利的现有设计"。

(2) 根据社会观念或商业习惯承担默契保密义务的人

在为完成产品研发而订立的试制协议中,双方当事人属于产品研发过程中的合作者,试制开发是在具有特定关系的人之间进行的,其目的在于完善产品,而非面向公众的推广使用;那么应当认为被委托的试制方对相关的技术内容负有默契的保密义务,属于特定人。这种试制研发行为尚不足以证明该内容在涉案专利申请日前已处于公众能够得知的状态。

在第1399号无效决定(91215430.6)涉及的案件中,作为使用公开的证据为请求人与阿胶厂在申请日就开发"铝质开孔方便盖"签订的协议,以及请求人将1500只白色带孔铝盖作为试样品送到阿胶厂的送货通知单和送货单存根。其中的协议记载:阿胶厂向请求人提出改进要求,阿胶厂同意在请求人试制成功后使用其生产的产品,并在试制过程中积极配合并提供必要的方便;而两张送货单据(证据8、9)的"名称及规格"栏上,填写了"白色带孔铝盖",其相应的"数量"栏上填写有"1500只",相应的备注栏上填写有"(试样品)"。决定认为,"一项发明创造能否实现其发明目的,能否达到所期望的效果,通常需要通过试用来加以检验。如果这样的试用是在特定关系人之间进行,则不构成专利法所称的公开使用"。"鉴于上述协议以及证据8、9上注明1500只白色带孔铝盖为'试样品',因此,请求人将1500只白色带孔铝盖提供给阿胶厂的目的在于对盖的可靠性进行试验,以进行改进,其行为不是公开销售行为,该行为尚不能构成白色带孔铝盖的公开使用"。

判断技术开发合作项目是否处于为公众所知,需要结合项目实施范围、运作方式及实际控制权的归属、项目参与者的权利义务以及项目实际控制方或利益方的真实意思表示进行分析，考察从中获得相关技术或设计内容的人是否属于特定人。

在第 19077 号无效决定（200920053300.0）涉及的案件中，请求人提交的证据 5 是呈贡县科学技术和信息化局（简称呈贡县科技局）出具的证明，并附有《呈贡县花卉产业科技示范工程项目验收材料》，口头审理时呈贡县科技局的两位项目负责人出庭作证，请求人主张上述验收材料所示花卉立式容器在该项目实施期间已经构成公开使用。根据上述验收材料的记载，该项目的"主要目标和研究内容"是"培育新品种，申报植物新品种产权"和"对采后处理技术、机械包装技术、冷链技术等进行开发运用，申请专利保护"；该项目的实施范围及运作方式是市科技局作为甲方提供专项经费，负责合同履行期间的检查、监督和管理以及项目完成后的验收，县科技局作为乙方负责组织、协调并落实丙方四家企业实施本项目，并采用"企业（丙方）＋农户"的形式，由丙方培训本县农户种植花卉新品种。证人出庭作证时表示，在百合新品种和冷链运输技术的研发和农户种植过程中，所述项目的丙方与农户签订协议，并对新品种种苗和冷链运输所使用的保鲜桶予以回收；参加该项目验收的评审专家对该项目负有保密义务。据此，决定认为，"通常情况下，（科技）'示范工程'的目的在于通过先进技术的实施、推广及其示范效应促进当地相关产业的发展"，但就本案而言，该项目的"实施范围以及项目的运作均与通常情况下的'示范工程'存在明显不同"，该项目"是在一个特定的范围内实施的"，并未向项目实施方以外的公司或个人进行推广，签约农户也不具有自主种植、销售花卉的权利，其所涉及的产品尚处于开发与研究阶段，从种苗到采后处理技术、自动包装技术、含水冷链运输及其设备的实际控制权仍为项目实施方，并且如果"为了通过申请专利的方式对相关的技术方案加以保护，申请人及相关单位至少在专利申请日之前应使相关技术方案处于保密状态"，综上，项目的各方参与者均属于特定人，其通过该项目的实施获知相关技术内容不能构成为公众所知的现有技术。

对于因合并或者分立引起的公司变更，基于商业习惯，变更前后的公司主体之间应具有默契保密义务，公司相关人员属于特定人范畴。

在第19782号无效决定（03256847.9）涉及的案件中，请求人提交了一份公证书，公证内容涉及对广州电池厂使用的AVR6型设备、设计图、设备的记账凭证以及设备领用单进行证据保全，内附广州电池厂吸收合并广州日用机械厂的公示文件以及固定资产盘点表。请求人使用该证据用于证明广州电池厂于申请日前已从广州日用机械厂获得AVR6型设备并公开使用，其设计图纸公开了涉案专利的相关技术特征。对此，决定认为，根据公证书中"《广州轻工集团有限公司文件》标题为'关于由广州电池厂吸收合并广州日用机械厂的通知'，结合其落款时间可确定，早在1997年4月28日广州电池厂已经吸收合并广州日用机械厂"。而公证书"第3页的设备领用单记载时间为1998年3月6日，这表明，广州电池厂在领用AVR6型浆层纸入筒机时，其已经吸收合并广州日用机械厂。此时，这种设备流转属于广州电池厂内部行为，不同于对外销售等专利法意义上的公开行为。其次，证据1中的AVR6型浆层纸入筒机设计图纸为企业内部资料。一般而言，设计图纸包含需要保密的技术信息，不会对外公开"，即这种设备流转属于广州电池厂与广州日用机械厂合并后的公司内部行为，广州电池厂不能被视为非特定商业主体，是具有默契保密义务的。因此，通常情况下公司变更导致的设备流转不构成上述设备所附技术信息向公众传播的途径，不能等同于通过销售途径使公众可获知的使用公开行为。

根据商业习惯，企业在制造新产品时为了最大限度地占据市场份额以获取经济利益，一般不会将该产品的技术内容向公众开放，这属于为企业自身利益而默契保密的情形。

若主张专利技术在申请日前已经进行了能够使公众得知其技术内容的制造，则应当有证据证明所述的制造是公开的，即已经达到公众中任何人能够接触该制造过程的状态的程度。

在第1208号无效决定（89211969.1）涉及的案件中，请求人提交了证据用于证明1988年湖南省机械进出口公司分配请求人和邵阳市五金厂依据外商提供的样品和图纸加工塑料膨胀螺母，证据包括为证明所述塑料膨胀螺母结构的图纸、塑料膨胀螺母样品，以及湖南省机械进出口公司、外商公司的证明。决定认为，"根据商业习惯，企业在制造新产品时为了本企业最大限度地占据市场份额以获取经济利益，不会将该新产品的技术信息向公众或同业竞争对手开放，这是为自己的利益而默契保密的情形。如请求人主张 1988 年请求人制造塑料膨胀螺母是公开进行的，应当负有举证责任，但是目前的证据中没有看到公开制造的证据"。

1.1.2 能够为公众获得的状态

《专利审查指南》强调为公众所知是一种能够为公众获得的状态，它并不要求公众必须实际获得，是一种公众想要得知就能得知的状态，但这种状态必须实际存在，而不能仅仅是一种有可能存在的状态。

如果请求人主张通过公开销售产品使得该产品的技术信息处于公众想得知就能够得知的状态，则当事人必须举证证明这种销售状态客观存在。

在第 31047 号无效决定（201420373531.0）涉及的案件中，请求人提交了用于保全其在涉案专利申请日后购买 HX80 气动液压千斤顶的公证书，并主张该产品已于铭牌上的出厂日处于被销售状态。决定认为，"对于专利法意义上的使用公开，应当有相应的证据证明通过使用公开的方式导致技术方案处于公众可以得知的状态，而且'技术方案处于公众可以得知的状态'指的是公众想得知就可以得知、可以获得的状态在事实上已经存在，而不仅仅是指出一种可能性"。"而铭牌是固定在产品上向用户提供厂家商标识别、品牌区分，产品参数铭记等信息的标牌，铭牌的主要作用是用来记载设备自身的生产厂家及额定工作情况下的一些技术数据，通常并不作为记录或反映具体销售事实的凭证"。"铭牌通常在产品生产制造环节由生产厂家在产品完成后进行安装和标示，而销售事实则是由合同的双方当事人在履行合同时所发生的，两者属于不同的环节，两者的行为主体也有可能是不同的主体，因此，虽然存在产品出厂后即进行销售的可能性，但也并不能排除产品出厂后经过一段时间再销售的可能性，而且请求人也未提供任何证据可以证明在相关行业中仅以产品铭牌的出厂日期而可以当然认为销售行为必然已经发生，所以，对于本案中产品铭牌上的出厂日期与产品的实际销售日期之间并没有必然的确定时间关系"。"在本案中，产品铭牌上的出厂日期 2014 年 5 月 21 日虽然略早于本专利申请日 2014 年 7 月 3 日，但两者在时间上也较为接近，进一步使得该产品的实际销售日期与本专利申请日之间存在着不确定性"。

有关技术或设计内容通过使用公开方式为公众所知，是指该技术或设计内容在申请日前通过该方式处于公众能够获得的状态，这种状态必须已经实际存在。对于某些产品设备，其组装下线标记的出厂日并不能当然等同于公开日，此时若以销售公开主张其为公众所知，应当有证据证明其实际上已经处于公开销售状态，不能仅仅是一种有可能进入销售渠道的不确定状态。

在第17491号无效决定（200530143944.6）涉及的案件中，请求人提交了公安局交警支队签发的机动车登记证书，证书除了记载机动车登记编号、车辆品牌车辆登记日期等信息外，还记载了该车辆的出厂日期为2005年12月6日，请求人主张车辆已在涉案专利申请日2015年12月20日前出厂，且"一件产品出厂后摆在摊位或者摆在柜台不一定立即销售出去，但它已经处于任何人想得知就能够得知的公开状态，出厂日即为公开日，该车属于现有设计"；在口头审理中请求人进一步提出，比照《专利审查指南》将出版物的印刷日视为公开日的规定，车辆的出场日也应视为其公开日。专利权人则认为车辆的出厂日期并非公开使用的日期。决定认为，本案请求人提出的无效宣告请求是否成立，关键在于对于汽车产品而言，车辆自身标记的出厂日期，即机动车登记证上标注的车辆出厂日期是否足以表明，于该日起所述产品已经足以让公众中任何人想得知即可得知，即已经处于公众能够获得的状态。"处于公众可以得知的状态"，是构成现有技术和现有设计的最为实质性的条件，且这种状态必须实际存在，并非仅仅是一种可能性。对此，"请求人提交的证据还不足以证明，所述汽车在标记出厂日期后立即进入了销售渠道，向公众展示、供公众挑选；并且鉴于实际生产中，许多产品，特别是车辆，一般在生产线上整车组装完毕后即打印标记出厂日期，很多车辆也不会下线后立即进入市场销售环节，通过销售、销售展示等使社会公众接触所述车辆，了解其整体外观设计。'出厂日'顾名思义为车辆出厂的日期，即使不考虑实际生产中的惯例，在没有证据证明出厂日后立即进入公开销售渠道，可以向公众展示、被公众挑选的情况下，且没有证据证明出厂日后车辆以其他方式向公众公开的情况下，不足以认定出厂即已经使产品处于公众想得知就可得知的公开状态。实际上，虽然存在车辆下线当日即进入市场销售渠道，展示给公众，甚至已经销售给公众的可能性，但也有许多车辆标记出厂日后并未立即进入销售环节"。

1.1.3 能够得知的内容

判断构成现有技术，除了要满足在申请日以前处于能够为公众获得的状态的要求，《专利审查指南》还规定了公开的信息应当包含有能够使公众从中得知实质性技术知识的内容。公开使用能够使产品处于为公众获得的状态，但对于那些不能仅从外观上获知产品内部结构、组成和功能等信息的产品，公众可以通过其他正当方法从中获知实质性技术信息的，仍然构成使用公开，这些方法包括破坏性拆解、借助已有的仪器设备或检测方法进行分析检测等。

对于涉案专利申请日前已经公开销售的产品，如果本领域技术人员通过申请日前所属领域已有的方法能够得知该产品的组成或结构，则其技术信息在涉案专利申请日前已经为公众所知，构成现有技术。

在第21569号无效决定（200810045235.7）涉及的案件中，涉案专利要求保护的是一种硅酸锆陶瓷喷砂珠，权利要求1具体限定了其化学组成。决定认为，根据证据4，即生效的上海市高级人民法院（2009）沪高民三（知）终字第137号民事判决书查明并记载的事实：原审法院查明上海西普锆制品有限公司于2008年1月21日购买了B60（0.063mm～0.125mm）和B120（0.125mm～0.250mm）两种规格的陶瓷丸，该购买过程由上海市黄浦区第一公证处进行现场公证并对两种陶瓷丸进行证据保全，而后由原审法院委托中国科学院上海硅酸盐研究所对其进行化学成分分析，中国科学院上海硅酸盐研究所于2009年4月13日出具了《分析测试报告》，报告中记载了上述两种陶瓷丸的化学组成。基于此，涉案专利的"陶瓷丸为申请日前在市场上购买获得，且其化学成分是本领域技术人员采用涉案专利申请日之前本领域已有的测试方法可以测定的，由此，在涉案专利申请日之前B60（0.063mm～0.125mm）和B120（0.125mm～0.250mm）陶瓷丸的公开销售行为导致了其化学成分处于公众想得知就能得知的状态，构成了《专利审查指南》中规定的使用公开，即B60（0.063mm～0.125mm）和B120

(0.125mm～0.250mm)陶瓷丸的化学成分构成了涉案专利的现有技术"。

对于某些人员参观施工现场是否导致其施工技术使用公开的情形，除了应当着重考虑参观人员是否是受限制的特定人、参观人员的参观目的等因素外，还应当考虑施工工程的实际情况，具体分析是否能够通过参观使参观人员获得相应的实质性技术内容。

在第19287号无效决定（200510100795.4）涉及的案件中，涉案专利保护一种箱型桥梁的桥式盾构施工方法，请求人提交了申请日前《郑州晚报》的相关新闻报道，该新闻报道了采用"桥式盾构顶进法"施工的某项目，以及来源于施工方官方网站的网页，网页包括上述项目在顶进施工过程中的照片，以及"业主多次组织各市政施工单位进行现场参观"的说明。请求人主张上述证据可以证明相关技术方案已在该项目实施中公开使用。决定认为，虽然上述报纸和网页报道可以证明采用了"桥式盾构顶进法"的某项目于涉案专利申请日之前已经开工，并允许记者、其他市政施工单位进行现场参观，本专利保护的箱型桥梁的桥式盾构施工方法，"在实际工程的应用中具有阶段性和一定的难度，其所采用的设备——盾构本身也属于大型设备，因此与结构相对简单的产品或者较为简单的方法相比，即使在该方法的实施过程中，相关人员进行了参观，也不能说明参观人员必定能够知晓所述的'桥式盾构'施工法施工的全过程，同时请求人也未提供证据证明参观者对工程的介入程度"，请求人提交的证据"无论其文字还是图片均未公开具体的桥式盾构方法，并且根据其中所述的'目前左孔箱涵已预制完毕，预计7月份可以顶进到位'可知，在发布该新闻之前，该项目的顶进工程并未实际完成"，在没有进一步证据证明施工现场允许任何人进入参观，以及目前的参观人员实际参观的实质性技术内容的情况下，不足以得出该项目的施工已经构成施工方法的使用公开。

1.2 公开时间的判断

构成现有技术的时间界限是申请日，享有优先权的，指优先权日。《专利审查指南》第二部分第三章第2.1.1节规定，广义上说，申请日以前公开的技术内容都属于现有技术，但申请日当天公开的技术内容不包括在现

第二章 现有技术和现有设计

有技术范围内。

对于出版物而言，出版物的印刷日视为公开日，印刷日只写明年月的，以所写月份的最后一日为公开日。如果该日期与涉案专利的申请日（有优先权日的，指优先权日）为同一日，则不能构成现有技术。

在第 17439 号无效决定（200720199822.2）涉及的案件中，请求人提交了附件 4《LED 制造技术与应用》，该书版权页记载有"2007 年 7 月第 1 次印刷"字样。决定认为，该份证据除在版权页上记载了上述印次外，没有记载其他与公开日期有关的信息，由于其印刷日只写明年月，则应以所写月份的最后一日为公开日，因而附件 4 的公开日期为 2007 年 7 月 31 日，与本专利的优先权日（即 2007 年 7 月 31 日）为同一天，因此，附件 4 不属于专利法意义上的现有技术，不能作为评述涉案专利新颖性、创造性的证据。

展会会刊通常在展会召开之前或至少在展会召开时既已散发，在没有反证予以否定的情况下，可以认定最迟于展会召开当天所述会刊已向公众公开。

在第 10928 号无效决定（03318425.9）涉及的案件中，请求人提交的证据 7-1 是为中国百货商业协会主办的第 90 届中国文化用品商品交易会出版的《第 90 届中国文化用品商品交易会会刊》的封面页及内页的扫描印刷版。决定认为，在该证据真实性得以认可的情况下，根据会刊第 6 页可知，第 90 届中国文化用品商品交易会于 2002 年 12 月 23 ~ 25 日在广州举行，"而且该会刊的大多数页面上都印有相关参展商的展位，给出详细地址、电话、传真以及邮政编码等信息，可见该会刊并非仅为展出单位内部交流使用，而是面向社会公众的，通常可以推断该会刊是在该交易会召开之前或者召开之时散发的，因为只有在展会开始前或开始时已散发该会刊才可以保证拿到该会刊的人根据会刊上的参展商的广告以及相应参展商的展位号进行有选择性的咨询和交易，如果晚于展会召开时的时间散发该会刊就没有意义了。因此该会刊最晚在 2002 年 12 月 25 日就已经公开了，早于本专利的申请日，证据 7-1 内页上登载的相关图片可以与本专利的外观进行相同或相近似的比较"。

企业的广告宣传册本身可能未表示其印刷日，此时可以结合该宣传册上的其他信息认定其是否在涉案专利申请日之前公开。

在第 22381 号无效决定（200430045506.1）涉及的案件中，请求人提交了来源于专利权人公司专卖店，名称为"情调中国"的宣传页，该宣传页页尾所印的地址为"南海市"，电话号码为 7 位数。决定认为，公司宣传页的作用是向不特定公众宣传、介绍其所销售的产品，印刷后通常会很快投入使用。本案中，结合其他证据可知，南海市于 2002 年 12 月 8 日经批准撤市建区，变为佛山市南海区，佛山市南海区的电话号码自 2003 年 12 月 6 日由 7 位升为 8 位；由此可以推断宣传页印制于 2003 年 12 月 6 日之前，早于涉案专利申请日 2004 年 7 月 28 日；根据该宣传页的作用以及涉案专利申请日的时间，在没有其他证据能够证明存在相反情况的，可以认定该宣传页在申请日前已经处于为公众所知的状态。

科研单位如果对其所掌握的或用于评审的科研或技术项目进行编纂，其上所标明的编纂日、提交日并不必然表明这类资料公开发表的时间。

在第 23006 号无效决定（200410018255.7）涉及的案件中，请求人提交了证据某大学项目汇编及其目录，目录中记载了该项目的提交日期，并附有相关项目的技术简介。决定认为，"根据上述证据不能明确'提交日期'指示的是提交至何处的日期，仅根据该日期尚不能证明该证据所包括的技术内容从所述日期开始就处于公众想要得知就能得知的公开状态，因此不能作为公开日期"。

当产品说明书随附产品的公开销售处于为公众所知的状态，且没有证据表明其单独发行的，不能以其印刷日作为它的公开日。以具体的公开销售行为证明产品处于公开状态的，且销售日期早于涉案专利的申请日，则销售时随附的产品说明书的内容已经构成现有技术或设计。

在第 6490 号无效决定（02329542.2）涉及的案件中，请求人提交的证据 11 是 MJ-171NR/176NR 的产品说明书。决定认为，"由于这种产品说明书只随附于相关产品，即随附产品销售而处于公开状态，请求人对此也予以认同。该产品说明书的公开日并不是它的印刷日，而是产品处于销售状态的日期。请求人没有提供任何关于相关产品在国内公开销售的证据,无法得知在国内是否公开销售以及销售日期。同时,也没有任何证据表明该产品说明书单独公开发行。因此,证据11的公开日不能确定,即不能确定证据11的公开时间在本专利申请日之前"。

对于以使用方式公开的情形,《专利审查指南》并未规定其适用出版物公开方式中关于公开时间的法律推定,而应以公众能够得知该产品或者方法之日作为相应技术或设计的公开日。

在第17491号无效决定(200530143944.6)涉及的案件中,请求人提交了公安局交警支队签发的机动车登记证书,证书除了记载机动车登记编号、车辆品牌车辆登记日期等信息外,还记载了该车辆的出厂日期为2005年12月6日。口头审理中请求人提出,比照《专利审查指南》将出版物的印刷日视为公开日的规定,车辆的出厂日也应视为其公开日。专利权人则认为车辆的出厂日期并非公开使用的日期。决定认为,本案的关键在于"该车辆的'出厂日'是否可以像出版物将印刷日视为公开日那样,也可以将车辆自身标记的出厂日视为公开日"。根据《专利审查指南》的规定,通常情况下"将出版物上表明的印刷日视为公开日……,但对于通过使用等方式导致的公开情形,《专利审查指南》并未规定适用类似的法律推定,而是规定使用公开是以公众能够得知该产品或者方法之日为公开日"。"对于本案情况,不适用出版物公开日的推定,即并非如请求人所述,应当将某一日视为产品的公开日"。

2 出版物公开

《专利审查指南》在明确"为公众所知"的含义外,进一步规定现有技术与设计的公开方式包括出版物公开、使用公开和以其他方式公开。总而言之,现有技术或设计可以以任何载体形式传播信息,只要所述的信息能够为公众所知,即构成现有技术或设计。

出版物是指记载有技术或设计内容的独立存在的传播载体。出版物公开是审查实践中最为常见的公开方式,其不仅限于印刷品,除专利文献、书刊外,还有多种以出版物为载体的公开。

2.1 书刊

虽然刊物上印有"内部资料""内部发行"字样,但考察其实际发行范围、面向的受众、出版目的以及出版内容,已经能够判断该刊物是面向普通的行业从业者发行,且普通读者对其内容并无任何保密义务,则该刊物为已经处于公众想得知就能够得知状态的公开出版物。

在第28589号无效决定(200910099406.9)涉及的案件中,请求人提交的证据1为《中国日用玻璃杂志》2009年2月第1期刊载的一篇文章、附件4~9为该杂志的创刊号以及2009年第1~6期的连续期刊,该杂志均标注有"内部资料"的字样。决定认为,"首先,附件4即该刊物创刊号的'卷首语'刊载了'《中国日用玻璃》……是中国日用玻璃行业会员单位和广大日用玻璃从业者的读物'和'通过行业新闻、调研考察、技术交流、质量与标准、信息速递、协会建设、企业风采等栏目向广大读者传递大量新的重要的信息',可见其面向的读者对象不仅包括玻璃行业会员单位,还包括普通的行业从业者,其文章内容并不囿于行业新闻,还涉及技术信息,其发行范围并不限于行业协会内部,还在全国努力扩大发行范围直至相关行业,其公开的程序并不限于保密,还供广大读者公开阅览。其次,从附件4-9中目录内容可见,其包括对行业现状、企业动态、技术交流等相关内容的刊载;在附件5第76页中《重要通知》部分的'关于开展宣传企业做好信息服务工作的函'中刊载了'为加强行业的宣传……',同时在附件4-9中也刊载了类似的函件,由此可见,该杂志的出版目的之一在于对行业、企业进行宣传,扩大行业影响力、提高企业知名度。再次,无论证据1中、还是附件4-10中均未明示或者暗示有会员单位或者读者需要负有保密义务,从其刊载的内容来看,其中也并不涉及相应涉密内容。综上,虽然证据1以及附件4-10中均标注有'内部资料'的字样,但考虑其面向的受众、发行的范围、出版的内容以及出版的目的,其应处于'公众想得知即可得知'的状态,因此其符合专利法意义上对于'公开'的要求,即其公开性可以确认"。

2.2 专利文献

专利文献说明书背景技术部分记载的内容取决于撰写者自身对现有技术的认知水平，并不必然反映该内容在专利申请日以前已经处于公众想得知就能够得知的状态。因此，对于专利说明书背景技术中描述的内容，不能想当然地将其认定为该申请的现有技术。

在第 25600 号无效决定（200720006204.1）涉及的案件中，请求人主张，涉案专利权利要求中的技术特征已被涉案专利背景技术所公开，因而相对于涉案专利背景技术不具备新颖性、创造性。决定认为，"由于背景技术部分内容通常是由专利申请人或发明人根据其所掌握的知识撰写，由于不同申请人或发明人所掌握知识的差异性和局限性，专利文献背景技术部分内容往往具有一定的主观性，在没有其他证据证明的情况下，仅凭背景技术部分的记载，并不能认定其必然是在该专利文献的申请日或优先权日之前构成公开，也就是说，仅凭专利文献的记载并不能说明所述技术信息在该专利文献的申请日或优先权日之前必然处于公众想得知即可得知的状态"。

不同国家和地区的专利法或相关法规会对各类专利文献的公开时间、公开方式作出具体的规定。在认定专利文献的公开日时，应以其所属国的法规为准。

在第 54749 号复审决定（200810034068.6）涉及的案件中，实质审查过程中引用了对比文件 1（US60/959,413，2007 年 7 月 13 日）。决定认为，"该对比文件是一篇美国临时申请文件，该临时申请的申请日是 2007 年 7 月 13 日，并未记载公开日期，随后提出的要求 US60/959,413 为优先权的正式申请为 PCT/US2008/069631（公开号为 WO2009/012109A2），但其公开日为 2009 年 1 月 22 日，晚于本申请的申请日。根据《美国专利法》第 122 条（2）款规定，属于根据《美国专利法》第 111 条（b）款提交的临时申请不予公布，不能将 2007 年 7 月 13 日视为公开日，同时也没有证据表明该文件在本申请的申请日以前处于能够为公众获得的状态，因此，该文件不能构成本申请的现有技术"。

2.3 技术标准

2.3.1 不同级别的技术标准

国家标准是由国务院标准化行政主管部门编制计划、组织草拟，统一审批、编号、发布的。发布即公开，因此国家标准的发布日即其公开日。

在第 27745 号无效决定（200630000552.9）涉及的案件中，请求人提交的证据 3 是中华人民共和国建筑工业行业标准 JG/T 3047—1998《采暖散热器灰铸铁柱翼型散热器》，证据 4 是中华人民共和国国家标准 GB 19913—2005《铸铁采暖散热器》，其中，证据 3 的封面上记载了其由中华人民共和国建设部于 1998 年 7 月 13 日发布，证据 4 封面下方印有 2005 年 10 月 26 日发布，中华人民共和国国家质量监督检验检疫总局 中国国家标准化管理委员会发布。决定认为，"虽然专利权人主张应以出版物的印刷日作为公开日，但是《专利审查指南》第二部分第三章 2.1.2.1 中指出，出版物的印刷日视为公开日，有其他证据证明其公开日的除外。根据《标准化法实施条例》第 12 条、第 14 条的规定，国家标准由国务院标准化行政主管部门编制计划、组织草拟，统一审批、编号、发布；行业标准由国务院有关行政主管部门编制计划、组织草拟，统一审批、编号、发布，并报国务院标准化行政主管部门备案。由此可见，证据 4 是由国务院标准化行政主管部门，即中华人民共和国国家质量监督检验检疫总局、中国国家标准化管理委员会发布的，证据 3 是由有关行政主管部门，即中华人民共和国建设部发布的，发布即公开，证据 3、证据 4 中所记载的内容已经分别于 2005 年 10 月 26 日、1998 年 7 月 13 日公开"。

对于行政管理部门发布与技术或设计有关的通知，并就该通知向社会公众指引获得其信息的渠道的，可以认定该技术或设计内容处于公众想得知就能够得知的状态。

在第 28240 号无效决定（201220352347.9）涉及的案件中，请求人提交了附件 1，即天津市建筑标准设计办公室发行的天津市工程建设标准设计图集，用于证明该图集作为公开出版物已构成涉案专利的现有技术。专利权人认为该附件不属于正规出版物，因而对其公开性持有异议。决定认为，"上述图集内含天津市建设管理委员会关于批准该图集为天津市工程建设标准设计的通知，并注明了'津标建筑标准图发行站'的地址、邮编和订购电话，上述内容足以表明公众中的任何人能够通过行政部门的指引，通过'津标建筑标准图发行站'进行订购，属于专利法意义上的公开出版物"。

对于行业标准草案在正式颁布之前通过邮件发送给多个收件人，但有证据表明所述收件人属于参与该标准制定的企业或其员工的情形，通常认为上述草案所记载的技术信息并未处于公众想得知就能够得知的状态。

在第28661号无效决定（201120437137.5）涉及的案件中，证据7为国家电网公司企业标准《纯电动乘用车快换电池箱通用技术要求（送审稿）》，并提交了证据6，其明确记载证据7是通过互联网登录腾讯网邮箱搜索邮件"soybean. lin 纯电动乘用车快换电池箱通用技术要求 – 2011 – 10 – 19 收件箱 2011/10/19"的邮件链接进行下载的Word版，该邮件发件人为大有公司新产品发展部林某soybean. lin，收件人为董某（许继公司）xin＊＊＊＊＊@x＊gc. com，抄送Wanderer〈191＊＊＊@qq. com〉；君某〈8789＊＊＊＊@qq. com〉。决定认为，"根据证据6记载的公证过程，证据7是通过登录腾讯网私人邮箱，输入邮箱账号和密码登录邮箱搜索到的邮件，该邮箱属于私人邮箱，有账户名和密码保护，并非处于公开状态"；"根据口头审理当庭双方当事人确认，证据6的邮件发件人林某、收件人董某均隶属参与标准起草企业，在该标准发布前，参与标准制定的企业和个人负有默示的保密义务，不属于社会公众的范畴，因而无法据此认定该标准送审稿在邮件发送之日起处于公众想得知即可得知的状态"。

企业标准虽然其已标明发布日期、实施日期，并在相关的行政管理部门进行过备案，但所述"发布""实施"及"备案"行为并不必然使得该标准处于公众想得知就能够得知的状态，在没有其他证据证明其已向公众公开的情况下，该标准不能构成现有技术。

在第10246号无效决定（03242559.7）涉及的案件中，请求人提交了证据3，其中包括山东省泰安市宁阳县华丰标准件厂企业标准《汽车用换档、换位操纵钢索》（标准编号鲁 Q/09NHB002－95）和泰安泰龙软轴软管厂企业标准《汽车用换档换位操纵钢索》（Q/09NHB002－1999）。决定认为，"证据3作为企业标准，虽然标明了发布及实施日期，也进行了备案，但是这种'发布'、'实施'及'备案'并不能视为专利法意义上的公开。其原因在于：首先，企业标准在企业内部适用，其中的部分内容，特别是其中的技术解决方案很可能属于企业的技术秘密，作为国家行政机关的备案部门应当意识到企业标准可能包含技术秘密，从而应当履行保密义务；其次，企业标准备案后成为标准档案，根据《档案法实施办法》第26条和《标准档案管理办法》第16条的规定，公众不能随意查阅。另外，请求人未能提供证据证明该企业标准已向社会公众公布，并且该企业标准在本专利申请日之前已经处于任何公众想要得知即可得知的状态，因此，证据3不能视为在本专利申请日之前已经公开，其记载的内容不能构成本专利的现有技术，无法破坏本专利的新颖性"。

2.3.2 各种药品标准

对于国务院卫生行政部门（国家药品监督管理局）下发的药品标准颁布件，应根据具体情况考察其公开性，通常不能认为药品标准颁布件必然符合"为公众所知"的条件，应当根据颁布件发送的对象、记载的内容以及当事人提供的其他佐证，综合判断其在涉案专利申请日以前是否处于公众想得知就能够得知的状态。如果所述颁布件的主送单位和抄送单位仅限于行政主管部门和申报单位，并且没有其他证据证明该颁布件属于公众想获得就能够获得的公开文件的，不能认定其构成现有技术。

在第7275号无效决定（01131203.3）涉及的案件中，请求人提交的证据1是卫生部第（98）卫药标字 z－037 号国家标准（新药试行标准转正式标准）颁布件，其载明了药品名称为通心络胶囊，研究和生产单位是石家庄以岭药业股份有限公司，实施日期是1998年7月5日，主送单位是河北省卫生厅，抄送单位是卫生部药典委员会、卫生部药品审办公室、中国药品生物制品检定所、河北省药品检验所、申报单位；就证据1的公开性问题，请求人进一步提交了其他证据。决定认为，该颁布件的主送单位和抄送单位都是特定的，因此其公开的范围也是特定的，不能认为该颁布件对

第二章 现有技术和现有设计

不特定的公众来说是可以任意获得的。对于请求人提交的证据5，即国家药典委员会于2004年9月29日出具的公函，该证据仅仅表明国家药典委员会核对了北京佳诚医药有限公司提供的"通心络胶囊"的处方和制法，并没有证明其中的"处方"和"制法"在本专利申请日之前为公众所知。另外，从该证据可知，通心络胶囊的处方和制法保存于国家药典委员会保存的档案中，根据国家技术监督局1991年10月28日发布的《标准档案管理办法》第16、17条规定，"标准档案一般不外借""任何个人不得将标准档案占为私有，凡损坏、隐匿、丢失或泄密的，应当追究有关人员的责任"，即有关人员对标准档案有保密的责任。因此，证据5也不能证明证据1在本专利申请日之前为公众所知。

如果药品标准颁布件发布的目的是规范全国、全地区或全行业的执行标准，并且发送对象没有特别限制，可以认为公众就是相关行业中的一员，该文件处于公众想要获得就能获得的状态。

在第8566号无效决定（01131203.3）涉及的案件中，请求人提交的证据1'是国家药品监督管理局关于"六味地黄胶囊"的国家标准（修订）颁布件2002ZFB0227号，其是对卫生部药品标准第WS3-B-1518-93号进行修订后的药品标准颁布件，其落款日期为2002年10月16日，并在该落款日期上盖有国家药品监督管理局印章，其主送、抄送单位众多：除主送单位外，其抄送单位包括各省（自治区、直辖市）药品检验所、总后卫生部药品仪器检验所、四川华泰药业有限公司、贵州康纳圣方药业有限公司，以及各相关生产单位。决定认为，由于证据1'是在修订原国家标准的基础上的颁布件，而原来国家标准所针对的对象为全国所有生产、销售、使用和检验"六味地黄胶囊"的企事业单位和个人，因此，该修订标准的范围仍然是针对上述范围，以在全国范围内以及全行业内规范此品种药品的质量标准。由此可见，该药品标准不是针对个别群体发布的内部文件，颁布此标准的目的也是广而告之，希望全社会的力量都参与到药品质量的规范、监督中来，应当为广大社会公众所知。进一步从其主送和抄送信息考虑，除主送单位外，其抄送单位包括各省（自治区、直辖市）药品检验所、总后卫生部药品仪器检验所、四川华泰药业有限公司、贵州康纳圣方药业有限公司，以及相关生产单位。其"实施规定"一栏中明确注明："本标准自实施之日起执行，原标准同时废止。除四川华泰药业有限公司、贵州康纳圣方药业有限公司以外，其余生产企业在按修订标准执行时，前三批必须送省药品检验所检验，并报药典委员会备案。"可见，该修订标准所针对的对象包括所有相关生产单位，并且对相关单位执行此标准时的做法作出了要求，为此，该文件必然需要处于"能够为公众获得的状态"，以便相关单位及时了解、遵照执行。所以当颁布件的性质并不是针对具体单位或个人，并且其抄送范围也没有特别限制时，可以认为此类颁布件属于专利法意义上的公开出版物。

国家药品监督行政管理部门编纂发行的药品标准汇编属于部颁标准汇编本，其发行是为了在全国范围内统一药品的生产工艺和质量标准，该汇编不是在特定范围内发行并要求保密的出版物。上述药品标准汇编一经发行，或公众可以通过申请公开政府信息的方式获取的，即处于公众想得知就能够得知的状态，而缺少出版者、印刷者、书号以及标注有"内部资料"等抗辩事由不足以否定此类药品标准汇编属于专利法意义上的公开出版物。

在第17631号无效决定（200410034163.8）涉及的案件中，请求人提交的证据1和证据5均为《国家中成药标准汇编（口腔、肿瘤、儿科分册）》（国家药品监督管理局编2002年）中的相关内容。决定认为，上述证据"是负责国家药品监督管理的行政部门编纂发行的药品标准汇编，目的是在全国范围内统一药品的生产工艺和质量标准，因此这种药品标准的汇编本是任何人均可获得的，处于公众想得知就能够得知的状态"。另外，上述证据封面上记载了"国家药品监督管理局编二〇〇二年"的字样；前言页记载了"从2001年初开始，我局对尚未纳入国家药品标准管理的中成药地方标准进行了清理整顿工作。在广大中医、药学专家的帮助下，此项工作已全面完成"，且落款日期为"2002年11月20日"；该汇编本中所有试行标准均自2002年12月1日起实施，故该汇编本在2002年11月20日已汇编完成，并应在实施起始日2002年12月1日前公开发行。鉴于该汇编本上未明确记载公开日期，推定其最迟公开日为2002年12月31日。综上所述，证据1和证据5均为专利法意义上的公开出版物，且在本专利的申请日之前公开，构成本专利的现有技术。

进口药品的注册与检验由中国食品药品检定研究院承担，其所复核的药品标准通常属于保密文件，并不处于公众想得知就能够得知的状态。

在第8006号无效决定（01128758.6）涉及的案件中，请求人提交了某产品在我国的医药产品注册证（附件1）、该产品的进口注册质量标准（附件2），以及该产品的进口药品检验报告书（附件6）。决定认为，附件2是企业标准，虽然该标准为中国药品生物制品检定所在申请日前出具，但检定所获得该标准是出于工作职责，不能视为为公众所知，此外，根据我国《进口药品管理办法》有关"进口药品质量复核规则"第11条的规定，"经国家药品监督管理局批准的进口药品注册标准由中国药品检验总所印发各口岸药品检验所"，也可以证明各口岸检验所是作为特定机构，获得药品进口检验标准，而非社会公众，因此不能用于证实该标准在涉案专利申请日前为公众所知。因此，附件2中的标准不能因为行政管理部门针对进口药品的监督管理行为而导致相关技术内容在涉案专利的申请日前处于为公众所知的状态。

2.4 学位论文

学位论文在答辩前印送学位授予单位，并由该单位聘请有关学科专家进行评议，该过程通常被认为是在特定范围内的传阅，有关单位的工作人员以及评阅专家应负有保密义务，论文并未处于公众想得知就能够得知的状态；即使因答辩之后在公共图书馆上架，或者收录于书籍、报纸杂志或在线电子期刊等，使论文处于公众想得知就能够得知的状态，也不能以将论文提交学位授予单位的日期作为其公开日，而应当具体考察图书馆上架日期，书籍、报纸杂志或在线电子期刊的公开日期。

在第25532号无效决定（200510013603.6）涉及的案件中，请求人提

---

❶ 中国药品生物制品检定所（简称中检所），已更名为中国食品药品检定研究院。

交了证据2（《新基质复方丹参滴丸的研究》，王巍，第二军医大学学位论文，论文提交日期2004年4月，论文答辩日期2004年5月）作为现有技术证据，并于口头审理当庭出示了由国家图书馆出具的文献复制证明，以及用于证明证据2公开时间的公证书，该公证书的公证内容为在中国知网上检索证据2论文的过程，检索到的网页上显示该论文的发表日期为"2004-04-01"。专利权人认为，国家图书馆出具的文献复制证明没有记载论文的公开时间，而论文提交日期为2004年4月，还要经历答辩和学位授予过程，因而对中国知网所显示的论文发表日期提出质疑。决定认为，提交学位论文是为了印送给相关学科的专家进行评议或由答辩委员会评阅，论文提交日期并不能表明此时该论文已经处于公众能够获知的状态，因此，为查明案件事实，本案合议组在中国知网上搜索查询了证据2所涉及的学位论文，结果显示该论文收载于中国优秀博硕士学位论文全文数据库（硕士）医药卫生科技辑（季刊）2005年第01期中，该期于2004年12月16日至2005年3月15日出版，早于涉案专利申请日，可以作为涉案专利的现有技术证据使用。

论文答辩通常需要经历提交论文答辩稿、答辩、根据答辩评委意见修改答辩稿、提交最终定稿几个环节。密级为公开的论文通常可以认定其答辩也是对外公开的，经履行一定程序，相关社会公众可以参加答辩，但答辩时，通常仅将论文提供给答辩委员会相关成员，并不向旁听人员发放，旁听人员能够得知的技术内容一般仅限于论文答辩过程中口头公开的技术内容，其并不等同于论文的书面内容。而图书馆或网络数据库平台等最终收录的论文内容可能不同于论文答辩稿的内容，更不等同于论文答辩过程中口头公开的技术内容。因此，一般不直接将论文答辩日期作为图书馆或网络数据库平台等最终收录的论文的公开时间。

在第28990号无效决定（201020553487.3）涉及的案件中，请求人提交了证据3——名为《煤矿架空乘人装置的设计与仿真研究》的山东科技大学硕士学位论文（其上载明答辩日期为2009年6月）以及国家图书馆科技检索中心出具的文献检索复制证明，以此证明论文为现有技术。决定认为，"请求人提交的证据3本身并未显示其出版日期或者印刷日期，仅凭证据3显示内容不能确定其作为公开出版物的公开时间。请求人提交的文献复制证明,仅能够表明在国家图书馆科技检索中心出具文献复制证明的检索日(该日期晚于涉案专利申请日)证据3处于公开状态,但是上述文献复制证明未表明,证据3何时被收录于国家图书馆或其科技检索中心的数据库之内,或者证据3何时向公众公开出版。请求人也未提交其他证据证明证据3是何时公开出版或者被公共信息数据库收录"。"论文答辩时所公开的内容与国家图书馆收录的论文内容之间不存在直接的对应关系,证据3中答辩日期通常不能作为该论文已在论文答辩日期公开的依据。在请求人未提供其他证据证明证据3论文中的内容在答辩程序中已向社会公众公开的基础上,不能确定证据3所示内容已在答辩日公开。基于上述理由,在现有证据的基础上,合议组不能确认证据3中的答辩日期为其具体公开日期。同时,涉案专利的申请日为2010年9月30日,与证据3显示答辩时间相距不足两年,在缺乏相关证据支持的情况下,合议组也无从推定该证据一定在涉案专利的申请日之前公开。故证据3不能作为评价涉案专利权利要求创造性的现有技术"。

2.5 其他印刷品

国家强制性产品认证(CCC)试验报告在认证机构留档,该留档资料仅供国家相关执法部门和申请人查阅,在无其他佐证的情况下,该试验报告并不足以证明所检测的产品从通过检测之日起就已处于公众中任何人想要得知该产品技术就能够得知的状态。

在第12714号无效决定(200420093711.X)涉及的案件中,请求人提交的证据11-1是编号为005-CG2003-2168的国家强制性产品认证(CCC)试验报告。决定认为,"该试验报告是由认证机构指定的检测机构作出的,是产品通过3C认证的一个环节,当认证后,该试验报告将在认证机构留档,该留档资料仅供国家的相关执法部门和申请人查阅,因此,证据11-1只能证明型号为'DF650-T 220V 50Hz 650mm 187W'的强力电风扇于2003年7月5日通过安全型式试验,在无其他佐证的情况下,证据11-1并不足以证明所检测的电风扇于2003年7月5日起已处于公众中任何人要得知该技术就能够得知的状态"。

企业通过运动会秩序册进行广告宣传,使相关的运动产品以运动秩序册为信息传播载体散发,则该秩序册处于公众想获得就能够获得的状态。

在第 25032 号无效决定(201330436434.2)涉及的案件中,请求人提交了证据 3-1(2013 年河南省轮滑锦标赛秩序册,该秩序册印有某产品广告)、证据 3-2(河南省社会体育管理中心出具的证明,证明 2013 年河南省轮滑锦标赛于 2013 年 8 月 24~25 日在河南省体育中心举办,赛事现场分发了 2013 年河南省轮滑锦标赛秩序册)。决定认为,赛事的秩序册一般于赛事期间公开发放,证据 3-2 可以证明证据 3-1 的秩序册在 2013 年 8 月 24 日公开。伴随秩序册的公开发放,其上印制的产品已经处于公众想得知就能够得知的状态。

3 使用公开

使用可以导致技术与设计处于公众可以得知的状态,包括向公众公开销售产品、在公开场合使用、展示某技术或设计等。

3.1 销 售

根据非机动车第三者责任保险的保险单可以确定保险单中车架号所对应的车辆在保单生效之前已公开销售。

在第 30267 号无效决定(201420068387.X)涉及的案件中,请求人提交的证据 2-1 中包含签单日期为 2013 年 4 月 24 日的中国人民财产保险股份有限公司非机动车第三者责任保险条款保险单(简称 PICC 保单),以及签单日期为 2014 年 4 月 24 日的太平洋保险非机动车辆第三者责任保险保险单(简称太平洋保单),上述两份保单的被保险人系徐传武,非机动车的车架号均为 LDEA01 * 02000212 * F。决定认为,"众所周知,对于电动车类的非机动车辆来说,车架号相当于是车辆的身份证,具有对车辆的唯一识别性,因此,上述两份保单针对的是车架号为 LDEA01 * 02000212 * F 的同一辆汽车。且两份保单的保险期限分别是'自 2013 年 4 月 25 日零时起至 2014 年 4 月 24 日二十四时止'和'自 2014 年 4 月 25 日零时起至 2015 年 4 月 24 日二十四时止',保险期限连续。此外,证据 2-1 中还包括与上述保单对应的保险服务卡,虽然保险服务卡中的保险期限与上述保单中的保险期限的时间不一致,但中国人民财产保险股份有限公司系知名保险公司,与请求人无利害关系,且保险的生效日期是以保险单上所记载的日期为准,请求人所提供的 PICC 保险服务卡是随该电动车销售时配发的,由电动车的生产企业或销售企业在电动车售出时填写的,可能存在与保单不一致的情况,该车保险的实际期限应以保单上的为准。因此,根据 PICC 保单以及太平洋保单,可以确定该车架号为 LDEA01＊02000212＊F 的车辆于 2013 年 4 月 25 日之前销售给客户徐传武,此时已处于公众想得知就能够得知的状态"。

"试运行"一般是指设备购买后投入生产使用前所经历的检验阶段,不能仅因为相关设备尚处于试运行阶段而否认其由于销售行为已经处于公众想得知就能够得知的状态。

在第 881 号无效决定（93228043.9）涉及的案件中,请求人提交的证据 1 为某喷射润滑装置于申请日前的销售发票,证据 6 为该设备的装配图纸,证据 9 是买方购买该设备的证明。对此,专利权人提交了买方的补充证明,其中记载有"技术负责人亲自来我厂介绍这种设备,……此后该厂主动、自愿把设备在我车间进行试运行,从安装到调试,跟踪服务都比较热情,并能根据我厂的具体情况、现场条件进行改进"。决定认为,专利权人提交的反证仅能证明,"厂商推销其产品的整个过程,从上门向客户推销产品,到帮助客户安装调试设备的过程,尤其是跟踪服务热情等语准确地反映出双方是供方与需方、服务与被服务的销售关系。这里,'试运行'是发电厂中重要设备投入生产使用前的必要的检验步骤,并非是为完成发明而进行的工业试验。这里的'进行改进'则是供货厂商根据客户要求或现场条件单方对所提供的设备作某些局部改动以适应客户需要的行为,没有理由就此认为鞍钢第一发电厂是合作开发喷射润滑设备的特定人",相关设备于申请日前已经处于公开使用的状态。

一般而言,产品型号与产品结构具有唯一对应关系,在当事人不能提供任何证据证明一个产品型号对应多种结构的情况下，如果具有相同产品型号的产品实物已经在申请日前处于公开销售的状态，且其内部结构并无被更换的迹象，则可以确认该产品实物的内部结构构成现有技术。

在第27838号无效决定（201420054693.8）涉及的案件中，请求人提交的证据6包括公证书、转账业务凭单、编号为14450663的浙江增值税专用发票，证据7为上述公证书涉及的被封存的TM240A产品实物。决定认为，证据6可以证明证据7的实物已于申请日前因销售行为而使用公开，构成现有技术。虽然专利权人主张证据6所销售的产品曾采用过多种结构，并不与证据7唯一对应，但"根据惯例，产品型号是用于表征产品结构而便于购买者识别的，因此，同一产品型号一般对应于相同的产品结构"，专利权人在其"意见陈述中仅含糊地指出TM240A贴片机的编带进料装置结构变化有3个阶段及各自的优缺点，而对这3个阶段的起止时间信息没有任何提及，也未明确指出'杭州奔峰电子有限公司'于2013年3月14日向专利权人购买的该台TM240A贴片机在销售时的编带进料装置应当是何种结构，而其作为该产品的生产者，对此应当是清楚的，并且，专利权人也没有具体说明其产品的各种编带进料装置的结构如何能够相互替换。综上所述，专利权人提出的相关主张没有说服力，合议组对此不予支持"。

如果某型号的产品已被公开销售，但有证据证明其型号实际上对应多种结构，此时若没有表明被销售产品结构的证据，则不能确认被销售产品的具体结构。

在第27946号无效决定（201520008445.4）涉及的案件中，请求人提交了一系列证据，用以证明黄骅市昌达起重设备有限公司（昌达公司）在本专利的申请日前向多个需方销售ZLP630电动吊篮配套的提升机（简称ZLP630提升机），并提交了多份照片证明ZLP630提升机的具体结构。决定认为，虽然昌达公司所销售的ZLP630提升机在申请日以前已经处于公众想得知就能够得知的状态，但是对于"ZLP630"的具体含义，专利权人主张"Z代表装修机械类、L代表吊篮、P代表提升式，630代表额定载重量为630kg，故ZLP630对应所有额定载重量为630kg的提升式吊篮"，同时专利权人提交了《国家标准"GB 19155—2003 高处作业吊篮"》予以佐证，据此可知,"ZLP630"为本行业内的标准命名规则,其具体含义为"装修机械类额定载重量为630kg的吊篮",其为本行业内某一类产品的统称,并非某一特定生产商生产的特定型号的产品,"ZLP630电动吊篮配套的提升机"为额定载重量为630kg的吊篮配套的提升机的统称,对于不同生产商设计和生产的该型号的吊篮提升机而言,其结构或所反映的技术方案并不相同,请求人对此不持异议。此外,请求人提交的多份照片涉及不同厂家生产的ZLP 630提升机,进一步佐证"ZLP630"仅为本行业内某一类产品的统称,并不具有特定或确定的结构。因此,不能确认上述公开销售的ZLP630提升机采用了何种技术方案,也无从比较技术方案,并得出本专利保护的技术方案在其申请日前被使用公开。

3.2 招、投标

以公开招标方式进行政府采购的过程,包括由采购人或者其委托的采购代理机构在指定发布媒体上公告招标投标信息,制作纸质招标文件,并依据相关规定进行公开发售,以使相关厂商知晓招标文件的内容。招标文件通常自发售之日起处于公众想得知就能得知的状态。

在第20013号无效决定(200730010499.5)涉及的案件中,证据6是大连医科大学新校区学生床、椅子采购及安装招标文件;其首页注明了项目名称、项目编号、采购人及采购代理机构等信息,封面上加盖有大连医科大学的印章,侧面有采购代理机构辽宁天泓工程项目管理有限公司的骑页章,内页第6页前附表中注明"采购方式:公开招标",总则的"项目说明"部分记载有"大连医科大学新校区教学用家具及实验设备采购项目经辽宁省政府采购管理办公室审核同意,由大连医科大学(采购人)委托辽宁天泓工程项目管理有限公司(采购代理机构)代理政府采购招标事宜"。决定认为,"作为公开招标方式的政府采购,需按照《招标投标法》《政府采购法》《政府采购货物和服务招标投标管理办法》和《政府采购信息公告管理办法》等相关法律、法规的规定,招标投标信息由采购人或者其委托的采购代理机构负责在政府采购信息指定发布媒体上公告,并制作纸质招标文件依据相关规定进行公开发售,以使相关厂商知晓招标文件的内容，以决定是否投标。因此，招标文件应自发售之日起处于公众想得知就能得知的状态。""证据6内页第6页前附表中注明'发售招标文件的开始时间：2007年2月16日9：00时''投标截止日期：2007年3月9日9：00时'，由此，证据6在发售之日2007年2月16日起就处于公众想得知就能得知的状态，该日期早于涉案专利的申请日，证据6属于《专利法》第23条规定的涉案专利申请日之前公开的现有设计"。

通常情况下，招标分为以招标公告的方式邀请不特定的法人或者其他组织参与投标的公开招标和以招标邀请书的方式邀请特定的法人或者其他组织参与投标的邀请招标。对于公开招标，招标企业向社会公开发售招标文件，尽管购买相应招标文件的人群范围或人数数量有限，但不妨碍该招标文件自发售之日起处于公众想得知就能够得知的状态。

在第32123号无效决定（201420491206.4）涉及的案件中，请求人提交的证据4是招标人为"神华神东煤炭集团有限责任公司"、招标编号为CSIE14032654的招标文件，证据6是发布于神华招标网的神华神东矿用自救器过渡站设备采购安装总承包招标公告，该公告说明其采用的是公开招标方式，并在公告中载明凡有意参加投标者"请于2014年7月18日至2014年7月24日（法定公休日，法定节假日除外）每日上午8：30时至11：20时，下午14：30时至16：30时（北京时间，下同），在陕西省神木县大柳塔镇神华国际工程公司神东招标中心一楼大厅2号窗口购买招标文件"。决定认为，首先，"本案中的招标形式属于招标企业向社会公开发售招标文件的公开招标，社会公众通过正当方式能够获知招标文件的内容，因此招标文件中的内容已处于公开状态"；其次，"招标人对投标人的资质、能力、信誉等方面提出的要求仅仅是招标人出于对产品的安全性、产品质量、投标人是否具有履行合同的能力、是否具备足够的生产能力、能否按期交付产品、售后服务是否方便快捷等方面因素的考虑而对投标人的入选范围作出的符合商业习惯的非特定性限制，并不属于向特定人发售招标文件的情形"。此外，根据上述招标公告可知，该招标文件的发售时间为2014年7月18日至2014年7月24日，早于本专利的申请日，故证据4记载的技术内容构成本专利的现有技术。

投标方和招标方,作为招投标这一商业活动的参与者,均不具有公开全部技术方案的意愿,也不具有提供借阅投标文件的职能,投标文件并不因招投标行为而处于公众想得知就能够得知的状态。

在第12609号无效决定(200410057400.2)涉及的案件中,附件18-3和附件18-4是投标书,附件18-5是投标书资格证明文件。决定认为,"第一,通常来说,根据《招标投标法》的相应规定以及商业惯例和诚实信用原则,招标方对投标方投标书中的技术方案负有保密义务,招标方不应将投标方的投标书散发或借阅给其他人,也不应将投标方的技术方案透露给其他人。第二,招标方和投标方作为交易双方,他们之间存在着特定的利益关系。投标方往往需要按照招标人特定的要求制定投标书,投标书中的技术方案是为了招标人的特定要求而设计,其目的主要是获得招标人的选择,即中标。投标方为了维护自身的利益,一般不会将其投标的设计方案向社会推广或者将其技术方案与社会公众交流,更不会将投标书公开散发或借阅给他人,使投标书中的技术方案公开。虽然《招标投标法》规定投标文件在开标后应予以公示,但并未对开标后需要公示投标文件以及公示的内容作出具体规定,而招标方作为招投标这一商业活动的参与者也不具有提供借阅投标文件的职能。因此在没有其他证据证明的情况下,不能必然得出投标文件的全部内容在开标后公示或可以公开借阅,即处于任何人想得知即可得知的状态"。

在招投标活动中,唱标内容是有限的,投标文件中的技术内容并不因为唱标而被参与开标的人员知晓,不处于公众想得知就能够得知的状态。

在第17867号无效决定(200410057400.2)涉及的案件中,附件1-2和附件1-3是投标书,附件1-4是投标书资格证明文件。决定认为,"根据《招标投标法》第36条的规定,开标时,由投标人或者其推选的代表检查投标文件的密封情况,也可以由招标人委托的公证机构检查并公证;经确认无误后,由工作人员当众拆封,宣读投标人名称、投标价格和投标文件的其他主要内容;招标人在招标文件要求提交投标文件的截止时间前收到的所有投标文件,开标时都应当当众予以拆封、宣读;开标过程应当记录,并存档备查。上述规定的目的是使所有投标方都了解具体有哪些单位参加了招标投标，清楚自己的对手及他们的资质如何，并依据各方报价等信息对自己在所有投标方中的排序有一个大概的了解，防止招标方随意选择，以保证招标投标的公平、公正。而基于招标方与投标方，以及投标方之间的特定利益关系，宣读投标书时并不会详细宣读投标人的技术方案。其原因主要在于，一方面，开标之后还要进行评标，届时将由评委（通常为技术、经济方面的专家）对各投标文件中的具体信息进行比较，并作出评价报告，因此招标人没有必要将投标文件中的技术内容当众宣读；另一方面，开标、宣读的过程中所有的投标人都会在场，基于投标人都是相同或相近领域中的竞争对手，并且相互之间并不对开标过程中所获得的信息负有保密义务，招标人一般不会对投标文件中的主要内容，尤其是技术内容进行宣读，以避免投标人的技术内容因为开标泄露，导致投标人的利益受损。而且，宣读投标书的行为（也称唱标）本身也很难清楚公开一项比较复杂的设计方案。比如对于本案这种情况，投标书中有大量设计图纸、文字说明和参数限定，仅仅通过宣读很难向参加开标的人员清楚公开图纸中的复杂设计。因此，依照《招标投标法》的相应规定和商业惯例，在请求人没有提供证据表明相关的技术内容在开标过程中确被宣读的情况下，其关于投标书中的全部技术内容已通过在开标会上宣读而被公开的主张，合议组不予支持，附件1-2不能单独作为评价涉案专利新颖性和创造性的现有技术"。

虽然招投标行为本身不必然使相关信息处于公众想得知就能够得知的状态，但是投标方中标后，可以因产品销售和公开使用等行为使其技术或设计处于公众想得知就能够得知的状态。

在第10772号无效决定（200430102973.3）涉及的案件中，决定认为，广州白云国际机场有限公司在2003年3月采购航站楼座椅，于2003年4月10日确定中标商，于2003年7月8日与中标商签订采购合同，于2004年6月4日验收合格，2004年8月5日白云机场正式启用。专利权人认为招标中标等行为为非公开行为。决定认为，在招标、中标后，上述座椅销售给广州白云国际机场，随后在其航站楼安装，并于2004年6月4日验收合格，在没有证据证明验收合格前的销售行为是保密的情况下，应该认为该销售行为已经完成并已经构成使用公开。

3.3 展 会

判断某产品的宣传视频是否在申请日前以展会为载体处于公众想得知就能够得知的状态,需要证实:展出该产品的公司参加了相关的展会,该展会具有向不特人开放的性质,该公司在展会期间展示了该产品以及以何种具体形式展出产品,公众能否从展示中得知该产品的实质性技术内容,如展会上是否散发了产品资料或播放了产品视频等。

在第 26919 号无效决定(201110155811.5)涉及的案件中,请求人提交了证据 2-1~2-11,这些证据包括参展商列表、展会指南、承办该展览会的传媒及项目管理公司主管的证人证言、展出 Allma CC4 产品的欧瑞康苏拉公司代表的证人证言、在 2011 年德国科隆的轮胎科技展览会上向公众展出的 Allma CC4 产品和播放的产品宣传视频光盘、制作该视频光盘的德国 silberstern 公司雇员的证人证言、国际轮胎技术杂志的编辑的证人证言、展览会评委 VMI Holland 有限责任公司 CEO 的证人证言,以及其他参观了 2011 年德国科隆轮胎科技展览会的观众出具的证人证言和包括能看到展台现场正在播放 Allma CC4 产品宣传视频的展会参观照片。决定认为,首先,证据 2-1~2-11 涉及展览会的承办方、欧瑞康苏拉公司的代表、宣传视频的制作方和展览会的评委、参观者等各方证人,他们的证言以及承办方提供的展览会指南、展览会现场视频和观众提供的照片,能够证明欧瑞康苏拉公司的确参加了上述展览会,展出了 Allma CC4 产品,且该产品获得展览会的创新奖;其次,证据 2-1、2-3、2-5 能够相互印证,证明欧瑞康苏拉公司的代表 Wolfgang 于 2011 年 2 月 15 日下午在展览会上进行公开演讲,并在演讲过程中播放了产品宣传视频,展览会评委和参观了欧瑞康苏拉公司展位的观众也均称欧瑞康苏拉公司 Allma CC4 产品参展,其证人证言所述在现场参观到的 Allma CC4 产品特点与上述产品宣传视频内容一致,据此,证据 2-1 至证据 2-11 能够证明 Allma CC4 产品的宣传视频在本专利申请日前通过展会已处于公众想得知就能够得知的状态,构成本专利的现有技术。

在展会、订货会上的产品展示,可以使相关技术或设计内容处于公众想得知就能够得知的状态，但如果当事人不能提供证据证明展会或订货会上公开展示的产品信息，仅有某一个公司参加展会或订货会的事实，尚不足以认定所述产品因展会或订货会而成为现有技术或现有设计。

在第 29240 号无效决定（200720121430.4）涉及的案件中，证据 4、5 涉及型号为 R100H1 的产品，证据 6 涉及 Elite Screens 公司的产品目录，其中涉及 2007 版内的展会照片以及 2006~2007 年度相关展会的信息。决定认为，上述证据仅涉及 Elite Screens 公司参加各个展会的照片及各个展会召开时间、地点等关于展会的信息，并没有公开在这些展会上 Elite Screens 公司具体展示了哪些具体产品及其具体结构，因此仅根据目前的证据无法确定在这些展会上展出了证据 4、5 中涉及的型号为 R100H1 的产品，因而无法证明涉案专利技术方案属于现有技术。

在第 6341 号无效决定（01303273.9）涉及的案件中，请求人提交了北京国际展览中心出具的证明材料、第十届中国国际专业音响、灯光、乐器及技术展览会指南封面、参展费发票（统称附件 2-1），以及请求人声称的在上述展览会上所拍摄的有关照片，并有北京国际展览中心盖章、王东生个人签字的证明（统称附件 2-2），上述证据用于证明请求人于 2000 年 5 月 18~21 日参加了在北京国际展览中心举办的第十届中国国际专业音响、灯光、乐器及技术展览会，并展出了相关产品。决定认为，在上述证据的真实性得以确认，并且附件 2-1 以及附件 2-2 涉及展台位置可以相互印证的情况下，附件 2-1 足以证明请求人参加了上述展览会，附件 2-2 中的照片是在附件 2-1 所示展览会上实地拍摄的，其中一张照片拍摄有一款吉他支架，由于照片实地所摄上述展览会的展出时间为 2000 年 5 月 18~21 日，即本专利申请日之前，据此即可证明照片中所示吉他支架已在本专利申请日之前的展会上展出，从而构成专利法意义上的使用公开。

3.4 药品上市审批前的临床试验

临床试验是由医师或药师将药物提供给患者服用，以验证药物的治疗效果，这一过程中医师或药师通常不会对药品进行额外检测以获取说明书记载信息以外的结构信息，接受治疗的患者更无对药品进行检测的可能，因此药品上市前的临床试验并不必然会导致与该药品有关的技术方案处于公众可以得知的状态，构成专利法意义上的使用公开。

在第 33126 号无效决定（201510398190.1）涉及的案件中，涉案专利权利要求 3 保护 N-[4-(1-氰基环戊基)苯基]-2-(4-吡啶甲基)氨基-3-吡啶甲酰胺甲磺酸盐一水合甲磺酸盐（下称甲磺酸阿帕替尼），其为 A 晶型，具有特定的 X 射线衍射图谱特征。请求人提交证据 2，为一篇在申请日后发表在《中国药学杂志》上的文章，其中记载请求人公司的甲磺酸阿帕替尼于 2014 年 12 月 13 日获得国家食品药品监督管理总局批准用于治疗晚期胃癌（商品名艾坦），某医院于 2015 年 4 月至 2016 年 3 月期间（早于涉案专利申请日 2015 年 7 月 8 日）在临床上使用艾坦进行试验。请求人依此主张在涉案专利申请日前艾坦的上市前临床使用已导致权利要求 3 的产品构成使用公开。决定认为，临床试验是由医师或药师将药物提供给患者服用，以验证药物的治疗效果的系统性研究，根据该研究目的，医师或药师通常不会对药品进行检测以获取相关药物成分除药品说明书以外的结构信息，接受治疗的患者更无对药品进行检测的可能性，否则违背临床试验的目的。根据证据 2 的记载，2015 年 4 月至 2016 年 3 月期间该医院共有 84 例患者使用艾坦 114 例次，即便该临床试验是公开进行的，相关人员也不会因临床试验而得知艾坦中甲磺酸阿帕替尼的晶体结构信息，因此某医院在艾坦上市前进行的临床试验不能构成使用公开，证据 2 不能破坏涉案专利权利要求 3 的新颖性。

4 互联网公开

随着信息传播技术的迅速发展，现有技术或设计的表现形式已经不再局限于传统的纸质印刷品、相片，或者录像带、磁带、光盘等信息传播载体。互联网以及其他在线数据库传播的信息迅速快捷，体量巨大；并且互联网日益深入人们的生活，与各行各业紧密结合，通过互联网进行的产品交易、展示以及公众交流等形式多种多样，各种网站运行机制也各不相同，使得互联网已经不再单纯地仅以出版物的方式公开各种技术或设计信息。本书将人们关注的互联网公开单独设立一节进行讨论。

4.1 互联网的公布与出版

如果政府行政监管部门在政府网站上为公众提供了查询涉及消费者安全、健康等产品基础数据信息的途径，则该途径可以使相关信息自发布之日起即处于公众想得知就能得知的状态，但公众能够从中得知的信息仅限于其能够在网站上查询到的内容。

在第 19910 号无效决定（201010190797.8）涉及的案件中，证据 1 是国家食品药品监督管理局主送杭州前进药业有限公司的药品注册批件和质量标准，其中主送单位是杭州前进药业有限公司，抄送单位是浙江省食品药品监督管理局、药品检验所等药品质量监督管理部门，证据 2 进一步证明，该药品被批准注册的信息在被批准注册之日起已经由国家食品药品监督管理局进行了网络公示，请求人主张上述药品注册批件和相应的标准已处于为公众可获知的状态。决定认为："证据 1 的公布范围仅限于主送、抄送单位"，"从证据 2 网络公示的内容上来看，国家食品药品监督管理局网站仅公示了产品名称、批准文号、生产单位、批准日期、剂型、规格信息，并没有公示证据 1 批件中质量标准信息，不能证明证据 1 的药品质量标准信息处于公众可获知的状态"。

标准组织通过在其网站上上传技术规范、技术报告、会议提案，向社会公众公布与标准相关的技术文档，目的是供公众查询或下载，因而上述技术文档一经上传就处于公众想得知即可得知的状态。通常情况下，这类标准组织网页上列明的与文档名称对应的时间，为文档上传至其官网公共服务器时系统自动生成的时间，该时间即为文档的公开日。

在第 27176 号无效决定（200780037241.1）涉及的案件中，证据 3 是来源于 3GPP 官方网站的会议文档，请求人提交了公证书原件用于证明其真实性。专利权人对证据 3 的公开时间有异议，主张公证书中所列文件旁标注的日期不能被确认为公开日。决定认为，3GPP 是由通信领域标准化组织建立的国际标准化机构，是目前通信领域的重要国际性组织之一，其官方网站 www.3gpp.org 公信度高，所有文件的上传及修改都有明确的时间记载，基于请求人提交的公证书，其可以证明从 www.3gpp.org 网站下载证据

3 的过程，在专利权人未能提供反证支持其主张的情况下，上述公证书中 3GPP 官方网站上所标注的上传日期可以作为证据 3 的公开日。

图书、期刊文献数据库收录以传统出版方式出版过的出版物，并对其进行数字化网络出版，此时一般要著录其篇名、作者、出处（报刊名称、卷号或期号）等信息。网络发布通常以其发布时间作为其发布内容的公开日；但对公信力及知名度都较高并且著录了传统出版物出版信息的文献数据库，即使当事人未提交以传统出版方式出版的版本，通常也可以根据所著录的传统出版物的出版信息确定相应文章的公开日期。

在第 25648 号无效决定（200930244025.6）涉及的案件中，证据 4 为某篇文章的网络打印件，该证据是通过维普网根据文章标题直接搜索获得的，其上显示"《中国食品》2007 年第 7 期"字样，请求人主张该杂志 2007 年第 7 期的出版时间即为证据 4 的公开时间。决定认为：证据 4 是从维普网获得的文献资料，维普网是著名的综合性文献服务网站，作为一个知识资源的数据服务平台，为了满足数据服务准确性等特点，其对于原始期刊等数据加工的真实性及准确性具有相当高的要求，因此，在专利权人未提供其他证据足以证明所涉及的文章及其出处与网页所示内容及标注的"《中国食品》2007 年第 7 期"不符的情况下，合议组对文章及其出处的真实性予以认可，该文章随着《中国食品》2007 年第 7 期的印刷出版而处于公开状态，其公开日应视为 2007 年 12 月 31 日，早于涉案专利的申请日，其中所示图片的外观设计可以用于评价涉案专利是否符合《专利法》第 23 条的规定。

通过网络出版的电子书刊文献，其公开日并非网络投稿日，而应当以其网络发布时间来认定网络公开日。

在第 76521 号复审决定（201010602488.7，申请日 2010 年 12 月 23 日）涉及的案件中，驳回决定引用的对比文件 2 为来自中国博士学位论文全文数据库的一篇博士论文，其网络出版投稿时间为 2010 年 11 月 29 日。决定认为，"对比文件 2 作为学位论文公开发表在中国博士学位论文全文数据库（电子期刊）中的工程科技 II 辑（月刊）的 2011 年第 3 期上，2011 年 2 月

16日至3月15日出版。由于在线电子期刊的网络出版时间（即在线电子期刊对外公开发表或出版的时间）可以视为公开日，所以对比文件2的公开日期应为2011年3月15日。而作为对比文件2的学位论文的网络投稿日是指作者将该学位论文投稿到在线电子期刊的时间，不能视为该学位论文在线电子期刊的网络出版时间，对比文件2的网络投稿日不能视为对比文件2的公开日期。由于对比文件2的公开日晚于本申请的申请日，因此对比文件2不属于现有技术"。

4.2 新闻报道

通过网络发布新闻报道，能够使其报道的内容处于公众想得知就能够得知的状态。鉴于新闻的时效性以及新闻媒体的公信力，通常可以认为该新闻于网页或新闻客户端上所显示的时间为其公开日。

在第28536号无效决定（201430212736.6）涉及的案件中，证据8是一份公证书，公证了央视网"第一时间看天下"的一帧视频截图。决定认为，"互联网信息证据的证明力一般应当考虑信息发布来源的可信度，信息产生、存储、交流的方法或方式的可靠性。央视网作为中央电视台发布节目信息和内容的网站，其可信度较高；而本案涉及的具体视频是中央电视台经济频道播出的面向全国观众的新闻类节目，发布时间通常是由服务器自动生成，自发布时起即公开于网络。对于新闻来说，内容真实性是其基本要求，从其发布目的和机制上来说，修改的可能性小。尽管专利权人由网页时时更新的参数质疑网页存在修改的可能性，但网页调整版面或侧栏广告更新等常见现象会使得网页参数发生变化，这并不意味着该网页播出的新闻节目有所修改，在没有足够的相反证据证明上述新闻视频被修改过的情况下，证据8中载明的发布时间为该视频的公开时间，此时间在涉案专利的申请日之前，其中所示的外观设计可以作为涉案专利的现有设计"。

可以以新闻报道本身为传播载体证明相关信息为公众所知，也可以以新闻报道为佐证，证明其披露的新闻事件构成传播载体，使事件所涉及的信息为公众所知；但二者的公开日有所不同，前者的公开日为新闻报道的发布时间，而后者的公开日为新闻事件的发生时间。

如网络媒体和其他媒体对展会及其展出产品信息均进行了图文报道，在各家新闻报道机构所披露的信息可以相互印证，证明展出产品的外观设计的情况下，该产品的外观设计已经因展会展出为公众所知。

在第29147号无效决定（201130436459.3）涉及的案件中，证据1是经过公证保全的网络证据，内容涉及搜狐网于2010年12月20日关于路虎公司携路虎极光车型参加2010广州国际车展的图片及图文报道打印件；证据3-1、证据3-2、证据3-5分别是《汽车杂志》《汽车之友》《羊城晚报》等报刊的新闻报道，报道了2010年广州国际车展于2010年12月21日至12月27日举行。决定认为，在车展期间及其前后，网络媒体和纸质媒体均对2010年底举行的广州国际车展进行了报道，各家媒体分别通过图文形式报道了"路虎揽胜Evoque"（中文"极光"）车型，该车型在各个报道所示照片中的拍摄角度和汽车外观相互一致，由此可以进一步确认该车型在涉案专利的申请日之前于广州国际车展上公开展览的事实。根据证据1的图文报道，车展上展出的"路虎揽胜Evoque"汽车外观设计构成涉案专利的现有设计。

若新闻报道仅能表明某事件的发生，而没有披露相关技术的实质性内容，则不能认定该事件的新闻报道使得相关技术内容处于公众想得知就能够得知的状态。

在第19287号无效决定（200510100795.4）涉及的案件中，涉案专利权利要求1要求保护的是一种箱型桥梁的桥式盾构施工方法，证据11来源于施工方的官网网页，是一篇关于关业主多次组织记者、其他市政施工单位对参观郑州施工工地的文字报道，并配有一张工地施工照片。决定认为，根据新闻报道，虽然可以证明郑州项目于2005年10月31日之前开工，并允许记者、其他市政施工单位进行现场参观，但该新闻报道并未披露具体施工步骤。此外，该施工过程所采用的施工方法"在实际工程的应用中具有阶段性和一定的难度，其所使用的设备属于大型设备，即使有人员参观了该方法的实施过程中，相关人员进行了参观，也不能说明参观人员必定能够知晓所述的'桥式盾构'施工法施工的全过程，同时请求人也未提供证据证明参观者对工程的介入程度",该施工方法不能视为已经处于为公众所知的状态。

4.3 电子商务

如果电子商务系统类网站不仅是产品信息发布和销售平台,还提供交易完成后买家商品评价或发布附有图片的晒单功能,则网络晒单可以使得相关产品处于公众想得知就能够得知的状态。对于其公开日,通常网页显示的时间为服务器自动生成的发布时间,并且在已经确定评价内容或晒单图片一旦生成不能再进行编辑的情况下,可以认定相关信息自发布时间起处于为公众所知的状态。

在第 27507 号无效决定（201330221092.2）涉及的案件中,证据 1 是一份保全互联网电子证据的公证书,公证事项为通过京东网搜索某产品以获得相应网页的过程。决定认为,"京东网属于信誉度较高的知名经营性交易网站,网站上销售的产品主要包括京东自营和第三方网店销售两种渠道,对于京东自营的商品信息由京东网发布"。经核实,该款商品自上架之后有上万条商品评价记录,并且在评价记录中有多条附有图片的晒单贴,其中多条附有图片的晒单贴在涉案专利申请日之前发布,上述图片显示的商品与卖家所示商品造型一致。"一般情况下,只有购买了该款产品的买家才能发表带有图片的晒单贴,这些晒单贴一旦生成不能再进行编辑,晒单贴的发布时间为系统自动生成,买家不能进行修改。因此,在没有反证的情况下,可以认定该款商品在涉案专利申请日前已经在互联网上进行公开销售",其可以作为涉案专利的现有设计。

如果卖家通过电子商务系统类网站发布产品信息时,在网页所标明的最早可获取该信息时间不变,而该网页所显示产品图片可以更改,又难以证明图片更改时间的情况下,不宜直接认定网页当下所显示的产品图片已于上述最早可获取时间处于为公众所知的状态。

在第 26113 号无效决定（201230258028.7）涉及的案件中,证据 2 为一份公证书,公证内容是通过亚马逊网站搜索某产品得到的网页。决定认为，通过专利权人当场演示，"在上架时间不变的情况下，对于相同链接地址的网页上的图片是可以更改的。尽管专利权人当庭演示进行修改的网页并不是证据 2 中涉及的产品网页，但是可以由此证明亚马逊的商品网页上显示的时间与网页上图片实际的公开时间并不一定是一致的，在网页上显示时间不变的情况下，是可以对该网页上图片等内容进行编辑的"。经双方当事人认可，亚马逊网站上对于相同链接地址链接的产品图片可以更改，不能确定亚马逊产品网页上的时间即是网页目前所显示图片的公开时间。"对于证据 2 而言，在仅从亚马逊产品网页上显示的'Date First Available June 4, 2012'，而无其他证据佐证的情况下，并不能证明该时间即为网页显示产品外观图片的公开时间"。"由于证据 2 中图片发布信息的公开时间并不是证据 2 亚马逊产品网页上显示的时间，在无其他证据佐证其公开时间的情况下，合议组对证据 2 中涉及图片已在涉案专利申请日公开的主张不予支持，证据 2 公开的图片不能作为涉案专利申请日之前的现有设计"。

产品已在电子商务网站上向公众销售，则该产品已经处于公众想得知就能够得知的状态；当有其他佐证证明所售产品的具体结构，则能够证明所述结构的产品自电子商务网站销售之日起构成现有技术。

在第 27467 号无效决定（201420150315.X）涉及的案件中，证据 3 为京东网上商城关于商品编号为 998180 "JBL Pulse 蓝牙音箱"的产品展示以及销售情况的网页打印件，该网页的产品评价页面中显示该产品在涉案专利申请日前被他人购买，证据 5 是通过百度搜索引擎获取的记载有"商品的编号为 998180"并标有"京东价：￥1699.00""由京东发货并提供售后服务"字样的"JBL Pulse 蓝牙音箱"产品拆解文章。决定认为，"证据 3 为京东网上商城（www.jd.com）关于商品编号为 998180 的 JBL Pulse 蓝牙音箱的产品展示以及销售情况页面"，其"产品评价页面中均显示该音箱最早已于 2013 年 11 月 12 日被他人购买。京东是国内知名网上商城，通过证据 3 中 JBL Pulse 蓝牙音箱的产品介绍页面、产品展示页面、销售页面以及网友评论，可以进一步佐证该 JBL Pulse 蓝牙音箱的技术方案在本专利申请日前已构成现有技术"。证据 5 "是通过百度（www.baidu.com）搜索引擎获取的 JBL Pulse 蓝牙音箱的拆解文章……百度搜索引擎网站是国内著名搜索网站，而该拆解文章是发布在'qijie 的专栏'上，网页中也显示该专栏还包括其他文章，由此说明此专栏公开的内容并不是独立的，综上在没有相反证据证明其不真实的情况下，合议组对该网页上公开内容的真实性予以认可。该文章介绍了：'前段时间，听说一款 JBL 的炫彩蓝牙音箱很是火爆！想想毕竟是享誉全球的知名品牌，肯定有它的独到之处。看了看深圳市场没见有销售，也就网购了一台来体验体验'，此处所说的知名品牌即为 JBL，并且该拆解文章首页第一幅图所显示的购买页面示出商品的编号为 998180，并标有'京东价：¥1699.00''由京东发货并提供售后服务'字样，从文章显示的该产品的商品编号、图片、名称、售价看，与证据所显示的 JBL Pulse 蓝牙音箱均一致，由此说明该拆解的正是证据 3 中所销售的 JBL Pulse 蓝牙音箱，即证据 5 所显示的拆解结构为证据 3 的 JBL Pulse 蓝牙音箱的技术方案"。因此，证据 3 与证据 5 已经证明了由京东网销售的 JBL Pulse 蓝牙音箱构成涉案专利的现有技术。

4.4 社交网站

社交平台提供以个人或网上社区服务组为中心的服务。根据社交平台的用户设置规则，其公开范围包括对所有人公开、好友圈公开和仅自己可见。若公开范围一经设置就不能更改；则通过不特定的第三人账号可以登录、浏览、获得社交平台上的相关内容的，通常说明其初始设定的公开范围即为对所有人公开可见，使得相关内容处于公众想得知就能够得知的状态。

在第 27470 号无效决定（201330607988.4）涉及的案件中，请求人提交的附件 3 是一份公证书，公证过程为通过 360 安全浏览器打开新浪微博，以第三人的账号密码登录，搜索某公司，进入其官方微博，得到发布时间为"2013-11-22"的微博，其中有五幅附图。决定认为："新浪微博是新浪网推出的、提供微型博客服务类的社交网站，在国内使用者较多，具有较大的影响力，通常情况下在微博中上传图片即为发布。"针对请求人提出的"新浪微博的每一条微博发布的公开范围包括对所有人公开、好友圈公开和仅自己可见，微博公开范围仅能修改一次，公开可以转换成私密，但私密不能转换成公开;在附件3的公证过程中,采用第三人的账号进行登录,能够浏览相关微博,由此可以证明该微博的公开状态对所有人公开,且未更改过公开范围。"的问题,合议组经核实认定:"新浪微博发布的微博的公开状态的设置规则符合请求人的上述陈述,公证时该微博处于对所有人公开的状态,则说明该微博自发布时起就处于对所有人公开的状态。"此外,根据该微博显示的内容,其发布主要"用于宣传的目的,在专利权人未提出异议并没有其他证据可以推翻上述内容的情况下,认可其真实性"。由于本案公证书"公证时显示的微博发布日亦处于涉案专利申请日之前",可以认定该微博图片所示产品构成本专利的现有设计。

如果通过搜索引擎可以获得社交平台推送的文章,则该文章已经处于公众想得知就能够得知的状态。若能够确定其发布时间是由服务器自动生成的,且除删除文章的方式外,通常无法对已推送内容进行修改,则上述发布时间即为该文章的公开日。

在第26912号无效决定(201430429543.6)涉及的案件中,证据1是某家具公司通过微信公众平台发布的家具广告类文章的网页打印件,该网页上载有文章标题、时间、该家具公司的名称和正文内容,篇末还包含"微信号:CAMILLOJJ""微信扫一扫""关注该公众号""分享到朋友圈"等信息。决定认为,"微信公众平台是腾讯公司为微信公众号用户提供的服务平台。作为我国大型互联网综合服务提供商之一,腾讯公司的信誉度较高,系统环境相对稳定可靠,管理机制相对规范。就微信公众平台的使用而言,微信公众号一经取得后即由账号管理员负责信息发布,发布时间由系统自动生成;文章一经平台发布,账号管理员仅能对其进行删除操作,不具有其他修改权限。公众号的订阅用户和普通公众对其也不具备任何修改权限。在专利权人未提供有力证据足以证明微信公众平台发布及修改文章的规则与已知情形不同,或是证据1经发布后确实已被修改的情况下,应当认为证据1中微信公众号经微信公众平台发布的文章,其文章内容与发布时间直接关联"。"证据1所示内容显示其为家具公司的广告类文章,经公众平台发布后,关注该公众号的订阅用户均可对其内容进行浏览;同时,公众通过搜狗引擎的微信搜索功能也可以搜索到并浏览其中的具体内容,由此表明证据1可为不特定人群所获知,因此,证据1所示文章发布即构成专利法意义上的公开。证据1显示其发布时间早于涉案专利申请日,由此可以确定该证据所示产品构成涉案专利的现有设计"。

微信用户通过朋友圈传递的信息,通常只为具有相应权限的微信好友可见,属于通过特定途径传递的信息,在没有其他证据证明该信息已经向不特定的公众传播的情况下,尚不足以认定其能够为公众获得。

在第31229号无效决定(201330377674.X)涉及的案件中,请求人提交了一份公证书,其中的一件公证事项为,请求人通过自己的微信账号进入收藏,获取其微信账号朋友发布的PPT文件。决定认为,"所述PPT文件是请求人自己的微信好友所转发……其转发的内容并非任何微信用户都能够通过公开途径获取的。上述内容是特定微信用户在朋友圈内转发的相关信息,仅其具有相应权限的微信好友才能获取",同样该微信用户也是通过特定的途径所获取的。"根据目前的证据,尚不足以认可……微信联系人所转发的微信内容是任何社会公众都能获取的"。

提供信息分享、讨论平台的论坛具有开放性,发布于这类论坛的帖子通常已处于公众想得知就能够得知的状态。考虑到论坛的实时交互性,该帖子上所显示的时间通常为服务器自动生成的发帖时间,并且一旦帖子的内容被修改,网页上会留有修改后内容的最后编辑时间,则最后编辑时间或未修改帖子的发布时间可以视为公开时间。

在第29241号无效决定(201420686242.6)涉及的案件中,证据1中涉及经过公证的爱卡汽车网网页内容拷屏打印件,网页显示公开发表时间为2014年10月16日。决定认为,爱卡汽车网"建立时间为2002年,注册用户近1500万,日均浏览量超过1.5亿,拥有超过2000个开放的网友互动交流平台,为目前国内规模较大的汽车类专门网站,在广大网友中具有一定影响力。经合议组核实,在该网站的论坛中发布帖子,其显示的发表时间就是网友提交帖子的时间,但发帖人在发帖后,可以对该帖子进行修改,每次修改后,虽然帖子首页上显示的发表时间不发生变化,但是在帖子结尾处会显示该帖的最后编辑时间,也就是说,如果帖子的发布人对内容进行了修改，在网页上会显示出最后修改的时间。本案中，证据1中并没有显示出最后修改的时间，可以推知发帖人在发表后并没有对该帖进行过修改。据此，合议组对证据1中网页内容的真实性予以认可，并且其公开日在涉案专利申请日之前，因此其公开的技术内容可以用来评价涉案专利的新颖性和创造性"。

如果社交平台的用户设置规则允许其用户随意设定对外开放权限，且该权限设置和更改不会在网页或服务器上留有记录，在证据内容仅涉及图片的情况下，通常不能直接认定该图片处于公众想得知就能够得知的状态。

在第29126号无效决定（201430352909.4）涉及的案件中，证据1-5是QQ空间中显示的产品图片。决定认为，对于QQ空间截图证据公开性的认定，应当根据空间的性质及其所记载的所有信息进行综合考量。由于QQ空间可以设定对外开放权限，即可以对所有人或部分人开放，也可以设定为任何人均不能访问的状态，QQ空间上的信息是否公开具有较强的随意性。同时，QQ空间的访问权限的设置和更改不会在服务器上留有记录，即，该访问权限的设置和更改无迹可查。也即，图片上传的时间并不能等同于图片公开的时间，图片公开的时间取决于QQ空间访问权限的开放时间。请求人并未证明上述图片上传即处于公开，因此，上述证据上传后不能直接认定为对于公众处于开放的状态，其上传日期并不能等同于专利法意义的公开日期。

4.5 其 他

如果检测机构在其官方网站上传检测报告文档，以提供查询和下载途径，但是查询和下载权限仅限于委托检测的特定主体，该特定主体之外的公众不具备获知上述报告内容的途径与条件，则上述文档并不处于公众想得知就能够得知的状态。

在第27672号无效决定（200930342383.0）涉及的案件中，请求人提交了一份可以从某检测机构的官方网站下载的产品测试报告，用于证明该报告在签发后已处于公众中的任何人均可以得到的状态，该报告封页所记

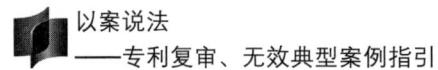

载的测试申请人为请求人。合议组经确认,报告查询时须在检测机构的官方网站查询入口处同时输入报告编号、报告日期(签发日期)、送检的产品名称这三项内容后才可获得报告。该检测机构从事受托检测业务,其官方网站仅向测试申请人提供查询电子报告的途径,如果查询人不能正确输入报告编号、报告日期、产品名称三项内容,则无法获取该报告,因而这种报告并没有处于任何人想查询就可查询到的状态,这种网络查询途径不属于专利法意义上的公众想知即可知的公开状态。

第三章　新颖性

发明或实用新型具备新颖性是其能够获得专利权的必要条件。所谓"新颖性",是指在申请日前,发明或实用新型没有被现有技术公开或者记载在申请日以前提出申请并且在申请日以后公布或公告的中国专利申请或专利文件(以下统称为对比文件)中。

判断发明或者实用新型是否具备新颖性,是在准确解读涉案发明或实用新型专利权利要求和对比文件公开内容的基础上,运用单独对比原则,判断对比文件是否公开了与权利要求所述同样的发明或实用新型。实践中,当权利要求与对比文件相比存在文字表达的区别,技术手段的差异,针对某一技术特征权利要求与对比文件分属上、下位概念,或者权利要求中存在数值或数值范围特征以及参数、用途或制备方法特征时,往往容易引发有关新颖性的争议。

新颖性的审查中有两个特殊性:一是对比文件的特殊性,即纳入新颖性比对的对比文件除了现有技术外,还包括在申请日以前提出申请并且在申请日以后公布或公告的中国专利申请或专利文件。将这类文件纳入比对范畴是先申请制的要求,目的是避免重复授权,也正因此,审查中要将涉案发明或实用新型专利的权利要求和该类文件的全文进行对比。二是发明类型引起的新颖性判断规则的特殊性,即针对化学医药领域发明,因其在权利要求的撰写方式、技术效果的可预期性等方面具有不同于其他领域发明的特点,使得这类发明新颖性的判断也带有一定的特殊性,比如对于晶体化合物发明,当用X粉末衍射峰表征晶体微观结构时,要将所有X粉末衍射峰作为一个整体特征与对比文件进行比对。

另外,有两个概念,即优先权和新颖性宽限期,尽管不能归属于新颖性的审查,但是由于其直接影响到对比文件能否用于评价新颖性,因此与新颖性的审查密切相关。

1　新颖性的审查原则

运用单独对比原则，判断对比文件中是否公开了与发明或实用新型专利权利要求所述同样的发明或实用新型是新颖性审查的两项基本原则。

1.1　同样的发明或实用新型

在判断权利要求与对比文件相比是否属于同样的发明或实用新型时，应当整体考虑技术领域、解决的技术问题、技术方案、预期达到的技术效果四个要素，其中技术方案是否实质相同的判断处于核心地位。如果技术方案实质上相同，所属领域技术人员据此可以确定两者能够适用于相同的技术领域，解决相同的技术问题，并具有相同的预期效果，则认为两者属于同样的发明或实用新型；如果技术方案实质上不同，则可以直接认定二者属于不同的发明或者实用新型。

在第22722号无效决定（201020532690.2）所涉案件中，权利要求1保护混二元酸二甲酯生产中的甲醇精馏装置，该装置包括与混二元酸二甲酯酯化反应釜的酯化气相出口连通的精馏塔，和与所述精馏塔顶部的精馏气相出口连通的冷凝器。附件1公开了一种用于脂肪酸甲酯的酯化反应装置，其中包括精馏塔和冷凝器，从附件1的文字表述和附图可知，附件1公开了与权利要求1相同的甲醇精馏装置。决定认为，虽然涉案专利的精馏装置用于精馏混二元酸二甲酯，附件1的精馏装置用于脂肪酸甲酯的酯化反应，但这仅是反应釜内发生的反应不同，反应后精馏的对象都是甲醇，反应釜内所发生反应的不同并不能使涉案专利保护的精馏装置在结构上实质性地区别于附件1的精馏装置。在二者技术方案实质相同的情况下，所属领域技术人员根据二者的技术方案可以确定二者能够适用于相同的技术领域，解决相同的技术问题，并具有相同的预期效果，因此，二者属于相同的发明。

在第28986号无效决定（201520444438.9）所涉案件中，权利要求1保护一种磁铁吸附式充电线，包括铝壳和冶金头，其中铝壳底部开设有通孔，线材一端穿过所述通孔并与位于铝壳内的PCB连接，铝壳内部上端安装有磁铁，冶金头吸附在磁铁上。决定认为，要想得出实用新型专利与现有技术相比不具备新颖性的结论，不仅要求二者技术领域、解决的技术问题、预期的技术效果相同，更要求二者的技术方案实质上相同。经对比，对比文件 1 虽然公开利用磁性接头 5 和磁头 6 实现对接，但并没有公开磁性接头 5 和磁头 6 的具体结构，也没有公开连接线 4 与磁性接头 5 的具体连接方式，更没有公开磁性接头 5 具体为铝壳、其内设有与连接线 4 连接的 PCB 以及其内部上端安装有磁铁等特征。在权利要求 1 中限定的多个具体结构特征均未在对比文件 1 中明确或隐含公开，在两者的技术方案实质上并不相同的情况下，即使二者属于相同的磁吸附充电线技术领域，均解决了重复插拔造成设备损坏的技术问题，预期的主要技术效果也均为操作简单，避免连续插拔造成的损坏，也不能认定二者为同样的实用新型。

1.2 单独对比原则

判断是否属于同样的发明或实用新型，应当适用单独对比原则。所谓"单独对比原则"，是指应当将要求保护的各个技术方案分别与每一份对比文件中公开的每一个技术方案进行单独比较，不得将分别记载在几份对比文件或者一份对比文件中的多个独立技术方案组合起来与所审查的发明或实用新型的一个技术方案进行对比。

将同一份对比文件中不同技术方案组合后与涉案专利或专利申请进行新颖性对比，不符合单独对比原则。

在第 17389 号复审决定（200480015956.3）所涉案件中，权利要求 1 要求保护一种人红细胞生成素的水性制剂，包含人红细胞生成素、非离子型表面活性剂、多元醇、中性氨基酸、糖醇等渗剂和缓冲试剂等七种组分，其中非离子型表面活性剂、多元醇、中性氨基酸和糖醇作为稳定剂使用。对比文件 1 公开了一种人红细胞生成素的溶液制剂，其中公开所述制剂包含作为活性成分的人红细胞生成素；作为稳定剂的氨基酸，优选的氨基酸可以是亮氨酸、赖氨酸、组氨酸等；另外，所述制剂中还可以含有液体制剂中的常用成分，例如 PEG、糖比如甘露糖醇、无机盐例如氯化钠；在所述制剂中优选加入吸附预防剂，例如聚山梨醇酯 20（对应于表面活性剂）；

此外，所述制剂中还可以含有缓冲液。决定认为，从对比文件1说明书第2～3页公开的内容可知，制剂中的某些组分是可以加入或优选加入的，并非制剂中必然含有的，而且制剂中的大部分组分都具有多种选择，在此情况下，不应认为对比文件1已经具体公开了涉案专利申请权利要求1中含七种组分或这七种组分的下位概念的技术方案，驳回决定认定破坏权利要求1的技术是从对比文件1说明书第2～3页公开的信息中组合而成的，这种判断方式违反了新颖性判断的单独对比原则。

在第16258号无效决定（91103346.7）所涉案件中，权利要求1保护一种制备2-甲基-10-（4-甲基-1-哌嗪基）-4H-噻吩并［2,3-b］［1,5］苯并二氮杂卓（ ）或其酸加成盐的方法。请求人认为，证据1公开了通式（Ⅰ）化合物（ 化合物（Ⅰ））的制备方法，在证据1中除了对通式（Ⅰ）化合物的结构及其取代基可选范围进行描述外，还公开了一个具体化合物乙基奥氮平。参照该具体化合物，可以认为对比文件1已经公开了R^1、R^2是氢，R^5是N-甲基哌嗪基，T环是2位被取代的噻吩环的通式（Ⅰ）化合物；同时，证据1在对取代基进行定义时，还公开了噻吩环可以被C_{1-6}烷基取代，其中有一个端点C_1，这相当于公开了噻吩环被甲基取代的情况，因此认为证据1已经公开了权利要求1所涉及的具体化合物及其制备方法，权利要求1相对于证据1不具备新颖性。对此，决定认为，请求人的观点其实是将证据1中的通式（Ⅰ）化合物与具体化合物乙基奥氮平这两个技术方案中的取代基定义进行组合后与涉案专利进行对比，这种对比方式并非是将权利要求1与现有技术中的每一个技术方案单独进行比较，违反了新颖性判断时应遵循的单独对比原则。

使用同一本书中分布于不同章节的内容组合与涉案专利进行新颖性对比时，应当判断这些内容是否紧密关联为同一个技术方案。如果不能认定这些内容属于同一个技术方案，则这种对比方式不符合单独对比原则的要求。

在第 12570 号无效决定（02212122.6）所涉案件中，权利要求 1 保护一种重型越野汽车，其包括驾驶室总成、发动机、底盘、车架、车轮、燃油箱、电瓶箱及制动装置……请求人认为，权利要求 1 相对于证据 6 不具备新颖性，理由是，证据 6 第 40 页公开了权利要求 1 前序部分的特征，第 435 页图 18-19、第 436 页公开了油气悬挂装置，第 346 页、第 347 页图 B 公开了传动装置的类型与布置，第 456 页、第 457 页图 19-13 公开了转向传动机构。决定认为，证据 6 为教科书《汽车构造》，请求人引用的"文字或图示分布于该证据的全书各章节中，是对各种不同类型、型号的汽车的各种不同部件的说明，并非一个完整的技术方案"，根据新颖性判断的单独对比原则，不能将一项权利要求的技术方案与一份证据中的多个技术方案的组合进行对比，因此，证据 6 不足以破坏权利要求 1 的新颖性。

单独对比原则，不仅要求将涉案专利的一项权利要求与对比文件的一个技术方案进行对比，还要求针对同一权利要求中每个技术方案分别与对比文件公开的技术方案单独对比。当一项权利要求中存在两个或以上并列技术方案时，需要逐一判断各个技术方案是否具备新颖性。

在第 27381 号无效决定（201320224421.3）所涉案件中，权利要求 1 保护一种腰硬联合麻醉穿刺针，包括带有硬膜外穿刺针的硬膜外穿刺针座和腰麻穿刺针座，其中……所述腰麻穿刺针座和硬膜外穿刺针座为"一体式结构或者采用可拆卸式固定方式连接"。从权利要求 1 的限定可以看出，其包括两个并列技术方案，一为"腰麻穿刺针座和硬膜外穿刺针座为一体式结构"的技术方案，二为"腰麻穿刺针座和硬膜外穿刺针座为采用可拆卸式固定方式连接"的技术方案。对比文件 1 涉及一种腰硬联合麻醉穿刺针，其中公开"在针座上设置了一体化成型的引导座"，其实质上相当于涉案专利中"腰麻穿刺针座和硬膜外穿刺针座为一体式结构"。决定认为，对比文件 1 实质上公开了权利要求 1 中的方案一，方案一相对于对比文件 1 不具备新颖性，但是方案二与对比文件 1 相比，连接方式的不同构成了二者的区别特征，因此具备新颖性。

2 对比文件公开内容的认定

准确认定对比文件公开的内容是判断发明或实用新型是否具备新颖性乃至创造性的重要环节。在认定对比文件公开的内容时，不仅应当考虑明确记载在对比文件中的内容，还应当考虑对于所属领域技术人员来说未明确记载、但可直接且毫无疑义地确定的技术内容，即对比文件隐含公开的技术内容。

判断对比文件隐含公开的技术内容，要以所属领域技术人员为主体，结合对比文件的整体内容，考虑技术上的要求和内在关联，只有那些能够直接且毫无疑义地确定的、必然存在于对比文件中的内容，才可以作为对比文件隐含公开的技术内容。

如果对比文件中没有明确记载某一步骤，但根据对比文件的整体内容，所属领域技术人员可以确定，在实施所述方法时，除对比文件已明确记载的步骤外，还必然包括所述未明确记载的步骤，则所述未明确记载的步骤属于对比文件隐含公开的内容。

在第17388号无效决定（200410026037.8）所涉案件中，权利要求2保护由十五味中药组成的治疗急、慢性肾炎的中药制剂，用生产工艺流程限定生产工艺流程中包括将其中的十一味中药原料"混合加水煎煮二次，每次2小时，合并煎液，滤过"的步骤。证据1公开了与涉案专利相同的十五味中药处方及其制备方法，但仅记载将与涉案专利相同的十一味中药材"加水煎煮二次"，未明确记载"混合"步骤。决定认为，中药领域中，除非特别强调应单独煎煮操作，否则所属领域技术人员不会考虑将上述十一味药单独分开——煎煮再合并，证据1中虽未明确记载，但其实质上已隐含公开了"混合"煎煮的特征。

如果某一技术特征在对比文件中存在多种可能的方式，发明或实用新型的相应技术特征仅仅是所述可能的方式中的一种选择，且该选择在对比文件中未明确记载，则该选择不属于对比文件隐含公开的内容。

在第17303号无效决定（200620152752.0）所涉案件中，权利要求1

保护一种固定式液压破碎机，其中回转支座采用液压马达驱动。附件8公开了一种多用车，其中在挖掘机的挖掘臂第一节臂的根部设有球形关节，球形根部的下部为可360度旋转的回转支承，由"液压驱动或者部分为液压驱动、部分为电动"。请求人认为，"液压缸和液压马达是液压驱动的两种基本的惯常技术手段，液压缸的输出为线性运动或摆动，液压马达的输出是360度圆周运动"，从附件8回转支承可360度旋转可以毫无疑义地推定，附件8采用的是液压马达驱动。对此，决定认为，尽管附件8公开了液压驱动，而液压马达和液压缸驱动是所属领域的惯常技术手段，但是，仅从附件8的回转支承能360度旋转并不能直接、毫无疑义地推出其必然采用液压马达驱动方式。这是因为，通过液压缸驱动齿条，并通过齿条与齿轮的啮合实现齿轮的360度旋转，从而带动回转支承，也可以实现回转支承的360度旋转。因此，采用液压马达驱动仅是附件8中驱动回转支承360度旋转的一种"可能性"，而不是"必然性"，液压马达驱动不属于附件8隐含公开的内容。

判断是否属于同样的发明或实用新型时，除了可以引用对比文件的文字外，还可以引用对比文件的附图、图片或照片，例如属于现有技术的外观设计专利文件公开的图片或照片。但只有所属领域技术人员能从附图、图片或照片中直接且毫无疑义地确定的技术内容才属于对比文件公开的内容。

在第23740号无效决定（201020279597.5）所涉案件中，权利要求1保护一种立体式婴幼儿睡袋。对比文件1是一项名称为裙摆式婴儿睡袋的外观设计专利。决定认为，从对比文件1的立体图可以直接地、毫无疑义地确定该婴儿睡袋具有呈上小下大喇叭形的袋体，从仰视图可以直接地、毫无疑义地确定该婴儿睡袋袋体下端的椭圆形部分并非敞开而是封闭的，再反观立体图可以直接地、毫无疑义地确定睡袋袋体与下端椭圆形部分之间存在明显边缘，二者之间相互连接。这些特征和涉案专利权利要求1完全一致，可见涉案专利权利要求1的全部技术特征已经被对比文件1公开，权利要求1相对于对比文件1不具备新颖性。

在第13142号无效决定（01134857.7）所涉案件中，权利要求3保护一种反应式电子测试仪。证据2是一项外观设计专利，公开了一种反应式测试仪的附图，其中有文字说明的仅有"启动""查询""开关"3个部件，其他部件均没有文字说明。请求人认为，证据2的附图与涉案专利的附图一致，公开了在外壳的面板上设有显示屏、若干个信号灯和数量相同的反应键。对此，决定认为，只有能够从附图中直接地、毫无疑义地确定的技术特征才属于公开的内容，由附图中推测的内容，或者无文字说明、仅仅是从附图中测量得出的尺寸及其关系，不应当作为对比文件已公开的内容。在机械制图上，附图中的圆圈、方块也可以表示圆孔、凸台等部件，在没有文字记载的情况下，仅从图形并不能直接地、毫无疑义地确定方块就是显示屏，圆圈就是反应灯或指示灯。

3 新颖性判断的常见情形

实践中，以下五种情形容易引发新颖性争议。

3.1 简单的文字变换

并非表述方式完全相同的发明或实用新型才能被称为"同样的发明或者实用新型"。当发明或实用新型与对比文件的区别仅仅是简单的文字变换，二者实质技术内容仍然相同时，要求保护的发明或实用新型也不具备新颖性。

在第10103号无效决定（99223969.9）所涉案件中，权利要求1保护一种可拆卸的永磁发电机转子，由永磁体、导磁体构成，其中导磁体与永磁体的连接为活动连接，永磁体可拆卸。对比文件2公开了一种永磁发电机转子，该转子由铁芯、永磁体、端压板及螺栓组成，永磁体嵌镶于铁芯内，用槽楔压紧，铁芯的两侧为端压板，螺栓将端压板连同铁芯一起固紧。对于专利权人声称的区别特征为"导磁体与永磁体的连接为活动连接，永磁体可拆卸"的问题，决定认为，对比文件2仅仅是在文字表述上与涉案专利不同，其中的永磁体是用槽楔压紧的，因此其永磁体与导磁体之间的连接显然也是活动的，永磁体是可拆卸的，在永磁体退磁后同样可将其拆下并充磁再利用，这与涉案专利权利要求1的技术方案和技术效果完全相同，仅仅是文字表述上的不同不能为涉案专利带来新颖性。

在第 10497 号无效决定（01249209.4）所涉案件中，权利要求 1 保护一种星轮传动装置。决定认为，将涉案专利权利要求 1 与证据 1 公开的星轮传动装置技术方案对照可知，两者仅仅是采用的技术术语略有不同，公开的技术方案实质上完全相同。具体看，涉案专利的中心齿轮（1）与证据 1 的内齿轮（19，1）对应，涉案专利的转臂（3）为中心双曲柄轴，与证据 1 的双曲柄轴（25）对应，涉案专利的轴承（4）与证据 1 的转臂轴承（22）对应，涉案专利的侧双曲柄轴（7）与证据 1 的星轮轴（15）对应，涉案专利的轴承（8，9）与证据 1 的星轮轴承（3，4）对应，涉案专利的通轴（10）与证据 1 的支承轴（20）对应，二者均为空心轴，并且，两个技术方案中各个技术特征的结构与连接关系也完全相同，因此涉案专利权利要求 1 相对于证据 1 不具备新颖性。

3.2　具体（下位）概念与一般（上位）概念

具体（下位）概念的公开使采用一般（上位）概念限定的发明或实用新型丧失新颖性，但一般（上位）概念的公开不会影响采用具体（下位）概念限定的发明或实用新型的新颖性。

在第 22633 号无效决定（201220169176.6）所涉案件中，权利要求 1 保护一种方便浓度可控一擦净，其中限定皂类除污固体外包裹吸附层。证据 1 公开了一种固体皂剂洗涤包，由固体皂剂和洗涤用具组成，固体皂剂封装在洗涤用具中，洗涤用具可以是百洁布、尼龙布、丝布、细帆布等洗涤用布。决定认为，证据 1 中公开的这些具体洗涤用布的材质本身具有的空隙有有限吸水功能，属于涉案专利权利要求 1 所述上位概念"吸附层"的下位概念。证据 1 记载，其固体皂剂洗涤包中的洗涤用具阻止固体皂剂的大量流失，使见水形成的皂液只能向外缓慢渗透，这一事实说明证据 1 中封装固体皂剂的百洁布、尼龙布等洗涤用具客观上起到了吸附层的作用，同时也解决了涉案专利所要解决的掌握除污剂最佳洗涤浓度、节约用水的问题，达到了相同的技术效果。因此，权利要求 1 相对于证据 1 不具备新颖性。

在第 9110 号无效决定（01209802.7）所涉案件中，权利要求 1 保护一种太极柔力球，由拍框、拍面、拍颈、拍把和球组成，其中拍面是由橡胶、塑料或橡塑合成的柔软有弹性的材料制作，在球内装填有固体颗粒。证据 1 公开了太极柔力球及球拍，球拍包括拍框、拍颈、拍柄以及拍面，拍面由浅白色橡胶组成，球内填有一定量的填充物。将涉案专利权利要求 1 与证据 1 进行对比，权利要求 1 在球内装填有固体颗粒，而证据 1 在球内填有一定量的填充物。决定认为，"固体颗粒"是"填充物"的具体下位概念，而上位概念的公开并不影响下位概念的新颖性，因此涉案专利权利要求 1 相对于证据 1 具备新颖性。

3.3 惯用手段的直接置换

如果发明或实用新型与对比文件的区别仅仅是惯用手段的直接置换，则该发明或实用新型不具备新颖性。适用惯用手段的直接置换需要考虑几个因素，比如，两种技术手段的功能和作用是否相同，是否均属于申请日前同一技术领域在解决同一技术问题时被所属领域技术人员熟知并且经常使用的技术手段，以及除所属领域公知的必要的适应性调整（例如将螺钉置换为螺栓后在相应位置上设置螺纹）外，是否需要对整体技术方案的其他组成部分做出改变。

"一体"和"分体"结构是机械领域常见的结构形式，但是，如果将一体结构改变为分体结构的同时，还需要对与此相关的部件加以改变，同时这种改变超出了所属领域公知的必要的适应性调整的范畴，则此两种手段的互换不属于惯用手段的直接置换。

在第 27019 号无效决定（200810028183.2）所涉案件中，权利要求 1 保护一种自动定位卷线器，与对比文件 3 公开的转换接头卷线装置相比，权利要求 1 的转轮是卷线轴部和导引面体的一体结构，而对比文件 3 的转轮是卷线轴部和导引面体的分体结构。关于二者是否属于惯用手段的直接置换，决定认为，分体结构的转轮需要将导线分为上下两层并分别设置在卷线轴部的上下两侧，此时导引槽和制动件必须设置在上壳体的下部和转轮的上部，而一体结构的转轮是将导线全部设置在转轮的上侧，导引槽和制动件必须设置在下盖上部和转轮的底部。权利要求1的一体结构转轮无法直接在对比文件3中实施,对比文件3的分体结构转轮无法简单地直接置换为一体结构的转轮,即分体结构的转轮和一体结构的转轮无法相互直接置换,该区别特征不能被认定为属于所属领域惯用手段的直接置换。

能够直接置换的惯用手段应当是申请同一领域中惯用的、用于解决相同技术问题并实现相同技术效果的技术手段,不能仅是在其上位领域或其他领域中惯用的技术手段。

在第7536号复审决定(03122188.2)所涉案件中,权利要求1要求保护一种纳米复合磁体用急冷合金的制造方法。将权利要求1与对比文件1公开的纳米复合磁体制造方法比对可知,二者的区别仅在于,权利要求1的技术方案使用管状孔,对比文件1中使用斜槽。驳回决定认为上述替换属于惯用手段的直接置换。复审决定在撤销驳回决定时指出,技术手段A和B属于惯用手段的直接替换应当满足两个基本条件:(1)二者应当是为了解决相同的技术问题,且能够达到相同的技术效果;(2)二者应当是在申请所属领域中惯用的,而不能是在其上位领域或其他领域中惯用的。该案中,涉案发明实际上是在对比文件1基础上的改进发明,采用管状孔导流是为了克服采用斜槽导流时存在的缺陷,使得供给冷却辊的合金熔液运动量不易变动,急冷合金薄带厚度均匀,可见权利要求1中的管状孔与对比文件1中的斜槽在急冷合金制造中所解决的技术问题和技术效果完全不同;此外,虽然使用管状孔和斜槽进行液体导流较为常见,但没有证据表明在急冷合金制造领域中使用管状孔导流属于惯用技术手段,因此不能将上述区别认定为惯用手段的直接置换。

如果两个技术手段仅仅是基于相同的原理进行某种运动或操作,二者解决的技术问题不同,实现的技术效果也不相同,则将其中一个技术手段替换为另一个不属于惯用手段的直接置换。

在第25715号无效决定(201310115063.7)所涉案件中,权利要求1保护一种拖把的清洗方法,其中包括在拖把桶中设置可转动的清洗架作为清洗部,通过清洗架的旋转对拖把头进行清洗。证据4公开了一种自转拖把和与之配套适用的容器，该容器具有可自由旋转的脱水篮。请求人认为，证据4容器中的脱水篮与涉案专利权利要求1拖把桶中的清洗架工作原理相同，都是随拖把头旋转产生离心力。根据清洗需要，将脱水篮改为清洗架属于所属领域惯用手段的直接置换。对此，决定认为，证据4没有公开清洗架以及有关通过清洗架带动拖把头旋转的拖把清洗步骤；同时，清洗架的原理虽然与脱水篮近似，但其解决的技术问题、实现的技术效果完全不同，所属领域技术人员没有动机将两者进行直接置换，因此无法将上述区别认定为所属领域惯用手段的直接置换。

3.4 数值和数值范围

对于存在数值或者连续变化的数值范围限定的技术特征的权利要求，在其余技术特征与对比文件均相同的情况下，如果对比文件公开的数值或数值范围落入权利要求限定的数值范围内、两者数值范围部分重叠或者有一个共同的端点，则对比文件通常将破坏权利要求的新颖性。如果权利要求的数值或数值范围落在对比文件公开的数值范围内，且与对比文件公开的数值范围没有共同的端点，则对比文件不会破坏权利要求的新颖性。

在第19904号无效决定（03156023.7）所涉案件中，权利要求4保护一种鸦胆子油水包油乳针剂，该针剂中含有5%~30%（ml/ml）鸦胆子油，1%~5%（g/ml）精制豆磷脂，1%~5%（ml/ml）甘油，制得的针剂乳粒直径≤5μm。证据2公开了一种鸦胆子油静脉乳剂（水包油针剂），其中，在10 000ml体系中，加入1000ml鸦胆子油 [10%（ml/ml）]、100g精制豆磷脂 [1%（g/ml）]、250ml甘油 [2.5%（ml/ml）] 制备得到鸦胆子油静脉乳剂，粒度为1μm以下的乳粒在95%以上。由于证据2公开的各组分的数值均落入权利要求4限定的数值范围内，或者落在数值范围的端点值上，因此涉案专利权利要求4不具备新颖性。

在第10486号无效决定（98114592.2）所涉案件中，权利要求1保护一种用于稻田的复配型除草剂，包含丙草胺、苄嘧磺隆和解草啶，其中丙草胺与苄嘧磺隆的重量比为6:1~15:1，丙草胺与解草啶的重量比为3:1。证据4公开了一种复配除草剂，经计算可知，证据4的复配除草剂中，丙草胺与解草啶的重量比为3:1，丙草胺与苄嘧磺隆的重量比为15:1~20:1。决定认为，"如果一项权利要求存在以连续变化的数值范围限定的技术特征，而其余特征与对比文件相同，则在对比文件公开的数值范围与上述限定的技术特征的数值范围有一个共同的端点时，该对比文件将破坏该权利要求的新颖性"。该案中，权利要求1与证据4唯一的差异是丙草胺与苄嘧磺隆的重量配比，涉案专利为6:1~15:1，证据4为15:1~20:1，二者有一个共同端点15:1，因此，权利要求1相对于证据4不具备新颖性。

在第10606号复审决定（98805438.8）所涉案件中，权利要求1要求保护一种洗涤剂颗粒，包含a. 一种阴离子磺酸盐表面活性剂，其含量按颗粒的重量计为0.01%~20%；b. 一种水溶助长剂，其含量按颗粒的重量计为0.01%~45%；其中阴离子磺酸盐表面活性剂对水溶助长剂的重量比率为50:1~1:1，且可存在按颗粒的重量计0.0%~30%的磷酸盐组分。该案复审通知书指出，对比文件1公开的洗涤组合物中，磺酸盐与水溶助长剂的重量比为15:1~0.002:1，与权利要求1要求保护的50:1~1:1的数值范围部分重叠，导致权利要求1不具备新颖性。为此，复审请求人在答复复审通知书时将阴离子磺酸盐表面活性剂与水溶助长剂的比率限定为10:1~2:1。决定认为，修改后的这一数值范围落在对比文件1公开的15:1~0.002:1的范围内，并且与对比文件1公开的数值范围没有共同的端点。因此，修改后的权利要求1相对于对比文件1具备新颖性。

3.5 参数、用途或制备方法等特征

为了清楚地限定权利要求的保护范围，对于产品权利要求来说，通常应当用产品的结构进行表征，但当产品权利要求中的一个或多个技术特征无法用结构特征予以清楚地表征时，允许借助于物理或化学参数特征（下称参数特征）表征；当产品权利要求中的一个或多个技术特征无法用结构特征并且也不能用参数特征予以清楚地表征时，允许借助于方法特征表征。

实践中，参数或方法特征并非针对产品的结构进行直接限定，它们与产品的结构之间也非一一对应关系，参数或方法特征不同并不意味着产品的结构必然不同。因此，在新颖性的判断过程中，需要考虑此类特征对产品的结构产生的影响。

3.5.1 包含参数特征的产品权利要求

对于包含参数特征的产品权利要求,在权利要求和对比文件的差异为所限定的参数特征的情况下,如果所属领域技术人员根据专利文件或专利申请文件能够确定,该参数特征是由产品特定的结构导致的,参数特征不同暗含着产品结构不同,则所述产品权利要求具备新颖性。

在第28284号无效决定(200680053880.2)所涉案件中,权利要求1保护一种太阳能电池用聚酯树脂片,具体限定该聚酯树脂片在波长300nm~350nm下的光线透射率为0.005%~10%,相对反射率为80%~105%,表观密度为$1.37g/cm^3$~$1.65g/cm^3$,光学浓度为0.55~3.50,光学浓度偏差相对于中心值在20%以内。对比文件1公开了一种用于密封太阳能电池的背面薄膜,亦为在聚酯树脂层上具有二氧化钛层的聚酯树脂片,但对比文件1未公开权利要求1中限定的光线透射率、相对反射率和光学浓度偏差参数。决定认为,涉案专利说明书中记载,当光学浓度偏差在20%以外时,会波及UV透射率的偏差、总光线透射率的偏差、相对反射率的偏差,在性能以及品味方面不优选。涉案专利通过将现有技术中使用的二氧化钛母料的形状变更成长度为2.40mm~4.60mm、宽度为3.20mm~4.80mm、高度为1.70mm~2.30mm的圆柱状来控制涉案专利产品的光学浓度偏差,即通过使二氧化钛分布均匀来降低光学浓度偏差在20%以内,这同时也将相对反射率和波长300nm~350nm的光线透射率控制在要求范围内。因此,上述三个理化参数特征的限定实际上体现了对二氧化钛在聚酯树脂层中分布均匀程度的限定,权利要求1中有关光线透射率、相对反射率和光学浓度偏差这三个理化参数特征的限定已经能够使涉案专利权利要求1与对比文件1区分开来,权利要求1具备新颖性。

在专利授权程序中,当产品权利要求中包含的参数特征在对比文件未记载,或者对比文件中记载的参数特征与权利要求中的参数特征不同,导致无法直接将权利要求的产品与对比文件的产品进行比较时,应当站位所属领域技术人员,充分考虑申请文件和对比文件记载的全部信息,判断二者之间是否存在可对比的信息,如获得所述产品的方法等。如果通过所述可对比的信息仍无法将二者区分开来,则可推定权利要求的产品不具备新颖性。

在第 32159 号复审决定（99801366.8）所涉案件中，权利要求 1 要求保护一种多晶型体（晶体 A），采用 X 射线粉末衍射图谱参数定义，对比文件 1 公开了同一化合物的晶体，但是采用红外光谱参数定义。决定认为，虽然权利要求 1 与对比文件 1 采用了不同的理化参数定义，所属领域技术人员无法将二者直接进行比较；但是，对比分析涉案申请说明书记载的晶体 A 的红外光谱数据和对比文件 1 公开的晶体的红外光谱数据，二者具有较大的相似性，仅存的部分差异并不具有重要的鉴别意义，导致所属领域技术人员不能将二者区分开来，因此推定权利要求 1 相对于对比文件 1 不具备新颖性。

对于包括参数特征的产品权利要求，在无效程序中，基于对无效程序的性质、无效程序中的证据规则和当事人举证能力的考量，当无效宣告请求人针对产品权利要求中的参数特征主张适用推定不具备新颖性的判断方式时，应当提交基于已知事实足以得出推定事实的证据，否则应当承担举证不力的后果。

在第 24367 号、第 28343 号无效决定（200780009180.8）所涉案件中，权利要求 1 保护一种冷轧钢板，除限定该冷轧钢板的组分外，还限定"铁素体组织的平均结晶粒径在 12.0μm 以下"，"r 值的面内各向异性 Δr 为 $-0.20 \leq \Delta r \leq 0.20$"；说明书载明，所述冷轧钢板的制造条件为：以 Ar3 相变点以上的终轧温度进行热轧，以轧制率 70%~90% 实施冷轧，接着以 700℃~800℃ 的退火温度进行退火。附件 1 公开了具有相同组分的冷轧钢板，但未记载结晶粒径和 r 值的面内各向异性值，其冷轧钢板的制备方法为：热轧终轧温度为 920℃，冷轧轧制率为 89%，连续退火温度为 780℃。

请求人在提出第一次无效宣告请求时主张，对比文件 1 的制备方法与涉案专利相同，由此可以推知附件 1 的冷轧钢板中，铁素体组织的平均结晶粒径和 r 值面内各向异性的 Δr 值必然在涉案专利权利要求的范围内，继而推定涉案专利的产品相对于附件 1 不具备新颖性。对此，第 24367 号无效决定认为，虽然除终轧温度外，附件 1 的制备方法与涉案专利相同，但基于无效宣告请求人提交的证据，无法证明附件 1 的终轧温度 920℃ 在 Ar3 相变点以上，不能认为二者的制备方法相同，进而无法推定二者的产品相同。

此后，请求人提出第二次无效宣告请求，提交了多份专利文献及公知常识性证据，证明附件1中920℃高于Ar3相变点的事实，而专利权人未提出其他证据证明二者的产品存在区别。第28343号无效决定在此基础上认定附件1的制备方法与涉案专利相同，由此推定二者所得的产品相同。

3.5.2 包含用途特征的产品权利要求

对于包含用途特征的产品权利要求，用途特征通常表明产品的应用场合、应用目的等。当所述产品权利要求与对比文件的差异仅在于用途特征本身时，如果产品的应用场合、目的等对产品的结构有特定要求，应用场合、目的等不同将意味着产品结构不同，则所述产品权利要求具备新颖性；反之，如果产品的应用场合、目的等没有暗示或暗含产品具有某种特定的结构，应用场合、目的等不同也不意味着产品结构不同，则基于对比文件通常可以推定产品权利要求不具备新颖性。

在第27959号无效决定（200480012378.8）所涉案件中，权利要求1涉及一种"用于练习心肺复苏"的人体模型，对比文件3公开了一种仿生多用途模特，并公开了权利要求1特征部分的所有技术特征。对于权利要求1相对于对比文件3是否具备新颖性，决定认为，权利要求1的主题名称限定所述人体模型用于练习心肺复苏，隐含着该人体模特包含有练习心肺复苏的装置，与此相比，对比文件3的模特"用于商业展示服装鞋帽、医学练习针灸穴位点、包扎和按摩，并不用于心肺复苏的练习，自然不包含用于练习心肺复苏的装置"。基于权利要求1中用途的限定已经暗含了产品结构上的差异，因此权利要求1相对于对比文件3具备新颖性。

在第20660号无效决定（02152053.4）所涉案件中，权利要求1保护一种治疗肝病的药丸，包括12种具有一定重量份数的原料，并限定了药丸的具体生产方法。证据1公开了由相同用量的原料采用相同方法制成的药丸，其与涉案专利的差异仅在于，涉案专利权利要求1进一步限定了所述药丸用于治疗肝病。决定认为，产品权利要求中各技术特征的实际限定作用取决于对产品结构带来何种影响，虽然证据1没有公开药丸治疗肝病的用途，但所述用途并没有使药丸的结构发生改变，没有使产品的结构区别于证据 1 的产品，因此权利要求 1 相对于证据 1 不具备新颖性。

在第 20372 号无效决定（200820063041.5）所涉案件中，权利要求 1 保护一种装普通螺丝或钢钉的平挂瓦，在平挂瓦的顶端设置有用于安装普通螺丝或钢钉的预制孔。附件 1 公开了一种装膨胀钉的平挂瓦，在平挂瓦的顶端设置有预制膨胀套孔，该孔内装膨胀套和膨胀钉。决定认为，如果一项产品权利要求与对比文件的产品区别仅在于用途不同，而所述用途的区别又未给两者的结构带来任何实质性区别，则该权利要求相对于对比文件不具备新颖性。该案中，虽然权利要求 1 的平挂瓦与附件 1 的平挂瓦用途不同，一个用于装普通螺丝或钢钉，一个用于装膨胀钉，但是该用途的不同并没有改变平挂瓦的结构，"安装普通螺丝或钢钉的孔"和"安装膨胀套和膨胀钉的孔"在结构上无实质区别，因此所述用途特征没有暗含产品在结构上的改变，权利要求 1 相对于附件 1 不具备新颖性。

3.5.3 包含制备方法特征的产品权利要求

制备方法特征，是指表明产品的制备原料、制备步骤、制备条件等的特征。对于包含制备方法特征的产品权利要求，新颖性判断时重点考虑所述制备方法特征是否会对产品的结构造成实质影响。如果制备方法的差异通常不会导致产品的结构发生改变，则可推定所述产品权利要求不具备新颖性；反之，如果制备方法的差异通常会对产品的结构产生实质影响，则所述产品权利要求具备新颖性。

在第 24359 号无效决定（201120236527.6）所涉案件中，权利要求 1 保护一种多层装饰玻璃，包括至少一层玻璃片，所述玻璃片一侧表面设有一材料层，所述材料层通过胶层与所述玻璃片灌胶成型。附件 1 公开了一种装饰夹层玻璃，其与权利要求 1 的区别仅在于二者的制备方法不同：权利要求 1 中是灌胶成型，附件 1 中是热压成型。决定认为，灌胶成型和热压成型均为玻璃成型中的常用技术手段，灌胶成型和热压成型的最终结果均是使材料层与玻璃片之间通过胶层粘接在一起，进而形成多层玻璃。上述制备方法的不同并未使产品的结构产生区别，因此，权利要求 1 不具备新颖性。

在第 85485 号复审决定（200880016626.4）所涉案件中，权利要求 1

要求保护用于延长释放的药物组合物，其包含具有聚合物基质和作为活性成分的帕瑞肽双羟萘酸盐的微粒，并限定了所述微粒的制备方法。对比文件1公开了星形聚合物与双羟萘酸盐的药物组合物产品及其制备方法。权利要求1与对比文件1公开的内容相比，区别仅在于制备过程中聚合物在二氯甲烷中的浓度不同。决定认为，微粒本身具备一定的形态结构，制备方法可能对其结构产生影响。涉案申请说明书实施例3、4的内容证明，制备过程中聚合物浓度不同会导致微粒的释放行为不同，可见制备方法中聚合物浓度会对微粒的形态结构产生影响，导致产品结构存在差异，因此，权利要求1相对于对比文件1具备新颖性。

4 抵触申请

抵触申请是新颖性判断中一个特有的概念。根据《专利法》第22条第2款的规定，如果任何单位或者个人就同样的发明或实用新型在申请日以前向国务院专利行政部门提出过申请，并记载在申请日以后（含申请日）公布的专利申请文件或者公告的专利文件中，则所述在先提出的专利申请构成涉案专利申请的抵触申请，导致涉案专利申请因不具备新颖性而不能被授予专利权。

为简便起见，本节将那些在申请日以前向国务院专利行政部门提出申请，并在申请日以后（含申请日）公布的专利申请文件或者公告的专利文件称为"在先申请"。在先申请构成抵触申请需要满足四个条件。一是对主体的要求。按照现行《专利法》的规定，任何单位或个人提出的在先申请均可能构成抵触申请；但是，根据2000年8月25日第二次修正的《专利法》，对于申请日在2009年10月1日之前提出的发明或实用新型专利申请，同一申请人的在先申请不构成抵触申请。二是时间性条件。只有在涉案专利或专利申请的申请日前提出申请，并在涉案专利或专利申请的申请日后（含申请日）公布或公告的在先申请才可能构成抵触申请。三是在先申请国别和/或地区的要求。只有在先申请为中国专利或专利申请才有可能构成抵触申请。四是对内容的要求。在先申请应当包含与涉案专利或专利申请同样的发明或实用新型。

4.1 在先申请的申请人

对于2009年10月1日之后提出的申请，根据2009年10月1日起实施的第三次修正的《专利法》，作为抵触申请的在先申请的申请人可以是任何单位或个人。但对于2009年10月1日之前提出的申请，根据2000年8月25日第二次修正的《专利法》，只有"他人"提出的在先申请才能作为抵触申请。

在第23449号无效决定（201120010137.7）所涉案件中，同一申请人于2011年1月13日就同一发明创造于同一天提交了发明专利申请（证据1）和实用新型专利申请（涉案专利）。证据1的申请日被确定为2011年1月13日，经过形式审查合格后，于2011年9月7日公布。涉案专利在审查过程中，国家知识产权局发出补正通知书，在答复该补正通知书时，申请人补交了附图，导致涉案专利的申请日被重新确定为2011年7月11日。由于涉案专利的申请日在2009年10月1日之后，应当适用第三次修正的《专利法》，根据该法的规定，同一申请人在先提交、在后公开的发明专利申请可以构成涉案实用新型专利的抵触申请。决定认为，证据1在时间上满足抵触申请文件的要求；在内容上，证据1与涉案专利权利要求1-4的技术方案相同，二者技术领域、所解决的技术问题和预期效果也相同。因此证据1构成涉案专利的抵触申请，权利要求1-4相对于证据1不具备新颖性。

在第87044号复审决定（200980130114.5）所涉案件中，涉案申请的优先权日为2008年8月1日，在2009年10月1日之前，根据《施行修改后的专利法的过渡办法》第2条及《专利法实施细则》第11条的规定，应适用2000年第二次修正的《专利法》，根据该法的规定，只有"他人"的在先申请才可能构成抵触申请。因此，决定认为，涉案专利申请和在先申请（对比文件1）的申请人完全一致，均为ETO电磁有限责任公司，不属于"他人"，因此对比文件1不满足有关抵触申请的构成要件，不能作为抵触申请评述涉案申请的新颖性。

4.2 向国务院专利行政部门提出的申请

构成抵触申请的在先申请必须是向国家知识产权局提出的专利申请，

向我国港澳台地区管理专利工作的部门提出的专利申请不能作为破坏涉案专利/专利申请新颖性的抵触申请。

在第16781号无效决定（200420050731.9）所涉案件中，无效宣告请求人主张使用证据1作为抵触申请来评价涉案专利的新颖性。决定认为，证据1是我国台湾地区实用新型专利，申请日为2004年4月19日，公开日为2005年2月1日，虽然证据1在涉案专利申请日2004年5月8日之前申请，在该日期之后公开，但是由于证据1是向我国台湾地区管理专利工作的部门提出的专利申请，并非是向国务院专利行政部门提出的申请，因此不能作为涉案专利的抵触申请评述涉案专利的新颖性。

PCT国际申请在进入中国国家阶段后，与直接在我国提出的专利申请具有同等效力。国际申请日在涉案专利/专利申请申请日之前，中国国家阶段公开日在涉案专利/专利申请申请日之后的PCT国际申请可以作为涉案专利/专利申请的抵触申请。

在第4527号无效决定（00239075.2）所涉案件中，无效宣告请求人用以评价新颖性的对比文件1为一项PCT国际申请。决定认为，涉案专利的申请日为2000年6月15日，对比文件1的国际申请日为2000年6月2日，进入中国国家阶段后的公开日为2001年9月19日，属于他人在涉案专利的申请日之前向国家知识产权局提出申请、在该申请日之后公开的在先专利申请，可以作为抵触申请用于评价涉案专利的新颖性。

4.3　以在先申请的全文为比较基础

在确定在先申请是否构成抵触申请时，不能只考察在先申请的权利要求书，而是要以在先申请的全文内容为准，包括权利要求书、说明书及附图。

在第16120号无效决定（200720191625.6）所涉案件中，权利要求1保护一种电池差厚钢壳，无效宣告请求人使用申请在先公开在后的证据1作为抵触申请评价涉案专利新颖性。证据1涉及一种用于电池的圆筒形差厚钢制壳体，在其说明书第3页描述了一个具体实施例。决定认为，确定在先申请是否为抵触申请时，应查阅在先申请全文。证据1在说明书公开的具体实施例中已经披露了涉案专利权利要求1的全部技术特征，其技术方案与涉案专利权利要求1的技术方案实质上相同，构成涉案专利的抵触申请，能够破坏权利要求1的新颖性。

4.4 外观设计不能作为发明和实用新型的抵触申请

发明和实用新型专利/专利申请之间可以互为抵触申请，但外观设计专利不能构成发明和实用新型专利/专利申请的抵触申请。

在第14029号无效决定（200820097432.9）所涉案件中，无效宣告请求人主张一份在先申请、在后公告的外观设计专利作为抵触申请评价涉案实用新型专利的新颖性。决定认为，《专利法》第22条第2款设置"抵触申请"的目的在于防止重复授权，外观设计专利是对产品的形状、图案或者其结合以及色彩与形状、图案的结合所作出的富有美感的工业设计，发明和实用新型专利保护的则是技术方案。外观设计专利与发明、实用新型专利保护的客体不同，因此不能构成发明或实用新型专利/专利申请的抵触申请。

5 化学领域发明的新颖性

虽然作为发明创造的一种，化学领域发明适用与其他领域发明相同的新颖性判断原则，但是由于化学领域发明在权利要求的撰写、技术效果的可预期性等方面具有不同于其他领域发明的特点，导致在新颖性的判断上也存在一定的特殊性。

5.1 化合物发明

化合物发明，从表现形式上，包括通式化合物发明、具体化合物发明、化合物的异构体发明以及晶体发明等多种形式。

5.1.1 通式化合物

"通式化合物"是化学领域发明中对化合物组进行限定的一种常见方

式，是通过化合物组中化合物的共有结构单元结合该共有结构单元上的取代基及其定义共同限定的一组化合物，其中至少一个取代基被定义为可选择的基团。"通式化合物"又被称为"马库什化合物"。

通常，具体（下位）概念的公开使采用一般（上位）概念限定的发明丧失新颖性，但一般（上位）概念的公开并不影响采用具体（下位）概念限定的发明的新颖性。具体到化合物发明，通式化合物不能破坏该通式化合物范围内的某一具体化合物的新颖性，而某一具体化合物的公开则使包括该具体化合物的通式化合物权利要求丧失新颖性，但不影响该通式化合物所包括的除该具体化合物以外的其他化合物的新颖性。虽然如此，如果通式化合物仅有一个取代基是变量，且该变量的可选择项均为具体基团，则该通式化合物可被看作若干个具体化合物的集合；如果通式化合物只有两个取代基是变量，且每个变量仅有两个具体基团作为可选择项，则该通式化合物也可被看作四个具体化合物的集合。

在第16241号无效决定（94115915.9）所涉案件中，权利要求1保护一种通式（Ⅰ）的二氢呋喃酮类化合物（结构式），该通式所涉及的取代基变量包括：A、B、G、X、Y、Z和n。证据1公开了通式（Ⅰ）范围内的多个具体化合物，如具体的二氢呋喃酮类化合物Ia-13，相当于权利要求1通式（Ⅰ）中A和B与其连接的碳原子一起形成饱和5元碳环且不被$C_1 \sim C_6$烷氧基取代、G为氢、X和Y均为甲基、Z为6-甲基、n为1的化合物。决定认为，证据1中公开的这些具体化合物落入了涉案专利权利要求1通式（Ⅰ）范围内，导致权利要求1不具备新颖性。

如果发明请求保护的通式化合物与现有技术公开的通式化合物母核相同，各个取代基变量范围均有重叠，但现有技术没有提到发明请求保护的通式化合物范围内的任何具体化合物，则所述现有技术不能破坏发明的新颖性。

在第40895号复审决定（200480004559.6）所涉案件中，权利要求1请求保护式Ⅰ或式Ⅱ所示的化合物（式Ⅰ、式Ⅱ结构式）。对比文件1公开了式（Ⅴ）和（Ⅵ）所示化合物（式Ⅴ、式Ⅵ结构式），其中式（Ⅴ）和（Ⅵ）取代基的选择与涉案专利申请权利要求1通式Ⅰ或Ⅱ中相应取代基均存在部分重合，但未公开落入涉案专利申请式Ⅰ或式Ⅱ范围内的具体化合物。决定认为，如果一份对比文件已经提到要求保护的化合物，即推定该化合物不具备新颖性，所谓"提到"，是指"明确定义或者说明了该化合物的化学名称、分子式（或结构式）、理化参数或制备方法。""对于化学通式定义的化合物权利要求而言，如果对比文件中公开的化学通式包含了一个较宽的化合物范围，所属领域技术人员仅根据该通式以及通式中取代基的选择并不能直接得出落入所述权利要求保护范围的具体化合物，即使对比文件通式中取代基进行的选择与权利要求保护范围内的具体化合物相同，也不能因此认为该权利要求的通式化合物已被该对比文件公开，对比文件给出的信息尚不足以影响所述权利要求的新颖性"。由于对比文件1通式（Ⅴ）和（Ⅵ）均由多个具有多种含义的可变取代基定义而成，而对比文件1既没有针对上述落入涉案专利申请权利要求1保护范围内的化合物给出具体的化学名称、分子式（或结构式），也没有针对其提供具体的理化参数或制备方法，所属领域技术人员根据对比文件1公开的内容并不能直接得出落入涉案专利申请权利要求1范围内的具体化合物，因此不能认为对比文件1破坏权利要求1的新颖性。

5.1.2 具体化合物

对于要求保护具体化合物的权利要求，如果在一份对比文件中已经提到该化合物，即推定该权利要求不具备新颖性，但专利申请人/专利权人能提供证据证明在申请日以前无法获得该化合物的除外。所谓"提到"，是指明确定义或者说明了该化合物的化学名称、分子式（或结构式）、理化参数或制备方法（包括原料），使得所属领域技术人员能够确认该对比文件的化合物是要求保护的化合物。

如果现有技术仅仅记载具体化合物的部分结构，根据现有技术公开的信息无法确定所述具体化合物与发明请求保护的化合物结构完全相同，则不能认为现有技术"提到"了该具体化合物。

在第 20595 号无效决定（200910118800.2）所涉案件中，权利要求 1 保护一种尖吻蝮蛇血凝酶，由 α、β 两个亚基构成，其中 α 亚基含 129 个氨基酸，氨基酸序列如 SEQ ID No.1 所示；β 亚基含 123 个氨基酸，氨基酸序列如 SEQ ID No.2 所示。根据说明书关于该酶的来源可以确定，所述两个亚基链之间以二硫键连接。证据 1 公开了一种尖吻蝮蛇血凝酶，由两个亚基构成，两个亚基以二硫键连接，其 N 端 15 个氨基酸序列分别与权利要求 1 中对应的氨基酸序列相同。证据 1 与权利要求 1 的酶相比，电泳特征和生物学功能相同，分子质量和等电点数值相近。针对证据 1 是否"提到"了权利要求 1 的化合物，决定认为，证据 1 仅公开了所述酶两个亚基的 N 端 15 个氨基酸序列，未公开酶的全长序列结构。虽然证据 1 记载了所述酶的名称为"尖吻蝮蛇血凝酶"，但现有技术表明尖吻蝮蛇血凝酶是以功能命名的一类蛋白酶，均由两个亚基以二硫键连接构成，不同结构的尖吻蝮蛇血凝酶在电泳特征、生物学性能、分子量和等电点上均差异较小，仅凭理化参数差异较小和部分氨基酸序列的对比结果，无法确定两者的全序列结构是否完全相同。因此，证据 1 中公开的信息不足以破坏权利要求 1 的新颖性。

5.1.3 立体异构体和互变异构体

当发明请求保护某一具体化合物的特定立体异构体时，如果现有技术公开了所述立体异构体的名称，通常认为现有技术已经提到该立体异构体，应当推定该立体异构体不具备新颖性，但申请人能提供证据证明在申请日之前无法获得该立体异构体的除外。

在第 30868 号复审决定（200810027771.4）所涉案件中，权利要求 1 请求保护一种具有光学活性的组氨酸去甲斑蝥酰亚胺，

其中 R 为 $-CH_2-\underset{NH}{\underset{|}{\diagup}}\hspace{-2pt}\underset{}{\diagdown}$ 或 $-(CH_2)_3-NH-\underset{NH_2}{\overset{NH}{\|}}C-NH_2$ 或 $-(CH_2)_4NH_2$)。对比文件 1 公开了通式表示的氨基酸类去甲斑蝥酰亚胺化合物，其中所述氨基酸包括 D - 丙氨酸、L - 丙氨酸、D - 苯丙氨酸、L - 苯丙氨酸……D - 组氨酸和 L - 组氨酸，并公开了所述通式化合物的一般合成方法。在表格中列出了 D - 组氨酸去甲斑蝥酰亚胺和 L - 组氨酸去甲斑蝥酰亚胺的产率和生理活性数据。复审请求人主张：根据现有技术，对比文件 1 所述的反应条件必然使氨基酸发生明显异构化及断链等副反应，不能获得要求保护的产品。决定认为，对比文件 1 已经公开了两个具体化合物的立体异构体的名称：D - 和 L - 组氨酸去甲斑蝥酰亚胺，它们落在权利要求 1 的保护范围内；并且，对比文件 1 公开了所述两个化合物的产率和生理活性数据，表明通过其记载的一般合成方法已经制备得到 D - 和 L - 组氨酸去甲斑蝥酰亚胺。复审请求人提交的现有技术证据总结了氨基酸的消旋技术，但其中并不包括对比文件 1 的反应条件，不能说明对比文件 1 的反应条件必然会导致氨基酸消旋化。即使对比文件 1 的反应条件会导致氨基酸消旋化，通过拆分也可得到分离的具有光学活性的组氨酸去甲斑蝥酰亚胺。因此，复审请求人提供的现有技术证据并不能证明对比文件 1 不能获得具有光学活性的组氨酸去甲斑蝥酰亚胺，不能推翻对比文件 1 破坏权利要求 1 新颖性的认定。

对于仅有一个手性中心的化合物，当现有技术仅公开所述化合物的外消旋物，没有明确公开具体的立体异构体时，由于外消旋物仅仅是一对对映异构体的等摩尔混合物，且所属领域技术人员根据常规手段通常能够拆分得到其中的 R - 异构体和 S - 异构体，因此原则上可以推定所述外消旋化合物包含的一对对映异构体已经被公开，除非专利申请人/专利权人能够证明所属领域技术人员根据现有技术无法拆分得到其中的对映体。

在第 78190 号复审决定（200880100879.X）所涉案件中，权利要求 1 要求保护的一系列具体化合物中包括（R）- 3，5 - 二甲基 - 苯甲酸 - N - (1 - 叔 - 丁基 - 丁基) - N' - (3 - 甲氧基 - 2 - 甲基 - 苯甲酰) - 酰肼。对比文件 1 公开了化合物 RG115823，其与发明请求保护的化合物相比，"区别"仅在于：对比文件 1 未明示化合物的立体构型。但对比文件 1 明确记载,该化合物可以对映体、非对映体、立体异构体或其混合物的形式存在。决定认为,所属领域公知,通过化学反应可以在非手性分子中形成手性碳原子,但得到的应当是对映体的等量混合物外消旋体。化合物RG-115823仅有一个手性中心,且上述化合物的合成为普通合成方法而非手性合成,因此其得到的应当是一对R-或S-构型的对映体的等摩尔混合物,即对比文件1公开了化合物RG-115823的外消旋物。在此基础上,在没有相反证据的情况下,所属领域技术人员根据常规技术手段应当能够拆分得到其中的R-异构体和S-异构体,因此可以推定对比文件1公开了R-和S-构型的化合物RG-115823。

当要求保护的化合物存在互变异构体时,虽然权利要求以其中一种互变异构体结构形式进行表征,但由于互变异构体的平衡关系,所要求保护的化合物不可避免地包含另一种互变异构体。如果现有技术提到了其中一种互变异构体,则暗含着另一种互变异构体必然存在,将导致权利要求的化合物不具备新颖性。

在第24743号无效决定(00814313.7)所涉案件中,权利要求23保护一种式(Ⅰ)的半缩醛型二环化合物(结构式图)。说明书明确记载,"根据本发明的二环化合物不仅包含上述的式(Ⅰ)化合物,而且包含其光学异构体、立体异构体和互变异构体"。证据1公开了一系列[1R, 2R, 3R]构型的前列腺烷酸衍生物,对应于涉案专利权利要求23式(Ⅰ)化合物为单环形式、X_1和X_2为氟原子、R_2为甲基丁基的酮基形式的化合物。决定认为,首先,涉案专利化合物的构型不是仅包括二环形式的化合物,由于互变异构体的平衡关系,其中不可避免地包含单环形式;并且,涉案专利不仅不排除式(Ⅰ)化合物单环形式的存在,还明确将其纳入权利要求的保护范围。其次,证据1公开的化合物虽然对应于式(Ⅰ)化合物的酮基单环形式,但其明确记载,"本发明中所用的化合物可以引起酮基－半缩醛平衡……包括上述两种互变异构体。本发明化合物常常以酮基类型的化学式或命名法来代表，只是为了方便的缘故，而不是用于排除半缩醛型二环化合物"。因此，所属领域技术人员从证据1获得的信息是，其不仅公开了式（Ⅰ）化合物的酮基形式，而且公开了式（Ⅰ）所示的半缩醛形式。涉案专利权利要求23相比证据1不具备新颖性。

5.1.4 晶体化合物

对于晶体化合物发明，权利要求通常以其化学结构式或化学名称结合晶胞参数、空间群、晶体X射线衍射（XPRD）和/或固相核磁（NMR）等参数来表征。当对比文件仅公开了化合物的固态形式、没有提供任何晶体表征参数时，如果对比文件产品与发明所要求保护的晶体的制备方法相同，通常可推定发明所要求保护的晶体不具备新颖性；但是，如果产品制备方法存在差异，且所属领域技术人员知晓该差异通常会对产品的晶体微观结构产生影响，则不能直接推定发明所要求保护的晶体不具备新颖性。

在第77847号复审决定（200780038460.1）所涉案件中，权利要求1请求保护一种谷胱甘肽结晶，其中限定该结晶的平均宽是 $7\mu m \sim 40\mu m$，平均粒径为 $10\mu m \sim 60\mu m$，休止角为53度以下，粗比容积为 $5.0 cm^3/g$ 以下。对比文件1公开了一种谷胱甘肽结晶，其与权利要求1要求保护的谷胱甘肽结晶相比，区别仅在于，权利要求1限定了结晶的晶僻参数。决定认为，虽然对比文件1没有具体公开谷胱甘肽结晶的上述参数，但是权利要求1和对比文件1均采用相同的对谷胱甘肽溶液进行加醇和冷却的结晶步骤。鉴于同样的结晶方法应当可以获得同样的结晶，而对于这样获得的同一种化学产品（谷胱甘肽）的结晶体而言，仅从权利要求1限定的参数，所属领域技术人员无法将权利要求1要求保护的晶体与对比文件1公开的晶体区分开，因此推定权利要求1不具备新颖性。

在第21276号无效决定（01802381.9）所涉案件中，权利要求1保护2-甲基-2-三唑基甲基青霉烷-3-羧酸二苯甲酯1,1-二氧化物（简称TAZB）晶体，并以X射线衍射数据进行表征。证据1公开了TAZB化合物及其制备方法，公开了在反应后对目标产物进行结晶，并经NMR和IR谱图比较确定其结构。决定认为，首先，权利要求1要求保护具有特定

XPRD数据的TAZB晶体，证据1没有公开TAZB的具体形式，也没有公开XPRD射线图，所属领域技术人员无法通过比较参数直接确认二者属于相同的晶体。其次，将权利要求1晶体的制备方法和证据1的制备方法进行对比，两者的结晶溶剂存在差别。另外，从涉案专利说明书比较例2可以获知，采用证据1中的结晶化步骤不一定能够确实获得TAZB结晶。在无效宣告请求人没有提供足够证据证明权利要求1晶体化合物与证据1公开的晶体实质相同，同时二者制备方法又存在差异的情况下，推定权利要求1不具备新颖性缺乏事实依据。

判断同一化合物的两种晶体是否相同，最直接手段是X射线衍射法。X射线粉末衍射图谱（XPRD）对于晶体结构的表征具有指纹性。通过比对XPRD确定两种晶体是否相同时，应对XPRD进行整体比对，比较二者的峰位置、峰强度以及峰形是否匹配，其中峰位置，尤其是小角度峰和强峰的峰位置匹配相对于峰强度的匹配具有更重要的意义。

在第13804号无效决定（02148744.8）所涉案件中，权利要求1保护一种阿德福韦酯结晶，在权利要求1中使用了XPRD峰、红外光谱（IR）峰和差热扫描量热谱（DSC）吸热转变温度进行表征。证据1公开了一种E型阿德福韦酯结晶，并记载了E型结晶的XPRD、DSC和IR图谱。决定认为，首先，与XPRD相比，IR仅能作为鉴别晶型的辅助手段，无论IR相同或不同，均不能表明两者属于相同的晶体；同样，DSC也属于鉴别晶型的辅助手段，在证据1未公开具体升温条件的情况下，其DSC测定结果与涉案专利的DSC结果不具有可比性。其次，所属领域公认，XPRD在晶体结构的判断中具有唯一性和专属性。根据现有技术证据，XPRD峰位置和峰强度均是晶型判断的依据，在遵循整体匹配原则的基础上，峰位置的匹配是第一位的，强峰和小角度峰具有较重要的鉴定价值。将证据1公开的晶体XPRD与涉案专利发明进行对比，二者有两点主要区别：一是证据1中未公开各个XPRD衍射峰的峰强度值；二是涉案专利权利要求1中2θ为3.68和14.80处的两个峰在证据1中没有文字记载，证据1在2θ小于5度处有一强峰。由于峰强度相比峰位置而言容易受到外界条件的影响而发生变化，因此，仅仅因为证据1未公开具体强度值并不能认定权利要求1与证据1的晶型必然不同。鉴于无效宣告请求人提供的证据无法确定证据1图1中小角度强峰的峰位置，更无法证明其峰位置与涉案专利3.68处峰的差别在合理误差范围之内；同时，小角度强峰在晶型鉴定中具有重要意义，无效宣告请求人又未提供充分的证据证明对于阿德福韦酯晶体来说，小角度强峰不完全匹配将不影响整体比对结果。因此，基于无效宣告请求人提供的证据，无法认定证据1图1所示的晶体与涉案专利权利要求1的晶体相同。

5.1.5 纯度限定的化合物

通常，通过化学合成反应或者天然提取获得的化合物均会含有或多或少的杂质，完全不含任何杂质的绝对纯的化合物是不存在的。对合成制备或提取获得的化合物进行纯化是实践中的常规做法，一般的纯化方法也属于所属领域技术人员应该掌握的普通技术知识和能力范围，因此，当权利要求以纯度对已知化合物进行限定时，原则上不应将纯度限定视为赋予所述已知化合物新的结构特征，即不能据此而使所述已知化合物具备新颖性，除非专利申请人/专利权人能够提供证据证明在申请日之前所属领域技术人员无法获得该纯度的化合物。

在第89544号复审决定（200780032539.3）所涉案件中，权利要求1请求保护4R-3-氰基-2,7,8-三氨基-4-(3-溴-4,5-二甲氧基苯基)-4H-色烯，其中限定，相对于相应的（S）-异构体，所述（R）-异构体含量大于95%。对比文件1公开了化合物3-氰基-2,7,8-三氨基-4-(3-溴-4,5-二甲氧基苯基)-4H-色烯，同时记载，该化合物包括所有的立体异构体和这样的立体异构体的外消旋混合物，可以依据所属领域技术人员众所周知的方法分离出单独的对映体。决定认为，由于对比文件1已经公开了请求保护化合物的外消旋物，且该化合物仅有一个手性中心，其外消旋体只是一对对映体的等摩尔混合物。一般来说，所属领域技术人员根据常规技术手段必然能够拆分得到其中的R-异构体和S-异构体，故其R-异构体实质上已经被公开，而"（R）-异构体含量大于95%"是对化合物纯度的限定，所述纯度限定并不能对化合物的结构产生任何影响，不能赋予化合物任何新的特征。因此涉案专利申请的权利要求1不具备新颖性。

5.2 组合物发明

组合物权利要求一般用组合物的组分、含量等组成特征来表征。在判断组合物发明的新颖性时,应该比较现有技术公开的组合物与发明请求保护的组合物的组成特征是否相同。如果组合物权利要求还通过组成特征以外的其他特征予以表征,则应该考虑所述其他特征能否使得其表征的组合物在组成上与现有技术公开的组合物区分开。

5.2.1 开放式与封闭式表达的组合物

组合物权利要求分开放式和封闭式两种表达方式。通常情况下,开放式表达的权利要求表示组合物中并不排除权利要求中未指出的组分,封闭式表达的权利要求则表示组合物中仅包括所指出的组分而排除其他组分。但是,权利要求究竟是封闭的还是开放的,应站位所属领域技术人员的视角,结合其主题名称等内容进行理解,不能仅依据权利要求措辞的字面含义作机械认定。

当权利要求保护组合物乙,对比文件公开组合物甲,二者解决的技术问题相同,唯一的区别在于权利要求中指明的组分为 A 和 B,对比文件公开的组合物甲由组分(A + B + C)组成时,如果权利要求为开放式表达,例如"含有 A + B",因其还可以含有其他组分,使得无法将权利要求的组合物乙与对比文件公开的组合物甲区分开来,权利要求不具备新颖性;相反,如果权利要求为封闭式表达,例如"由 A + B 组成",因其不含有其他组分使得组分 C 被排除在外,权利要求的组合物乙不含有组分 C 就构成权利要求与对比文件的实质区别,权利要求具备新颖性。

在第 16187 号无效决定(200510096351.8)所涉案件中,权利要求 1 要求保护一种治疗癫痫抽搐等的药物,"包括下列重量份的 10 味原料药:天麻 5~20 份……制白附子 1~6 份"。证据 1 公开了一种用于治疗风痰闭阻所致的癫痫抽搐等的痫愈胶囊,其中各原料药的重量份数均落入涉案专利所述原料药的重量份数范围。权利要求 1 与证据 1 的差异仅在于,证据 1 在包含涉案专利所述原料药的基础上,还包含其他二味原料药。决定认为,权利要求 1 使用了措辞"包括"来开放性地限定所述药物,表示权利要求

1还可含有未限定的其他组分,因此,权利要求1的保护范围实际上包含了证据1公开的技术方案,权利要求1相对于证据1不具备新颖性。

在第44342号复审决定(200680004725.1)所涉案件中,权利要求1要求保护一种气雾制剂,其由以下成分组成:至少一种选自20-酮甾类的活性成分、液化的HFA抛射剂、选自药学可接受的醇的共溶剂和选自磷酸和硫酸的螯合剂。对比文件1公开了一种气雾制剂,其包含权利要求相应的抛射剂、醇、磷酸以及TA2005(喹啉酮衍生物)与布地奈德、氟尼缩松等20-酮甾类的组合作为活性成分。决定认为,涉案申请权利要求1用"由以下成分组成"这种封闭方式进行限定,意味着所述气雾制剂中仅含有一类活性成分20-酮甾类,排除了除20-酮甾类以外的其他活性成分,而对比文件1的气雾制剂包含20-酮甾类和TA2005两类不同活性成分的组合,因此,权利要求1与对比文件1的技术方案实质上并不相同,权利要求1相对于对比文件1具备新颖性。

5.2.2 包含用药特征的药物组合物

当药物组合物权利要求中包含特定给药对象、部位、剂量、方案(包括时间、频次)、途径或给药后的效果等特征时,判断这类权利要求是否具备新颖性,应当考虑这些特征是否暗含药物组合物具有特定的组成。

在第81129号复审决定(200780042201.6)所涉案件中,权利要求1要求保护一种包含软骨分化和维持因子的脊柱髓核植入物或配制剂,其中限定所述脊柱髓核植入物或配制剂被施用入椎间盘的髓核。对比文件1公开了一种包含软骨分化和维持因子的植入物,其与权利要求1的差异仅在于,权利要求1进一步限定了所述脊柱髓核植入物或配制剂被施用椎间盘的髓核。决定认为,对比文件1中的植入物为一种原位硬化糊剂,其与水接触后原位硬化形成固体植入物,该原位硬化糊剂在硬化状态下力学上必须足够稳定,需要具有足够的机械强度,以使得能够用作骨或软骨的替代基质;相比而言,权利要求1的植入物或配制剂的机械性能需要适应呈凝胶状的、柔软的髓核部位,不能具有大的机械强度,对比文件1的植入物由于机械强度的原因是不能植入到髓核中的。可见,通过对植入部位的限定,使得权利要求1的植入物或配制剂在机械强度上区别于对比文件1,

这暗示着二者具有不同的结构和/或组成。因此,权利要求1相对于对比文件1具备新颖性。

在第76764号复审决定(200710093832.2)所涉案件中,权利要求1要求保护一种应用于人的安全的药物制剂,其含有对于健康人体为安全剂量的神经调节蛋白,并限定"其中所述安全剂量为2.99U/kg~35.83U/kg,以该剂量一次或多次施用给健康人体时,所引起的心电图异常在最后一次给药后7天内恢复正常"。对比文件1公开了一种包含有效量神经调节蛋白用于心肌梗死治疗的药物组合物。权利要求1与对比文件1的差异仅在于,权利要求1进一步限定了神经调节蛋白的安全剂量及其给药后的效果。决定认为,上述特征属于药物制剂的给药特征和给药后的效果,对药物制剂的组成成分或神经调节蛋白结构不具有实质限定作用,因此,权利要求1相对于对比文件1不具备新颖性。

5.2.3 包含"药品使用说明书"特征的药物组合物

药品使用说明书记载的文字信息不构成药物组合物本身的技术特征,因而在新颖性的判断中,该特征对药物组合物产品没有实质限定作用。

在第60949号复审决定(200810134357.3)所涉案件中,权利要求2要求保护包括容器、盛在容器中的含抗ErbB2抗体的组合物和包装插页的产品,所述抗体是以初始剂量至少约5mg/kg,继续量接近等于或小于初始剂量给药的抗ErbB2抗体,所述包装插页包括向给药者说明抗ErbB2抗体初始剂量至少5mg/kg和至少一次继续量等于或小于初始量的说明书。对比文件1公开了一种产品,包括容器、盛在容器中的含ErbB2抗体的组合物、标签和包装插页,包装插页包含使用说明书。将权利要求2与对比文件1相比,二者的差异仅在于权利要求2有两个具体的限定,一是对抗体的初始和继续治疗量做了限定;二是限定了药品使用说明书的文字记载内容。关于第一个差异,由于所述治疗用量是与临床使用有关的特征,限定的是医生根据患者的病情选择首剂量及继续治疗量大小的行为,不会影响所制药物的组成、含量、剂型,因此对组合物起不到实质性限定作用;关于第二个差异,决定认为,药品使用说明书文字记载的内容,仅涉及指导患者用药或者医生给药过程,并不构成药物组合物或包含药物组合物的产品本身的技术特征，也不影响所述产品的工业制造过程，因此，权利要求 2 相对于对比文件 1 不具备新颖性。

5.3 物质的制药用途发明

实践中，化学产品的医药用途发明通常以"化合物 X 作为制备用于治疗 Y 病药物的应用"或类似的制药用途权利要求的形式予以保护。

5.3.1 包含用药特征的制药用途发明

对于形式上采用制药用途的撰写方式，实质在于发现物质的医药用途的制药用途发明，在判断其新颖性时，一要考虑权利要求中的技术特征是否对制药过程产生影响，二要考虑发明与现有技术的用途即适应症是否实质相同。对于权利要求中存在给药对象、给药方式、给药途径、药物用量及给药时间间隔等用药特征的情形，如果这些特征仅仅体现在用药过程中，不会对制药过程产生影响，也没有导致所治疗或诊断的适应症区别于现有技术公开的用途，则这类用药特征不能使所述制药用途发明具备新颖性。

在第 22301 号复审决定（200480001514.3）所涉案件中，权利要求 1 要求保护 L – 肉碱或其药学可接受的盐在制备用于在开始治疗的最初 5 天内减少由急性心肌梗塞引起的死亡数的药物中的用途，并限定具体的用药特征。对比文件 1 公开了用 L – 肉碱治疗急性心肌梗塞的用途。将涉案申请与对比文件 1 相比，二者在给药时间和剂量上存在差异：一是涉案申请权利要求 1 限定在急性心肌梗塞症状发作的最初 4 小时内给药，而对比文件 1 则是在发病的最初 24 小时内给药；二是涉案申请权利要求 1 在静脉内给药 5 天后，从第 6 天至第 180 天经口给药每天 4 克，对比文件 1 则是每天给予 6 克持续 12 个月。决定认为，权利要求 1 与现有技术相比在给药时间和剂量上的差异是医生在治疗时于用药过程中的选择，不会对制药的原料、制造方法以及适应症等产生实质性的影响，不会使得该药物的制药用途构成与现有技术的实质性区别，因此权利要求 1 不具备新颖性。

在第 47827 号复审决定（200680041697.0）所涉案件中，权利要求 1 要求保护氟班色林及其游离碱、药理学上可接受的酸加成盐和/或其水合物在制备用于治疗妇女绝经前性欲障碍的药物中的用途。对比文件 1 公开氟班色林可以用于治疗女性性功能障碍。权利要求1与对比文件1的差异在于，权利要求1将给药对象具体限定为绝经前的妇女。决定认为，虽然权利要求1对于给药对象作了具体限定，但是由于其中并没有体现出该给药对象与对比文件1中公开的"女性性功能障碍"所涉及的给药对象在治病机理上有何不同，并因此造成适应症和药物制备过程发生实质变化，因此未导致制药用途存在区别，权利要求1相对于对比文件1不具备新颖性。

对于用药效果限定的发明，在所使用的药物及所治疗的病症与现有技术完全相同的情况下，如果用药后出现某些新的效果，如低的毒副作用等并未导致药物本身和适应症发生实质变化，则不能使所述发明具备新颖性。

在第13188号无效决定（99812498.2）所涉案件中，权利要求1要求保护潜霉素在制备用于治疗患者细菌感染的药剂中的用途，并限定所述药剂的使用"不产生骨骼肌毒性"。证据6公开了潜霉素治疗多种革兰氏阳性感染的用途，但没有公开涉案专利权利要求1限定的以上内容。对于所述不产生骨骼肌毒性的副作用的用药效果特征，决定认为，由于没有证据表明对潜霉素不产生骨骼肌毒性的副作用的进一步认识能使权利要求保护的制药用途区别于证据6公开的已知制药用途，因此权利要求1不具备新颖性。

5.3.2 涉及作用机理的制药用途发明

对于以作用机理限定的物质制药用途发明，在对比文件没有公开作用机理但公开了药物用途具体针对的适用症，或者虽然公开了作用机理但该作用机理与涉案发明的作用机理不同的情况下，如果发明只是对已知的药物用途发现了其作用机理，则该发现应当被归属于科学发现，不能使药物用途相对于对比文件产生实质性差异，从而不能使所述制药用途发明具备新颖性；反之，如果作用机理的限定使得药物用途与对比文件相比产生了实质性差异，则所述制药用途发明具备新颖性。

在第23695号复审决定（02813862.7）所涉案件中，提交复审请求的权利要求13要求保护一种通式化合物"在制备抑制survivin生成或刺激细胞凋亡的药物中的应用"。对比文件1公开了所述通式化合物，同时公开所述化合物刺激并导致了肿瘤细胞的凋亡,能够用于治疗人类肿瘤如 HPV 诱导的子宫颈肿瘤或口腔肿瘤。权利要求 13 通过术语"或"实际上要求保护两项技术方案,一项涉及抑制 survivin 生成的药物,另一项涉及刺激细胞凋亡的药物。根据涉案申请说明书的记载,发明人在发现所述通式化合物能够通过刺激细胞凋亡从而用于治疗肿瘤的同时,还发现所述化合物抑制了 survivin(人类癌细胞所特有的能够抑制细胞凋亡的物质)的生成,由此认为所述化合物能够通过抑制或清除 survivin 的作用机理治疗肿瘤。复审通知书认为,权利要求 13 与对比文件 1 相比,所治疗的疾病相同,二者的区别仅在于权利要求 13 中限定了化合物治疗肿瘤的治病机理,但是,所述治病机理仅仅是对所治疗疾病的原因的发现,治病机理不同并未改变所述药物化合物的制药用途,因此不能使涉案权利要求具备新颖性,复审请求人在答复时通过删除权利要求 13 克服了相应缺陷。

在第 80780 号复审决定(201010611741.5)所涉案件中,权利要求 1 要求保护 2-[N-(4,5-二甲氧基-2-羟基苯甲酰基)氨基]-4-[(2-二异丙基氨基乙基)氨基羰基]-1,3-噻唑(简称化合物 A)或其酸加成盐在制备胃容纳障碍治疗剂中的用途,其中所述治疗剂通过舒张胃底改善早期饱满感或胀满感。对比文件 1 公开了化合物 A 在制备通过促进胃动力活性来治疗胃肠道动力障碍/消化动力障碍引起的症状和疾病的药物中的用途。针对化合物作用位点、药理作用、改善症状等治疗机理的发现能否使权利要求 1 的适应症区别于对比文件 1 公开的适应症这一争议点,决定认为,首先,虽然胃肠道动力障碍/消化动力障碍/延迟的胃排空和受损的胃容纳导致的上位疾病统称为功能性消化不良,但是这两种不同机理诱发的功能性消化不良表现出可区分的症状,对比文件 1 的症状是因胃排空/动力问题导致的餐后饱满感,而权利要求 1 限定的是"早期"饱满感。其次,现有证据表明受损的胃容纳与延迟的胃排空无关,在涉案申请说明书和对比文件 1 中也采用了完全不同的实验设计来模拟这两种情况。再次,在申请日前,已有测试手段可区分患者的功能性消化不良究竟是由胃肠道动力障碍/延迟的胃排空引发,还是因胃容纳受损引发,在确定后可分别对因治疗,即分别通过给予促动力药或胃底舒张药物来进行治疗。因此,尽管权利要求 1 和对比文件 1 治疗的均是功能性消化不良,但二者为不同的适应症，权利要求1具备新颖性。

当对比文件仅公开了物质的作用机理、没有公开具体的适用症时，如果所属领域技术人员能将该作用机理直接对应于发明所要求保护的制药用途，则涉案发明不具备新颖性；相反，如果所属领域技术人员通过该作用机理尚不能认识到发明所要求保护的制药用途，则涉案发明具备新颖性。

在第88451号复审决定（201110222012.5）所涉案件中，权利要求1要求保护重组灵芝免疫调节蛋白rLZ-8在制备治疗白细胞减少症的药物中的应用。对比文件5公开了重组表达的rLZ-8在3.13μg/ml和6.25μg/ml浓度范围内，在体外显著增强了人外周血中的淋巴细胞和单核细胞（HPBMC）的增殖。决定认为，尽管淋巴细胞和单核细胞都属于白细胞，但根据所属领域的公知常识，上述两种细胞在白细胞中所占比例较少，白细胞中占大多数的是中性粒细胞；而白细胞减少症的主要特征在于白细胞中中性粒细胞的大量减少，淋巴细胞和单核细胞通常并不表现出减少，因此临床上治疗白细胞减少症的关键在于通过提高中性粒细胞的数量来提升白细胞总数，仅提高淋巴细胞和单核细胞的数量并不能治疗白细胞减少症。对比文件5公开的是rLZ-8刺激人外周血中淋巴细胞和单核细胞增殖，并未检测白细胞总数和中性粒细胞的数量变化，不能证明其能够治疗白细胞减少症。因此，权利要求1相对于对比文件5具备新颖性。

5.3.3 现有技术公开内容对制药用途发明新颖性判断的影响

对于以"物质X在制备用于治疗某疾病的药物中的应用"等方式撰写的制药用途权利要求，如果对比文件仅仅记载治疗所述疾病的过程中使用了物质X，由于使用物质X治疗所述疾病的过程中必然需要将物质X制备成药物，因此所述对比文件实质上隐含公开了将物质X制备成药物的技术特征。对比文件不存在将物质X制备成药物的文字记载，不影响其破坏所述制药用途发明新颖性的结论。

在第55982号复审决定（200510123644.0）所涉案件中，权利要求1要求保护糖皮质激素受体拮抗剂在制备用于抑制或逆转用抗精神病药物治疗的患者体重增加的药物中的用途，对比文件1公开了一种抑制或逆转那些采用抗精神病药物治疗的患者体重增加的方法，包括使用护糖皮质激素受体拮抗剂。决定认为，权利要求1与对比文件1相比，除将现有技术的治疗方法改成制药用途外，二者唯一的差异在于撰写方式上的差别，实质内容是相同的，因此权利要求1不具备新颖性。

如果现有技术公开某已知药物的特定医药用途已经进入Ⅲ期临床试验阶段，即使没有最终确认其能否成为绝对有效的可上市药物，也能导致该特定制药用途发明不具备新颖性。

在第108394号复审决定（201080060052.8）所涉案件中，权利要求1要求保护卡巴他赛与泼尼松或泼尼松龙的组合在制备用于治疗前列腺癌的药物中的用途。对比文件4公开了卡巴他赛联合泼尼松用于治疗激素难治型、转移型前列腺癌的Ⅲ期临床试验的技术方案，显示Ⅲ临床试验处于"正在进行中"状态。由于Ⅰ期临床试验通常评价的是药物的安全性，Ⅱ期临床试验开始评价药物的有效性，Ⅲ期临床试验则是通过随机、双盲对照试验的方法，进行大规模、较长时间的临床试验，确定药物的疗效并检测药物的不良反应。决定认为，只有在Ⅱ期临床试验初步确认药物的临床疗效后才能进入Ⅲ期临床试验，进入Ⅲ期临床试验的产品隐含着该产品的特定用途已经通过Ⅰ期和Ⅱ期临床试验，效果是得到初步确认的。对于涉案发明，对比文件4进入Ⅲ期临床隐含着卡巴他赛与泼尼松的组合治疗方案已经通过Ⅰ期和Ⅱ期的临床试验，因此，表明卡巴他赛联合泼尼松用于激素难治型、转移型前列腺癌的治疗是有效的。权利要求1相对于对比文件4不具备新颖性。

6 优先权

在新颖性、创造性判断中，通常采用申请日前的现有技术与涉案专利或专利申请进行技术比对，但是，当涉案专利或专利申请享有优先权时，现有技术的时间界限要前移到优先权日。审查实践中，当涉案专利或专利申请要求优先权，且存在优先权日与申请日之间公开的相关技术文献时，核实优先权是否成立就成为非常重要的一个环节。

根据《专利法》第29条的规定,判断优先权成立与否需要重点考察三个要件:一是在后申请与在先申请针对的是否为相同主题的发明或实用新型;二是在先申请是否为申请人针对相同主题的发明或者实用新型提出的"首次申请";三是提出在后申请的时间是否在在先首次申请之后的12个月内。

6.1 "相同主题的发明或实用新型"的判断

《专利法》第29条所述"相同主题的发明或实用新型",是指技术领域、所解决的技术问题、技术方案和预期的技术效果相同的发明或实用新型。这一定义决定了《专利法》第29条语境下"相同主题的发明或实用新型"的判断与新颖性条款中"同样的发明或实用新型"的判断具有相似之处,表现在,可以尝试将在先首次申请看作对比文件,考察在后申请的各项权利要求是否具备新颖性。如果在后申请的某项权利要求不具备新颖性,则其能够享有优先权,反之则不能享有优先权。

但是,基于优先权制度的本质要求,如果在后申请增加了新的内容,使得其权利要求的范围超出了在先申请记载的范围时,允许申请人享有在先申请的优先权将有违优先权制度建立的初衷。这使得优先权成立与否的判断与新颖性判断又存在细微差异。例如某一技术特征在在先申请中为下位概念,在后申请将其扩展为上位概念时,尽管在先申请可以"破坏"在后申请的新颖性,但在后申请因增加了不能从在先申请直接地、毫无疑义地确定的新内容,所以不能享有在先申请优先权。

6.1.1 文字表述不同

核实在先申请是否涉及与在后申请相同主题的发明或实用新型时,应当把在先申请作为一个整体进行考虑,考察二者的技术领域、所解决的技术问题、技术方案和预期的效果是否相同。相同,并不意味着二者要在文字记载或者叙述方式上完全一致。如果二者的不一致之处仅是简单的文字或叙述方式的不同,没有改变整体的技术方案,也没有改变所解决的技术问题和实现的技术效果,则在后申请与在先申请属于相同主题的发明或实用新型。

在第 22981 号无效决定（200620112222.3）所涉案件中，涉案专利要求享有第 200520114416.2 号中国专利申请的优先权，二者均涉及 SATA 连接器插头。决定认为，相对于所述优先权文件，涉案专利将"电缆部"修改为"导线部"，将"端子承载部"修改为"端子容置部"，修改后的上述技术特征相对于优先权文件只是文字记载和叙述方式上的差别，相应部件的结构和功能相同，权利要求的技术内容已记载在优先权文件中，因此上述修改不会导致涉案专利优先权不成立。

当在后申请与在先申请的主题名称存在差异时，不能仅基于权利要求主题名称的不同就简单地认定二者不属于相同的主题，从而贸然得出在后申请不能享有在先申请优先权的结论，而是应当根据二者各自限定的技术特征确定整体技术方案，进而对比二者是否属于相同主题的发明。

在第 68852 号复审决定（200910179542.9）所涉案件中，涉案申请要求享有第 200810194484.2 号中国在先申请的优先权。涉案申请权利要求 1 的主题名称是"一种切割机"，而在先申请权利要求的主题名称为"一种斜断锯"。决定认为，所属领域所称的斜断锯，通常是指转台式斜断锯，简称斜断锯，又称斜切割机，但不能据此将涉案申请的"切割机"、在先申请的"斜断锯"与所属领域通常所称的"斜断锯"简单地等同起来。根据涉案申请说明书背景技术部分对现有技术中切割机结构的描述以及发明内容和具体实施方式部分的相关记载，涉案申请权利要求的"切割机"是在传统转台式斜断锯的基础上，将转台结构改造成固定结构从而形成的"固定台式斜断锯"；与此相比，尽管在先申请的主题名称是"斜断锯"，但根据在先申请说明书的记载，其也不是转台式斜断锯，而是一种在传统转台式斜断锯的基础上进行改造后形成的"固定台式斜断锯"。由于涉案申请和在先申请的主题名称都与传统含义有差别，因此应当根据其限定的技术特征来确定其技术方案，进而确定其是否为相同主题的发明。鉴于涉案申请权利要求的技术方案已经记载在在先申请的说明书中，涉案申请的切割机和在先申请的斜断锯是相同的技术方案，因此，在二者技术领域相同、解决的技术问题相同、预期效果也相同的情况下，二者属于相同主题的发明，涉案申请可以享有在先申请的优先权。

当在后申请的某一特征与在先申请的相应特征存在文字上的矛盾时，如果所属领域技术人员基于两项申请各自的上下文能够确定二者的真实含义，且该含义的修正能够消除所述矛盾，则所述文字上的矛盾不影响在后申请优先权的成立。

在第 24746 号无效决定（200880004952.3）所涉案件中，涉案专利权利要求 1 保护涉及"单位矩阵"的技术方案，而作为要求优先权基础的在先申请仅记载了"酉矩阵"的列子集 U，并未记载有关"单位矩阵"的任何内容。决定认为，根据说明书记载的内容和专利权人提交的证据，结合所属领域技术人员掌握的普通技术知识，能够确定涉案专利中术语"单位矩阵"的全部记载均属于笔误，其正确的理解应当是"酉矩阵"。当将权利要求 1 中的术语"单位矩阵"理解为"酉矩阵"时，涉案专利与在先申请的相关记载相同。权利要求 1 中有关"单位矩阵"的明显错误不会导致涉案专利不能享有在先申请的优先权。

6.1.2 在后申请权利要求增加技术特征

如果在先申请对某一技术特征只作了笼统或含糊的描述，在后申请权利要求中增加了对这一技术特征的详细限定，所属领域技术人员基于其所知晓的技术知识不能从在先申请中直接地、毫无疑义地得到这一技术特征，则在后申请不能享有在先申请的优先权。

在第 26658 号无效决定（200480012069.0）所涉案件中，涉案专利涉及一种投影光学系统，其要求在先申请（对比文件 10）的优先权。对比文件 10 记载了包含至少 2 片反射镜、但仅形成 1 个中间像的投影光学系统，而涉案专利权利要求 1 限定投影光学系统包含至少 2 片反射镜，形成 2 个中间像。专利权人认为，优先权文件并不需要在文字表述上与涉案专利一致。根据对比文件 10 的内容，中间像是为了光路分离，一个中间像和两个中间像无本质区别。对此，决定认为，优先权核实首先要判断在后申请中各项权利要求的技术方案是否清楚地记载在在先申请的说明书和权利要求书中。虽然所谓清楚地记载并不要求二者在文字记载和叙述方式上完全一致，只要在先申请中阐明了在后申请权利要求的技术方案即可，但是，如果在先申请对于某一特征只做了笼统或者含糊的描述，甚至仅仅只是暗示，所属领域技术人员不能从中直接地、毫无疑义地得出该特征时，在先申请不能作为在后申请要求优先权的基础。该案中，从对比文件10记载的内容仅能推知其投影光学系统包含至少2片反射镜，且反射镜的数目为偶数并能够形成中间像，并没有明确将中间像的个数限定为2个。涉案专利权利要求1中增加了对中间像个数的限定，其限定的包含至少2个反射镜、形成2个中间像的技术方案不能从对比文件10中直接地、毫无疑义地得出，因此对比文件10不能构成涉案专利要求优先权的基础。

如果在后申请增加的技术特征属于在先申请中隐含的技术内容，则该技术特征的增加不会导致在后申请成为与在先申请主题不同的发明。例如，在先申请通过清楚记载植物提取物的原料、提取方法、工艺条件、提取物形态等特征对提取物做了清晰的限定和描述，即使在后申请在权利要求中增加了有关提取物组成、结构等具体成分信息，也不能仅因为提取物的具体成分信息未记载在在先申请中认为二者不属于相同主题的发明。原因在于，具体成分信息属于提取物中客观存在的物质，在先申请中没有记载这一信息不会使提取物的组成、结构等发生变化。

在第89636号复审决定（201080051551.0）所涉案件中，涉案申请涉及"植物提取物，含所述提取物的组合物，其提取方法及其用途"，要求第200910307065.X号在先申请的优先权。与在先申请相比，涉案申请权利要求1中增加了提取物中总亚氨基糖的组成信息，即其中还包含1，4双脱氧-1，4-亚氨基-D-阿拉伯糖醇（DAB），2-O-α-D-半乳吡喃糖基-DNJ（GAL-DNJ）和打碗花精B。决定认为，涉案申请与在先申请植物提取物的制备方法在原料、步骤和工艺条件方面完全相同。虽然在先申请未公开总亚氨基糖中还包含DAB、GAL-DNJ和打碗花精B，但由于选用了相同的原料，采用了相同的制备方法、工艺条件，因此制备出的提取物产品应当相同，即在先申请的植物提取物中也应当包含上述三种物质。产品权利要求的范围是由产品的组成、含量等特征确定的，在在先申请和涉案申请的提取物组成、含量、结构相同的情况下，可认为涉案申请与在先申请的技术方案相同，二者属于相同主题的发明。

6.1.3 上位概括

如果在后申请是在在先申请所对应的下位概念技术特征基础上进行的上位概括，则通常认为二者不属于相同主题的发明或实用新型。

在第16264号无效决定（200820003047.3）所涉案件中，涉案专利要求享有第200720011835.2号中国实用新型在先申请的优先权，二者均涉及人力拉犁。决定认为，首先，涉案专利中限定在犁头的"中下部活动连接"配重行走支臂，在先申请中则限定在犁头的"中部铰接"行走轮支臂，涉案专利中的"活动连接"属于在先申请中"铰接"的上位概念；其次，涉案专利中限定配重行走轮"装"在配重行走支臂上，而在先申请中则限定配重行走轮"通过螺栓活动连接"或者"通过螺栓动配合装"在支臂上，显然，涉案专利的术语"装"属于在先申请中"通过螺栓活动连接"或者"通过螺栓动配合装"的上位概念。涉案专利权利要求1实际上增加了在先申请未涵盖的技术方案，不属于与在先申请相同主题的实用新型，不能享有在先申请的优先权。

6.1.4 数值范围

如果在后申请权利要求中包含数值范围特征，该数值范围与在先申请记载的数值范围不完全相同或者部分重叠，则在后申请不能享有在先申请的优先权。

在第55616号复审决定（200580020135.3）所涉案件中，涉案申请涉及一种具有微结构化表面的光学膜，要求三项美国在先申请的优先权。针对优先权文件1，决定认为，涉案申请权利要求1中记载所述光学膜为"单片相对增益为至少1.78的基本上非偏振的膜"，但在优先权文件1（US10/870366）的说明书表1给出的多个实施例中，均仅记载了落入该数值范围的一个点，即单片相对增益为1.838。由于涉案申请权利要求1包含的数值范围与优先权文件1的数值范围不相同，而是部分重叠，使得二者为非相同主题的发明，涉案申请权利要求1不能享有优先权文件1的优先权。

6.1.5 马库什化合物权利要求

对于马库什化合物权利要求，通常将其视为一个不可拆分的整体。如果在后申请在在先申请的基础上增加了部分取代基的可选择项,导致在后申请超出了在先申请记载的范围,则通常认为在后申请不能享有在先申请的优先权。

在第22284号无效决定(97197460.8)所涉案件中,涉案专利要求享有在先美国申请US08/686,838的优先权。决定认为,涉案专利与在先申请之间至少存在如下区别:(1)两个通式(Ia)的基本结构不同。涉案专利权利要求1中,式Ia为A-O-CH$_2$-P(O)(-OC(R$_2$)$_2$OC(O)X(R)a)(Z),其中R$_2$独立地为-H、未取代的或者被1或2个卤素、氰基、叠氮基、硝基或OR$_3$取代的C$_1$~C$_{12}$烷基、C$_5$~C$_{12}$芳基……即与R$_2$相连的碳原子可以同时连接两个非H基团;优先权文件中,式Ia为A-CH(R$_2$)OC(O)X(R)n-Z,其中与R$_2$连接的碳原子上必须连接一个H,这意味着该碳原子只能连接一个不为H的基团,这一区别导致涉案专利权利要求1的保护范围超出了在先申请记载的范围。(2)两个通式(Ia)中取代基定义不同。涉案专利权利要求1中,取代基R$_2$中的选项"氰基",R$_3$中的选项"C$_2$~C$_{12}$链烯基、C$_2$~C$_{12}$链炔基或C$_5$-C$_{12}$芳基",R中的选项"氰基""-N(R$_4$)$_2$-",以及"条件是……(c)两个与N原子连接的R基团可以是-H"在优先权文件中均没有记载,导致涉案专利权利要求1的保护范围亦超出了在先申请记载的范围。因此,涉案专利权利要求1不能享有US 08/686,838的优先权。

6.2 "首次申请"的判断

除了在后申请与在先申请为"相同主题的发明或实用新型"外,判断优先权成立与否,还需要判断在先申请是否为记载所述相同主题发明或实用新型的首次申请。判断在先申请是否为首次申请时,通常需要核实是否存在同一申请人早于在先申请提出的、记载了相同主题发明或实用新型的专利申请。

在第84211号复审决定(200780036564.9)所涉案件中,权利要求1要求保护式(Ⅰ)化合物的L-酒石酸盐水合物的固体形式,其中限定所述固体形式是不吸湿的。涉案申请要求享有在先美国申请US60/841097的优先权。驳回决定引用对比文件2（WO2007016356A1），认为该对比文件2与涉案申请的申请人相同、记载了相同的主题，且其申请日早于涉案申请的优先权日，因此作为要求优先权基础的在先美国申请不是申请人提出的记载有与涉案申请相同主题发明的首次申请。对此，决定认为，对比文件2中公开了式（I）化合物的制备方法，得到了该化合物的L-酒石酸盐的冻干物，但在对比文件2说明书和权利要求书全文中均未提及该化合物的"L-酒石酸盐水合物固体形式产品"，因此未记载与涉案申请相同主题的发明，不影响在先美国申请US60/841097成为与涉案申请相同主题发明的首次申请。

在第79424号复审决定（200880005090.6）所涉案件中，涉案申请要求中国专利申请200710037557.2的优先权，审查过程中检索到的对比文件1（CN101103005A），其申请日早于上述优先权文件的申请日。决定认为，判断涉案申请的优先权是否成立，关键在于判断所述优先权文件是否为相同主题发明的首次申请，为此需要判断对比文件1是否公开了涉案申请的技术方案。如果对比文件1公开了涉案申请的技术方案，则优先权文件不是相同主题发明的首次申请，涉案申请所要求的优先权不成立。尽管从文字叙述方式上，对比文件1没有明确记载式（I）化合物的盐酸盐，但是对比文件1权利要求7记载了式（1）化合物形成"药学上可接受的盐"，根据对比文件1说明书中关于术语"药学上可接受的盐"的定义，在对比文件1中，"药学上可接受的盐"是指"无毒的本发明化合物的无机酸加成盐和有机酸加成盐。代表性盐包括氢溴酸盐、盐酸盐……"。将对比文件1作为一个整体进行分析，其实际上已经公开了式（1）化合物盐酸盐的技术方案，记载了与涉案申请相同主题的发明。因此，涉案申请所要求的优先权文件不是记载相同主题发明的首次申请，涉案申请不能享有第200710037557.2号专利申请的优先权。

6.3 优先权成立对现有技术时间节点的影响

如果涉案专利或专利申请的优先权成立，则评价其是否具备新颖性、创造性的现有技术的时间节点将前移到所述优先权日；反之，应当以申请日作为界定现有技术的时间节点。

在第 22487 号无效决定（200920174514.3）所涉案件中，涉案专利申请日为 2009 年 9 月 16 日，要求的优先权日为 2008 年 9 月 30 日。决定认为，涉案专利权利要求 2、4-11 限定的某些技术特征未记载在作为优先权基础的在先申请中，导致权利要求 2、4-11 的技术方案属于进一步改进或完善的新技术方案，因此不能享有优先权，评价所述权利要求创造性的现有技术应当以涉案专利的申请日为界限。

7 新颖性宽限期

《专利法》第 24 条规定，申请专利的发明创造在申请日以前六个月内，有下列情形之一的，不丧失新颖性：
(1) 在中国政府主办或者承认的国际展览会上首次展出的；
(2) 在规定的学术会议或者技术会议上首次发表的；
(3) 他人未经申请人同意而泄露其内容的。

7.1 享有宽限期的时间条件

符合不丧失新颖性宽限期要求的在先公开行为，应当限于在涉案专利或专利申请申请日之前六个月内发生的公开行为。早于该期限的在先公开行为不能享受现有技术的豁免。

在第 77257 号复审决定（201010299647.0）所涉案件中，驳回决定引用对比文件 1 作为现有技术。申请人在复审请求时提出，对比文件 1 的作者未经申请人同意擅自发表该文章，泄露了涉案申请的发明内容，并以此为由主张适用新颖性宽限期的规定。决定认为，对比文件 1 的出版周期为半月刊，发表时间为 2010 年第 2 期，公开日最晚应为 2010 年 1 月 31 日，而涉案申请的申请日是 2010 年 10 月 8 日（不享有优先权），对比文件 1 的公开日并非在涉案申请的申请日前六个月内。即使对比文件 1 属于他人未经申请人同意而泄露的内容，由于已经超出允许宽限的六个月期限，因此导致涉案申请不能适用《专利法》第 24 条的规定，不能享有新颖性宽限期。

7.2 宽限期同时适用于新颖性和创造性的抗辩

尽管《专利法》第 24 条采用"不丧失新颖性"的表述方式，但该条款也适用于有关情形不会使发明创造丧失创造性的情况。

在第 7442 号复审决定（00132507.8）所涉案件中，专利局实审部门在第一次审查意见通知书中指出，对比文件 1 破坏涉案申请权利要求 5 和 7 的新颖性，破坏权利要求 1-4 和 6 的创造性。申请人提交相关证据主张对比文件 1 的作者系涉案申请的发明人，其未经申请人同意泄露发明内容，属于《专利法》第 24 条第 1 款第（3）项所列情形。复审决定支持了申请人的上述主张，认为对比文件 1 的公开属于可以享有宽限期的情形，不能作为评价涉案申请新颖性、创造性的现有技术文件。

7.3 不影响新颖性、创造性的公开行为

7.3.1 在中国政府主办或者承认的国际展览会上首次展出

发明创造于申请日以前六个月内，在中国政府主办或者承认的国际展览会上首次展出过，不会导致该发明创造的专利申请因此而丧失新颖性。中国政府主办或者承认的国际展览会，包括国务院、各部委主办或者国务院批准由其他机关或者地方政府举办的国际展览会。行业协会主办的全国性商品交易会，即使有港、澳、台等地区企业参展，也不能被认为属于中国政府主办或承认的国际展览会。

在第 1449 号无效决定（93246526.9）所涉案件中，证据 1 涉及涉案专利产品在西安举办的"全国文化用品订货会"上的展出情况。专利权人主张该展会由中国百货商业协会主办，参展企业包括港、澳、台等地区的企业，根据《专利法》第 24 条的规定，涉案专利未因该展出丧失新颖性。对此，决定认为，所述订货会属于民间机构主办的全国性商品交易会，而非国务院、各部委主办或者国务院批准由其他机关或者地方政府举办的国际展览会，也不是由国际展览局注册或者认可的国际展览会，涉案专利送展的场所不属于《专利法》第 24 条第 1 款第（1）项规定的"中国政府主办

或承认的国际展览会"范畴。

如果除上述国际展览会上的展出行为外，还存在与展出无关的其他场合下的公开行为，则即使上述展出行为存在，通常也不能豁免其他场合下的公开行为构成现有技术或现有设计的事实。

在第 2615 号无效决定（97316920.6）所涉案件中，请求人提交了附件3，用以证明涉案专利的外观设计产品已在涉案专利申请日之前于国内公开销售，专利权人承认其在 1997 年 5 月确已将相关产品投放市场，并详细陈述了产品的发货地、送货地以及发货数量，同时，专利权人提出上述产品在 1997 年 5 月 28 日举办的"97 中国国际茶展览会"上展出过，其展出时间距涉案专利申请日不足 4 个月，根据《专利法》第 24 条的规定，涉案专利不应丧失新颖性。决定认为，《专利法》第 24 条旨在对申请日前 6 个月内的首次展出行为设立宽限期，本案中，涉案专利的外观设计不仅在申请日前 6 个月内展出过，而且相关产品在申请日前还通过其他渠道在国内公开销售，无论上述展出行为是否影响涉案专利的新颖性，其在申请日前于国内公开使用的行为已经使得涉案专利不符合《专利法》第 23 条的规定。

7.3.2　在规定的学术会议或者技术会议上首次发表

学术会议或者技术会议是指以发表和讨论研究开发成果为主要目的的会议。如果专利申请人或专利权人主张享有新颖性宽限期的会议性质以开拓市场或促进商贸活动为主要目的，则不能适用《专利法》第 24 条第（2）项的规定。

在第 1613 号复审决定（97310391.4）所涉案件中，请求人提交了附件 1–3（97 春季全国化妆洗涤、日用百货商品交易会刊物）、附件 4（中国百货商业协会日用百货专业委员会的证明材料），用以证明在涉案专利申请日前已有与其相同的外观设计公开发表过，专利权人认为其在外观设计专利申请阶段已经声明"已在规定的学术会议或技术会议上首次发表"，请求人提交的附件 1–3 属于该情形导致的不丧失新颖性的公开。决定认为，附件 1–3 中所涉"春季全国化妆洗涤、日用百货商品交易会"是一种商贸会，主要目的是开拓市场、促进商品贸易，不属于《专利法》第 24 条第（2）项所指的学术会议或技术会议。

7.3.3 他人未经申请人同意而泄露其内容

他人未经申请人同意而泄露其内容的公开，既包括他人未遵守明示或默示的保密信约将发明创造的内容公开，也包括他人用威胁、欺诈或者间谍活动等手段从发明人或者申请人那里得知发明创造的内容而后造成公开。上述公开行为违反专利申请人本意，为了不影响其获得正当权利，《专利法》第24条第（3）项以及《专利审查指南》第一部分第一章第6.3.3节规定上述公开行为不会导致专利申请丧失新颖性。

申请专利的发明创造要享受《专利法》第24条第（3）项规定的新颖性宽限期，应当满足以下两个条件：一是泄露内容必须直接或间接来源于专利申请人，但泄露人不能是专利申请人本人；二是泄露行为必须未经专利申请人同意，例如，他人违背了专利申请人明示或者默示的保密意愿。所谓"他人"，是指专利申请人之外的其他单位或者个人，可以包括该发明创造的发明人。

在第7442号复审决定（00132507.8）所涉案件中，专利局实审部门在第一次审查意见通知书中指出，涉案申请相对于对比文件1不具备新颖性和创造性。申请人主张，对比文件1的作者是涉案专利申请的发明人，其未经申请人同意泄露发明内容，属于《专利法》第24条第（3）项所列情形。经查核申请人提交的相关证据，其中显示侯某代表甲方于1999年11月10日与乙方（涉案专利申请人）签订新药技术转让协议，约定甲方将相关技术独家转让给乙方，双方对该协议涉及的所有技术秘密、技术资料和设备工艺负有保密责任；但是，在上述协议签署之前，发明人侯某与对涉案发明项目进行临床研究的其他工作人员共同完成对比文件1一文，并向海军医学杂志社投稿，收稿日为1999年11月8日，该文章发表于《海军医学杂志》2000年6月第21卷第2期。决定认为，虽然对比文件1的投稿和收稿时间发生在上述合同的签订日之前，但是由于该文章的发表日期是2000年6月，在合同的签订日1999年11月10日之后，侯某应该有足够的条件和时间遵守合同明示的保密约定，追回所投的文章，阻止海军医学杂志社将该文章公开发表。因此，对比文件1的公开是侯某违反申请人的意愿，未经其同意而泄露的。并且对比文件 1 公开的技术内容来自于申请人所有的技术内容，基于证据表明其并非由对比文件 1 的其他作者独立作出，故对比文件 1 的公开属于《专利法》第 24 条第（3）项规定的"申请日以前六个月内他人未经申请人同意而泄露其内容的"公开。对比文件 1 不能作为评价涉案专利创造性的现有技术文件。

对于专利申请人为单位的，虽然表面上看泄露发明创造内容的主体是该单位员工，但如果泄露行为不属于个人行为，而是代表单位的职务行为时，不适用《专利法》第 24 条第（3）项的规定享有新颖性宽限期。

在第 26878 号无效决定（201230222000.8）所涉案件中，证据 4 为一份网络证据保全公证书，具体内容是优酷网站名为"DJI 大疆创新"的用户于 2012 年 5 月 23 日发布的"DJI Zenmuse Z15 禅思云台航拍深圳著名景点"的视频。专利权人提交反证，用以证明证据 4 中的视频系专利权人的员工詹某擅自发布，违反了《员工保密协议》，因此不能作为现有设计；同时，专利权人声称其已于 2014 年 12 月 26 日向国家知识产权局提交了"不丧失新颖性宽限期的声明"。对此，决定认为，根据专利权人的陈述和证据 4 可知，詹某在 2012 年负责对外发布产品视频期间使用账号"DJI 大疆创新"发布了上述视频，而"DJI 大疆创新"是经过优酷网认证的专利权人的官方账号。詹某在自己的职权范围内使用专利权人的官方账号发布了视频，这并不是员工的个人行为，而是员工履行工作职责的行为，构成专利权人的单位行为，因此证据 4 的公开不属于他人未经申请人同意泄露发明创造内容的情形，不能因此享有《专利法》第 24 条第（3）项规定的宽限期。

主张他人通过合法方式获知发明创造内容而后未经专利申请人或专利权人同意泄露其内容的，专利申请人或专利权人需要提交他人参与发明创造研发、参与技术转让或合作或者他人公开的信息来源于专利申请人或专利权人的相关证据，并具体说明或提供证据表明他人违反与专利申请人或专利权人之间存在的明示或默示的保密义务。

在第 29864 号复审决定（200610034618.5）所涉案件中，驳回决定引用对比文件1评价涉案申请不具备新颖性。复审请求人提交了附件1-7，用以证明对比文件1的作者刘某在复审请求人单位实习，实习期间未经复审请求人同意将涉案申请发明创造在对比文件1中公开，属于《专利法》第24条第（3）项规定的不丧失新颖性的情形。决定认为，经查，对比文件1（附件7）的部分内容已经记载在附件6的课题总结中；刘某本人亦认可对比文件1中整个课题均系其在复审请求人单位实习期间完成的，结合附件1-3和附件5，也可以印证刘某在复审请求人单位参与了与涉案申请有关的课题研究；另外，根据附件4中刘某与复审请求人签订的"员工保密与行为责任合同书"可知，刘某对复审请求人负有保密义务，应对其在复审请求人单位工作期间所接触到的与公司相关的信息进行保密。基于附件1-7可以证明刘某未经复审请求人同意泄露了课题研究的内容，属于《专利法》第24条第（3）项规定的情形，涉案申请可享受不丧失新颖性的宽限期。

"泄露"是指使发明创造的内容在申请日前处于为公众所知的状态。对于他人向专利局提交的抵触申请，即使有证据表明该抵触申请的内容来源于涉案专利申请人或专利权人，由于抵触申请文件在涉案专利申请日之前并未公开，因此也不属于"他人未经申请人同意而泄露其内容"的情形。

在第28571号无效决定（200510079757.5）所涉案件中，请求人提交了证据1和2，认为证据1、2构成涉案专利的抵触申请。专利权人提交反证2及参考资料1-12、14-16，用于说明证据1、2中记载的处方配比和制备方法是他人未经专利权人同意而泄露的，专利权人应当拥有新颖性宽限期。决定认为：《专利法》第24条第（3）项中规定的"泄露"，是指使有关发明创造处于为公众所知的状态。即使证据1、2的技术内容与涉案专利相同，也仅为涉案专利的抵触申请文件，其公开日在涉案专利的申请日之后。在涉案专利申请日以前的六个月内，仅是有人就此提出了专利申请，并未向社会公众公开，发明创造并未处于为公众所知的状态，不属于"他人未经申请人同意而泄露其内容的情形"，不适用《专利法》第24条第（3）项的规定。

7.4 宽限期声明的提出

不丧失新颖性宽限期是针对发明创造在申请日前被以特定方式公开的一种补救措施或优惠待遇，专利申请人在主张享有宽限期的权利时，要承担必要的法律义务。针对专利申请人提出不丧失新颖性宽限期的声明，应当依据《专利法实施细则》第 30 条第 3、4、5 款以及《专利审查指南》第一部分第一章第 6.3 节的规定，对所述声明的提出时机及相应的证明文件等进行审查。专利申请人未依照《专利法实施细则》第 30 条第 3 款的规定提出声明和提交证明文件，或者未依照《专利法实施细则》第 30 条第 4 款的规定在指定期限内提交证明文件的，其专利申请不适用《专利法》第 24 条的规定。

《专利法》第 24 条第（1）、（2）项所列情形属于专利申请人本人所为，要求其在《专利法实施细则》第 30 条第 3 款规定的期限内予以声明并提供有关证据通常不会给专利申请人带来额外负担。如果专利申请人未在规定的期限内予以声明或提供有关证据，则不能享有《专利法》第 24 条规定的宽限期。

在第 87317 号复审决定（200610062869.4）所涉案件中，涉案申请的申请日为 2006 年 9 月 29 日。专利申请人于 2012 年 8 月 24 日提交意见陈述，主张专利局实审部门引证的对比文件 1 是其在中国科学技术协会 2006 年年会上发表的一篇论文，首次发表时间是 2006 年 9 月 16 日，根据《专利法》第 24 条第（2）项的规定，涉案申请不丧失新颖性。决定认为，专利申请人未依照《专利法实施细则》第 30 条第 3 款的规定在提出专利申请日时提出享有宽限期的声明，也没有自申请日起两个月内提交相关的证明文件，涉案申请不适用《专利法》第 24 条的规定，不能享受宽限期，对比文件 1 构成涉案申请的现有技术。

在第 19278 号无效决定（200530044980.7）所涉案件中，涉案专利的申请日为 2005 年 10 月 28 日。请求人提交了证据 1（《中外玩具制造》，出版日为 2005 年 10 月 8 日）作为涉案专利的现有设计，专利权人提交了若干反证，以此主张证据 1 中的照片来源于 2005 年 7 月 19～21 日专利权人在东京玩具展会上首次发布的涉案专利产品。决定认为，如果申请专利的发明创造在申请日前六个月内在中国政府主办或者承认的国际展览会上首次展出过，申请人以此要求不丧失新颖性宽限期的，应当在提出专利申请时在请求书中声明，并在自申请日起两个月内提交证明材料。该案中，专利权人提交专利申请时并未在请求书中声明要求新颖性宽限期，也未在自申请日起两个月内提交证明材料，因此不能享受《专利法》第 24 条规定的新颖性宽限期。

对于《专利法》第 24 条第（3）项所列他人未经专利申请人同意而泄露发明创造内容的情形，专利申请人应当在得知情况后两个月内提出要求不丧失新颖性宽限期的声明，并附具证明材料；审查员认为必要时，可以要求专利申请人在指定期限内提交证明材料。通常情况下，专利申请人收到专利局实审部门发出的审查意见通知书，或者专利权人收到专利复审委员会发出的无效宣告请求受理通知书时，即可知道或应当知道上述通知书所引证的现有技术或现有设计属于《专利法》第 24 条第（3）项所列情形。但是，如果有相反证据证明专利申请人或专利权人实际得知该情形的日期早于收到审查意见通知书或无效宣告请求受理通知书的除外。

在第 26878 号无效决定（201230222000.8）所涉案件的申请日为 2012 年 6 月 4 日，申请人为深圳市大疆创新科技有限公司。请求人提交了证据 4 作为涉案专利的现有设计，所述证据 4 为一份网络证据保全的公证书，具体内容是优酷网站名为"DJI 大疆创新"的用户于 2012 年 5 月 23 日发布的"DJI Zenmuse Z15 禅思云台航拍深圳著名景点"的视频。专利权人于 2015 年 4 月 1 日提交了反证，用以证明证据 4 中的视频系专利权人的员工擅自发布，违反了《员工保密协议》，不能作为现有设计；同时，专利权人声称其已于 2014 年 12 月 26 日向专利局提交了不丧失新颖性宽限期的声明。决定认为，根据《专利审查指南》第一部分第一章第 6.3.3 节的规定，若申请人在申请日之后得知涉案专利存在他人未经申请人同意泄露其发明创造内容的情况，应当在得知该情况后的两个月内提出要求不丧失新颖性宽限期的声明，并附具证明材料。该案中，证据 4 视频的公开时间是 2012 年 5 月 23 日，涉案专利申请日是 2012 年 6 月 4 日，提出要求不丧失新颖性宽限期的声明日是 2014 年 12 月 26 日。"DJI 大疆创新"是专利权人的官方账号，根据一般常识，应当有专人对账号及发布内容进行维护管理和更新，专利权人公司其他员工也会不时浏览该官方账号，专利权人对此账号所发布的内容理应在发布后的第一时间就知晓。因此，专利权人在视频公开两年半之后才得知视频内容，并于 2014 年 12 月 26 日提出不丧失新颖性宽限期的声明显然不符合常理，其提出声明的时机不符合《专利审查指南》第一部分第一章第 6.3.3 节的规定。

第四章 创造性

判断发明是否具有突出的实质性特点，其判断标准是，对所属领域的技术人员而言，发明相对于现有技术是否显而易见，这种判断通常可按照以下三个步骤（以下简称"三步法"）进行：一是确定最接近的现有技术；二是确定发明的区别特征和发明实际解决的技术问题；三是判断要求保护的发明对所属领域的技术人员来说是否显而易见。在"三步法"的运用中，把握发明构思对于准确理解发明创造、客观评判创造性具有重要意义。

除根据上述审查基准进行审查外，对以下一些辅助因素的考虑有助于保障创造性评判结论的准确性。例如，发明是否解决了人们一直渴望解决而始终未能获得成功的技术难题、是否克服了技术偏见以及是否取得了预料不到的技术效果等。

从创新形式上看，发明创造可被划分为组合发明、选择发明、转用发明、要素变更发明等情形，而化学领域的发明在适用创造性审查基准的过程中具有一些相应领域的特点，因此，本章还涉及针对上述不同类型的发明创造以及化学领域发明的创造性评判内容。

1 最接近的现有技术的确定

创造性判断"三步法"的第一步为"确定最接近的现有技术"。最接近的现有技术，是指现有技术中与要求保护的发明最密切相关的一个技术方案，它是判断发明是否具有突出的实质性特点的基础。

对于最接近现有技术的确定，应从现有技术所属的技术领域、所涉及的技术问题、产生的技术效果、实现的功能、用途及其技术方案本身等多个角度进行综合判断。最接近的现有技术既可以是"与要求保护的发明技术领域相同，所要解决的技术问题、技术效果或者用途最接近和/或公开了发明的技术特征最多的现有技术"，也可以是"与要求保护的发明技术领域不同，但能够实现发明的功能，并且公开发明的技术特征最多的现有技术"。

第一步所确定的最接近现有技术对于"三步法"的后续步骤具有重要意义。在第二步中，最接近现有技术将作为现有技术的代表与发明进行对比，以确定发明相对现有技术作出的创新以及这种创新带来的贡献；并且，在第三步对于是否存在改进现有技术获得要求保护的发明的技术启示的判断中，最接近现有技术又将为所属领域技术人员提供对现有技术进行改进的基础。

1.1 对技术领域的考量

存在于相同或相近技术领域中的发明创造容易在技术上相互关联，例如经常会面临相同或相似的技术问题需要解决或者在解决技术问题时经常采用相同或相似的技术手段。在从海量的现有技术里寻找最接近现有技术的过程中，优先从与发明相同或相近的技术领域入手是实践中常见的选择。这意味着，最接近的现有技术经常存在于与发明创造相同或相近的应用领域中。

在第100159号复审决定（201110393196.1）涉及的案件中，涉案申请要求保护一种低分子量聚乙二醇－坦索罗辛结合物。坦索罗辛化合物是用于治疗良性前列腺增生的药物，涉案申请利用聚乙二醇（后简称PEG）来对坦索罗辛进行结构改造以增加坦索罗辛的水溶性、降低该药物对中枢系统的毒副作用。对比文件1公开了用PEG对青霉素酰化酶进行化学修饰的技术，所述的青霉素酰化酶在半合成抗生素及其中间体的制备中起到促进产物生成的作用。决定认为，在确定最接近的现有技术时，应首先考虑技术领域相同或相近的现有技术。虽然涉案申请与对比文件1都利用了PEG，但是，对比文件1与涉案申请的技术领域明显不同，对比文件1所述的青霉素酰化酶是应用于半合成抗生素及其中间体的制备中，而涉案申请所述的坦索罗辛为治疗良性前列腺增生症的药物。进而，二者所要解决的技术问题和产生的技术效果也不一样，对比文件1是为了形成两水相生物转化体系以有利于催化反应的进行，涉案申请是为了降低坦索罗辛对中枢系统的毒副作用，对比文件1不能实现涉案申请的功能，与涉案申请要解决的技术问题无关。从共有的技术特征看，对比文件1与涉案申请均使用了PEG，但二者在分子量上存在的显著差异（涉案申请权利要求1中PEG分子量为282，而对比文件1中PEG分子量为10 000）决定了所用PEG的性能和应用不同，导致对被修饰物在物理和化学性能方面产生明显不同的影响。因此，对比文件1不适于成为涉案申请的最接近的现有技术。并且，决定进一步认为，由于从对比文件1不会意识到坦索罗辛水溶性低的技术问题，因此，如果以对比文件1为最接近的现有技术，现有技术也不会存在将区别特征应用到这样的现有技术以解决其存在的技术问题的启示。

但是，发明与现有技术所属的技术领域是否相同或相近并不对选择最接近现有技术构成绝对的限制。在某些情形下，二者在技术问题和功能方面的相同或相似性同样足以引导所属领域的技术人员以该现有技术为基础获得发明。

例如，虽然发明与现有技术所属的技术领域不同，但若二者基于同样的技术原理、以相同或相似的技术手段解决相同或相似的技术问题，则技术领域不同的事实并不会阻碍所属领域的技术人员基于技术问题或功能的指引到相关技术领域去找到适合的最接近现有技术。

在第40592号复审决定（200810070675.8）涉及的案件中，涉案申请要求保护一种微波陶瓷元器件制作的激光微调刻蚀方法，而对比文件1公开了一种用激光照射对石英晶体进行微调的方法。针对石英和陶瓷因在用途、材料性质和工作信号频段方面都存在差别而属于不同领域的产品的观点，决定认为，虽然涉案申请与对比文件1加工对象的性质和具体应用领域有差别，但对于陶瓷和石英这样质地坚硬的材料而言，激光微调刻蚀在原理上是类似的，都是利用激光束可聚集成很小的光斑，当达到适当的能量密度时，有选择地气化部分材料来精密调节微电子元器件，在涉及激光微调刻蚀技术的现有技术文献中也已经给出该技术可通用于许多集成电路元器件的教导。因此，这种技术问题与功能上的一致足以指引所属领域技术人员以对比文件1为基础，根据其公开的激光微调刻蚀石英的技术而想到并实现激光微调刻蚀陶瓷的技术。

1.2 对发明要解决的技术问题的考量

在确定最接近现有技术的众多考量因素中,对现有技术与发明要解决的技术问题的关系进行分析是一个不容忽视的环节。

作为现有技术中与发明最密切相关的一个技术方案,这样的最接近现有技术不应与发明所关注的技术问题无关,否则,所属领域技术人员以此为基础将无法产生完成发明的动机。

作为最接近现有技术,当所属领域的技术人员面对发明要解决的技术问题时,通过对该现有技术整体呈现的信息进行研究,应当能够发现其与发明关注的技术问题之间存在着某种内在联系。这种内在联系,既可以体现为现有技术中记载了与发明所关注的问题相同或相似的问题,例如,该现有技术中存在着、希望解决或者已经解决了这样的技术问题;也可以是该现有技术虽然没有记载,但所属领域的技术人员由此能够意识到这样的问题。

在第 25725 号无效决定(2000800653.9)涉及的案件中,涉案专利保护一种安瓿灌装工艺。根据说明书记载,由于安瓿瓶体积小且由薄玻璃制成,使得其头部段内径与灌注头外径大小很接近,因而在灌装过程中容易出现两种问题:一是头部段破碎;二是药液残留在头部段内周部分,影响后序的熔封质量,并使药液量不准确。为此,涉案专利对定心装置的结构和工作过程进行了改进以解决药剂容器的精确定心(决定称为"无间隙定心")这一技术问题。证据 1 公开了一种灌装封盖机(瓶装机),例如饮料瓶的快速更换连接器,其在灌装过程中虽然也需要解决定位问题,但所述饮料瓶的灌装工艺对定位的要求与涉案专利涉及的安瓿灌装工艺不同,即通过夹持悬挂而使得饮料瓶在灌装过程中保持直立定位即可,并不存在上述无间隙精确定心的技术需要。因此,虽然证据 1 的饮料瓶罐装也涉及瓶子在灌装过程中的定位,但决定认为,证据 1 这些支撑部件仅仅起到在瓶子的上升和下降操作中使其被充分地支撑从而保持瓶子直立的定位作用,在保持瓶子直立的过程中与瓶子间并不产生相对运动,故不涉及通过支撑部件本身的运动实现瓶子头部段与支撑件的无间隙定心的问题。并且,与涉案专利相比,证据 1 在瓶子定位(定心)过程中的整体工作方式、定心原理以及具体的结构上均存在明显不同，因此，本领域技术人员根本不会对证据1的支撑组件的整体运动方式进行改进，使得在定心过程中相应的定位支撑组件相对于安瓿进行特定的相对运动，以实现安瓿相对于注料针的精确定心，所以所属领域技术人员没有动机对证据1的相应装置做出改进获得涉案专利权利要求1所要求保护的技术方案。简言之，证据1与涉案专利所关注的特定技术问题无关，所属领域的技术人员想要使安瓿在灌装过程中精准定心，不会将所述饮料瓶的罐装装置作为改进的基础，这意味着该证据不适于作为涉案专利的最接近现有技术。

对发明要解决的技术问题的考量经常受到用途的影响。如果某现有技术与发明的用途差异明显，往往会导致该现有技术与发明要解决的技术问题无关，则以该现有技术作为改进的基础将会丧失改进的目标，难以获得通向发明的路径。

在第28909号无效决定（201320516744.X）涉及的案件中，涉案专利保护的是一种梯架锁固件，而对比文件1公开了一种用于横梁式货架的立柱孔型。决定认为：首先，最接近的现有技术通常是与涉案专利具有相同使用目的或类似用途的技术方案。涉案专利的梯架锁固件的用途是作为支架或立柱与被锁固件之间的中间连接件，通过与支架或立柱配套而实现锁固，并主要用于电缆工程中；而对比文件1公开的开设于货架立柱上的特殊孔型的用途在于容纳货架横梁的挂爪，该对比文件未公开这种孔型还存在与其他立柱孔洞相配合以实现锁固的需要。进而，涉案专利的用途决定了其采用沿板材的折弯线呈对称八字形结构设置的长圆孔的技术手段要解决的技术问题是与另一立柱孔洞配套，以保证螺栓将两个立柱进行锁固时增加足够的调节余量并避免锁固后螺栓松动；而对比文件1中采用楔形孔所要解决的技术问题是确保横梁挂爪伸入楔形孔后实现横梁与立柱之间的牢固卡合，并且避免组装好的货架立柱上因货物重力导致应力集中，二者要解决的技术问题既不相同，也不相似。如果以对比文件1公开的横梁式货架立柱上的孔型作为解决涉案专利技术问题的起点，那么，由于该对比文件并不面临涉案专利所要解决的技术问题，所属领域的技术人员难以想到将立柱的一个侧面沿该侧面上的两列楔形孔之间的中心线进行折弯，更难以将其应用到与另一立柱相配套从而得到可以用螺栓将二者锁固的技术方案。可见，如果以对比文件1作为最接近现有技术，则既缺乏实施改进的目标，也未提供通向改进后技术方案最有希望的路径，导致所属领域的技术人员从一开始便会陷入无法通向涉案专利的困境。

如果现有技术与发明所要解决的技术问题无关，则其通常是沿着与发明不同的改进方向进行研发而形成的技术方案，此时区别特征的存在往往会使发明技术方案相对于现有技术呈现出较为明显的差异，导致该现有技术不属于与发明最密切相关的技术方案。

在第40348号复审决定（200580014621.4）涉及的案件中，涉案申请要求保护一种香波组合物，其将脂肪链烷醇酰胺用作溶剂，使固体溶质溶剂化，以形成液态且易于流动的均匀组合物，还可包含余量的水。该技术方案要解决的技术问题是形成香波的高浓度溶液，使香波更加浓缩且便于实际使用，为此采用了特定的有机溶剂以达到充分溶解香波的固体有效成分的目的。对比文件1公开的香波组合物包含的组分虽然相同，但各组分的含量与涉案申请存在明显区别。决定认为，对比文件1的香波组合物是以水为主要组分，而其中固体溶质及脂肪链烷醇酰胺的含量均远小于涉案申请；其所描述的可溶或微溶于水的固体溶质通常并不表示其形成了含水真溶液，而是形成了含水的分散或乳化混合物，所要解决的技术问题是提供一种具有良好调理效果，并对皮肤刺激性较低的香波。也就是说，对比文件1实质上是采用水作为载体形成的香波低浓度悬浊液或者乳浊液，这样的普通香波完全不涉及涉案申请所述的浓缩香波需要溶解香波中的固体溶质以及浓缩有效成分的技术问题。在对比文件1与涉案申请要解决的技术问题无关的前提下，所属领域的技术人员既不会想到进一步提高对比文件1中固体溶质的含量以提高浓缩度，也不会想到进一步提高脂肪链烷醇酰胺的含量以使固体溶质溶剂化，因此，如果以对比文件1为最接近现有技术，则所属领域的技术人员难以有动机在其基础上得到涉案申请的技术方案。

1.3 对发明构思和技术手段的考量

确定最接近的现有技术，核心在于从海量现有技术中找到与发明技术方案最密切相关的那个现有技术。尽管技术领域和发明要解决的技术问题的关系是重要的考量因素，但最终影响最接近现有技术确定的关键因素仍然在于技术方案之间的相似性。现有技术中与发明最密切相关的技术方案应当是：在技术上与发明最为接近、经过较少或者较为容易的改进或调整就能够得到要求保护的发明的技术方案。

通常而言，如果现有技术与发明的技术领域相同或相近，该现有技术与发明希望解决的技术问题相关，二者采取的技术构思相同或相似，并由此导致与上述发明构思直接相关的技术手段存在较多相同或相似之处；进而，在面对发明所要解决的技术问题时，所属领域的技术人员会将该现有技术作为进一步改进的基础，则这样的现有技术适合作为最接近的现有技术。

在第80745号复审决定（200910195461.8）涉及的案件中，涉案申请要求保护某抗性基因制备疫苗的用途。对比文件1同样是出于最终制备疫苗的目的尝试初步筛选相关抗性基因，但仅公开了一小段与该抗性基因相关的标签序列及其潜在用途，从基因序列结构的比较上来看，其长度与涉案申请有差异。决定认为，涉案申请与对比文件1要解决的技术问题都是获取血吸虫抗性靶基因以便制备疫苗；采用的技术构思均为通过筛选血吸虫噬菌体展示cDNA文库，得到靶基因表达序列标签。不同之处仅在于，涉案申请在筛选到标签后进行了表达，并验证分析了其免疫效果，进而将对应的抗性基因用于制备疫苗；对比文件1则在筛选到标签后即终止了研发，但同时明确提到，今后有必要将该标签"进行免疫预防实验，以验证其作为候选疫苗的可能性"。对于所属领域技术人员而言，在抗性标签的基础上进一步得到相应抗性基因并制备疫苗的过程，属于生物工程领域疫苗通常的研发思路，且涉案申请在该环节也仅采用了所属领域的常规技术手段。可见，涉案申请与对比文件1采用的发明构思一脉相承，所属领域的技术人员在对比文件1的基础上，有充分动机和足够能力利用其公开的标签，获得相应的抗性基因用于制备疫苗。换言之，对比文件1既公开了涉案申请进行改进的基础，又教导了改进方向，尽管其没有直接公开抗性基因的全长序列，但表达标签的获得正是涉案发明研发构思的必要节点，其实际上提供了进一步完成发明的最佳起点，应被认定为最接近的现有技术。

如果某现有技术与发明出于解决不同技术问题的目的，采用了不同的发明构思，甚至由于发明构思的不同而导致在对某些技术手段的选取上存在相悖的情形，则该现有技术不适合作为最接近的现有技术。

在第 106894 号复审决定（201080042630.5）涉及的案件中，权利要求 6 要求保护一种抗微生物组合物，对比文件 1 公开了一种杀菌剂。决定认为，涉案申请基于现有的表面消毒剂不能快速起效的不足，通过选择丁香酚与特定量的百里酚和萜品醇这三种杀菌成分的组合，配以一定量的表面活性剂和水制得表面抗微生物组合物，来达到施用至人体、物体表面后快速起效的效果；对比文件 1 基于现有的用于治疗目的的抗菌剂因毒性、稳定性和吸收性方面的不足而治疗效果不佳的缺陷，通过配制包含占主要用量的多种烃类物质和平衡液制得抗菌剂，同时强调不宜选择水作为溶剂，最终实现了渗透至皮下组织杀灭病原体，且长达一周或一月仍然起效的技术效果。由于短期起效与长期起效、表面快速杀菌与渗透至皮下组织杀菌治疗是不同的技术问题，虽然涉案申请与对比文件 1 都属于杀菌技术这一基本相同的技术领域，但两者是基于完全不同的目的进行研发，针对各自不同的技术问题采用的解决思路和手段不同、甚至杀菌剂种类数量的选取和载体的选用还出现相悖的情况。在此情形下，所属领域的技术人员从对比文件 1 公开的长期起效、渗透至皮下组织杀灭病原体的抗菌治疗剂出发，难以产生通过改进获得涉案申请请求保护的快速起效、表面杀菌的抗微生物组合物的动机，因此对比文件 1 不适合作为涉案申请的最接近的现有技术。

在对发明和现有技术的技术方案的相似性进行比较时，相对于被现有技术公开的发明技术特征在数量上的多寡，二者采用的发明构思以及与发明构思直接相关的技术手段的相同或相似居于更为重要的地位。

一般来说，与发明采用的构思相同或相似，且与该构思直接相关的技术手段也相同或相似的现有技术，可被看作是沿着与发明较为一致的技术路径谋求解决技术问题的现有技术；如以这样的现有技术为基础进行改进，较之构思和关键技术手段差异大的现有技术，显然更有希望获得发明的技术方案。

在第29061号无效决定（201520037783.0）涉及的案件中，权利要求1保护一种晾衣架的升降臂，目的在于解决传统架钢丝绳不能打润滑油的问题，在该权利要求中升降臂采用若干个依次套接、并可相对滑动的空心管体，为防止相邻空心管体脱落而在管体上下两侧分别设有外挡块和内挡块，最终实现可以向置于其内的钢丝绳打润滑油、但不会污损衣物的目的。证据3公开了一种晒衣架上的横杆，目的在于解决传统晒衣架占用空间较大的问题，通过在架体上沿水平方向设置若干条可以伸缩的横杆，这样既满足使用时能够晾晒更多的衣物，也满足使用完毕不会占用较大空间的要求，证据3未记载如涉案专利权利要求中所述的内外管的具体结构以及连接方式。决定认为：最接近现有技术要基于发明构思来选择，应对相应技术方案所属的技术领域、所解决的技术问题以及所达到的技术效果进行综合考量。综合考量涉案专利与证据3在技术领域、技术问题和技术效果上的差异，可知二者属于完全不同的发明构思。所属领域为了解决传统架钢丝绳不能打润滑油的问题时，不会考虑以证据3中架体上的横杆作为起点进行改进；并且，即使考虑证据3，由于证据3的目的在于解决传统晒衣架占用空间较大的问题，涉案专利所要解决的钢丝绳不能打润滑油这一技术问题也不能够在证据3中被所属领域技术人员推导得到，进而本领域技术人员无法以证据3作为起点进行模拟还原和进一步改进，因此，证据3不适合作为最接近的现有技术。

现有技术与申请存在类似的技术手段，若两者在各自的技术方案中以不同的工作原理实现不同的功能，则不能将这种技术手段与其所在技术方案中的其他技术特征割裂看待；相比于现有技术，当申请在具体结构组成、相互位置关系设置、技术效果方面存在差异时，两者通常具有不同的发明构思。

在第131807号复审决定（201410676241.8）涉及的案件中，涉案专利为一种背光模组及液晶显示器件，实审程序中将对比文件1作为最接近的现有技术，评价了权利要求1的创造性；该对比文件1公开的同样是一种液晶显示器的背光装置，与本申请一样，两者的发明目的都是使背光模组在更大面积上亮度更加均匀，为此在基板上设置了荧光层并与下方能够发出光的原件配合，给出了本申请的发明构思，因此权利要求1不具备创造性。

合议组认为，本案的实质是：基于传统线光源和点光源，如发光器件阵列进行改进，其采用发光器件阵列发出的光子直接激发荧光粉层发光，也就是，即使没有荧光粉层的背光模组也能发光，荧光粉层的作用只是通过与能够发光的原件，即发光器件配合改进发光效果和简化结果；以此，在第一基板上设置发光器件阵列，在与其对置第二基板上涂覆荧光粉层，形成了发光器件阵列与荧光粉层的间隔设置，其确保了荧光粉层上的每一个点都可以受到来自发光器件阵列的电子与空穴对在复合过程中所产生光子轰击而发光，使发光器件发出的光经荧光粉层均匀射出，极大限度地改善了发光面的均一度，省去了现有技术中扩散板、光学扩散片等的设置，降低了背光模组的厚度并简化了结构。而对比文件1公开的是弃用传统线光源和点光源的场发射背光装置，采用的是电能直接转换为光能的发光原理，其需要提供电场，故场发射背光装置需要有提供电场的电极及发射电子的发射器，其荧光层需要与CNT发射器、第一至第三电极配合并作为一个整体才能实现发光，是实现对比文件1的背光装置发光的不可缺少的组成部分，其结果类似于生活中常用的灯管内壁涂覆荧光粉层的日关灯等，两者具有不同的发明构思；虽然它们都具有间隔设置的两个基板且都在上面的基板侧设置有荧光粉层，但对比文件1与本案权利要求1的背光装置结构不同，荧光层所起的作用也不相同。基于此，合议组认定，相对对比文件1，本案的权利要求1具备创造性。

2 发明的区别特征和发明实际解决的技术问题的确定

创造性判断"三步法"的第二步为"确定发明的区别特征和发明实际解决的技术问题"。在该步骤中，首先应当分析要求保护的发明与最接近的现有技术相比存在哪些区别特征，然后根据所述区别特征带给发明的技术效果，客观认定发明实际解决的技术问题。

区别特征是通过发明和最接近现有技术的比较得来的，确定区别特征其实就是找到发明不同于现有技术之处，这样的不同体现了发明相对于现有技术做出的创新所在。根据区别特征达到的技术效果确定发明实际解决的技术问题，是以通过区别特征的引入而使发明实现的技术效果为事实基础，确定发明通过对最接近现有技术进行改进而成功完成的技术任务，以反映出发明的创新为所属领域带来的贡献。

第二步在"三步法"的运用中起到承上启下的作用。发明实际解决的技术问题为第三步中的技术启示的寻找确立了方向，也是在最接近现有技术的基础上重塑发明的推动力。第二步自身所涉及的对区别特征、技术效果、发明实际解决的技术问题的认定是一条环环相扣的链条，上述重要事实认定的准确性直接影响创造性评判结论的客观性。

2.1 发明区别特征的确定

区别特征的确定是通过将发明与最接近的现有技术进行比较得来的，只有准确认定区别特征，才能找到发明的真正创新所在。上述过程应当在充分理解发明和现有技术的技术方案的基础上完成，不仅应关注经过分析发现的在二者技术方案之间存在对应关系的技术特征，还应考虑不存在对应关系的技术特征对技术方案整体的影响。

2.1.1 准确划分权利要求的技术特征

创造性评判中，将发明与最接近现有技术进行对比以确定区别特征的步骤应当在理解发明创造的基础上进行。权利要求技术方案通常由多个技术特征构成，为避免在对比过程中割裂发明所做的贡献，往往需要预先对权利要求涉及的技术特征或技术特征的组合进行分析。在分析过程中，应当将权利要求中记载的各部分内容与其在技术方案中所起的作用、解决的技术问题、产生的技术效果等内容结合起来综合考虑，而非简单地依据权利要求的文字表述以及标点、段落等将权利要求机械地切块。

如果技术方案中的多处内容之间互不依存、彼此独立，通过各自所发挥的不同作用分别解决不同的技术问题、产生不同的技术效果，则应将其划分为不同的技术特征。反之，如果将这样的内容作为一个不可分割的技术特征，则在"三步法"的后续环节，就极有可能出现将上述内容捆绑在一起到现有技术中寻找技术启示的问题。

在第 29943 号无效决定（201420753313.X）涉及的案件中，权利要求 1 保护一种内置滚道回转驱动装置。相对于最接近的现有技术，权利要求 1 有如下特征未被公开：基座底部的两端设置有端盖，蜗杆的两端与基座之间分别设置有圆锥滚子轴承。决定认为，通过对涉案专利整体技术方案进行分析可知，在"基座底部的两端设置端盖"的作用是防止粉尘污染腔体内部件，而在"蜗杆的两端与基座之间分别设置有圆锥滚子轴承"的作用则是减少蜗杆和基座之间的磨损，二者在结构设置和功能作用上相互独立，各自发挥作用，因此，应当将二者划分为两个不同的技术特征，并且，针对这样两个区别特征的引入，分别确定发明实际解决的技术问题，并分别在现有技术中寻找技术启示。

如果技术方案中的多处内容之间紧密联系、相互依存，通过协同作用共同解决同一技术问题、产生关联技术效果，则在将发明与最接近现有技术进行对比时，应当将其作为一个或一组技术特征来整体考虑，才有助于保证这种通过技术方案中相关部分之间的相互配合作出的贡献不会被忽略。其中所述的协同作用，可以是工作方式中的条件关系、机械结构中的紧密配合关系、化学反应中的关联反应等。

在第 24576 号无效决定（201020511181.1）涉及的案件中，涉案专利要求保护一种电磁水泵的组合式保持架。根据说明书背景技术的描述，现有保持架为整体框架结构，在其内部设有隔离衬套和两个磁轭圈（套管），此种结构零件多、安装麻烦、体积大。为此，涉案专利保持架的框架由左 L 形框板和右 L 形框板卡接而成，左右套管分别与相应的 L 形框板一体冲压成型，从而使得保持架安装方便，结构小巧。在进行技术特征划分时，如果仅考虑将框架由两块 L 形框板卡接而成，不将相应的 L 形框板与套管一体冲压成型一起予以整体考虑的话，不仅不能解决上述技术问题，反而增加了零件数量，不利于解决涉案专利要解决的技术问题。因此，决定认为，涉案专利采用套管与框板一体成型和框架由两块 L 形框板卡接而成共同解决了保持架安装方便和结构小巧的技术问题，上述结构改进对于发明所要解决的技术问题"安装较麻烦和结构不够小巧"而言是不可分割、缺一不可的，应当作为一个整体考虑。

在第 28625 号无效决定（201420281672.X）涉及的案件中，权利要求 1 保护一种五线圈控制镜头倾斜运动的三轴音圈马达。该权利要求 1 存在以下内容未被对比文件 1 公开：（a）底盖和磁轭构成的外壳，（b）设于外壳内的镜头座、均布于所述镜头座外围的 4 个偏转线圈，（c）连接镜头座端部和外壳端部的至少 1 个弹簧片，（d）所述镜头座的一端外围套有对焦线圈，所述磁轭内壁上设有与所述偏转线圈和对焦线圈相互作用的磁石，（e）所述偏转线圈与对焦线圈控制镜头座在至少 3 个自由度上进行偏转，（f）所述磁石在磁轭内壁上均匀设有 4 块，每块磁石对应偏转线圈的横向中心线进行平面两级充磁。决定认为，在确定权利要求与对比文件之间的区别特征时，应当整体考虑权利要求的技术方案，分析各个技术特征之间是否有关联，而不能机械地、孤立地将各个特征零散地与对比文件进行比对。具体到本案，根据本专利权利要求书及说明书的记载，现有的音圈马达采用多组马达驱动，体积较大，且相应零部件无法共用，导致零部件较多，结构复杂，组装耗时，而本专利通过将两组马达的磁石设置为共用（对应特征 d、f），即偏转线圈和对焦线圈共用一块磁石，并且通过将磁石设置在磁轭上、使用弹簧部连接镜头座端部和外壳端部（对应特征 a、b、c），实现 3 个自由度上防抖动（对应特征 e），从而大幅简化了零部件数目和马达结构。由于上述 6 个方面相互配合，共同解决多自由度防抖动的音圈马达体积较大、结构复杂的技术问题，因此，应当将其作为一个整体考虑，且在后续的确定发明实际解决的技术问题和寻找技术启示的环节亦然。

准确划分技术特征的关键在于对技术方案中各部分内容之间关系的认定。通过准确把握发明构思，分析技术方案各部分内容与发明为解决技术问题采用的发明构思以及产生的技术效果之间的关系，有助于对技术方案各部分内容之间的关系做出准确认定。

在第 109833 号复审决定（200910175855.7）涉及的案件中，权利要求 1 要求保护一种解锁手持电子设备的方法，相应所有操作也都是用于实现手持电子设备的解锁。对比文件 1 涉及在图形用户界面上对受限制功能的可视化访问的方法，只公开了可以通过触摸输入进行选择，未对触摸操作的具体过程进行限定。权利要求 1 与对比文件 1 在形式上存在两点区别：

①权利要求1限定了解锁手持电子设备的方法和过程,并且限定相应所有操作也都是用于实现手持电子设备的解锁,以及限定在触敏显示器上实现上述检测接触、移动图像以及判断图像从第一预定位置移动到预定区域;②权利要求1限定了从第一预定位置未移动到预定区域时则保持锁定并将解锁图像返回到所述第一预定位置。决定认为:在权利要求1与对比文件1形式上存在上述多点区别的情况下,应当在准确把握发明构思的基础上,考虑这些区别之间的关系,并根据它们之间的关系客观地确定这些区别在实质上是否应当被作为整体或相对独立地看待,由此确定发明实际解决的技术问题。根据涉案申请的发明构思,其是针对现有触摸屏解锁过程易用性低、需要更有效和用户友好的解锁过程而提出的解决方案,在该解决方案中,围绕实现手持电子设备的解锁的过程,在触敏显示器上实现上述检测接触、移动图像以及判断图像从第一预定位置移动到预定区域并且在未移动到预定区域时保持锁定,由此提高了解锁的便捷性,并能避免误解锁。由此可见,上述二点区别在技术上具有内在的关联,二者互相关联、共同解决提高手持电子设备上解锁的便捷性,并避免误解锁的问题,二者实质上应当被作为一个整体看待。

2.1.2　通过技术特征的对比确定区别特征

将发明与最接近的现有技术进行对比并确定区别特征,不应仅关注发明与最接近的现有技术之间文字表达的形式差异,而应在关注技术特征的结构、功能及其在技术方案中发挥的作用的基础上,对文字表达所传递的技术内容进行实质对比。

在第28634号无效决定(201020668743.3)所涉的案件中,权利要求1保护的是一种单螺杆泵,其中包含技术特征"衬套为管状的圆管衬套,圆管衬套的外表面上制有沟槽"。证据1公开了一种单螺杆泵,该单螺杆泵包括留有凹形调整槽或有断开的开口的外钢套。就证据1的外钢套是否相当于涉案专利的衬套这一问题,决定认为,根据涉案专利授权公告的权利要求书中关于上述衬套特征的记载和表述并结合说明书中的不同实施例可知,上述衬套特征可以有以下三种结构形式:"衬套为管状的圆管衬套""衬套为两个半圆环衬套""衬套为有缝隙的缺口圆管衬套"。其中只有第一种为完整的连续的管状结构，后两种均非完整的连续的管状结构，而是带有断口或缺口。后两者结构形式由于带有断口或缺口，因此，在通过调整外部的夹紧装置进行缩径以调整定子和转子之间的间隙时，能够保证衬套正常的压缩缩径。而第一种结构形式并无此种断口或缺口，为保证实现上述功能，其于外表面上制有沟槽。证据1记载"因为外钢套上留有凹形调整槽或有断开的开口，并且外套卡箍，可以拧紧卡箍上的调整螺栓，此时卡箍即压紧外钢套，外钢套的内径微量收缩，压紧橡胶衬套，使螺杆与橡胶衬套之间的间隙减小"，可见，证据1通过在外钢套上设有凹形调整槽或断开的开口实现了与涉案专利衬套的上述功能和作用相同的功能和作用，证据1中的"凹形调整槽"和"有断开的开口"的两种结构形式也是以并列选择的形式出现的，而且，证据1中亦明确记载在采用"有断开的开口"这种结构形式时"外钢套上也可以设一断开开口，外钢套内侧垫上一块弧型垫板，隔在断开开口与橡胶衬套之间"，而对采用"凹形调整槽"这种结构形式并未指出需另加弧型垫板以将橡胶衬套与外界隔离，其本身应亦为一种能将橡胶衬套与外界隔离的完整的连续的管状结构。因此，证据1虽未明确记载涉案专利中的"衬套"，但所属领域的技术人员根据其所公开的技术内容和其所要实现的功能和作用，可以确认其公开的外钢套与涉案专利的衬套具有对应关系。

在第28549号无效决定（200680016023.5）涉及的案件中，涉案专利保护一种条形码扫描器，权利要求1限定，所述条形码扫描器包括一"全局电子快门控制电路"。根据说明书的记载，现有技术中的条形码扫描器通常采用具有卷帘式快门的图像传感器，卷帘式快门采用逐行曝光的方式从上到下逐行曝光每个像素行，在对快速运动的物体进行拍照时，由于被拍摄物体与镜头间的快速相对移动容易发生图像失真或图像变形。针对这一缺陷，涉案专利采用全局快门图像传感器，通过同时曝光图像传感器阵列中的所有像素，避免逐行曝光造成的图形失真和图像变形的问题。对比文件1涉及一种编码数据的扫描装置，其包括一采用冻结帧快门类型的图像传感器。关于涉案专利全局快门图像传感器与对比文件1中冻结帧快门图像传感器是否构成区别特征的问题，决定认为，首先，从目的和效果看，对比文件1所述图像传感器阵列采用冻结帧类型而不是卷帘式快门类型，为的是避免连续扫描线之间的偏斜,其捕获的是将该帧画面冻结的那一刻的情形,因此能够避免卷帘式快门因逐行扫描像素行导致的图像失真和图像变形的问题,这与涉案专利采用全局快门图像传感器的效果是完全相同的。其次,从控制时序看,对比文件1的冻结帧图像传感器每个像素内具有一存储元件,因此具有同时曝光整帧像素的能力,结合对比文件1对其作用的描述可以推知,所述冻结帧图像传感器能够同时曝光图像传感器阵列中的整帧像素,这与涉案专利中全局快门图像传感器同时曝光图像传感器阵列中的多个像素也是完全相同的。因此,对比文件1中的冻结帧快门与涉案专利中的全局快门仅是同一技术特征的不同称谓,二者技术实质完全相同,该技术特征不构成涉案专利与对比文件1的区别特征。

对于采用物理、化学参数表征的产品权利要求,应具体分析其中参数的含义及其与权利要求中其他特征的关系,在考虑所述参数特征对产品结构带来的影响的基础上确定参数特征是否构成区别特征。如果已经能够从结构、制备方法等方面确定现有技术所公开的产品必然具备相应的参数,则不应当认为该参数构成产品权利要求与现有技术之间的区别特征。

在第75041号复审决定(200980117282.0)涉及的案件中,权利要求1请求保护一种由包含填料的聚丙烯组合物制成的模塑制品。说明书记载该制品具有期望的性能组合,即优异的硬度(或刚度)和抗冲击性(或韧性)之间的平衡和良好的尺寸稳定性,特别是具有良好的耐刮擦性。为此,涉案申请在权利要求1中对制品的耐刮擦性进行限定,即"PSA/Renault D44 1900 EN1 – RNPO 2001 划痕试验中显示出 dL<2 的颜色变化和在 Volkswagen PV 3952 2002 划痕试验中显示出 dL<1.5 的颜色变化"。该权利要求请求保护的制品与对比文件1公开的制品的主要组分和主要填料均相同,但对比文件1未公开涉案申请所限定的划痕试验参数以及玻璃纤维的长度。此外,将涉案申请与对比文件1关于技术效果的描述进行比较可知,两者均具有良好的综合力学性能以及尺寸稳定性等优点。关于耐刮擦性,决定认为,虽然对比文件1未公开通过划痕试验测定的制品耐刮擦性的定量数据,但是,从涉案申请的说明书看,制品的耐刮擦性与组合物中加入一定量的油酸酰胺具有密切关系,而对比文件1制品中同样被加入了相同

含量的油酸酰胺；其次，尽管对比文件1未公开玻璃纤维的长度，但没有理由认为玻璃纤维的特定长度会影响制品的耐刮擦性，因此可以推定对比文件1与涉案申请的制品具有相同的耐刮擦性能，即上述划痕试验参数不构成涉案申请与对比文件1的实质区别，在此情况下，仅有玻璃纤维的特定长度被确定为权利要求与对比文件1之间的区别特征。

2.2 发明实际解决的技术问题的确定

在确定了发明与最接近的现有技术之间的区别特征后，需要基于该区别特征确定发明实际解决的技术问题。

发明实际解决的技术问题与发明记载的技术问题既可能相同，也可能不同。应当根据区别特征给整个发明带来的技术效果，准确恰当地确定发明实际解决的技术问题。换句话说，发明实际解决的技术问题应当与区别特征达到的技术效果相匹配，以准确体现出发明对现有技术做出的贡献。

2.2.1 将说明书记载的技术问题确定为发明实际解决的技术问题

如果基于所属领域技术人员的视角，根据区别特征产生的技术效果，能够确定区别特征的引入使得说明书中声称的发明要解决的技术问题得以成功解决，则可以将说明书记载的技术问题确定为发明实际解决的技术问题。

在第22604号无效决定（200820048888.6）涉及的案件中，涉案专利保护一种豆浆机。涉案专利的说明书描述的现有技术中豆浆机存在的缺点是：当手柄上有液体时，液体会沿着手柄流到裸露的电源插接口上，容易造成短路或接触不良，裸露的电源插接口积累灰尘等杂质，还容易因接触不良而出现使用故障或事故。为了解决上述问题，涉案专利在豆浆机的插接口的敞开端口上设置防止杂质或液体进入插接口内的密封件。证据1公开了一种豆浆机，在其把手上设置的是一个敞开的电源插座。决定认为，涉案专利权利要求1相对于证据1公开的豆浆机的区别特征为：在插接口的敞开端口上设置有防止杂质或液体进入插接口内的密封件。基于上述区别技术特征，涉案专利实际解决的技术问题是防止水、豆浆等液体进入电源插接口内和防止插接口内积累灰尘等杂质，该技术问题与发明记载的技术问题相同。

2.2.2 重新确定发明实际解决的技术问题

如果说明书中声称要解决的技术问题并未被发明解决或者该技术问题已被最接近现有技术解决，则需重新确定发明实际解决的技术问题。重新确定的技术问题应当以所属领域技术人员的视角，依据区别特征给发明带来的技术效果来确定。

在第27508号无效决定（200480034152.8）涉及的案件中，涉案专利保护的是一种药物制剂。说明书记载，相对于现有技术中采用甘露醇作等渗剂的药物制剂而言，涉案专利通过采用丙二醇作等渗剂，解决了设备沉积和注射装置阻塞的问题。作为最接近现有技术的证据1公开的是以甘油作等渗剂的药物制剂，从证据1提供的数据可以看出，证据1的药物制剂可以长期稳定保存而无结晶现象出现，因此证据1已经解决了设备沉积和注射装置阻塞的问题。决定认为，确定发明实际解决的技术问题时，需要以所属领域技术人员的视角，客观分析区别特征所能达到的技术效果，并基于此来确定发明实际解决的技术问题。由于无效程序中使用的最接近现有技术证据1与涉案专利说明书记载的现有技术不同，虽然发明人声称解决了设备沉积和注射装置阻塞的问题，但这是相对于说明书记载的采用甘露醇作等渗剂的现有技术而言的；而相对于采用甘油作等渗剂的证据1而言，由于证据1已经解决了设备沉积和注射装置阻塞的问题，因此涉案专利实际解决的技术问题应当是提供一种同样能够有效避免设备沉积和注射装置阻塞的替代制剂。

重新确定发明实际解决的技术问题，不应带有发明为解决该技术问题而提出的技术思路、解决手段以及引入相应技术手段的指引，否则容易在后续技术启示的判断环节陷入事后诸葛亮式的误区。

在第29088号无效决定（201420251809.7）涉及的案件中，涉案专利保护的是一种储绒装置，证据1公开了一种充绒机。涉案专利权利要求1与证据1相比，进一步限定了羽绒输出箱的底面积小于羽绒输入箱的底面积。针对请求人提出涉案专利实际解决的问题是"通过减少羽绒输出箱的底面积而减少羽绒输出箱内的积绒量",决定认为,确定发明实际解决的技术问题,是以技术手段达到的技术效果为基础,而不是将技术问题确定为技术手段本身,在所确定的实际解决的技术问题中,不应带有发明为解决该技术问题而提出的技术手段或对找到该技术手段的某种指引,否则,当所属领域技术人员面对这样确定的技术问题时,将由于该问题中已经给出了解决该技术问题的技术手段或者有助于找到该技术手段的某种指引,而使得后续的对显而易见性的判断陷入"事后诸葛亮"式的误区。涉案专利背景技术部分明确记载了所要解决的技术问题是,羽绒输出箱由于要将羽绒水平输出,故而羽绒出口设置在侧面。由于羽绒输出箱内的搅拌轴的搅拌范围小,所以羽绒输出箱内容易积绒。基于权利要求1与证据1的区别特征,涉案专利实际解决的技术问题应当是克服"羽绒输出箱内容易积绒"的缺陷,而非"通过减小羽绒输出箱的底面积从而减少羽绒输出箱内的积绒量",后者实际上已经包含了涉案专利为解决所述技术问题提出的技术手段。

在第103025号复审决定（200910080121.0）涉及的案件中,涉案申请要求保护一种用于互联网搜索引擎的信息发布系统,其与最接近的现有技术均涉及的是信息发布的方法,但二者存在多个区别特征,其中区别特征②限定了各显示信息出现在搜索结果页面特定位置的概率与其所对应的权重参数相关联,区别特征③限定了每次搜索时在搜索结果页面上随机排列各显示信息者。根据涉案申请的发明构思,其是为了解决现有互联网搜索引擎的信息发布系统存在的不能避免恶意点击并挫伤企业做网络推广时的竞价积极性的问题而提出的解决方案,在该解决方案中,通过使显示信息在每次搜索中以随机方式发布,但同时在一定时间段或搜索次数内显示信息出现在搜索页面特定位置的次数或比例与其权重参数正相关,以此来通过随机发布的不确定性避免恶意点击,同时也由于保证了竞价企业在一定时间段或搜索次数内的信息显示比例从而保护了企业参与竞价的积极性。决定认为,特征②和特征③在技术上具有内在的关联,二者互相关联、共同解决涉案申请提出的"避免恶意点击而不挫伤企业积极性"的技术问题,应当将二者作为一个整体看待。但如果将区别特征②和③解决的技术问题确定为"使得在固定的时间段或者搜索次数内,客户的显示信息出现的概率由某一权重参数决定,同时实现在每一次搜索时客户的显示信息的出现随机",则是在技术问题中包含了区别特征本身,这将会形成对引入上述区别技术特征形成发明技术方案的指引,从而导致在技术启示的判断步骤中不再考虑想到采用上述技术手段去解决"避免恶意点击而不挫伤竞价显示的积极性"的技术问题对于所属领域的技术人员是否容易。

在重新确定发明实际解决的技术问题时,存在一种较为特殊的情形。如果发明与最接近现有技术相比存在区别特征,但该区别特征的引入并未给发明带来任何相对于最接近的现有技术而言有所不同的技术效果,或者说发明与最接近的现有技术所解决的技术问题是相同的,那么发明实际解决的技术问题应当是提供一种解决上述已知问题的替代方案。

在第20060号无效决定(200480034393.2)涉及的案件中,涉案专利权利要求1保护一种生产二氯丙醇的方法,其中是在选自戊二酸和己二酸的羧酸催化剂的存在下,甘油与氯化剂进行反应。权利要求1与证据2的区别仅在于催化剂的种类,证据2使用的催化剂是琥珀酸(即丁二酸)。决定认为,涉案专利主张其催化剂选择带来的技术效果要体现在产率、产物与反应介质和催化剂的分离,特别是产物纯度这几方面。证据2中作为催化剂的琥珀酸虽不在涉案专利权利要求的保护范围内,但同样是涉案专利的说明书指出的优选使用的聚羧酸类催化剂之一,在此情况下,涉案专利相对于证据2实际解决的技术问题的确定取决于用己二酸或戊二酸替代琥珀酸作为催化剂使得涉案专利相对于证据2取得了何种技术效果。在对与催化剂相关的技术效果逐一进行考察后,决定进一步认为,涉案专利说明书中并未记载较之琥珀酸将己二酸或戊二酸作为催化剂能够产生何种技术效果,也没有记载能够证实这样的技术效果存在的实验证据,甚至在该发明的第四个优选的实施方案中还记载着,"催化剂基于聚羧酸。优选的例子选自琥珀酸、戊二酸和己二酸",也就是说,涉案专利说明书是将证据2中公开的催化剂与涉案专利权利要求1中涉及的两种催化剂同时作为优选实施方案中的优选催化剂,导致所属领域技术人员作出这样的判断:如果上述涉案专利中的优选实施方案确实产生了相应的技术效果的话,则证据2中的琥珀酸也应当具备与涉案专利的己二酸和戊二酸大致相当的效果。

综上，在既无文字记载，也没有证据表明上述催化剂种类的不同使得涉案专利相对于证据2取得何种不同的技术效果的情况下，权利要求1实际解决的技术问题应当为"提供一种使用其他催化剂制备二氯丙醇的替代方法"。

2.2.3 发明的技术效果对确定实际解决的技术问题的影响

无论是将发明说明书记载的技术问题确定为发明实际解决的技术问题，还是重新确定发明实际解决的技术问题，均应当重视对发明的技术效果的考察。发明相对于最接近现有技术产生的技术效果，即区别特征给发明的技术方案带来的技术效果，是确定发明实际解决的技术问题的事实基础。如果技术效果认定不准确，会直接影响发明实际解决的技术问题的确定，并可能影响最终的创造性判断结论。

2.2.3.1 技术效果应当是区别特征带来的

确定发明实际解决的技术问题所依据的技术效果，应当关注的是区别特征给发明带来的技术效果，而不是其他非区别特征产生的技术效果。

如果说明书记载的技术效果是由某技术手段带来的，但该技术手段未被记载在权利要求中，导致该技术手段不属于发明与现有技术之间的区别特征，则上述说明书记载的技术效果不能作为确定发明实际解决的技术问题的依据。

在第99041号复审决定（200780100191.7）涉及的案件中，先后存在两个审查文本，即请求人分别在提出复审请求时和答复复审通知书时提交的权利要求书的文本。请求人在提出复审请求时提交的权利要求1要求保护一种制备蒸制蛋糕型甜甜圈的方法，其中并未对面糊的配方进行限定，对比文件1公开一种采用焙烤方法并在焙烤期间向甜甜圈喷水或蒸汽的甜甜圈，因此该权利要求1与对比文件1的区别特征主要在于采用的是"蒸制"方法。请求人在答复复审通知书时提交了经修改的权利要求1，在上述权利要求1的基础上进一步限定了面糊的配方。首先，针对请求人在提出复审请求时提交的权利要求1，决定认为，涉案申请说明书中记载，蒸制法制备的蛋糕型甜甜圈具有与常规油炸甜甜圈相似的特性，这一技术效果的取得依赖于专用的面糊配方，而采用常规面糊配方不能实现该效果。但是，该专用面糊配方并没有记载在请求人在提出复审请求时提交的权利要求1中，因此不能依据说明书所记载的上述效果来认定权利要求1实际解决的技术问题。其后，针对请求人在答复复审通知书时提交的修改后的权利要求1，决定认为，修改后的权利要求1在提出复审请求时所提交的权利要求1的基础上进一步限定了面糊中至少含有小麦粉、化学发酵体系、蛋黄粉、可食脂肪及其含量，使得面糊配方中的蛋黄粉和脂肪含量以及发酵酸的反应速率均构成与对比文件1的区别特征。由于修改后的权利要求已经限定了能够取得说明书所述技术效果的面糊配方的成分及其含量，因此，基于上述权利要求1与对比文件1的区别特征，涉案申请实际解决的技术问题应当是制备保有与油炸甜甜圈相似感官和质地特征的低脂蛋糕型甜甜圈。

在认定区别特征给发明带来的技术效果时，不能仅局限于区别特征自身固有的性能，而应当将发明作为一个整体看待，考虑区别特征的引入对整个发明技术方案产生的影响。

在第87522号复审决定（200880112898.4）的涉及的案件中，权利要求1要求保护一种吸水性树脂的制备方法，该权利要求与对比文件1的区别在于，选用特定的氧杂环丁烷化合物作为交联剂。针对涉案申请实际解决的技术问题是否应认定为提高吸水性树脂前体表面附近的交联密度，决定认为，尽管氧杂环丁烷本身作为常用交联剂的固有属性是在一定条件下提高交联密度，但是单纯交联密度的提高并不足以促进吸水性树脂在"保水能力""吸水能力"和"水可溶成分"三方面性能上的总体改善；与之相反，由于上述三方面性能之间在客观上存在着一定程度的关联与矛盾，实际研发中选择适当的交联剂制备吸水性树脂，是为了与其他组分在特定混合比例下综合作用，以便获得这三方面性能的最优平衡。与此同时，涉案申请说明书公开的实验数据证实，由此制备的树脂在维持吸水性树脂的保水能力基本不变的情况下，具有良好的保水吸水能力和较低的水可溶成分含量。因此，不应当将权利要求1实际解决的技术问题认定为该区别特征本身固有的提高交联密度的功能，而是应当基于该区别特征在发明技术方案中通过与其他技术特征之间的相互作用所实际带给发明的技术效果，将发明实际解决的技术问题认定为：在维持吸水性树脂的保水能力基本不变的情况下，提高吸水能力并降低其水可溶成分含量。

2.2.3.2 技术效果应当是发明能够实现的

区别特征的技术效果，应当是本领域的技术人员能够确定的、区别特征在客观上带来的技术效果。如果说明书中仅提及某种技术效果，但所属领域的技术人员根据说明书的内容及其掌握的普通技术知识，无法确认该技术效果能否实现，则该技术效果不能作为确定发明实际解决的技术问题的依据。

在第69491号复审决定（200780027597.7）涉及的案件中，权利要求1请求保护具有通式结构的奎宁环衍生物，说明书中记载了奎宁环衍生物具有对毒蕈碱M3受体的充分选择性，但是未公开任何具体化合物针对M3受体选择性的测试方法和测试条件，以及由此得到的定性或者定量实验数据。决定认为，根据现有技术和复审请求人提供的实验结果可知，此类化合物对于M3受体的选择性与结构关系密切，存在着不可预期性；并且，对于这种通过现有技术无法预期的技术效果，涉案申请原始说明书也未记载任何能够证明本申请化合物对毒蕈碱M3受体具有充分选择性的实验数据，导致所属技术领域的技术人员根据其说明书也无法确定该化合物是否具有声称的M3选择性。因此，涉案申请所述化合物"对毒蕈碱M3受体的充分选择性"这一技术效果不能作为确定涉案申请实际解决的技术问题的基础。

"技术效果应当是发明能够实现的"是针对权利要求的技术方案而言的。这意味着，只有在权利要求涵盖的整个保护范围内均能够实现的技术效果，才能作为确定发明实际解决的技术问题的依据。如果权利要求概括了较宽的保护范围，但实际上只能在其中的某个较小范围（例如说明书中某些实施例所涉及的范围）才产生优于现有技术的技术效果，则不能将该优于现有技术的效果认定为权利要求技术方案的技术效果。

在第87769号复审决定（200980106063.2）涉及的案件中，权利要求1要求保护一种包含有效量的组分A和B的除草剂组合物，并对组分A和B具体可选的组分和重量比范围进行了限定。该权利要求与对比文件1的区别在于权利要求1进一步限定了组分B的其他可选组分以及A和B的重量比。根据涉案申请说明书的记载，组分 A 与 B 在某些特定的重量比范围内具有增效作用。决定认为，涉案申请涉及活性化合物（A）和（B）的增效组合物，而对比文件 1 同样涉及活性化合物（A）和（B）的增效组合物，都涉及降低活性化合物施用量的技术问题。涉案申请的实施例仅提供了以特定比例组合的实验效果数据，涉案申请权利要求 1 涉及的组分配比数值范围明显与说明书具体实验实施例限定的组分配比数值范围之间存在多个数量级的差别。例如实施例中 A21：B1.1.2 的重量比为 0.2：0.5，而权利要求 1 限定 A21：B1.1 的重量比为 1：10 000 至 750：1。在农药领域中，两种农药活性组分之间组合后是否具有增效作用，不仅取决于其组分的性质，而且取决于组分之间的比例，所属领域的技术人员无法预期权利要求 1 的技术方案在如此宽的重量比范围内均具有增效作用。因此，涉案申请说明书给出的实验效果数据不能证明权利要求 1 所覆盖的整个保护范围均能够产生增效作用，该技术效果不能被认定为权利要求 1 能够达到的技术效果，也不能基于该技术效果确定权利要求 1 实际解决的技术问题。

2.2.3.3 申请日后提出的技术效果应能够从专利文件公开的内容中得到

申请日不仅是界定现有技术范围的时间节点，也是界定发明的完成和所做出的贡献的时间节点。当专利申请人/专利权人拟通过在后补交实验数据的方式证明发明取得了某种技术效果时，应当对上述补交的实验数据予以审查，并判断这样的技术效果是否是所属领域的技术人员能够从专利文件公开的内容中得到的。

在第 12206 号无效决定（01817143.5）涉及的案件中，涉案专利保护的是一种溴化替托品的结晶单水合物、其制备方法和药物组合物。根据说明书的记载，涉案专利的发明目的是为了满足对药物活性物质所提出的苛刻要求，提供新的稳定的溴化替托品结晶形式，并通过选择特定的反应条件获得结晶形式的溴化替托品单水合物。并且，该专利通过测定红外光谱和 X 射线衍射等数据完成对晶体的表征，但未对所述单水合物结晶进行其他方面的性能测试。专利权人在申请日之后提交了测定相应结晶单水合物的粒径分布及平均值的实验证据，用以证明所述结晶单水合物微粉化后粒径稳定的技术效果。决定认为，涉案专利仅在说明书中泛泛主张发明目的与稳定性有关，其中就制剂制造过程中的稳定性而言，仅提及可能涉及晶形、晶格的稳定性，并未公开任何与微粉化后"粒径稳定"相关的内容，既未将溴化替托品单水合物进行微粉化，也没有记载微粉化后产生了粒径稳定的技术效果，更没有提供微粉化后粒径稳定性方面的实验数据，所属领域的技术人员根据涉案专利公开的信息无法确认溴化替托品结晶单水合物微粉化后能产生粒径稳定的技术效果，因此，这一申请日后提出的技术效果不能作为认定发明实际解决的技术问题的事实依据。

对于所属领域技术人员能够从专利申请公开的内容中得到的技术效果，通常是指那些所属领域技术人员基于原始申请文件的记载以及现有技术能够认定其存在的发明的技术效果。而对于未记载在原始申请文件中，且所属领域技术人员基于原始申请文件的记载以及现有技术均无法认定其存在的技术效果，通常不应认为其属于申请人在申请日时做出的技术贡献，故不能作为确定发明实际解决的技术问题的事实基础。

在第 103095 号复审决定（200980155557.X）涉及的案件中，权利要求 1 请求保护一种环戊烷二酮类通式化合物，其中的取代基 HetAr 是 6-元杂芳基环。涉案申请说明书同时记载了 HetAr 分别为 6-元杂芳基环和 5-元杂芳基环的化合物，并提供了 HetAr 为 5-元杂芳基环的化合物具有除草活性的实验数据。请求人提交对比实验数据拟证明 HetAr 为 6-元杂芳基环的化合物相比对比文件 1 相应基团为取代苯基的化合物除草活性显著升高。决定认为，我国的专利制度采用先申请制，在本质上体现为以公开换保护的原则，在一项发明创造做出以后，相对于以申请日划界的现有技术而言，该项专利申请是否具有创造性应基于申请人在申请日之前已经完成并且记载在申请文件中或者根据申请文件可以合理确定的技术贡献来进行评判。从涉案申请说明书的记载和请求人补充提交的实验数据可知，对比文件 1 中化合物的除草活性与涉案申请说明书中记载的 5-元杂芳基化合物相当，而在涉案申请说明书中，HetAr 为 6-元杂芳基的化合物被描述为与 HetAr 为 5-元杂芳基的化合物相并列的替代技术方案，因此，所属领域的技术人员在申请日时能够合理预期的是，HetAr 为 6-元杂芳基的化合物应与对比文件 1 的化合物除草活性大致相当。然而，请求人欲通过补充提交的对比实验结果证明 HetAr 为 6-元杂芳基的化合物具有高于对比文件 1 化合物的除草活性，该效果显然不应作为确定发明实际解决的技术问题的基础。

对于依赖于实验数据才能加以确认的技术效果，如果原始申请文件中仅记载实验方法和/或实验结论，未记载实验数据或结果，则该技术效果不能被认为属于能够从原始申请文件得到的技术效果，即使申请日后补充相应的实验数据对该技术效果加以证明，也不能作为确定发明实际要解决的技术问题的事实基础。

在第 34432 号无效决定（201110029600.7）涉及的案件中，涉案专利保护一种包含缬沙坦和沙库巴曲的药物组合物，用于治疗或预防高血压等多种疾病。说明书中提到"缬沙坦和沙库巴曲的组合能够产生比单一药物更高的疗效"，记载了二者联用的方案，公开了药效实验的动物模型、给药方法、每日剂量、检测指标等实验方法，得出结论认为"所获得的结果表明本发明的组合具有意想不到的治疗作用"，但没有公开具体的实验数据或结果。决定认为，首先，联合用药是选用高血压药物的原则之一，虽然在有些情况下联合用药确可减少每一种药的用量和不良反应，并得到协同作用的效果，但这是对经过验证的具有协同作用的联合用药经验的概括性描述，并非归纳总结得出的普适性规律，所属领域技术人员不能以此演绎推理得到不同的降血压药物组合后均能获得协同作用。本案中，虽然有证据显示血管紧张素 Ⅱ 受体阻滞剂与利尿剂合用属于能够获得协同作用效果的联合用药，但没有证据表明血管紧张素 Ⅱ 受体阻滞剂与 NEP 抑制剂的组合具有协同作用。专利权人声称缬沙坦和沙库巴曲的组合在降血压方面具有协同作用需要药效实验加以证实。其次，药效实验通常包括实验方法、实验数据和结果、实验结论等，其中实验数据和结果对于证明药物效果发挥着决定性作用，实验结论则是建立在实验数据的统计分析结果基础之上。本案说明书中所载"所获得的结果表明本发明的组合具有意想不到的治疗作用"属于实验结论，在所属领域技术人员无法预期协同效果的前提下，没有实验数据和结果为基础的实验结论不能使所属领域技术人员确认药物的协同效果。再者，专利权人提交的反证 1 和 3 属于申请日后补交的实验数据，目的是证明缬沙坦和沙库巴曲的组合在高血压动物模型中具有降低平均动脉压的协同作用。该数据是申请日后补交的，不属于专利原始申请文件记载和公开的内容，也不是现有技术的内容，根据先申请制原则和专利制度以公开换保护的本质，接受该数据的前提必须是其所证明的技术效果能够从原说明书中得到。根据之前的分析，在所属领域技术人员由原说明书无法得到联用药物的协同作用的情况下，反证1和3不能被用于证明涉案专利组合物的技术效果，因而也不能作为确定发明实际要解决的技术问题的事实基础。

尽管申请人是以补交实验数据的方式在申请日后主张发明产生某种技术效果的，但如原始申请文件公开了与发明技术方案相似的其他技术方案的技术效果，并且通过技术分析，所属领域技术人员根据上述的相似技术方案的技术效果能够预见发明技术方案产生了上述申请人主张的技术效果，那么，该技术效果可以作为确定权利要求实际解决的技术问题的事实基础。

在第74723号复审决定（200680047678.9）涉及的案件中，权利要求1要求保护一种用作组蛋白脱乙酰酶（HDAC）抑制剂的苯甲酰胺化合物。说明书中称，所述化合物是HDAC的有效抑制剂，具有良好的药用特性，包括有利的细胞或体内效能、有利的DMPK特性以及良好的或增强的溶解性，并且公开了涉案申请实施例4的化合物抑制HDAC活性以及抑制全细胞中增殖的体外实验数据。申请人在申请日后提交了根据说明书记载的测定方法测定的、权利要求1化合物与说明书中对照化合物之间的对比实验数据，用以证明涉案申请权利要求1要求保护的苯甲酰胺化合物具有有效抑制HDAC的效果。决定认为，根据说明书的记载，涉案申请的技术方案是以可被取代的吡唑基替代现有技术中的吡啶基与亚甲基哌啶基相连，以改善HDAC抑制活性。权利要求1的化合物与实施例4的化合物均为涉案申请说明书实施例化合物，二者结构非常相似，区别仅在于实施例4中吡唑基进一步被一个甲氧基取代。所属领域的技术人员通过对二者的结构分析，能够预见二者在HDAC抑制活性方面应当具有类似的活性，在无相反证据的情况下，所属领域的技术人员由说明书记载的实施例4的化合物的效果数据能够预期权利要求1的化合物具有类似的HDAC抑制活性。在后补交的实验数据验证了所属领域的技术人员由说明书公开内容所获得的信息，其所证实的权利要求 1 化合物对于 HDAC 的抑制效果属于可从原说明书公开内容得到的效果，因此可以作为确定发明实际解决的技术问题的依据。

3 技术启示的判断

创造性判断"三步法"的第三步为"判断要求保护的发明对所属领域的技术人员来说是否显而易见"，即判断现有技术是否给出了将上述第二步中确定的区别特征应用到上述第一步确定的最接近现有技术中以解决其存在的技术问题（即第二步中确定的发明实际解决的技术问题）的技术启示。

该步骤既包括对现有技术公开的事实的认定过程，也包括基于认定事实进行的法律适用过程，相比于"三步法"的第一、第二步，更容易带入主观性的内容。为保障创造性判断结论的客观性，需要综合考量多方面的因素。以下分别从五个方面阐述可能存在的各种因素对于"技术启示的判断"环节的影响。

3.1 在现有技术中寻找解决技术问题的技术手段

判断在现有技术中是否存在解决技术问题的技术启示，需要以所属领域的技术人员的视角，围绕发明实际解决的技术问题在现有技术中去寻找相关的技术手段。在判断现有技术公开的技术手段能否带来解决最接近现有技术存在的技术问题的技术启示时，不仅需要关注技术手段本身及其性能，还应当关注所述技术手段在现有技术中所起的作用及其与现有技术的技术方案中其他特征之间的关系。

3.1.1 应围绕发明实际解决的技术问题寻找

在浩瀚的现有技术海洋中，所属领域的技术人员对技术启示的寻找是以要解决"三步法"的第二步确定的发明实际解决的技术问题为目标而进行的有目的的寻找。这意味着，只有来自现有技术的技术信息能够对解决上述技术问题有所启发时，才有可能构成技术启示。

在第116169号复审决定（201080038793.6）涉及的案件中，涉案申请要求保护一种组装电池模块。涉案申请独立权利要求2与对比文件4之间的区别特征之一为：端子固定板包括多个输出端子防断开肋，端子连接基板包括与输出端子防断开肋相对应的多个防断开肋通孔，其中，在正极端子和负极端子从端子通孔伸出的部分中分别形成通孔，输出端子防断开肋被插入正极端子或负极端子的通孔以及防断开肋通孔中。针对对比文件2的"汇流板以及电极终端（电极端子）上形成通孔并用螺钉穿过这些通孔"对应公开了涉案申请的"多个防断开肋通孔"和"端子伸出部分上形成的通孔"的观点，决定认为，对比文件2中的汇流夹具和汇流板共同实现电极终端和外部部件的电连接。该对比文件虽然公开了类似于上述区别特征的通孔，但该通孔的作用在于穿设螺钉以实现电连接，解决的问题是提供电流引出用的电连接通路。而涉案申请中区别特征实际解决的技术问题是固定端子，防止其从端子连接基板上脱出断开，即，端子固定板仅用于物理固定端子防止其从基板上脱出，其端子的电连接通过其他专门部件实现。虽然对比文件2公开的特征看上去与区别特征相似，但由于该特征不是用来解决涉案申请实际解决的技术问题的，因此对比文件2没有给出引入上述区别特征的技术启示。

如果抛开发明实际解决的技术问题，仅在现有技术中寻找看上去与区别特征相似的技术手段，将导致"三步法"的技术启示判断环节与在先环节脱节。事实上，如果现有技术披露的技术手段在现有技术中所起的作用与区别特征在发明解决技术问题的过程中所起的作用完全不同，则该现有技术难以给出将区别特征应用到最接近的现有技术以解决其存在的技术问题的启示。

在第27019号无效决定（200810028183.2）涉及的案件中，权利要求1保护一种自动定位卷线器，该权利要求与对比文件2之间的区别特征之一为：涉案专利的环形凹槽的底部为一平面，而对比文件2的旋转帽2外侧的枢转定位槽道23的底面不是一个平面。上述区别特征实际解决的技术问题是消除噪音和延长卷线器的使用寿命。请求人主张对比文件5公开了上述区别特征。决定认为，一方面，对比文件5虽然公开了滚筒1底部的通道 19－23 所处的底部是一平面，但该技术特征在对比文件 5 中起到的作用是使滚珠可以在滚动缓慢时恰好进入口袋状凸出装置内而无需对安装位置进行布置，这与权利要求 1 实际解决的技术问题完全不同。另一方面，对比文件 2 公开的技术方案为实现卷线器的定位功能而在槽道底部设置有台阶，否则，卷线器将无法定位。因此，所属领域的技术人员在面临消除噪音、延长卷线器使用寿命的技术问题时，不会想到从对比文件 5 中寻求解决该问题的技术手段，去将对比文件 2 的环形槽道底部的台阶去除并设置为一平面。即，对比文件 5 没有给出将该区别特征应用于对比文件 2 的技术启示。

如果所属领域的技术人员知晓在发明所属领域的相近、上位或通用的技术领域中也存在着与发明实际解决的技术问题相同或相似的技术问题，则会基于该技术问题的存在，到上述领域中寻找解决技术问题的相关技术手段。

在第 105111 号复审决定（200680026094.3）涉及的案件中，权利要求 1 要求保护一种化妆用或皮肤病用的局部制剂，该权利要求与对比文件 1 的区别特征之一在于权利要求限定了制剂的 PH 值大于 6，该区别特征的引入使涉案申请解决的是在该制剂中提高叶酸的稳定性的技术问题。对比文件 2 ［《功能性食品（第二卷）》，中国轻工业出版社］公开了叶酸需要在中性或碱性环境下（即 pH 为 7 或大于 7）才能稳定保存。决定认为，食品领域和化妆品领域是相邻的技术领域，在这两个领域中，均需保障所生产的产品的稳定性，只要产品中含有叶酸，就必须考虑叶酸在产品中是否稳定的问题，因此，为了稳定化妆品中的叶酸，所属领域的技术人员有动机去食品领域寻找使叶酸稳定的技术手段。

3.1.2 对区别特征之间关系的考量

正如在"三步法"的第二步确定区别特征的环节应对发明技术方案中不同部分内容之间的关系予以考虑一样，在第三步技术启示的判断环节，亦应对区别特征之间的关系予以关注。即便上述本应作为整体关联考虑的区别特征被分别公开于不同的现有技术中，但如现有技术中没有给出将上述区别特征相互结合以解决发明实际解决的技术问题的技术启示，则依然不足以否定发明的创造性。

在第26901号无效决定（201110369508.5）涉及的案件中，权利要求1与对比文件1的区别特征在于：底板形成有外来物质流入防止护栏，安装在底板上的PCB板在与所述外来物质流入防止护栏相对应的位置处形成为部分的开口。决定认为，涉案专利"背景技术"部分阐述：本专利采用的技术方案中PCB板与外来物质流入防止护栏相配合，取得了在免除电路基板向定子和底板之间的不必要延伸的同时防止外来物质进入定子和底板从而降低制造成本的有益技术效果。对比文件2、4虽然公开了PCB板形成有部分开口，但均未涉及外来物质流入防止护栏，更未涉及外来物质流入防止护栏与电路板之间的相互配合关系；对比文件6虽然公开了为防止共振沿底板边缘设置加强部，看上去与"外来物质流入防止护栏"形式相同，但并不起防止外来物质进入的作用，并且，对比文件6也不可能涉及刚性加强部与PCB板之间的相互配合关系。因此，不能认为对比文件2、4、6给出了与涉案专利技术方案相关的技术启示。

忽视区别特征之间的关系，将解决技术问题的完整的技术手段割裂，都会出现技术特征碎片化的现象，这种现象容易导致的问题是：将散落于不同现有技术中的零散技术特征或技术特征的局部简单拼凑在一起，就认为现有技术中存在技术启示。

在第28914号无效决定（201110409190.9）涉及的案件中，权利要求1保护一种车载应急电源装置，该权利要求与对比文件1存在三点区别特征，其中的区别特征③为：为防止汽车应急启动的时候正负极夹子短路或者反接引起电池发烫，电路中串接了一个150A～250A的保险丝，用于汽车启动的大电流输出电路输出端采用防反接插头，外部连接线正负极线采用不同长度的硅胶线，所述电池组连接有充放电保护电路。该区别特征实际解决的问题是"防止汽车应急启动的时候正负极夹子短路或者反接引起的电池发烫以及降低启动过程中两个电瓶夹碰撞导致短路的概率"。请求人主张对比文件1、4-7共同公开了上述区别特征③所涉及的所有技术特征。决定认为，试图从多篇不同的现有技术中抽离出多个零散的、孤立的技术特征进行拼凑，从而得到发明的技术手段，明显有悖于创造性整体考虑的审查思路。对比文件 1 仅公开了打火输出接口 111 瞬间输出电流为 200A。对比文件 4 仅公开了在应急电源中设有汽车应急启动时所用的正负极夹子。对比文件 5 仅公开了为防止电池短路时因过热而爆炸，在电池组的电路中串接一个保险管。对比文件 6 仅公开了导线采用不同长度。对比文件 7 仅公开了用作汽车发动机的电瓶线为硅胶线。所属领域技术人员根据上述对比文件 1、4-7 所公开的这些零散的、割裂的技术信息，并不能得出上述区别特征③的技术手段。而且，现有技术也没有给出为解决"防止汽车应急启动的时候正负极夹子短路或者反接引起的电池发烫以及降低在启动过程中两个电瓶夹碰撞导致短路的概率"的技术问题而将对比文件 1、4-7 进行结合的技术启示。

3.1.3 对现有技术中技术手段作用的认定

很多情况下，现有技术虽然公开了与区别特征相应的技术手段，却未记载该技术手段在现有技术中起到的作用，或者所记载的作用与区别特征在发明中所起的作用不尽相同。此时应站位所属领域的技术人员，理性分析现有技术公开的信息，确定该技术手段在现有技术中客观起到的作用。

在第 29367 号无效决定（98805898.7）涉及的案件中，权利要求 1 保护一种管道连接件及带有能减轻磨损的结构的套圈，该权利要求与证据 3 的区别特征为：后套圈的内壁有位于第一和第二端之间的圆周形凹槽，凹槽与第一端轴向有距离，所述凹槽在连接件上紧时减小了在驱动部件驱动表面的力集中。涉案专利实际解决的技术问题是减少驱动螺母高的扭矩力及其引起的力集中。决定认为，尽管证据 1 公开了相同的技术手段，但并未记载设置凹槽的作用。所属领域的技术人员基于证据 1 记载的信息及其知晓的普通技术知识，能够意识到证据 1 中设置凹槽的套圈能够起到减少驱动螺母的扭矩力的作用。并且，这种意识并非是获取涉案专利的技术信息后的事后判断，而属于所属领域的技术人员在证据 1 公开信息的基础上基于其掌握的机械领域普通技术原理就应当能够意识到的内容，也即证据 1 给出了通过设置凹槽来实现减少驱动螺母的扭矩力及其引起的力集中的技术启示。

对现有技术公开的技术手段的作用应当认定准确，否则将对现有技术是否给出将该手段应用于最接近现有技术的启示的判断造成影响。即便现有技术公开的技术手段和发明与最接近现有技术之间的区别特征看上去相同或相似，也不应将区别特征在发明中所起的作用机械地套用到现有技术中的技术手段身上。

在第23141号无效决定（200820001316.2）涉及的案件中，涉案专利保护的黄油枪具有双唧杆，唧杆通道内具有穿孔16和透孔17，当唧杆上移时黄油可以通过穿孔和透孔从油筒内进入唧杆通道内，当唧杆下压时黄油被挤出，由于穿孔和透孔到出口的相对距离不同，当挤少量黄油时仅需使唧杆移动部分行程，即行程可按需调节，操作更方便。证据1公开了一种具有双唧杆的黄油枪，但其唧杆通道上仅设置一个进油孔。证据2公开的黄油枪与发明一样在唧杆通道具有两个进油口，但两者到出口的相对距离不同，且均位于具有钢球的进油腔内。决定认为，在分析现有技术公开的内容时，应当立足于现有技术所解决的技术问题、技术手段、技术效果进行综合分析，对现有技术进行整体把握，在此基础上分析所属领域技术人员在申请日前看到该现有技术时能够获得哪些技术启示。既不应孤立地看待其中的某一特征，不考虑该特征在现有技术中实际的作用，而生硬地将其与专利中的某特征进行对应；也不应将专利中某特征的技术效果直接套用到现有技术的特征上，而不考虑该技术效果在现有技术中是否客观存在。虽然证据2未记载设置两个进油口的作用，但所属领域的技术人员根据证据2的整体技术方案可以理解，其设置两个进油口是为了在进油时使钢珠14保持在进油腔内且不会阻塞进油通道，而妨碍油脂进入到柱塞腔内，两个进油口实质是一个整体进油孔的不同部分，由于并不存在参照对象，进而也不会给出相对于其他孔更靠近出油口或者使得手把行程更节省的技术启示，即证据2中的两个进油口与涉案专利中分别设置"进油穿孔"及"进油透孔"的目的和作用不同。所属领域的技术人员看到证据2时并不会得到采用上述区别特征解决"按需调节"技术问题的启示。

3.2 所属领域技术人员的改进动机对技术启示判断的影响

在现有技术客观存在着某种技术问题的情况下，如果所属领域的技人员基于现有技术公开的信息能够意识到解决该问题的现实需要,且对将区别特征应用于最接近的现有技术进行改进后能使相应的技术问题得以解决形成合理的成功预期,则意味着所属领域的技术人员能够产生改进最接近的现有技术的动机。

3.2.1 对发现技术问题的难易程度的考量

所属领域的技术人员能够产生改进现有技术的动机的前提是能够意识到技术问题的存在。在某些情况下,找到导致现有技术产生缺陷的技术问题或者确定该缺陷之所以存在的原因会成为解决技术问题的关键所在。

如果现有技术中长时间存在着某种技术缺陷,但直至申请日仍无发明人以外的其他人能够认识到导致该技术缺陷的技术问题所在,使得所属领域技术人员不能以解决该问题为目标对现有技术进行有针对性的改造,则意味着所属领域的技术人员尚不具备改进该现有技术的动机。

在第27939号复审决定(200610153844.5)涉及的案件中,权利要求1要求保护制备二苯基砜化合物的方法,该权利要求限定了反应在内壁上具有耐腐蚀层的容器中进行,而对比文件1公开的方法未对反应容器作任何说明或提出要求,因此权利要求1与对比文件1的区别在于涉案申请使用的容器具有耐腐蚀层。决定认为,对于本申请而言,判断创造性的关键在于对涉案申请实际解决的技术问题的正确认识。如果所属领域技术人员不能认识到这种需要解决的技术问题在现有技术中的存在,或者认识到这种技术问题的存在超出了所属领域技术人员的能力和水平,则所属领域技术人员就难以将上述技术问题作为指引去寻找技术手段对现有技术进行改进。根据对比文件1并综合考虑现有技术的整体状况,在申请日以前所属领域的技术人员难以认识到导致二苯基砜化合物产品着色这一现象的内在原因是二羟基二苯基单醚类化合物中杂质金属离子的存在,这一认识已经超出了所属领域的技术人员在申请日前的认识水平和能力,而涉案申请的技术贡献则恰好在于发现了导致产品着色这一缺陷产生的原因,从而才形成了涉案申请技术方案。如果基于现有技术不能认识到发明实际解决的技术问题已经导致所属领域的技术人员难以产生动机去有针对性地改进现有技术,则即使该技术问题被认识到后找到解决该问题的手段是容易的,也不应据此否认涉案申请的创造性。

针对现有技术中存在的技术缺陷，如果所属领域技术人员因导致缺陷存在的原因可能性众多而难以找到该原因，致使不清楚区别特征与克服现有技术的缺陷之间是否存在关系，从而无法对将区别特征引入最接近现有技术后能够克服上述缺陷产生合理的成功预期，则所属领域技术人员不会有动机去对现有技术进行这样的改进。

在第99126号复审决定（200980132555.9）涉及的案件中，权利要求1要求保护一种生产反转录（EIAV）病毒载体制剂的方法，该权利要求与对比文件1的区别在于：权利要求中进一步限定了反转录病毒载体在过滤除菌之前的具体浓度。现有技术表明，在无菌药物产品的工业生产中，通常不会认为待过滤样品的浓度属于影响滤器性能的因素；并且，病毒载体的制备涉及病毒培养、分离、浓缩、纯化等多个步骤和环节，所属领域的技术人员并不清楚哪个步骤或环节会显著影响实际工业生产中最终产品的收率，因而在申请日前并不会意识到过滤除菌前的病毒载体浓度是影响EIAV病毒载体收率的原因。涉案申请的贡献在于，发现了过滤除菌前病毒载体浓度较高是影响EIAV病毒载体收率的原因，即发现了导致该技术缺陷的原因，进而，才会在寻找解决手段时有目的地调整了过滤除菌前的病毒载体浓度。决定认为，对所属领域的技术人员而言，由于难以在本申请日之前发现导致EIAV病毒载体收率低的原因在于过滤除菌前的病毒载体的浓度较高，导致不会去寻找通过降低病毒载体颗粒浓度来改进病毒载体收率的技术手段；并且，由于病毒载体的制备涉及多个步骤和环节，其最终产品的收率是各种影响因素的综合结果，所属领域的技术人员也无法合理预期到降低过滤除菌之前载体颗粒浓度反而能够成功达到提高收率的技术效果。因此所属领域的技术人员没有动机去尝试对现有技术进行上述改进。

通过理解发明，如果认为找到现有技术的缺陷之所以存在的原因在发明的完成的过程中起到决定性的作用，则意味着这种原因的发现可能属于发明人对现有技术做出的贡献，在此情况下，所属领域技术人员是否能够在现有技术的基础上发现上述原因，将对是否产生改进现有技术的动机产生重要影响。

在第82381号复审决定（200980108423.2）涉及的案件中，权利要求1要求保护一种用于电动机的分瓣定子构件，该权利要求与对比文件1的区别在于：通过直接围绕所述粘合剂层进行树脂模制，由树脂材料形成所述绝缘体，所述树脂材料是包含具有非球形状的填料的树脂，并且，因其端部被粘至粘合剂层的表面致使所述的非球形状填料被施加旋转力而变成在所述树脂模制绝缘体中沿随机方向取向。基于上述区别特征，涉案申请实际解决的是绝缘体在厚度方向上从线圈到定子芯的导热性不佳的技术问题。通过还原涉案申请的实际完成过程，决定认为，对比文件1的绝缘体中并没有填料，其不可能意识到绝缘体导热性不佳这一缺陷的原因与填料的取向有关。对比文件2公开了在绝缘体的树脂材料中加入非球形状的填料可以提高绝缘体的导热性，但未给出非球形状填料的取向会对绝缘体导热性有影响的教导。即使在对比文件1的基础上，为了提高导热性采用对比文件2中含有的非球形状填料的树脂材料，所属领域技术人员也不会意识到"通过直接围绕粘合剂层进行树脂模制"可使"所述非球形状填料在所述树脂模制绝缘体中沿随机方向取向"，从而使得绝缘体导热性进一步提高。由于所属领域技术人员在申请日前的现有技术中并未意识到填料的取向会影响绝缘体的导热性，可见，在发现导致上述缺陷的原因的过程中，涉案申请做出了技术贡献。正是由于发现了上述原因，所述申请在提出解决手段时才关注于绝缘体中非球形状填料的取向，通过将填料随机取向来提高导热性，从而形成了权利要求1的技术方案。也就是说，权利要求1中的技术特征"直接围绕粘合剂层树脂模制"和"树脂材料是包含具有非球形状的填料的树脂"均是在发现导致绝缘体沿其厚度方向导热性不佳这一缺陷的上述原因的基础上而采用的，在根据现有技术不能意识到填料的取向会影响绝缘体的导热性的前提下，所属领域技术人员不会产生采用上述技术特征去解决该问题的动机。

所属领域技术人员能否发现导致现有技术的缺陷存在的原因，应以现有技术为基础进行判断。面对发明因发现了导致现有技术的缺陷存在的原因而对现有技术做出了贡献的主张，如果该原因已被现有技术教导或根据所属领域的公知常识可以知晓，则不会阻碍所属领域的技术人员产生改进现有技术的动机。

在第61162号复审决定（200810215873.9）涉及的案件中，权利要求1要求保护一种标签机，该权利要求与对比文件1的区别在于：涉案申请明确支撑装置、真空卷轴以及分离元件由相同基材制成，其平均热膨胀系数相等；而对比文件没有特别强调三者的制造基材是否相同。请求人主张，虽然在申请日之前会注意到上述手段所解决的磨损问题，但不容易被发现是由于热膨胀导致的，因此发现磨损原因是付出了创造性劳动的。决定认为，在标签机这一技术领域内，分离元件与真空卷轴发生弯曲或变形通常是由于相应组件不一致的热膨胀，也即不一致的热膨胀会引起分离元件或真空卷轴的弯曲或变形已被所属领域的技术人员所关注，所属领域的技术人员在排查分离元件与真空卷轴这两个相抵部件发生严重磨损的原因时，能够意识到热膨胀可能导致它们之间的间隔变小从而加剧两者的磨损，在此基础上，所属领域的技术人员经过合理排查后，容易发现引起磨损的真正原因在于不一致的热膨胀，这一发现过程不足以为涉案申请带来创造性。

3.2.2 对改进最接近的现有技术的动机的考量

面对所属领域中公认的问题或普遍存在的需求，如果所属领域的技术人员知道现有技术中存在解决该问题或满足该需求的相关技术手段，且能合理预期到将该手段应用于最接近现有技术能够带来成功解决上述问题或满足上述需要的效果，则所属领域的技术人员会产生改进最接近的现有技术的动机。

在第12964号无效决定（200410027404.6）涉及的案件中，权利要求1要求保护一种热管散热装置，该权利要求与对比文件1的主要区别为：（1）权利要求1中"该热管蒸发部具有一用于与热源发热面直接接触的平表面"；（2）权利要求1中"平表面的平面度与基板的下表面的平面度相同"，二者分别通过增大热管与热源之间的接触面积、减小热管与热源的发热面之间的接触热阻的方式使得发明解决了提高热传导效率的技术问题。决定认为，首先，区别特征（1）被对比文件2所公开，且在权利要求1中和对比文件2中所起作用相同，均为增大热管与热源之间的接触面积从而提高热传导效率。针对区别特征（2），虽然在对比文件1和2中没有明确公开关于平面度的特征，但是对比文件1和2中都公开了热管和热源的接触面是平的这一内容。提高热传导效率是热管领域普遍存在的需求，同时所属领域的技术人员公知，散热部件和热源的接触面积越大，热传导效率越高，使散热部件与热源的接触平面的平坦程度相同可以有效增大接触面积，因此，所属领域的技术人员在上述现有技术的基础上很容易想到将热管的平表面和基板的下表面设置为相同的平面度，使得热管及基板与热源的贴合更加紧密，从而增大接触面积，并且可以预期其能够成功带来提高热传导效率的效果，因而所属领域的技术人员会产生改进对比文件1的动机。

如果最接近现有技术在其公开的技术方案的基础上，进一步教导了对该技术方案进行改进的方向，则将有利于所属领域的技术人员产生以该最接近现有技术为起点进行改进的动机。

在第29398号无效决定（200480008445.9）涉及的案件中，涉案专利保护的是一种折叠装置，根据说明书的记载，在穿着物品的制造中，经常要对网织物进行对折折叠，发明的目的是使折叠装置在对折折叠网织物时能够使该网织物的两边缘成为规定的位置关系。证据1公开的是穿着物品的制造方法和装置，同样需要解决将织物折叠的技术问题，涉案专利保护的折叠装置与证据1技术方案的主要区别在于：接触部设置于网织物被折叠的位置，而证据1的接触部设置于网织物折叠前的位置，使得接触部的具体设置方式也呈现相应的变化。此外，证据1进一步教导，网织物侧边调节部件的位置、方式、结构是可以由所属领域技术人员根据现有技术的状况结合具体工况予以选择的，即接触部位置是可以改变的。证据2公开的是网织物折叠和缝合装置，该装置是通过将接触部设置在网织物折叠处进行折叠调节的，其记载了发明的上述区别特征，并解决同样的技术问题。决定认为，为了更好地解决所属领域普遍关注的技术问题，所属领域的技术人员通常不会就此止步于最接近的现有技术而不去考虑其他可能的技术选择，如果最接近现有技术在其公开的技术方案的基础上，进一步就方案的改进方向给出明确的教导，则所属领域的技术人员以该最接近的现有技术为起点，对该技术方案做出进一步改进的动机将会更加明确，这有利于在该方向的指引下，从其他现有技术中寻找能够实现所述改进的技术手段，并在找到解决上述问题的技术手段后将其应用于最接近现有技术中。

发明与最接近的现有技术整体结构基本相同，差别仅在于，对于其中的某一部件，最接近的现有技术公开的内容更上位，而发明中的限定更具体。虽然最接近的现有技术本身对该部件的作用无具体描述，但如所属领域的技术人员根据其所知晓的普通技术知识，能够意识到其客观起到的作用与发明所追求的效果一致，且有能力基于明确的目标将该部件的结构进一步具象化，则应当认为所属领域的技术人员会产生改进最接近现有技术的动机。

在第28609号无效决定（201220370815.5）涉及的案件中，涉案专利保护一种通常设置在列车车体和转向架之间的空气弹簧。该空气弹簧在调整高度时只需调整弹簧第3支撑部件31的高度，为了解决在此过程中空气弹簧的整体重量增加的技术问题，涉案专利使第3支撑部件在竖直方向的中心剖面从上侧端部向下侧支撑面端部逐渐变宽，并具有圆锥面状的外周面。证据1同样公开了一种空气弹簧，且整体结构与涉案专利基本相同，其与涉案专利技术方案中的第3支撑部件31相对应的安装座5在竖直方向的中心剖面同样是从上到下变宽的，涉案专利与证据1之间的主要区别就在于：涉案专利将安装座的外周面具体限定为圆锥形。尽管证据1未对安装座形状如此设置所起的作用予以说明，但是所属领域的技术人员利用其所掌握的公知常识能够意识到，这种设置方式一方面能够稳固支撑转向架，另一方面能够在调整空气弹簧高度时尽量少地增加其重量；并且，圆锥形是最常见的上小下大的结构，在证据1已经公开了安装座为整体上从上到下变宽的形状的基础上，将安装座具体改造成从上到下宽度逐渐变化的圆锥形，是所属领域的技术人员在其能力范围内能够进行的简单结构变形，因此有动机对现有技术做出如此的改进。

考察所属领域的技术人员是否有动机改进现有技术，是指所属领域的技术人员基于申请日以前的现有技术能否产生动机去进行改进，而不是在知晓了发明的技术方案之后，再去考虑现有技术是否存在进行改进的可能性，否则将陷入事后诸葛亮式的判断误区。

在第 27258 号无效决定（03108814.7）涉及的案件中，权利要求 1 要求保护一种喹唑啉类通式化合物，其中喹唑啉的 6、7 位取代基形成 9～15 元环。对比文件 1 也公开了一种喹唑啉化合物，其中喹唑啉的 6、7 位取代基为含氧原子的链状基团，对比文件 1 中还公开了喹唑啉的 6、7 位可成 5～8 元环。此外，对比文件 2 也公开了类似化合物，但也仅涉及 5～8 元环。决定认为，所属领域技术人员基于现有技术知晓的是，此类酪氨酸激酶抑制剂的药效母核为 4-苯胺喹唑啉，并将其称为 4-苯胺喹唑啉类化合物，由于对喹唑啉的苯环进行稠合会改变化合物的母核结构，所以，证据 1 和证据 2 均将该稠合环定义为 5～8 元杂环，环原子数目均在较小范围内变化。并且，5～8 元环的空间结构相对较为稳定，而 9～15 元环因环原子数目较多而更易于发生构象的变化，两类环结构上的差异也会阻碍所属领域技术人员对二者进行替换，故所属领域技术人员没有动机去对该稠合环的环原子数目进行扩展。对比文件 1、2 在涉案专利申请前已公开数年，在该期间并未报道有任何人尝试过将 5～8 元环扩展至大环或者将超过 8 个碳原子数的链状基团闭合，在判断权利要求 1 要求保护的形成 9～15 元环的喹唑啉衍生物是否具备创造性时，考察的应当是在申请日以前所属领域的技术人员是否有动机基于对比文件 1、2 公开的信息获得发明，而不是在阅读了涉案专利的技术方案之后，再去考虑现有技术是否存在进行这样的环扩展的可能性。

3.2.3 对不同现有技术结合动机的考量

判断所属领域的技术人员是否有动机将两篇或多篇现有技术结合从而得到发明的技术方案，应当充分分析所属领域的技术人员对于引入区别特征达到解决技术问题的目的是否存在合理的成功预期。如果无法预见两者结合后将产生的结果，则通常不具有将两者进行有目的结合的动机。

在第 51405 号复审决定（200510074740.0）涉及的案件中，涉案申请要求保护一种用于生产热熔性粘合剂包的设备，液态热熔性粘合剂被挤出后进入冷却池，此时粘合剂连续流的表面由液态材料冷却形成固态护套而中心仍为液态，分离装置在冷却池中将粘合剂连续流切断，形成单个的粘合剂包。涉案申请的发明构思不同于现有技术之处在于：为防止护套被分离元件损坏,将分离元件设置成以不改变它相对于产品移动路径的角位置的方式来进行圆周运动。决定认为,涉案申请技术方案中的分离元件在进行"圆周运动"的同时保持"角位置不变",是两个不可分割的协同要素,为了实现该技术构思发明采用了相应的技术手段,使分离元件在切断过程中相对于产品同步前进且不倾斜,以防止损坏护套。对比文件1、3分别以不同的方式实现切断功能,对比文件1仅进行圆周运动,而对比文件3进行角位置不变的直线运动;两者分别采用不同的方式实现切断功能,且都会损坏产品的护套。虽然现有技术与涉案申请面对同样的技术问题,且单纯从技术特征看,似乎对比文件1的圆周运动与对比文件3的直线运动简单地组合即形成了涉案申请的技术方案,但由于所属领域的技术人员不能确定对比文件3的封切装置可以解决被挤压产品的外护套被封切装置损坏的技术问题,因此基于现有技术无法产生合理的成功预期,故不会存在将上述现有技术结合的动机。

通常,最接近的现有技术应当为所属领域的技术人员应用区别特征去解决发明实际解决的技术问题提供进行改进的基础,但复审和无效程序中的最接近的现有技术往往并非由合议组选定。此时,若最接近的现有技术选取不当,例如该最接近现有技术中与发明所关注的技术问题根本没有关系,则即使有其他现有技术中披露了发明与最接近现有技术之间的区别特征,但所属领域技术人员也可能难以产生将该现有技术与最接近现有技术结合的动机。

在第27238号无效决定(200980132533.2)涉及的案件中,权利要求1保护一种按摩器,在电磁激励下其铁磁芯体和圆柱形的外壳体震动。该权利要求与对比文件1的区别包括:芯体质量 m_1 与按摩器总质量 m_2 的质量比 $m_1:m_2$ 位于 $1:100 \sim 1:3$ 的范围内,权利要求1实际解决的技术问题是使得按摩器整体上跟随芯体的运动而运动。对比文件1的垂直振荡按摩器中只寻求点按摩,即圆柱形磁铁1的自由端垂直运行,而非带动壳体,这种点捶式按摩,并不追求壳体被机械振动,而是按摩头本身运动,因此对比文件1整体上并不需要在工作状态下主动地带动壳体运动,虽然不可避免地壳体会发生相应的振动,但并非其技术构思本意所追求,相反地,对比文件1希望的是壳体不发生跟随运动。对比文件2虽然公开了振动体单元共振，但是由于对比文件1并不需要产生整体的运动，假若使对比文件1的芯体和外壳发生整体运动，则必将减弱芯体自由端的冲击力，反而会影响点按摩的基本功能。因此，对比文件2与对比文件1相结合存在技术障碍导致所属领域的技术人员没有动机将其结合。

如果现有技术公开的某技术手段与其整体技术方案密不可分，则通常难以机械地将其从整体技术方案中孤立出来，再结合到另一种以完全不同的方式工作或运行的现有技术中。

在第28276号无效决定（200610113401.3）涉及的案件中，涉案发明保护一种防止向隔膜式压力泵内渗漏水的方法及构造，权利要求1与证据1的区别在于，涉案专利的步骤包含：（1）先在隔膜式压力泵内隔膜片各活塞作动区顶面的螺丝孔位置处，各设一中空圆柱；（2）再将位于隔膜片上活塞推块的阶梯孔套置于该中空圆柱的外线面上；（3）藉由固定螺丝穿过该中空圆柱的中心孔后，并施力将该固定螺丝锁入隔膜式压力泵内摆轮的螺纹孔内；及（4）经由上述步骤中该固定螺丝螺合锁固的过程中，该固定螺丝的螺丝头会同步压迫接触至该中空圆柱的上段部，使该中空圆柱的上段部逐渐向其四周外扩变形，最后在固定螺丝完全螺入摆轮的螺纹孔且达到迫紧锁固的状态时，该中空圆柱的上段部即会完全填满在固定螺丝头部的底面与活塞推块的阶梯孔顶面之间，即形成可阻挡水压渗漏的阻绝构造；证据1虽然同样涉及类似的隔膜式压力泵，但未公开任何防止渗漏水的结构和方法。上述区别特征实际解决的技术问题是：防止高压水经由固定螺丝与摆轮的螺纹孔之间渗漏进入马达的出力轴内，造成马达的电器线路短路，使整个泵损坏。证据2公开的是一种用于空心砖的膨胀螺栓，将锥形头螺栓和橡胶膨胀管置于墙体的孔内，旋转螺母，橡胶膨胀管在螺栓的锥形头和垫片之间被压缩而膨胀并与孔洞之间紧密贴合，从而实现固定和密封。决定认为，尽管证据2与涉案专利均利用中空部件的变形填满间隙而实现密封，但两者用途不同，领域相差较远，证据2中橡胶膨胀管（中空管）的主要作用是通过膨胀将螺栓固定在空心砖墙体内，其密封效果的实现与膨胀螺栓的具体结构和固定连接方式直接相关，不可分割。由于证据1、2所采用的固定连接方式完全不同,所属领域的技术人员显然不会从证据2中获得技术启示将其膨胀管用于证据1中。

在第22891号无效决定(96194851.5)涉及的案件中,权利要求1保护一种物件与过中心闭锁装置,证据1公开了一种在含有液体、流体和可流化粉末加压系统中使用的可释放夹具,证据2公开了一种用于电信闭路的压力夹具。请求人认为权利要求1与证据1相比存在两个区别特征:①该杠杆的一个自由端具有一个与物件的第二部分接合的接合表面;②该杠杆在其所述自由端上具有一个沿着杠杆的长度方向延伸到接合表面之外的延长段;并且,证据2公开了上述区别①,证据1公开了延长段,如果在证据1基础上结合证据2及公知常识(杠杆原理),去掉证据1中的枢轴,并将销钉固定,就可得到上述区别②。决定认为,证据2公开了上述区别特征①,也公开了上述区别特征①②中所包含的"杠杆具有自由端",但如果将证据2中的"杠杆具有自由端"应用于证据1中,则需要取消证据1中的枢轴,但是去掉枢轴则证据1就不能实现杠杆闭锁作用,弹簧也不能再与枢轴连接,无法对销钉施加偏压,夹具也不能实现任何夹紧作用,导致破坏了证据1原有的系统结构。并且,根据证据1的工作过程可以看出,弹簧、活动的销钉、凸轮面是获得该可释放夹具的核心结构,所属领域的技术人员不会想到在证据1中取消枢轴并将销钉固定;而且,证据1中沿着杠杆的长度方向延伸到凹口之外的延伸部分通过固定枢轴实现连续的杠杆闭锁作用,没有起到与物件的第二部分协同作用以在闭锁该物件的开始阶段提供初始闭锁杠杆作用。因此,所属领域的技术人员无法产生将两篇证据结合的动机。

3.2.4 对技术发展趋势引导作用的考量

充分了解现有技术的发展状况和发展进程,才能更为客观地判断是否会有明确的努力目标和强烈的现实需要去促使所属领域的技术人员产生改进现有技术的动机。

如果某一技术在申请日前尚处于发展的早期阶段,对于此刻的所属领域技术人员而言,由于可借鉴的现有技术信息很少,对技术问题和技术手段缺乏成熟的认识,需要其自身进行更多的独立探索、思考和尝试,这一时期发明创造的成功完成有时因为缺乏现有技术的教导和对所做改进的成功预期而需付出创造性的劳动。

在第28253号无效决定（201420314351.5）涉及的案件中，权利要求1保护一种电动平衡扭扭车，该权利要求与证据1的区别之一在于车体是由顶盖、内盖和底盖构成的三层框架结构，而证据1的两轮自平衡车是两层框架结构。决定认为，根据某现有技术公开的技术构思，所属领域的技术人员在具体实施过程中虽然必然要对某些结构布置及安装方式予以考虑，但这样的考虑通常仍会以该现有技术为基础，并不会脱离该现有技术的结构及其所能给出的技术启示。对所属领域的技术人员来说，在已有证据公开的技术方案的基础上结合其掌握的知识和能力，并不会得到启示去在上壳、下壳的基础上再设置另一个安装框架，从而获得涉案专利这种由顶盖、内盖和底盖构成的三层框架结构。而且，脚控双轮电动平衡扭扭车的相关公开文献是在近几年才开始出现，涉案专利申请日之前公开的技术寥寥无几。因此可以认为，在涉案专利申请日前，脚控双轮电动平衡扭扭车技术尚处于早期发展阶段，要提出具有良好效果的新结构往往更加依赖于技术人员自身智慧火花的闪现，需要付出专利法意义上的创造性劳动才能实现。

改进现有技术的动机有时会来自于符合技术发展趋势的普遍需求。如果所属领域的技术发展趋势给出了足够明确的指引，现有技术公开了进行改进需要采用的技术手段，且进行改造之后产生的技术效果未超出所属领域的技术人员能够预料的范围，则发明的技术方案是显而易见的。

在第27661号无效决定（200520118653.6）涉及的案件中，涉案专利保护的是一种不锈钢水表壳体，其与最接近现有技术的区别之一在于涉案专利的水表壳体是不锈钢铸造成的一体结构，而现有技术没有公开水表壳体的材质。通过对该领域的现有技术进行调查发现，申请日前的现有技术基本采用灰铸铁或铸造铅黄铜材料制造水表壳体，但是采用更加耐腐蚀、抗压能力强且使用寿命长的材料来制造水表壳体是本领域的普遍需求，申请日前常见且已被广泛应用的不锈钢材料本身即具备耐腐蚀性、抗氧化性与强度高的特性，所属领域的技术人员在普遍技术需求的驱动下，能够容易地想到用更理想的材料，如不锈钢材料，替换灰铸铁或铸造铅黄铜材料。

其次，从制造工艺讲，所属领域技术人员还会考虑不锈钢铸造工艺和水平能否满足水表制造要求。决定认为，尽管不锈钢材料在液态状态下流动性不好，相比之下充型能力较差，但涉案专利申请日前不锈钢铸造工艺已广泛应用于各工业领域，如不锈钢铸造水龙头；虽然用不锈钢铸造具有薄壁和厚壁结构的水表壳体时，薄壁部分容易出现浇铸不足的问题，但是该问题仅影响成品率而不会导致完全无法浇铸不锈钢水表，因此，该问题不会对所属领域的技术人员进一步改进造成阻碍。最后，所属领域的技术人员依据自身的知识和能力完全能够预期，利用不锈钢铸造水表壳体能够达到耐腐蚀、抗老化的技术效果。这种改变属于所属领域的技术人员能力范围内的改进，不需要付出专利法意义上的创造性劳动。

如果在发明申请日前较长的一段时期内，相关现有技术的发展态势和技术规范或行业标准表明所属领域对于发明的技术方案持排斥态度，则这种技术发展趋势的引导作用会对所属领域技术人员造成的影响在技术启示的判断环节是不应当忽视的，因此，对于所属领域的技术人员是否有动机对现有技术进行改进的判断，应当站位所属领域的技术人员对所述技术规范或行业标准予以充分考虑。

在第3129号无效决定（93203502.7）涉及的案件中，涉案专利保护一种能够避免35KV及以下电器设备受到雷电过电压和操作过电压危害的保护装置。决定以请求人提供的附件为依据，从1976年的附件Q1出发，客观地回顾了涉案专利申请日前17年间（1976年至1993年）相关现有技术发展的进程。

上述技术发展过程表明，在35KV及以下电力系统，防雷电过电压是主要矛盾，当采用金属氧化物避雷器更新碳化硅避雷器以来，无间隙结构的金属氧化物避雷器的保护性能优于有串联间隙结构的金属氧化物避雷器，前者是优选发展产品，而后者无发展前途。然而涉案专利所述放电间隙是无需附带附属部件的简单间隙。据此，相关现有技术的发展态势和技术规范在申请日前的较长时间段内给出的是排斥涉案专利技术方案的技术启示。决定认为，在解决涉案专利所面临的技术问题时，所属领域的技术人员基于长期以来对所属领域技术规范的了解和尊重，在相反启示的引导下，难

1976年	（Q1）三加一带复杂羊角间隙的三相组合式碳化硅避雷器（防操作过电压）
1986年	（Q2-1、Q2-2）带复杂串联间隙的单只金属氧化物避雷器（防操作过电压）
1989年	（Q4、Q5-1、Q5-2……）三加一无间隙金属氧化物避雷器（防操作过电压）
1990年	（Q8）单只带串联间隙金属氧化物避雷器（防雷电过电压）
1993年	（Q3）三加一间隙带并联电阻金属氧化物避雷器（防操作过电压）

以产生在最接近现有技术的基础上改进得到涉案专利技术方案的主观意愿。这意味着，所属领域的技术人员需要打破技术常规、付出创造性的劳动，才能获得既满足对工频放电电压的强制性要求、又能够在操作过电压下正常工作的涉案专利。

3.3 发明构思对技术启示判断的影响

发明构思一般是指，在发明创造的完成过程中，发明人为解决所面临的技术问题在谋求解决方案的过程中所提出的技术改进思路。发明构思一旦提出，则会指引发明人去选取具体的技术手段对现有技术进行改造以解决其所存在的技术问题，从而完成发明创造。就专利或者专利申请而言，发明构思通常是指发明人在面对自身所认识到的现有技术（往往是专利说明书中记载的背景技术）中存在的缺陷提出的解决思路。

发明构思对发明创造的完成至关重要，发明创造对现有技术做出的贡献不仅表现在技术手段的选取上，而且会蕴含在发明构思的提出中。在判断技术启示的环节，应充分考虑发明构思。并且，在把握专利或专利申请的发明构思的同时，亦应通过理解现有技术找到其发明构思。

在第20987号无效决定（200710025460.X）涉及的案件中，涉案专利保护一种针对留竹青竹黄的圆弧状竹材的展平方法，专利权人将其发明构思概括为：在将圆弧状的竹材展平的过程中，采取"以裂治裂的思想"。在此"思想"指导下，涉案专利在圆弧段竹黄表面施加分散的、不连续的点状"分散导裂眼"，该"分散导裂眼"具有扩展竹材内壁、分化和吸收径向应力，防止形成连续的裂纹、提高强度和韧性的有益效果。证据1公开了一种竹筒展平装置，其发明构思在于：对一筒竹子纵向上同时施力，通过辊齿在竹筒内壁垂直挤压纤维，产生横向力，迫使竹筒展开，同时阻止细微裂纹扩展，所述的辊齿可在竹黄表面形成通长的三角形凹槽。请求人认为所属领域的技术人员容易想到将辊齿做成分散状。决定认为：证据1施加的是连续三角形凹槽，而涉案专利施加的是不连续的导裂眼，但从涉案专利和证据1的发明构思考虑，两者技术方案在实质上有很大区别。没有证据显示在竹材展平过程中施加不连续的导裂眼是所属领域的公知常识，且涉案专利中的"分散导裂眼"除具有现有技术的优点外，还具有"强度是相对在竹材表面加工通长三角槽的方法而言，有极大的提高"的技术效果。可见，两者技术方案、解决的技术问题、产生的技术效果均不相同，因此证据1未给出获得涉案专利技术方案的技术启示。

发明构思决定了发明进行技术改进的途径和最终形成的技术方案的构成。与发明采取的构思迥异、甚至工作原理相反的现有技术通常难以否定发明的创造性，其原因在于，在判断能够将区别特征应用于这样的现有技术时，应当首先考虑二者在发明构思方面的差异是否带来技术结合的障碍。

在第27924号无效决定（200720041753.2）涉及的案件中，权利要求2的技术方案与证据2均涉及童车刹车装置，二者都是以踏脚组件可直接带动车轮上的刹车销插入或退出刹车槽来实现刹车与解刹；但权利要求2与证据2带动刹车销动作的工作原理和技术手段均不相同。涉案专利中带动刹车销动作的是往复转动的斜面结构，进行刹车和解刹时需要向相反的方向踩动刹车踏脚和解刹踏脚中的一个，所以该童车刹车装置具有相互固定的刹车踏脚和解刹踏脚，以便于向两个相反方向的操作。证据2的童车刹车装置带动刹车销动作的是单向转动的棘轮装置和凸轮装置，不论是刹车还是解刹，踏脚的转动方向相同，只需向同一方向踩动踏脚，因此设置的是一个踏脚，仅使用一个踏脚即可实现刹车和解刹，无需设置与该踏脚固定连接的另一个踏脚。决定认为，权利要求2与证据2采用了不同的发明构思。证据2中仅使用一个转动杆52（踏脚）即可实现刹车和解刹，并无必要设置与该转动杆固定连接的另一个踏脚，且转动杆与棘轮机构配合，在刹车和解刹时转动杆的转动方向相同，本领域技术人员没有动机和理由想到在证据2的技术方案中增加与转动杆52固定连接的另一个踏脚，以实现在刹车和解刹时使转动杆向相反方向转动。因此，所属领域技术人员在证据2的基础上不能显而易见地获得权利要求2的技术方案。

尽管在发明与最接近的现有技术相比解决的是相同的技术问题且产生的是相同的技术效果时，发明实际解决的技术问题被认定为提供一种解决已知问题的替代方案，但是，对于属于替代方案的发明，却不应仅因其解决的问题、产生的效果与最接近的现有技术相同，就直接否定其创造性，仍然应当就发明与该最接近现有技术在面对相同的技术问题时采取的发明构思和选取的技术手段之间的差异进行分析来判断发明对所属领域的技术人员而言是否显而易见。

在第94928号复审决定（201180033328.8）涉及的案件中，权利要求1要求保护具有抑制HCV复制的活性的化合物，所述化合物是N-{4-[2-叔丁基-4-(6-甲基-2-氧代-1,2-二氢-吡啶-3-基)-喹唑啉-7-基]-苯基}-甲磺酰胺等4个具体化合物或其可药用盐。对比文件1公开的化合物是2-氨基-4-[(N-4-氯苄基氨基甲酰基)-哌嗪-1-基]-6-(4-氟苯基)-吡啶并[3,2-d]嘧啶，该化合物同样具有抑制HCV复制的活性。决定认为，权利要求1相对于对比文件1实际解决的技术问题是提供一种替代的抗HCV病毒的化合物。虽然涉案申请的权利要求1与对比文件1中的化合物均用于抗病毒，其技术效果也并无差异，但是，由于涉案申请的发明构思在于以喹唑啉为母核结构，通过选择2-、4-、7-位上取代基来获得具有良好的抑制HCV复制的活性的化合物；而对比文件1的发明构思在于以吡啶[3,2-d]并嘧啶为母核结构，通过选择4位以及其他取代位置的取代基来获得具有良好的抑制HCV复制的活性的化合物；可见两者的发明构思明显不同。并且，涉案申请要求保护的具体化合物与对比文件1公开的化合物的结构存在以下区别：①二者的母核结构不同；②母核上的3个取代基不同；③母核上取代基的连接位置不同。由于对比文件1并未给出进行上述结构替代会获得同样的抗病毒活性的教导，因此所属领域的技术人员缺乏在对比文件1公开的化合物基础上进行结构改进获得涉案申请权利要求1化合物的动机。

3.4 准确把握现有技术的公开内容对技术启示判断的影响

3.4.1 以所属领域技术人员的视角认定现有技术公开的内容

所属技术领域的技术人员在阅读现有技术文献时，除能够获知文字记载浅层的字面含义外，还应当能够基于文字记载理解到现有技术深层传递的技术信息。对现有技术公开的技术信息的认定应当力求准确，既不应肤浅，也不应过度。

在第25962号无效决定（00107201.3）涉及的案件中，涉案专利保护一种用作防火隔热卷帘的耐火纤维复合帘面，其相对于附件3的改进在于在卷帘中部设置金属铝箔层，实际解决的技术问题是使耐火纤维复合帘面产生耐火温度达1200℃以上、耐火极限时间达4小时的较好防热辐射性能且高温强力高。附件6公开的内容是：抗热辐射是铝箔层的基本功能，铝箔层也因此被广泛应用于建筑保温墙、耐火材料等诸多领域，但是铝箔层用作耐火材料时能够耐受的温度为660℃，耐火时间为8分钟。决定认为，所属领域的技术人员在阅读附件6公开的内容后，读出的信息仅为铝箔是一种反射绝热材料，可以与其他材料一起组成复合绝热材料，但附件6并未给出铝箔能够解决耐火温度在1200℃以上、耐火极限时间达4小时的技术教导。

对现有技术公开技术信息的认定还应注重全面客观。如果现有技术出于评价优劣的目的对多个技术方案进行比较研究，则在关注被公开的具体技术方案的内容外，不应忽视该现有技术通过方案间的比较传递出的技术信息。

在第68279号复审决定（200910197367.6）涉及的案件中，权利要求1

要求保护一种酿造黄酒的方法,在酿造过程中用生物酶制剂完全代替麦曲;且说明书记载,采用特定酶用量的权利要求1的技术方案所制得的黄酒,包含氨基酸在内的关键指标达到要求,口味清爽,无麦曲味,β-苯乙醇含量高。对比文件1中进行的是小型酿酒试验,分别设置单纯使用块曲的第1组试验、同时使用块曲和粗酶制剂的第2组试验和仅使用粗酶制剂的第3组试验,然后观察各组的酿酒效果。该权利要求与对比文件1的主要区别就在于所用酶中的糖化酶、α-淀粉酶和酸性蛋白酶的用量有所不同。决定认为,在确定现有技术是否存在某种技术启示时,如果该现有技术中的局部内容与其整体表达的观点以及给予所属领域技术人员的教导存在明显不一致,则不能单独依据该局部内容对该现有技术给出的技术启示做出片面的认定。尽管对比文件1中公开了仅使用粗酶制剂酿造黄酒的第3组试验,但对比文件1最终给出的实验结论是该试验所酿得的黄酒与其他两组实验相比,存在氨基酸含量极低、种类少,口感淡薄,香味极差的缺点。对比文件1中设计3组试验的目的在于考察酶、块曲或者同时使用酶和块曲对黄酒质量的影响,结果表明单独使用酶制剂的第3组试验所制得的黄酒质量差。可见,对比文件1在整体上并没有给出在黄酒酿造中要以生物酶制剂完全取代块曲的技术启示,并且,在对比文件1已经教导单独使用生物酶制剂效果较差的情况下,所属领域技术人员通常不会想要去进一步实施以生物酶制剂完全代替麦曲的技术方案。

在阅读现有技术文献时,所属领域技术人员获得的技术信息并非仅来自现有技术文献中的最佳实施方式或最佳实施例,而是应当来自对该现有技术公开的全部内容的整体认知。

在第23217号无效决定(200480024748.X)涉及的案件中,权利要求1保护一种固体药物剂型。专利权人主张,证据6的实施例使用的是CremophorRH40(HLB介于14~16),证据62优选亲水性的表面活性剂(特别是HLB优选为10~15),而涉案专利的表面活性剂是疏水性的(HLB值为4~10),因此证据6不存在将HLB值为4~10的可药用非离子表面活性剂用于固体制剂的技术启示。决定认为,证据6公开了一种通过挤出熔融法制备的机械稳定的药物剂型。对于易于结晶的低溶解性的活性成分而言，为了获得最佳的吸收速率，添加表面活性物质是适宜的，适宜的表面活性剂是具有 HLB 值 7~18、优选 10~15 的低分子量表面活性剂。对于表面活性剂的 HLB 值，证据 6 中 HLB 值范围和涉案专利中限定的 4~10 相互重叠，且进一步列举了部分优选的表面活性剂，例如脱水山梨醇脂肪酸酯等 HLB 值小于 10 的表面活性剂。因此，尽管权利要求 1 中的表面活性剂不是证据 6 最佳实施方式中所使用的表面活性剂，但该证据说明书在发明内容部分罗列了多种可选的表面活性剂，本领域技术人员能够从中获得技术启示，根据其所列举的表面活性剂选择出属于涉案专利范围内的 HLB 值介于 4~10 之间的具体表面活性剂。

3.4.2 对现有技术中明显错误的识别

所属领域的技术人员应当依据其自身知晓的普通技术知识去客观准确地认定现有技术公开的信息，因此对存在于现有技术的文字记载中的明显错误具有识别能力。

在第 85956 号复审决定（200880000823.7）涉及的案件中，涉案申请要求保护一种合成支链醇的方法，该方法以甲醇和乙醇共同作为起始原料。决定认为，对比文件 2 的发明目的在于以乙醇为原料获得 1-丁醇等化学工业原料，其说明书的通篇教导以及权利要求书中要求保护的技术方案都采用的是以乙醇作为原料。虽然对比文件 2 第 0236 段记载了评价实验的反应原料包括浓度 20% 的甲醇，但其与随后的评价结果表 7 和表 8 中同时记载的"乙醇 20%"是明显不一致的，而且从对比文件 2 整体来看，说明书中均未提及可以采用甲醇或者其他醇作为反应原料。此外，对比文件 2 的国际公布文件也进一步佐证了在评价试验中采用的是浓度为 20% 的乙醇。综合上述各种因素可以确定，对比文件 2 第 0236 段中出现的"甲醇"属于所属领域技术人员能够识别的明显笔误，作为所属领域技术人员，在完整理解该对比文件的基础上能够确认此处应当为"乙醇"，故不能据此认定对比文件 2 已经公开了以甲醇和乙醇作为原料制备 1-丁醇的技术方案。

3.4.3 对现有技术中负面描述的把握

现有技术整体为技术启示的寻找提供了极其丰富的资源，但不同的现有技术对于技术信息的披露却经常来自不同角度，并受到信息提供者自身认识水平的影响。

面对现有技术中有时出现的负面描述，例如现有技术记载某技术手段在特定情况下是存在缺陷的，应当立足所属领域的技术人员，客观准确、而非片面地把握这些负面描述传递的信息，不能仅因负面描述的存在，就对相关技术手段持一概否定的态度。

在第30146号无效决定（201220089498.X）涉及的案件中，涉案发明保护一种安装有纽扣电池的电路装置，其权利要求2的附加技术特征是：用来将固定电池的弹片卡扣扣于电路板上，并藉焊锡与电路板互相粘着。作为最接近的现有技术的对比文件1是一份专利文献，在其背景技术部分记载了如下内容：将电池安装到电子线路板上是为了提高制造工艺的效率，传统方式将接头焊接到线路板上；其中还提到，由于焊锡中所含的铅对环境有影响，从环境保护的观点来看，这对于要求降低焊锡使用量的现状来说，不是所期望的。决定认为，现有技术本身出于某一方面的考虑对其之前的已有技术进行改进时，可能会对该已有技术存在的缺陷进行分析从而做出一些负面的描述，但并不必然意味着所属领域是完全排斥该已有技术的，也不必然会阻碍所属领域技术人员实施该已有技术。涉案专利权利要求2锡焊的作用是将卡扣（即接头）与电路板牢固连接并导通，与最接近的现有技术中公开的传统方式将接头焊接到线路板上所起的作用相同，虽然焊锡存在污染环境的问题，但所属领域的技术人员依旧能从现有技术公开的信息中获知，锡焊是申请日前客观存在的将接头固定到线路板上的方式之一，故应认为现有技术给出了相关的技术启示。

在单独某篇现有技术记载了某技术手段在特定情况下存在缺陷的情况下，首先应当分析该现有技术舍弃上述技术手段的具体原因，以及该原因是否同样构成了将上述手段应用于发明技术方案中的障碍。此时，如存在其他相关现有技术，则一并予以综合考量显然有助于做出更为客观的判断。

在第26458号无效决定（200680017776.8）涉及的案件中，涉案发明保护一种多价肺炎球菌多糖—蛋白质缀合物组合物，所采用的载体蛋白是DT CRM197。证据1公开了一种来源于流感嗜血菌的蛋白D（即PD）作为多糖的蛋白载体，并在优选实施方案中使用该蛋白载体。决定认为，如果现有技术中的科技文献记载了某个技术手段存在缺陷，但现有技术整体上并不存在使得所属领域技术人员舍弃该技术手段的普遍认知和教导，则存在所述缺陷并不足以使所属领域技术人员对该技术问题形成偏离客观事实的认识。根据证据1的上述记载可知，DT、DT CRM197或TT等常用蛋白载体之所以会产生表位抑制，是因为患者本身预先接种过DT或TT的疫苗，体内产生了相应的抗体，而且预先接种DT或TT并在体内存在免疫力的人群占有很高的比例，所以证据1提供一种不存在上述因预先接种而产生表位抑制缺点的PD蛋白载体，并在实施方案优选使用PD载体。由此可见，证据1之所以优选PD的原因并不在于TT或DT、DT CRM197不能作为肺炎链球菌多糖的蛋白载体，而是因为上述常规载体不适用于预先接种了TT或DT、DT CRM197的人群，证据1事实上也认为上述常规载体能够成功诱导出抗多糖的抗体应答，且被经常使用，这与其他现有技术中的记载也是一致的，例如证据2、证据3或证据4均涉及多价肺炎链球菌疫苗，其中均采用了CRM197作为多糖的蛋白载体。此外，所属领域技术人员基于上述表位抑制的发生原理，也能预期对于没有预先接受此类疫苗的人群，上述常规载体应当不存在因载体抗体应答而导致的表位抑制现象，能够成功诱导出抗多糖的抗体应答。可见，证据1对于CRM197缺点的记载不足以使所属领域技术人员形成CRM197无法作为肺炎链球菌疫苗载体的普遍认识，相反，包括证据1在内的现有技术都认为DT CRM197是被所属领域技术人员广泛使用的一种常用的蛋白载体，因此，即使考虑证据1记载的上述缺陷，但针对没有预先接受DT疫苗的人群，所属领域技术人员仍会选择采用CRM197作为蛋白载体。

3.5 合乎逻辑的分析推理和有限的试验对技术启示判断的影响

如果所属领域技术人员在现有技术的基础上，仅仅通过合乎逻辑的分析、推理或者有限的试验就可以得到发明的技术方案，则该发明是显而易见的。在技术启示的判断环节，除以现有技术为基础外，还应考虑所属领域的技术人员所具有的合乎逻辑的分析、推理能力和应用常规的试验手段的能力。

3.5.1 合乎逻辑的分析推理

技术启示的判断需要考虑所属领域的技术人员在现有技术的基础上运用普通技术知识进行分析和推理的能力。但应注意，这种分析和推理能力应当与所属领域技术人员所应具备的水平相称。

在第25810号无效决定（201320538358.0）涉及的案件中，权利要求1保护一种用于缝纫设备的自动剪线装置，该权利要求与证据1的区别是：将动力件与缝纫设备的控制器电性连接。证据1虽然明确提出缝线切断装置通过独立动力源进行驱动，但未具体公开采用何种方式来控制该独立动力源的动作。决定认为，证据1为解决现有技术中的缝线切断装置在不需要剪线时也会随着缝纫机工作不断运动而导致噪音大、磨损快的缺陷，给出了明确的技术教导，即由独立动力源来驱动缝线切断装置，这样只有在需要执行缝线切断作业时才需要带动动力源。同时，所属技术领域中针对由协同运动的多个部件构成的设备，通常由总控制器控制整机的各个操作工序，同时将每个运动部件与总控制器相连以便受其控制。由此，所属领域技术人员经过合乎逻辑的分析和推理，即可想到采用控制器与独立动力源相连接，以便控制缝线切断装置仅在需要做剪线动作时才工作。

在区别特征作为技术手段已被现有技术公开的前提下，所属领域技术人员如能够经过逻辑分析和推理，合理预见到将该技术手段应用于最接近现有技术后能够解决相应的技术问题，则会产生改进该最接近现有技术的动机。所属领域的公知常识对于合乎逻辑的分析、推理能力在技术启示的判断环节的运用有着重要影响。

在第43751号复审决定（200680009647.4）涉及的案件中，权利要求1保护一种喷洒于食用植物的真菌毒素的生成抑制方法，该方法将含有甲基硫菌灵制剂与甾醇生物合成抑制剂的混合制剂散布于食用植物。对比文件1公开了喷洒于小麦以降低真菌毒素的含量的方法，使用的是苯菌灵和戊唑醇（甾醇生物合成抑制剂中的一种）。二者的区别在于：权利要求1中有效成分之一为甲基硫菌灵，而对比文件1中对应的有效成分为苯菌灵。对比文件2公开了甲基硫菌灵制剂对小麦真菌毒素污染的影响，其能够降低真菌毒素含量。决定认为，正如《农药概论》等教科书的记载，所属领域公知的是，虽然苯菌灵和甲基硫菌灵在结构上有差异，但均属于苯并咪唑类杀菌剂，且二者在体内都容易转化为多菌灵，并以多菌灵的形式发挥杀菌作用。进一步地，在对比文件2给出了将甲基硫菌灵用于防治麦类作物赤霉病以减少真菌毒素DON含量的技术启示的情况下，由于所属领域的技术人员清楚上述两种苯并咪唑类杀菌剂在植物体内处于同一代谢途径中，实际发挥作用的代谢物亦相同，经过逻辑分析、推理后，很容易想到使用甲基硫菌灵替换苯菌灵，与甾醇生物合成抑制剂组合得到涉案申请的技术方案，即所属领域技术人员有动机将甲基硫菌灵应用于对比文件1以替换苯菌灵。因此在对比文件1的基础上结合对比文件2和所属领域的公知常识从而得到权利要求1的技术方案是显而易见的。

对于所属领域技术人员公知的、功能相同的两种现有技术的技术手段而言，如果所属领域的技术人员基于对上述技术手段的了解，依据其所具有的普通技术知识和实践经验，懂得根据实际工作情况在二者间进行选择或者将其中一种手段替换为另一种手段以满足具体的技术需求，则该选择或替换属于所属领域技术人员经过合乎逻辑的分析、推理就能够获得的。

在第27267号无效决定（201320342548.5）涉及的案件中，权利要求1保护一种变频调速型改进液力耦合器电动给水泵，为了实现液力耦合器部分的定速输出功能，取消了液力耦合器的泵轮、涡轮和工作油系统，改为采用齿形联轴器直接连接所属从动齿轮的传动轴和输出轴。证据2仍然保留液力耦合器的泵轮、涡轮和工作油系统，只是将液力耦合器的调速功能改变成定速输出功能。该权利要求相对于证据2实际解决的技术问题是：减少能量损失，提高装置的工作效率。决定认为，从证据2的整体技术方案来看，同样是对现有技术中通过调速型液力耦合器进行调速的电动给水泵进行变频调速改造，只是证据2的具体改造方式为将液力耦合器部分改为定速输出。所属领域技术人员在使用证据2这一现有技术，并面临作为联轴器使用的液力耦合器能量损失较大的技术问题时，会依据其所具有的普通技术知识和实践经验去现有技术中寻找替代的联轴器实施方式。此外，所属领域公知，联轴器是用于联接主动轴和从动轴使之共同旋转以传递扭矩的机械零件，液力耦合器和齿式联轴器都是常见的联轴器类型。并且，作为联轴器，液力耦合器、齿形联轴器分别具有不同的特点，例如，液力耦合器传动平稳，能隔离扭转振动，防护动力过载，便于实现空载启动、离合和调速，传动中有功率损失；齿形联轴器承载能力大，适用于低速重载的传动。因而，所属领域的技术人员根据定速输出的实际需要，经过合乎逻辑的分析和推理能够想到二者之间的替换。

3.5.2 有限的试验

当发明相对于现有技术的区别特征涉及的是对一些细节性的内容或辅助性的手段进行确定、选择或调整时，例如确定反应温度的数值范围、选择常见载体的种类或含量、设定产品的形状和尺寸等，虽然现有技术没有记载上述具体内容，但往往需要考虑这样的区别特征的引入是否属于所属领域的技术人员通过有限的试验就能够做到的。

是否属于有限的试验，同样应当取决于所属领域技术人员所具备的水平和能力。有限的试验中的"有限的"一词的含义，并非专指试验数量的多寡，应当对采用的试验手段本身以及试验的难度和强度在所属领域中是否属于常规进行综合考量。

在第54033号复审决定（200810180950.1）涉及的案件中，权利要求1明确限定混合酸溶液中不包含醋酸。决定认为，对比文件1既明确教导了醋酸的加入能够有效"控制氧化速率"以避免硅表面的颜色改变，也教导了醋酸还可能与金属离子形成络合离子而影响清洁效果，即该对比文件同时存在正反两方面的教导。由于现有技术中并不存在不使用醋酸的技术障碍，同时对比文件1也阐明了加入醋酸的缺陷，所属领域技术人员有预期、有能力通过试验去尝试不加醋酸的技术方案。

如果仅需采用所属领域公知的试验手段在现有技术教导的少数几个可选方案中进行尝试和选择，且试验结果亦可通过所属领域公知的试验手段予以验证，则意味着所属领域技术人员在现有技术基础上通过有限的试验即可得到发明。

在第1402号复审决定（89100401.7）涉及的案件中，涉案申请要求保护由1,1-二氯-1-氟乙烷和甲醇组成的共沸物,并具体限定了共沸物的沸点。对比文件1教导了一种共沸物,该共沸物由1,2-二氯-1-氟乙烷和甲醇构成,并具体教导了共沸物的组成百分比和沸点。决定认为,现有技术中二氯-氟乙烷共有三种同分异构体,鉴于对比文件1已经具体公开了用其中之一与甲醇和/或乙醇等形成共沸混合物,在此基础上考虑有限的另外两种同分异构体(例如1,1-二氯-1-氟乙烷)是否也可与甲醇形成共沸混合物是容易想到的。同时,要确认1,1-二氯-1-氟乙烷能否与甲醇形成共沸混合物,只需利用申请日前已知的试验手段绘制恒压下混合物的沸点-组成图就可以容易地得知。并且,绘制恒压下混合物的沸点-组成图是所属领域的常规技术手段,所需要的数据可通过公知的试验手段得到,同时所属领域的技术人员亦有能力采用常规试验手段验证所述同分异构体化合物与甲醇是否实际形成了共沸混合物。因此,权利要求1属于在现有技术的基础上通过有限的试验可以得到的技术方案。

在技术启示的判断环节考虑所属领域技术人员应用有限的试验的能力时,现有技术对如何进行试验就能达到目的给予的教导越多,实验的方案和方向越明确以及所属领域的技术人员对试验结果的预判越强,越有助于认为试验是"有限的"。

在第82605号复审决定(201110279934.X)涉及的案件中,权利要求1要求保护一种含氟硫酸的分离浓缩方法,其与对比文件1的区别之一是:权利要求1中的加热时间为10小时以上,而对比文件1中的加热时间较短。决定认为,由于对比文件1是在较高真空度下进行的,真空度越高则分离浓缩的效率通常也越高,因此加热时间可以相对缩短。本领域公知,当真空度降低至接近常压时,分离浓缩效率通常也会降低,而达到相同挥发程度的处理时间通常也要延长。可见,所属领域的技术人员根据具体情况,容易确定适当延长加热时间以使氟化氢和水的挥发量达到所需要求,并通过有限的试验最终确定合适的具体加热时间,从而得到权利要求的技术方案。

在第60662号复审决定(02828323.6)涉及的案件中,权利要求1要求保护一种减湿元件,其与对比文件1的区别之一是:权利要求1的盐溶液中吸湿性基料的浓度为 10wt% ~ 15wt%，而对比文件 1 的相应吸湿性基料的浓度为 5wt%。涉案申请采取吸水性更好的聚合物，吸收足够量的盐离子，实际解决的技术问题是增强减湿效果。决定认为，由于所属领域公知，如果盐浓度太低，盐离子的吸收量会不够，因此所属领域的技术人员容易想到在对比文件 1 给出的 5% 盐浓度的基础上增加盐浓度，促使盐离子的吸收量增加，以便进一步提高其吸湿效果。在此基础上，通过有限的试验，即可得到具有增强减湿效果的吸湿性基料 10wt% ~ 15wt% 的浓度范围。也就是说，现有技术公开的是 5% 的盐浓度，且所属领域技术人员知晓通过提高盐浓度有助于获得更好的吸湿效果，在此情况下，通过试验将吸湿性基料的浓度具体确定为上述范围属于所属领域技术人员的有限的试验的范畴。

4 其他因素对判断发明创造性的影响

4.1 人们一直渴望解决但始终未能获得成功的技术难题

如果发明解决了人们一直渴望解决但始终未能获得成功的技术难题，则发明具有突出的实质性特点和显著的进步。但是，如果有证据表明现有技术中已经存在有效解决技术问题的技术手段，则不应当认为该技术问题属于"人们一直渴望解决但始终未能获得成功的技术难题"。

在第 52281 号复审决定（200710047614.5）涉及的案件中，涉案申请要求保护一种可控图案化电纺丝纤维聚集体的制备方法。请求人主张涉案申请的创造性在于"利用电纺丝来制备具有复杂可控图案结构的纤维聚集体"解决了人们一直渴望解决但始终未能获得成功的技术难题。决定认为，对比文件 1 已经公开了带凹凸图案的复杂可控图案结构的电纺丝纤维聚集体的制备方法，其采用的技术手段与涉案申请基本相同，同样是通过在收集板上设置导电部分与绝缘部分的不同分布来产生"变形电场"，从而制造出具有复杂可控图案结构的电纺丝纤维聚集体，该方法解决了与涉案申请相同的技术问题，并能达到基本相同的技术效果。因此涉案申请不属于"解决了人们一直渴望解决但始终未能获得成功的技术难题"的情形。

4.2 技术偏见

技术偏见，是指在某段时间内、某个领域中，技术人员对某个技术问题普遍存在的、偏离客观事实的认识，它引导人们不去考虑某些方面的可能性，阻碍人们进一步研究和开发。如果发明克服了这种技术偏见，采用了人们由于技术偏见而舍弃的技术手段，反而解决了技术问题，则这种发明具有突出的实质性特点和显著的进步，具备创造性。

在第9568号复审决定（97192579.8）涉及的案件中，涉案申请要求保护碳酸酐酶抑制剂在治疗黄斑水肿中的应用。请求人依据证据1主张涉案申请具备创造性的原因在于其克服了现有技术的技术偏见，即涉案申请将碳酸酐酶抑制剂改以眼用制剂的形式用于治疗黄斑水肿克服了"全身给药和外科手术是治疗黄斑水肿的唯一手段"这一技术偏见，因为黄斑水肿在视网膜中区，位于眼睛后段，眼药通常难以有效透过眼睛的各组织层和眼睛自身的清除机理，在眼睛前部滴注的药物一般无法以有效量到达眼睛的后部。决定认为，可称之为技术偏见的认识至少应当是在所属领域形成普遍共识的、偏离客观事实的认识。请求人提交的证据表明碳酸酐酶抑制剂以口服或其他全身性用药方式均会产生明显症状的副作用，并不意味着全身给药或外科手术是治疗黄斑水肿的唯一有效的手段成为所属领域技术人员普遍认同的认识；同时，由于以上证据也在指引所属领域的技术人员去寻求解决该技术问题的其他技术方案，这使得用药方式并不会限于采用口服或其他全身用药；再者，虽然证据中提到局部施用皮质甾类对治疗黄斑水肿无效，但也同时提到曾有人使用非甾族消炎药通过局部施用治疗黄斑水肿，可见局部施用在眼睛前部的药物是可以经过一系列组织到达眼睛后部的，并非所有的药物都不能通过局部施用来治疗黄斑水肿。因此，请求人提交的上述证据仅是对一定阶段的技术情况的一些反映，这些技术内容并未使得所属领域的技术人员产生偏离客观事实的普遍存在的认识，也并未能够在某时间段内阻碍所属领域的技术人员对所涉及的技术问题进一步研究和开发，故上述证据不足以证明涉案申请克服了技术偏见。

在第6874号无效决定（93117097.4）涉及的案件中，涉案发明涉及雷洛昔芬在制备治疗和预防人类骨质疏松症的药物中的用途。专利权人主张，由于雷洛昔芬被认为会与已知的对子宫产生毒副作用的他莫昔芬一样产生类似的毒副作用，因此涉案专利将其应用于制备治疗和预防人类骨质疏松的药物克服了所属领域的技术偏见。决定认为，就毒副作用而言，雷洛昔芬和他莫昔芬的主要结构明显不同，这两种药物虽均属于雌激素拮抗剂，且已知雌激素拮抗剂具有抑制或减弱雌激素的作用，但其药理作用机制非常复杂，并没有任何证据表明所有雌激素拮抗剂均具有相同的毒副作用，也没有证据表明在现有技术中存在雷洛昔芬与他莫昔芬的毒副作用一致的认识。相反，在现有技术已经教导可以把雷洛昔芬用作治疗或预防骨质疏松的药物的情况下，所属领域技术人员可以通过常规试验对其毒副作用进行测试，因此没有充分理由表明现有技术存在雷洛昔芬具有毒副作用的技术偏见。

4.3 预料不到的技术效果

判断预料不到的技术效果，核心在于应以所属领域技术人员的视角判断发明取得的技术效果是否预料不到。通常而言，是指将发明实际取得的技术效果与所属领域的技术人员在其掌握的知识和能力的基础上预期的技术效果进行比较，确认发明的技术效果是否超越了所属领域的技术人员的预期，继而认定发明是否取得了预料不到的技术效果。

对发明实际取得的技术效果的认定，需要在专利文件公开的事实基础上认真研究案件中出现的各种证据；而对于所属领域的技术人员能够预期的技术效果，需要在全面考虑申请日前该领域现有技术的状况的基础上，结合其所掌握的普通技术知识和能力来判断。

在第95778号复审决定（200980113907.6）涉及的案件中，涉案申请与对比文件1的区别特征仅在于：涉案申请化合物结构的嘌呤6-位上的基团被限定为氧代基团（-O-），而对比文件1中的相应位置为氨基取代基（-NH-）。根据所属领域的公知常识，一般认为-O-与-NH-为生物电子等排体，二者的结构和性质类似，因此，所属领域的技术人员可以预期的技术效果是-O-与-NH-相互替换后在药理活性方面不会产生特别明显的变化。对此，决定认为，生物电子等排原理是所属领域技术人员设计和研发新的药用化合物的重要理论指导,该原理以及电子等排体在对先导化合物的结构进行改造中被频繁应用,但就本案而言,实验证据中选取的对比对象涉案申请实施例43化合物是涉案申请实施例中与对比文件1化合物26结构最为接近的化合物,二者的结构差异仅在于嘌呤6-位上以-O-替代了-NH-,这恰恰体现了本案所要考察的关键所在,在此情形下,涉案申请实施例43的化合物在HCT-116细胞系中抑制癌细胞生长活性(GI_{50})方面比化合物26强大约40倍,且在其他多种癌细胞上也都体现出了这种活性差异,而涉案申请说明书中的其他实施例业已同样证实将嘌呤6-位的-NH-用-O-替换后确实能够明显提高抑制癌细胞生长的活性,因此,将嘌呤6-位的-NH-替换成-O-能够大幅提高先导化合物的生物活性,这是可以由目前的证据得到确认的技术效果,而这种活性的提高并非在申请日时考虑将电子等排理论直接运用于对比文件1时就能够预料得到的。因此,对于本领域技术人员而言,涉案申请权利要求1相对于对比文件1产生了预料不到的技术效果。

有些情况下,如果现有技术未对其所公开的技术方案以及技术手段的技术效果进行描述,则专利文件中记载的针对现有技术进行的分析和研究结果可以帮助判断者更加准确地了解现有技术发展水平,有助于对可预期的技术效果做出准确认定。

在第21779号无效决定(201010190797.8)涉及的案件中,权利要求1与证据3的区别特征是药物组合物中所使用的赋形剂不同,涉案专利中使用淀粉+微晶纤维素(1:1~1:2),证据3中使用的是单一赋形剂。根据专利文件的记载,使用乳糖、淀粉、糖粉、糊精、微晶纤维素、碳酸氢钙与浸膏粉逐一配伍测定吸湿性,结果显示吸湿率分别为10.4%、10.1%、11.2%、9.85%、10.5%、10.6%,而使用淀粉:微晶纤维素的比例为1:2和1:1的混合赋形剂时,吸湿百分率为4.21%和4.05%,抗吸湿性效果显著提高。根据涉案专利说明书中给出的实验结果,可以确认的是现有技术中赋形剂的吸湿效果较差,在此基础上,所属领域的技术人员可以预期即便将赋形剂组合,其吸湿率也大致保持在10%左右的水平,不会有明显改变。然而,专利权人通过其自身的研究所发现的特定配比的混合赋形剂导致了吸湿性大幅下降，则该技术效果超出了预期的技术效果，属于预料不到的技术效果。

确定是否属于预料不到的技术效果，应当着重考量所属领域的技术人员对技术效果的预判能力，据此明确其所能够预期的技术效果，继而确定发明的技术效果是否达到预料不到的程度。因此，技术效果是否达到所属领域技术人员预料不到的程度，既不必然取决于效果数量上的差异，也不必然取决于性质或用途上的差异。将发明的技术效果与现有技术的技术效果进行对比，即便是出现数量级上的差异或者出现新的性质或用途，也不必然意味着产生的是预料不到的技术效果。

在第15409号无效决定（200510000429.1）涉及的案件中，涉案专利与证据1的区别特征主要在于剂型不同，涉案专利是颗粒剂，而证据1是片剂；此外，涉案专利在剂型加工过程中还省略了减压干燥步骤。涉案专利颗粒剂与证据1片剂相比，总有效率由89.32%提高到95.70%，即提高了约6个百分点。专利权人据此主张涉案专利取得了预料不到的技术效果。决定认为，首先，由于所属领域对于片剂、颗粒剂等药物剂型的研究已经较为充分，且涉案专利选用的正是所属领域的常用辅料，这种常见辅料、常见剂型的改变所带来的包括总有效率在内的技术效果通常是所属领域的技术人员可以预期的；并且，涉案专利相对于证据1省略了减压干燥步骤，其原因在于该步骤可能会造成药物活性成分的损失，通过省略该步骤带来的效果改变也是所属领域的技术人员可以预期的。因此，涉案专利采用所属领域常规制法制成颗粒剂，从而使该颗粒剂的总有效率与证据1片剂相比提高6%的技术效果并未超出所属领域的技术人员的可预期范畴，涉案专利没有产生预料不到的技术效果。

当发明产生了不同于现有技术的新效果时，所属领域的技术人员需要考虑该新效果与已知效果之间的关系，才能确定新效果是否属于预料不到的技术效果。如果所产生的新效果与已知效果之间存在关联，所属领域的技术人员在已知效果的基础上能够预期到发明将会产生这种新效果，则该效果不属于预料不到的技术效果。

在第52675号复审决定（200780042963.6）涉及的案件中，涉案申请要求保护一种可生物降解的聚合物组合物，其中添加了抗冲击改性剂。请求人认为现有技术中没有给出通过添加抗冲击改性剂来改善组合物的抗冲击性及雾度水平的启示，故涉案申请取得了预料不到的技术效果。决定认为，请求人所声称的技术效果"改善生物可降解聚合物雾度水平"实质上是指调节生物可降解聚合物的透明性，即通过添加抗冲改性剂使得生物可降解聚合物变为不透明至半透明。由于所属领域的技术人员公知，在所得组合物中添加组分显然会影响原有组合物的透明性，因而改善组合物的雾度（即降低其透明度）是所属领域的技术人员可以预期的技术效果，所属领域的技术人员通过逻辑分析和推理就能够预知该效果，故该效果不属于预料不到的技术效果。

预料不到的技术效果的判断往往与实验数据关系十分密切。除记载在原始申请文件中的实验数据外，申请人/专利权人有时会采取补充实验数据的方式证明发明技术方案取得了预料不到的技术效果。针对补充实验数据的审查，除关注该数据能否证明申请人/专利权人所主张的技术效果成立之外，还应根据先申请制的要求，判断这种基于补充数据提出的技术效果是否属于所属领域的技术人员能够从原始申请文件公开的内容中得到的技术效果。

在第21646号无效决定（97180299.8）涉及的案件中，涉案专利保护的具体化合物与证据6公开的化合物EM-12的区别仅在于化合物的异二氢吲哚环4位是否具有氨基取代基。专利权人提交的反证5记载了涉案专利化合物抑制TNFα活性的IC_{50}值为100nM，沙利度胺的IC_{50}值为200μM，而化合物EM-12具有与沙利度胺相似的活性，专利权人主张据此可推知涉案专利化合物抑制TNFα的活性高出化合物EM-12三个数量级，具有预料不到的技术效果。决定认为，本案中是否能够接受专利权人通过补充实验数据而提出的发明具有的技术效果，主要看补充后的内容是否为专利申请文件引入了新的信息。由于我国专利制度采用的是先申请原则，判断专利申请能否授权应以其申请日提交的文件所记载的内容作为基础。涉案专利说明书中仅记载式Ⅰ化合物被用来抑制TNFα的不期望有的作用，以及这些化合物还可以用于需要抑制 TNFα 产生的人以外的哺乳动物的兽医治疗,既未进一步具体描述,也未给出任何实验证据证实式 I 化合物产生的是何种程度的抑制效果,在此情况下,所属领域技术人员仅能够意识到涉案专利化合物具有一般的 TNFα 抑制效果,而不会确信其具有超出常规水平的活性或者其他预料不到的技术效果。反证 5 用来证明涉案专利化合物的技术效果实质上明显优于所属领域技术人员所认识到的现有技术的一般水平,由于该效果是所属领域技术人员在阅读原申请文件后无法获知的,因此不能作为确定涉案专利获得了预料不到的技术效果的依据。

在第 27508 号无效决定(200480034152.8)涉及的案件中,涉案专利保护的药物制剂与证据 1 的区别在于等渗剂种类有所差异。专利权人在提交的补充实验数据中详细对比了两种等渗剂对于药物制剂稳定性的影响,拟结合证人证言证明涉案专利的制剂具有预料不到的稳定性。决定认为,如果补充实验数据所证明的事实超出了所属领域技术人员基于原始申请文件公开的内容能够获知的范畴,则该补充实验数据不能作为主张专利权的基础。涉案专利说明书中仅提到,所述等渗剂对药物制剂的稳定性没有影响,既未涉及任何将该等渗剂与其他候选等渗剂的效果进行比较的信息,也未验证制剂的稳定性,甚至也没有记载检测制剂稳定性的实验对象、方法和条件,导致所属领域的技术人员无法通过原始申请文件的记载确认该制剂是否具有预料不到的稳定性效果,同时亦无法利用原始申请文件记载的信息进行有效验证,因此专利权人不能将该补充实验数据提出的技术效果作为判断预料不到的技术效果的基础。

对比试验数据中对比对象的选择应当围绕申请人或专利权人所主张的技术效果。仅选择权利要求保护范围内效果最好的具体方案与现有技术进行对比或者仅选择现有技术中效果最差的具体方案与权利要求技术方案进行对比,均可能无法反映出权利要求技术方案相对于现有技术取得了预料不到的技术效果。

在第 88160 号复审决定(200780046315.8)涉及的案件中,权利要求 1 的保护范围涵盖了包括实施例 1~5 在内的多种技术方案,请求人主张涉案申请的反应时间为 4 小时,明显短于对比文件 1 的 13 小时,因此取得了预料不到的技术效果。然而，根据涉案申请说明书的记载，实施例1～5完成反应所需的时间分布在大约3～13小时的范围内，但各不相同，例如实施例2为13小时，并不比对比文件1（13小时）和对比文件2（3～18小时）更短。并且也没有证据表明，在相同的条件下，涉案申请的反应时间会明显短于对比文件1。决定认为，特定的实施例并不能代表要求保护的技术方案的整体状况，故不能认为涉案申请权利要求取得了预料不到的技术效果。

5 几种不同类型发明的创造性判断

5.1 组合发明

如果发明仅是将现有技术中的已有技术手段进行组合，且组合后的技术效果是各技术手段效果的加和，被组合在一起的技术手段之间并不产生协同作用，则发明通常不具备创造性。

在第93951号复审决定（201210324819.4）涉及的案件中，权利要求1要求保护一种以煤为原料同时制备均苯四甲酸和对苯二甲酸的方法，对比文件1公开了以霍林河褐煤为原料经碱氧化反应制备煤酸，然后煤酸异构化制备对苯二甲酸的方法。二者的区别在于，除了氧化和异构化步骤外，权利要求1还包括从煤酸制备均苯四甲酸的步骤。对比文件2公开了由煤酸制备均苯四甲酸的方法。涉案申请实际要解决的技术问题是提供一种联产均苯四甲酸和对苯二甲酸的方法。决定认为，由于由煤酸制备对苯二甲酸的步骤和由煤酸制备均苯四甲酸的步骤之间并无相互作用，权利要求1是对比文件1和2所公开的技术方案的简单叠加，该技术方案所取得的效果是分别实施这两个技术方案取得的效果之和，相对于对比文件1和2的结合并未取得更好的技术效果；由于现有技术中存在足够的技术启示，所属领域技术人员完全有动机将对比文件2所获得的低级苯多羧酸混合物进一步通过亨格尔反应制备得到对苯二甲酸。因此，该权利要求不具备创造性。

5.2 选择发明

如果发明是从现有技术已知的宽范围中选出其中的窄范围或者从多种可能性中选出一种具体的技术方案，则在没有证据表明其产生了预料不到的技术效果的情况下，所述的选择发明通常不具备创造性。

在第 20640 号无效决定（03805473.6）涉及的案件中，权利要求 19 保护达比加群酯的甲磺酸盐。决定认为，权利要求 19 和附件 2 的区别在于：附件 2 公开了权利要求 19 的达比加群酯转化成与无机酸或有机酸生成的药物上使用的生理上可接受的盐，但未具体公开达比加群酯的甲磺酸盐形式，权利要求 19 属于附件 2 的选择发明。由于甲磺酸盐是所属领域常用的可药用盐形式，该盐在上市药物中被广泛使用，反证 1 表明现有技术中公开了可使用甲磺酸等多种酸制备达比加群酯甲磺酸盐等多种盐的可能性。尽管专利权人声称达比加群酯甲磺酸盐相对于其他药用盐形式具有显著效果，但涉案专利说明书中仅验证了由达比加群酯甲磺酸盐的药物组合物的制剂材料改良带来的技术效果，并不能证明将达比加群酯制成甲磺酸盐产生了何种优异的技术效果，专利权人所述的显著效果并未公开在涉案专利的说明书中。因此，没有证据证明达比加群酯的甲磺酸盐产生了预料不到的技术效果，故权利要求 19 不具备创造性。

5.3 转用发明

在对转用发明的创造性进行判断时，如果现有技术与发明的技术领域相近，并均采用基本相同的技术手段解决基本相同的技术问题，且无需克服由于技术领域的改变而出现的技术障碍，则这种转用通常不具备创造性。

在第 28450 号无效决定（201320311523.9）涉及的案件中，涉案专利保护一种螺旋桨，包括桨叶及连接件，连接件包括与驱动螺旋桨旋转的传动轴螺纹连接的螺接部，螺旋桨工作时的旋转方向与螺接部的旋紧方向相反，解决的技术问题是使螺旋桨在工作时自动锁紧，不易松动。证据 1 公开了一种空调室外机的轴流风扇的连接结构，该轴流风扇与电机输出轴之间通过螺母螺纹连接，风扇的旋转方向与螺母的旋合方向相反，风扇旋转时螺母可自动旋紧。决定认为，该案中，证据1与专利采用的技术手段和解决的技术问题均相似，只是二者的技术领域不完全相同。但是，证据1与涉案专利均属于螺旋桨公知的具体应用领域，在广义上属于相近的技术领域，所属领域的技术人员在面对现有的飞行器螺旋桨螺母易松动的技术问题时，有动机将证据1的技术方案转用于飞行器螺旋桨领域。

发明要求保护的化合物与现有技术化合物的结构接近但用途不同，如果转用的用途属于所属领域中类似结构的化合物的公知用途，并且转用后并未产生预料不到的技术效果，则这种转用通常不具备创造性。

在第96353号复审决定（200810002503.7）涉及的案件中，权利要求1要求保护一种用于生物荧光分析的具有通式I结构（结构式略）的菁类化合物，说明书记载，利用菁类化合物与生物分子DNA或RNA结合发射荧光，将其用于对生物样品进行分析。对比文件1公开了结构类似的菁类染料化合物，利用菁类化合物对特定波长的光吸收产生的光敏特性，提高二氧化钛的光敏性，从而用作感光材料。决定认为，判断权利要求1是否具备创造性的关键在于：现有技术是否给出了将对比文件1公开的菁类染料化合物转用于生物样品的荧光分析，并且对所述化合物进行结构修饰以获得涉案申请所述的菁类染料化合物的技术启示，这需要从所属领域技术人员掌握的知识和能力的角度出发进行分析。根据本案出现的公知常识性证据可知，所属领域技术人员应当了解，菁类染料（也称为花青染料）已经广泛应用于核酸染料及核酸的荧光分析，且其中很多具体化合物中具有与权利要求1要求保护的化合物和对比文件1公开的化合物非常接近的结构，均具有与核酸结合并导致显著的荧光增强的作用。尽管涉案申请要求保护的化合物与现有技术化合物在具体用途上有所不同，但是基于所属领域的公知常识可知，菁类染料化合物是因具有与核酸结合并导致显著增强荧光的作用而被普遍应用于生物样品荧光分析的，对比文件1所述感光材料的应用也正是基于菁类染料特定的光吸收和荧光发光性能而实现的。因此所属领域的技术人员有动机将对比文件1所述化合物进行适当的结构改造，并转用于生物样品的荧光分析，即这种转用不具备创造性。

5.4 要素变更的发明

要素变更发明，包括要素关系改变的发明、要素替代的发明和要素缺省的发明。如果现有技术中的某个技术特征在技术方案中是独立发挥作用的，省略该技术特征后相应的功能或效果也随之消失，则省略技术特征后的技术方案相对于现有技术通常不具备创造性。

在第 20516 号无效决定（200610017538.9）涉及的案件中，涉案专利保护一种余热利用式烘干机，其热源来自回转窑，烘干机经进风管与回转窑的尾气排放管连接，烘干机经引风管与收尘装置连接，目的是充分利用回转窑余热，且烘干过程中不需使用燃料和电力。证据 1 公开了一种水泥回转窑窑尾废气处理系统，回转窑尾气自预热预分解设备通过管道进入高温风机，然后进入分流器，分流器设有三个出风口，分别与一台生料磨和二台烘干机连通，从而利用回转窑窑尾废气的余热对生料和原材料进行烘干，然后尾气再由除尘器进行除尘处理，最后由排风机排出。决定认为，证据 1 中尾气在烘干系统中的流动动力由高温风机和排风机共同提供，同时使用二者或其中任一来提供流动动力，这是所属领域的技术人员根据具体情况进行的常规选择。预热预分解设备是回转窑尾端常见的附加设备，分流器是证据 1 为了满足多管路的需要而设置；当不需要上述设备相应功能时，省略上述设备是显而易见的，省略后其相应的功能随之消失。因此涉案专利要素省略的技术方案不具备创造性。

6 化学领域发明的创造性判断

6.1 化合物发明的创造性

评价化合物发明的创造性时，应选择用途或性能相同或相似、且化学结构尽可能与发明化合物相近的现有技术化合物作为最接近的现有技术。通常来说，化合物的结构与效果之间的关系是判断化合物发明是否具备创造性的关键。

判断现有技术公开的化合物与发明化合物结构是否接近，不仅应关注使二者产生结构差异的结构单元,而且应当关注二者之间相同的结构单元,以及该相同结构单元是否对于化合物的活性起到决定作用。在二者属于结构上接近的化合物的前提下,如果发明化合物对现有技术化合物结构的改变不能带来预料不到的技术效果,则意味着通过这种结构改进获得的发明化合物对于所属领域技术人员而言是显而易见的。

在第22284号无效决定(97197460.8)涉及的案件中,权利要求2保护双异丙氧基羰基氧甲基9-(2-膦酰甲氧基丙基)腺嘌呤化合物[简称bis(POC)PMPA,参见图4-1],证据Ⅱ-2公开了9-(2-膦酰甲氧基丙基)腺嘌呤双(特戊酰氧甲基)酯[简称bis(pom)PMPA,参见图4-2],并且公开了这类化合物也具有抗HIV活性。两者均为PMPA的前药,具有相同的PMPA结构单元,区别主要在于:涉案专利化合物中膦酸酯基上连接的修饰基团为异丙基氧基,而证据Ⅱ-2中相应的修饰基团为叔丁基。并且,作为PMPA的前药,涉案专利化合物与证据Ⅱ-2化合物在人体内均会经代谢分解出PMPA结构从而发挥疗效,即在两者结构中相同的PMPA结构单元决定了化合物的活性,而分别使用不同取代基对PMPA进行结构修饰的目的均在于改善PMPA的药物动力学性质。在对涉案专利化合物和证据Ⅱ-2化合物的技术效果进行全面分析和考察后,决定认为,由于相对于证据Ⅱ-2而言,涉案专利并未取得在实质有所改进的技术效果,因此涉案专利相对于证据Ⅱ-2实际解决的技术问题仅是提供另一种适于口服给药的新的PMPA前药化合物。涉案专利是通过制备成碳酸酯前药的方式解决上述技术问题的,因而判断涉案专利是否具备创造性的关键就在于:现有技术中是否存在制备成涉案专利的碳酸酯前药来解决上述技术问题的启示。整体来看,证据Ⅱ-2已经公开了PMPA原药吸收效果不佳的原因,并指引了改进的方向,即已经给出了将PMPA原药中的膦酰基团负电荷掩盖可以增加许多无环核苷膦酸酯的细胞吸收和生物活性的教导。进一步地,证据Ⅱ-2还通过制成羧酸酯类前药bis(pom)PMPA以达到改善PMPA前药的细胞吸收、稳定性以及抗病毒活性和选择性的目的。本专利虽是通过制成碳酸酯类前药而使得PMPA前药同样更适于口服给药,但所属领域的技术人员公知,碳酸酯和羧酸酯均是前药修饰的常用酯类基团,并且结构类似,可以预期二者的替换能达到相似的技术效果,因此,所属领域技术人员为解决获得新的适于口服给药的 PMPA 前药这一技术问题，有动机采用这种类似的结构修饰基团替换羧酸酯基团对膦酸酯基进行修饰，由此获得的权利要求 2 的技术方案是显而易见的。

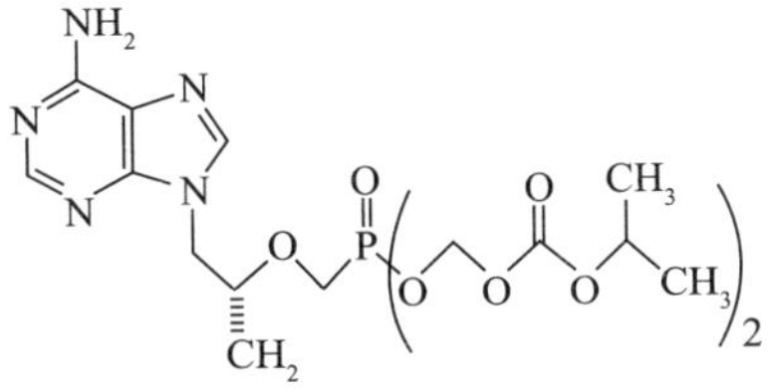

图 4-1　bis（POC）PMPA 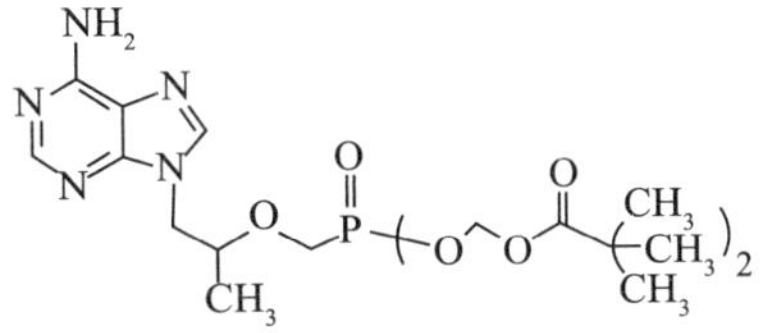　　　　图 4-2　bis（pom）PMPA

晶体化合物一般是由反映其分子化学结构的特征和反映其分子排列的特征来共同定义的。无论发明保护的化合物是否属于晶体形式，通常都会认为其中的化学结构对于活性是起决定性作用的，因此，在与已知化学产品的化学结构相同或接近的情况下，晶体形式的化合物只有产生预料不到的效果，才可能具备创造性。

在第 21950 号无效决定（00802360.3）涉及的案件中，涉案专利保护一种特定的 6-羟基-2-萘甲酸的柱状晶体，证据 9 也公开了一种通过重结晶得到的 6-羟基-2-萘甲酸晶体。决定认为，在化学结构相同的前提下，晶型的不同仅反映在与分子排列有关的化合物的微观空间结构上存在不同，这种不同通常并不改变化合物的活性。因此，在化合物的化学结构完全相同或其核心结构相同的情况下，通常认为化合物晶体发明与现有技术中的已知化合物或已知晶体在结构上接近。同时，所属领域的技术人员已知，将化合物制成晶体形式后，由晶体自身的特点决定了其可能具备相对稳定、纯度高、易于处理操作等优点，故在完成化合物产品的开发后，继而研究更具利用价值的晶体在所属领域是非常普遍的研究思路，而且，这样的研究通常也是利用所属领域公知的晶体知识和结晶手段来完成的。在此情形下，晶体要具有创造性，则应当相对于与之化学结构接近的已知化学产品具有预料不到的技术效果。涉案专利相对于证据 9 实际解决的技术问题是提高产品的表观比重和流动性，从而获得更好的产品的操作性，所采用的手段是将晶体的外观形态改为柱状。但对于所属领域技术人员而言，其既知晓柱状是晶体的常见外观形态，也了解该形态晶体所具有的一些相应特点，因而根据涉案专利晶体的这种外观形态即可容易地想到其相对于现有技术的鳞片状外观的晶体可以获得表观比重和流动性能方面的提高，并由此使产品的操作性能也获得改善，因此，在根据说明书的记载无法确定这种晶体形态的改变能使涉案专利晶体具有预料不到技术效果的情况下，该涉案专利晶体不具有创造性。

如果发明要求保护的结构基因是一个由已知结构基因可自然获得的突变基因，且与该已知结构基因来源于同一物种，具有相同的性质和功能，则发明要求保护的结构基因通常不具备创造性。

在第90415号复审决定（201080012963.3）涉及的案件中，权利要求1请求保护包括编码SEQ ID NO：2多肽的多核苷酸序列的分离或重组的多核苷酸序列。根据说明书的记载，涉案申请根据现有技术已知的氨基酸序列设计简并引物，从米根霉菌株NRRL 1526基因组DNA中扩增得到648bp片段，然后利用丙酮酸羧化酶特异性引物进一步扩增得到所述丙酮酸羧化酶序列。对比文件3基于与涉案申请相同的扩增思路和相同的简并引物、特异性引物从米根霉菌株28.51中扩增得到了丙酮酸羧化酶序列，与涉案申请的序列同一性超过90%。决定认为，对于所属领域的技术人员来说，在对比文件3公开采用上述扩增方法得到米根霉丙酮酸羧化酶结构基因的基础上，改变另外的米根霉菌株，采用相同的扩增方法扩增得到其他不同菌株的同种丙酮酸羧化酶结构基因是显而易见的，而且在性质和功能上，新获得的结构基因并没有产生任何预料不到的技术效果，因此不具备创造性。

如果抗原本身是现有技术已知的，且所属领域技术人员清楚该抗原具有免疫原性，那么该抗原的单克隆抗体发明不具备创造性。但是，如果发明进一步采用其他技术特征对单克隆抗体进行了限定，并因此产生了预料不到的技术效果，则该单克隆抗体的发明具备创造性。

在第92402号复审决定（200880010301.5）涉及的案件中，涉案申请要求保护一种分离的人抗体或其抗原结合部分，并进一步限定了重链和轻链可变区的具体序列。对比文件1公开了一种针对HVC H77c毒株E2蛋白第412～423线性表位的单克隆抗体AP33，所述线性表位与涉案申请单克隆抗体结合表位的氨基酸序列完全相同，即针对的均是已知抗原的相同表位。决定认为，尽管制备针对已知抗原的相应单克隆抗体是本领域的惯用技术手段，但是涉案申请明确记载并且验证了所述抗体相对于对比文件1的抗体AP33而言，对于HCV天然突变体中Asn415的突变较不敏感，导致其对于HCV突变具有更广泛的抗性，该效果是所属领域的技术人员无法预期的。因此权利要求相对于对比文件1具备创造性。

6.2 组合物发明的创造性

判断药物联用的组合物是否具备创造性，需要分析现有技术是否给出将所述药物组分联用可有助于发挥其功效的指引，以及是否存在妨碍所属领域技术人员将所述组分联用的技术障碍或技术偏见，例如所述组分之间是否存在疗效、毒副作用或稳定性等方面的相互影响，并且，应对联用后是否取得了预料不到的技术效果做出认定。

在第104654号复审决定（201120012109.1）涉及的案件中，涉案申请要求保护拉喹莫德或其盐和甲氨蝶呤在制备用于治疗类风湿性关节炎个体的药物中的用途，并限定了拉喹莫德和甲氨蝶呤的单位剂量。对比文件1公开了拉喹莫德及其盐用于治疗类风湿性关节炎的用途，两者的区别特征之一是：涉案申请限定了药物中还包含甲氨蝶呤。决定认为，甲氨蝶呤属于叶酸还原酶抑制剂，是传统的治疗类风湿性关节炎的首选药物之一，而拉喹莫德具有良好的免疫抑制作用，亦可用于治疗类风湿性关节炎，对比文件1中明确提示了拉喹莫德及其盐制成的治疗类风湿性关节炎的药物组合物中还可以含有其他药物活性物质，因此已经给出了将甲氨蝶呤等已知药物引入从而联合用于治疗类风湿性关节炎的指引。在此情况下，将这两种针对类风湿性关节炎、但作用机制不同的药物进行联合应用以期获得更好的治疗效果，并通过常规试验对联用后的疗效进行测试，并不需要付出创造性劳动。虽然请求人指出现有技术中存在多种治疗类风湿性关节炎的药物，部分药物联用后测试失败或不理想，但这并未成为通过药物联用实现更好治疗效果的阻碍因素；相反，将针对同样的疾病的不同作用机制的药物联合应用以追求更好的疗效通常来说也是所属领域的常规选择。此外，就两者联用后的技术效果而言，虽然涉案申请业已证实了拉喹莫德的日给药剂量（1mg/kg）以及甲氨蝶呤的日剂量（0.5mg/kg）的组合能够取得比各自单独使用更好的技术效果，但该效果并不超出所属领域的技术人员的预期，故尚不足以构成预料不到的技术效果。

在第102739号复审决定（201010285313.8）涉及的案件中，涉案申请要求保护一种药物组合物，包括重量比为1∶0.1～1∶500的阿折地平和非马沙坦。说明书描述该组合物在降低自发性高血压、逆转心肌肥厚、降低尿微量蛋白方面实现了协同增效作用。对比文件1公开了钙离子通道阻断剂阿折地平可增强AT1受体拮抗剂奥美沙坦的血管保护作用，其中有效剂量为1mg/kg/天，阿折地平增强了有效剂量为1或3mg/kg/天的奥美沙坦对受损动脉血管平滑肌细胞增殖的抑制活性；结果显示阿折地平能增强奥美沙坦的血管保护作用。两者区别包括：涉案申请中为阿折地平和非马沙坦组合，而对比文件1中为阿折地平和奥美沙坦组合。对比文件2公开了非马沙坦为一种选择性血管紧张素Ⅱ的AT1型受体拮抗剂，能够选择性阻断血管紧张素Ⅱ与血管紧张素1型受体的结合，通过有效阻断肾素－血管紧张素－醛固酮系统中血管紧张素Ⅱ的作用而抑制醛固酮的增加，能够用于治疗高血压。决定认为，所属领域公知奥美沙坦和非马沙坦母核结构相同，仅取代基不同，二者在体内的作用机制相同，都作为血管紧张素Ⅱ的AT1型受体拮抗剂（ARB）用于治疗高血压。而血管平滑肌细胞是构成血管壁及维持血管张力的主要细胞成分，其异常增殖和凋亡在高血压发病中有重要作用；新生内膜形成与血管重塑有关，与高血压发病联系密切，因此，在对比文件1公开了ARB与CCB联合将表现出相对于单独治疗对血管疾病（抑制血管平滑肌细胞的增殖和新生内膜的形成）和高血压更为有效的效果的情况下，所属领域的技术人员基于其对奥美沙坦和非马沙坦等沙坦类药物的了解，能够合理预期到同样作为ARB的非马沙坦，如果与阿折地平联用，将有可能对血管疾病表现出协同增效，进而在高血压治疗过程中发挥协同作用。因此，所属领域的技术人员有动机用非马沙坦替代奥美沙坦与阿折地平组合制成药物组合物，并将其用于降低自发性高血压等症状的治疗中。

与典型的西药组合物相比，中药组合物的技术特征主要体现在药味和药量上。如果药味及药量的变化仅是遵循中药方剂的一般组方规律以及所属领域的其他通常依据进行的，例如遵循随证加减、数方加减、相互代用、药对配伍等组方规律，以及按照药味的性质性能、用药方法确定药量等，同时这样的变化并未使最终形成的中药组合物在功能、疗效、针对疾病的治法治则等方面产生实质性的变化，则可以认为该中药组合物发明不具备创造性。

在第101856号复审决定（201310182213.6）涉及的案件中，权利要求1要求保护一种治疗妇女不孕不育症的中药组合物，在原料中定义了28味药。与对比文件1公开的药物组合物相比，二者区别在于：（1）药味不同，权利要求1未使用吴茱萸、红花、穿山甲、泽兰、熟地黄、赤芍药、茯神和牛膝等8味药，加入当归、王不留行、泽泻、陈皮、没药、延胡、佛手和郁金等另外8味药；（2）对药物的具体用量进行选择和确定。决定认为，涉案申请药物组合物与对比文件1所述药物组合物的治则治法相同，且均实现了"疏通输卵管、滋阴、补血的功效"，相对于对比文件1，涉案申请实际解决的技术问题是提供另一种治疗输卵管阻塞不孕不育症的中药组合物。对于中药组合物而言，治法是组方的依据，配伍而成的中药组合物是治法的体现，即"方从法出""法随证立"。由于对比文件1给出了关于输卵管阻塞型的不孕不育症的治法治则以及组方用药的教导，因而出于提供另一种治疗输卵管阻塞不孕不育症的中药组合物的目的，所属领域的技术人员会以该对比文件为基础，对方中的药物进行增减变化。具体看，依据对比文件1中已经公开的妇女不孕不育症的病因病机以及治疗该病的治则治法，所属领域的技术人员可以在保留方中大部分药物的基础上，适当选择对方中个别药物进行加减，以实现药味的增减变化；再者，在已知红花、穿山甲、赤芍药、牛膝、泽兰具有活血散瘀的作用的前提下，所属领域的技术人员会有动机将其替换为所属领域已知的其他活血散瘀药物（如涉案申请中的当归、王不留行、没药、延胡及郁金），去掉个别药物（例如吴茱萸、熟地黄和茯神），加入与上述治则治法相对应的理气中药佛手、陈皮以及利水渗湿药物泽泻，以符合对输卵管阻塞型不孕不育的治则治法，这一替换是所属领域的技术人员在对比文件1的教导下完成的常规药物增减变化；最后，鉴于对比文件1中已经公开了各味中药药物的用量范围，据此所属领域的技术人员可依据药物的常规用法用量，对这些药物的具体用量进行选择，在涉案申请说明书中没有证据表明这些选择取得了预料不到的技术效果的情况下，权利要求1不具备创造性。

除药物组合物外，在化学领域还涉及材料组合物、化妆品组合物、洗涤剂组合物等其他组合物类型，这些组合物中往往通过各组分之间的相互配合，实现组合物的技术效果。判断这类组合物创造性时，应当关注构成与现有技术组合物之间的区别特征的组分在现有技术中所起的作用和其在该发明中所起作用是否相同。

在第50230号复审决定（200780049586.9）涉及的案件中，涉案申请要求保护一种模塑组合物，包括聚合物基体和作为消光剂的陶瓷珠粒。对比文件1公开了一种类似的模塑组合物，使用有机聚合物作为消光剂。二者的区别在于消光剂的选择。针对对比文件2是否给出了将上述区别特征引入对比文件1的启示的问题，决定首先结合涉案申请说明书中提供的对比数据分析了陶瓷珠粒的作用，然后基于传统消光剂的消光机理，分析涉案申请中消光剂的作用，即"一是基于消光剂与聚合物基体的折射率相差很大，基体中加入消光剂后使入射光产生散射而被消除极光，降低透明度，增加白度；二是基于使漆膜表面产生预期的粗糙度，从而通过降低漆膜表面的镜面反射来降低表面光泽"。在此之后，决定认为，对比文件2聚合物中的陶瓷微球"实质上是作为一种吸收辐射能量的材料，其吸收了能量之后，会被从基材上移除从而成像，即其具有的微球形状本身所带来的'覆盖能力'从本质上被削弱了，包含其的组合物是一种'透明或半透明'的可成像组合物"。因此，对比文件2既没有给出任何关于利用陶瓷微球与基体材料折射率的差异从而降低材料透明度、增加白度的教导，也没有给出任何关于利用陶瓷微球在基体表面形成漫反射从而降低光泽度的教导，所属领域的技术人员根据现有技术无法确定陶瓷微球在对比文件2的组合物中起到消光剂的作用。虽然对比文件2中公开了陶瓷珠粒，但其所起到的作用、所能够带来的技术效果与陶瓷珠粒在涉案申请中的作用完全不同，所属领域的技术人员无法从对比文件2中获得启示，使其能够想到将其中的陶瓷微球用作消光剂来代替对比文件 1 中的聚合物消光剂。

在第 99116 号复审决定（201010604030.5）涉及的案件中，涉案申请要求保护一种用于清洁和调理角蛋白纤维，特别是人类角蛋白纤维，比如头发的化妆品组合物，包含三种组分。其与对比文件 1 的区别在于还包括组分（iii）-非季铵化的胺化硅氧烷，以便改善组分（i）本身的储存稳定性，改善组分（i）和组分（ii）之间在储存过程中的不利相互作用，使其能够相容，同时实现较好的头发处理效果，获得清澈且随时间变化稳定的洗涤组合物。针对对比文件 2 是否给出了将上述区别特征引入对比文件 1 的启示的问题，决定认为，首先，从化学结构来看，虽然对比文件 2 公开了与涉案申请相似的聚硅氧烷，但两者取代基不同，是不同的化合物；其次，从所起的作用来看，对比文件 2 中聚硅氧烷的作用主要是为了在不累积的情况下实现优异的持久调理，并且不会干扰其他毛发处理过程，如烫发和染发；而在包括对比文件 2 在内的现有技术证据中，既未提出有机硅本身不稳定的问题，也未提出聚硅氧烷和表面活性剂，尤其是阴离子表面活性剂之间的不相容问题。根据现有技术的教导，所属领域的技术人员不会为了解决组合物的稳定性问题而将对比文件 2 的聚硅氧烷用于头发护理组合物。现有技术整体上未给出将区别特征应用于对比文件 1 以获得涉案发明的技术启示。

6.3 制备方法发明的创造性

在化学产品的制备方法权利要求中，通常包括产物、原料、步骤、工艺、条件、甚至设备等多个技术特征，由此容易导致权利要求与现有技术间可能出现较多的区别。在这类权利要求的创造性判断过程中，需要围绕发明解决的技术问题对所存在的较多区别特征进行梳理，通过分析技术特征的功能及其在所述制备方法中起到的作用以确定不同的技术特征在技术问题的解决过程中所扮演的角色，从而找到评判的重点。

在第 27275 号无效决定（200610021311.1）涉及的案件中，涉案专利保护一种柴黄制剂的制备方法，包括制备柴胡清膏、制备黄芩清膏、制成制剂三个步骤。涉案专利与附件 3 的区别在于黄芩清膏的制备方法不同：

涉案专利将黄芩提取物加入 0.5～3 倍量水，搅拌均匀，再加入浓度为5%～40%氢氧化钠溶液或者碳酸氢钠溶液适量，调药液 pH 至 5～8 后得黄芩清膏，而附件 3 则是将黄芩提取物加水溶解得清膏。根据涉案专利说明书的记载，其发明目的是提供一种新的柴胡制剂，该柴胡制剂的水溶性较好，有利于吸收，可提高生物利用度。附件 7 公开了一种黄芩提取物冻干粉针剂，明确公开黄芩提取物在碱性条件下溶解性较好。决定认为，虽然附件 3 中的冲剂剂型与附件 7 中的冻干粉针剂属于不同的剂型，但为了改善附件 3 冲剂中黄芩提取物的溶解性，所属领域的技术人员有动机将附件 7 冻干粉针剂中所述黄芩提取物的增溶方法应用于附件 3 中以改善其制剂中黄芩提取物的溶解性。同时，为了使提取物与碱性溶液充分混合、溶解，所属领域的技术人员可以依据提取物的加入量和提取物的溶解程度确定所使用碱的具体种类、调整加水量以及碱性溶液的浓度。为了解决涉案专利中所述的技术问题，所属领域的技术人员有动机将附件 3、7 和公知常识相结合，得到涉案专利的技术方案。

6.4 制药用途发明的创造性

已知化合物的制药用途发明的核心通常在于发现已知化合物可以用于治疗新的适应症。在这类权利要求的创造性判断过程中，需要分析所述新的适应症和现有技术公开的适应症之间的关系，重点考察从现有技术能否推知该已知化合物可以用于治疗所述新的适应症以及该已知化合物在治疗效果方面是否产生了预料不到的技术效果。

在第 78285 号复审决定（200780047062.6）涉及的案件中，涉案申请要求保护一种副干酪乳杆菌（属于乳酸菌组，DSMZ 保藏号为 DSM16667 等）在制备用于通过结合变形链球菌群治疗或预防"选自远缘链球菌、仓鼠链球菌等菌群引起的龋"的防龋组合物中的用途。对比文件 1 公开所述副干酪乳杆菌可用于防治"变形链球菌引起的龋"，上述适应症的差异构成二者间的区别特征。决定认为，对比文件 2 中公开，变形链球菌群包括变形链球菌、远源链球菌等在内的一系列口腔致龋菌，其表面蛋白抗原 Ag Ⅰ/Ⅱ具有高度保守性，参与变形链球菌与其他细菌间的粘附。可见，Ag

Ⅰ/Ⅱ蛋白在引起龋的变形链球菌群中是高度保守的,所属领域的技术人员为了预防和治疗远缘链球菌、仓鼠链球菌这类口腔致龋菌引起的龋齿,有动机采用通过表面抗原AgⅠ/Ⅱ特异性结合到所述菌群而引起微生物聚集的对比文件1中的"属于乳酸菌组的微生物",并利用所属领域的常规实验手段验证其效果,从而获得涉案申请的技术方案。在没有证据表明涉案申请产生了预料不到的预防或治疗效果的情况下,其不具备创造性。

第五章 实用性

1 实用性的判断

实用性,是指发明或者实用新型申请的主题必须能够在产业上制造或者使用,并且能够产生积极效果。

1.1 在产业上能够制造或者使用

所谓产业,包括工业、农业、林业、水产业、畜牧业、交通运输业以及文化体育、生活用品和医疗器械等行业。在产业上能够制造或者使用的技术方案,是指符合自然规律、具有技术特征的任何可实施的技术方案。

如果要求保护的发明或者实用新型涉及一种产品,该产品能够实际制造出来并且能够产生预期的效果,则其属于在产业上能够制造或者使用的技术方案。

在第16695号无效决定(200680044064.5)中,涉案专利保护一种鞋,并且限定了结构、组件及其连接关系,其在鞋底上对应于前脚掌的部位上设有凸形部分。针对该技术方案中"所述鞋底在前脚掌的部位处向上凸出,而人的脚掌形状呈向下凸出,因此鞋底形状与脚底形状无法密切对应,导致相应的技术方案无法实现,不具备实用性"的无效理由,决定认为,所属领域技术人员能够理解,该专利保护的鞋的鞋底在总体形状上顺从并符合脚的自然形状和造型,包括密切对应于脚的形状的造型和弯曲部分,而在该鞋底的对应于前脚掌的部分又形成有凸形部。所属领域技术人员根据该专利的记载完全能够制造出权利要求1所限定的鞋。另外,该专利所限定的鞋能够产生预期的技术效果,即在穿戴者穿着所述鞋时,凸形部轻轻按压穿戴者的脚底,这种轻轻向上的压力给穿戴者提供了抚慰、舒服的感觉；在穿戴者向凸形部施加重量或者就在施加重量之前，由凸形部提供的轻柔向上的力能用来张开穿戴者脚趾，从而增加舒适感和/或提供与底面的更大接触。因此，该专利的技术方案符合实用性的规定。

"能够制造或者使用"，关键在于技术方案在产业中被制造或者使用的可能性。只要所属领域技术人员根据说明书和权利要求书的记载，结合其具有的技术知识可以判断出发明或者实用新型能够制造或者使用即可，不需要考虑是否已经实施或者实施的难度大小。

在第11151号无效决定（200420041573.0）中，涉案专利保护一种六爪、八爪阳极钢爪校直机顶推装置，并限定了其结构、组成部件及相应的连接关系。根据说明书的记载，该装置可以制造得非常小巧，从而可以在有限的空间内将阳极电解槽所用的弯曲阳极钢爪校直。针对无效请求人"由于空间位置小，专利权人生产的机械装置中采用该专利的技术方案制造不出来，均采用其他方案制造，证明该专利不具备实用性"的主张，决定认为，尽管由于该装置小巧精密，对制造工艺技术要求较高，但是这并不等同于该实用新型产品不能制造。专利权人没有在自己的产品中实施实用新型技术方案，也不能证明该方案就不能实施，发明或者实用新型是否已经实施不影响相应的发明或者实用新型专利是否具备实用性的判断。

实用性的评判应当针对要求保护的技术方案，但是在判断技术方案能否制造、使用时，应当以申请日提交的说明书（包括附图）和权利要求书所公开的整体技术内容为依据，只有以所公开的全部内容为依据，才能发现其不具备实用性的关键症结。

在第20130号复审决定（200410022711.5）中，涉案申请要求保护一种磁动机的制造方法，所述磁动机本身的机械结构是可以依据现有技术制备获得的。决定认为，涉案申请的发明目的在于以磁动机作为发电机使用，即不需要能量输入，仅通过电磁转换以及电磁体之间的相互作用力获取新的能量输出。根据说明书的记载，该磁动机装置通过电磁体和永磁体的相互作用而带动发电机发电并给蓄电池充电，在整个装置内形成了电能—磁能—机械能—电能的能量转换过程。可见，权利要求要求保护的磁动机的制造方法本质上是在违反能量守恒定律的说明书内容的基础上提出的，其技术方案实质上是想利用上述电能—磁能—机械能—电能的能量转换过程获得新的能量输出。虽然根据权利要求的记载可以制造得到相应的装置，但是所述方案违背了能量守恒定律的自然规律，无法在产业上使用，因而该申请不具备实用性。

实用性要求的"能够制造或使用"是指发明或者实用新型申请的技术方案具有在产业中被制造或使用的可能性，不能制造或使用是技术方案本身固有的缺陷所致，与说明书公开的程度无关。

在第6628号无效决定（97208750.8）中，涉案专利保护一种电风扇，其机体中设置有高比表面积的水工质立体蒸发装置及其供水装置，在水工质立体蒸发装置腔体内设置有由叶轮、电动机及送风机构成的高真空高压送风装置，并且限定了所述高比表面积的水工质立体蒸发装置，由安装在机体内的罩式蒸发板和设置在蒸发板上的网状蒸发器构成。针对无效请求人"由于'罩式蒸发板'的结构在说明书及其附图中均没有具体说明，应理解为封闭成一体的板罩，由此采用该结构无法将风送出，实现不了蒸发降温的目的，证明该专利不具备实用性"的主张，决定认为，通过该专利说明书可以看出，上述"罩式蒸发板"的作用是为了支撑网状蒸发器，而看不出其对气流起任何封闭或导向的作用，该专利的技术方案完全能够实施。无效请求人的上述主张是基于该专利说明书的公开程度不够，导致所属领域技术人员不知如何具体实施，而得出该专利的目的无法得以实现的结论。即使其主张成立，这种不能实现也不是由于技术方案存在固有缺陷引起的，因为带有"罩式蒸发板"的电风扇技术方案并没有违背自然规律，具有在产业中被制造或使用的可能性，满足实用性的要求。

如果按照说明书给出的信息，相应的产品可以被制造，但所属领域技术人员结合在申请日之前的普通技术知识，可以确定发明或者实用新型的技术方案违背自然规律，即使相应的产品可以被制造，也应当认为其不具备实用性。

在第38436号复审决定（200810070508.3）中，涉案申请要求保护一种天空电荷接收利用装置。根据说明书的记载，该申请所述装置本身的结构是可以重复制造的，说明书已经充分公开了所要求保护的技术方案。决定认为，根据静电平衡理论，当天空电荷接收利用装置中的电荷接收金属帆和设于地面的设备一起处于大气静电场中时，它们都会达到静电平衡状态，在金属帆和设于地面的设备中不会存在电荷的定向移动，无法将高空的电荷收集并传送到设于地面的设备。可见，在没有外界能源不断提供能量的情况下，该申请的天空电荷接收利用装置无法实施，该申请要求保护的技术方案违背了有关"导体处于静电平衡状态下，整个导体是等势体"的自然规律，不具备实用性。

1.2 能够产生积极效果

实用性意义上的"能够产生积极效果"并不要求发明或者实用新型完美无缺。只要存在的缺点或者不足之处没有严重到使相关技术方案无法实施，明显无益或者脱离社会需要，就不能以此为由否定其实用性。

在第 4128 号无效决定（88108122.1）中，涉案专利保护一种由三块多孔平板紧密重叠组成而没有阀腔的多路阀，其中采用薄板条对密封圈进行固定。针对"在剪切力的作用下，在阀门的启闭过程中该薄板条将对密封圈造成损坏，影响其封闭效果，导致权利要求 1 的技术方案无积极效果，不具备实用性"的无效理由，决定认为，在阀门的旋转过程中薄板条的确会对密封圈产生剪切力，而且有可能损坏密封圈，但损坏程度的大小将取决于材料及形状的选择（例如可以选择刚性较小的薄板条、强度较大的密封圈，或者选择适当的薄板条形状），只要选择适当，这种现象是可以被消除或减弱，这种选择对所属领域普通技术人员来说不存在任何困难。另外，发明创造都可能存在缺陷或不足，但不能因为产品存在缺陷或不足就否定其实用性，只要这种缺陷或不足的存在不影响该产品的制造及使用，并能产生一定的积极效果，就符合专利法对"实用性"的要求。

在第 25302 号无效决定（201220548697.2）中，涉案专利保护一种防止地电位高压反击的隔离保护装置，包括有接地系统的雷电流频率阻抗控制器单元，其中所述的雷电流频率阻抗控制器单元由带阻滤波器和反击二极管单元串联组成。针对"该技术方案中将带阻滤波器串联反击二极管，增加了新的干扰源，破坏了带阻滤波器原有的隔离效果，导致其不能产生积极效果，不具备实用性"的无效理由，决定认为，本专利的技术方案是通过在带阻滤波器之后串联二极管，虽然增加干扰源可能影响带阻滤波器原有的隔离效果，但是其对雷电流的残压进行阻挡，弥补雷电流频率阻抗控制器的不足，在一定的情况下能够实现对雷电流的防控，达到了预期的效果，不属于明显无益或者脱离社会需要的情形，具备实用性。

实用性所要求的积极效果是可以预期的，明显无益、脱离社会需要的技术方案不能产生可以预期的积极效果，因而不具备实用性。一般说来，发明或者实用新型与现有技术相比，即使谈不上存在什么优点，仅从提供了更多的技术选择余地的角度，也可以认可其能够产生积极效果。

在第 18700 号复审决定（200480015250.7）中，涉案申请要求保护一种用于发电的轻便水轮发电机，根据说明书的记载，其应用方式在于通过往塔架注水，利用水位差将水的势能转换为动能冲击水轮机发电，再将水流通过水泵抽至塔架中，形成一个发电的循环。决定认为，尽管该申请要求保护的装置在运行过程中实际上是一种耗能装置，但是能量的消耗并不表示该申请就明显无益、脱离社会需要。纵观该申请文件，并未对将水供至塔架上的能量来源的类型进行任何限定，当所属领域技术人员欲利用该申请的水轮发电装置产生动力和/或获得电能时，显然不会将整个水轮发电机系统的输入动力选择为电能，即不会选择利用电能来将水抽到塔架上；同时，该申请的目的在于设计一种新型水轮发电机，其在使用时既不受到季节的影响，也不受到地域等因素的限制的情况下产生动力和/或获得电能。所述水轮发电装置具有小型化、轻便等特点，欲将水提供至其塔架上，可以采用多种方式，例如人力提供的能量，这是本领域技术人员可以预期得到的。该申请的技术方案能够在产业中制造或者使用，并且至少提供了一种储备能源的可选方式，能够产生积极效果，符合有关实用性的规定。

2 缺乏实用性的典型情形

不具备实用性的几种常见情形包括无再现性、违背自然规律、利用独一无二的自然条件的产品、人体或者动物体的非治疗目的的外科手术方法、无积极效果等。

2.1 无再现性

再现性，是指所属技术领域的技术人员，根据发明公开的技术内容，能够重复实施专利申请中为解决技术问题所采用的技术方案。

如果权利要求的技术方案是一种方法，该方法在产业中能够使用，且能够重复实施并解决所述技术问题，即使该方法的实施过程中存在某些随机性因素，也不影响该技术方案具备再现性，满足实用性的要求。

在第109470号复审决定（201080047090.X）中，涉案申请权利要求1请求保护一种实现以更高效率产生随机突变用于单子叶植物质体ACCase的耐受除草剂的突变体的方法。决定认为，该方法实质上是一种高效产生突变体的方法，其实施中需要包含两个步骤：a. 提供来自单子叶植物的植物细胞或组织；b. 在加入噻草酮条件下培养所述植物细胞或组织，以产生耐受噻草酮的培养物。对于步骤a而言，无论所提供的植物细胞或组织中是否包括了随机突变，该步骤只是用于提供随后供噻草酮压力选择的植物材料；对于步骤b而言，其本质上是通过环境胁迫，即在噻草酮存在的选择压力下，通过增加的噻草酮浓度达到选择耐受噻草酮的植物。由于所属领域公知，单子叶植物具有耐受环境胁迫的本能，具有适应外界环境改变的应激性，在一定的胁迫条件下进行选择，通常都能够获得具有耐受性相对较好的植物材料，而且使用除草剂压力胁迫筛选也是植物育种工作中常规应用的技术；同时说明书所提供的实验数据也证实通过该方法的实施，可以解决获得具有高除草剂耐受性植物的技术问题。因此，采用权利要求1的方法，产生噻草酮耐受性增加的植物是可以重复实现的，具有再现性，符合实用性的规定。

明显缺乏科学依据并且没有证据证明其可以重复再现的技术方案，不具备实用性。

在第30752号复审决定（200410034515.X）中，涉案申请要求保护一种检测方法，利用经过挑选的气功大师感应雄性哺乳动物生物场而回射电磁波，并以此使得检测设备的显示器发生划圈或者钟摆运动，从而判断其生育后代的性别，并优化其后代的质量。决定认为，该技术方案不具备再现性，理由在于：首先，根据说明书所述的检测设备结构可知，其使用了屏蔽罩，电磁波无法达到其探测部位，因此上述检测设备所产生的钟摆或者划圈等运动均无法反映被测生物体的生物场，利用上述设备测定生物体的生物场缺乏科学依据；其次，该方案需要具备特定技能的人进行操作，并且上述特定技术的生物学意义也不明确，更无从解释所述运动能够预测哺乳动物后代的性别；再次，高级哺乳动物均为同类雄性与雌性动物进行配对后生育后代，其后代性别是否仅取决于雄性也是未知的，而涉案申请仅测定雄性哺乳动物的生物场来预测其后代的理论亦缺乏科学依据，也未经科学实验验证。

2.2 违背自然规律

如果发明或实用新型违背了自然规律，则相应的技术方案因不能制造或者使用而不具备实用性。

在第105828号复审决定（201210123928.X）中，涉案申请要求保护一种新型热机，根据说明书的记载，所述新型热机进入正常循环之后即不需要外部能量来源，仅依靠外界环境热量和大气压力就能够使该新型热机连续地工作。决定认为，根据热力学第二定律，机器不能从单一热源取热使之完全转换成有用功而不产生其他影响，在权利要求的技术方案中，无论空气介质在各个装置内的流动是何种过程，该热机作为一个整体，其意图从大气环境中吸收热量来输出功，正常循环时不需要外部能源可自行运行，即该热机仅仅从单一热源吸取热能便能持续对外做功，这明显违背了热力学第二定律，属于第二类永动机（从单一热源吸热使之完全变为有用功而不产生其他影响的热机），该技术方案是无法实施的，不具备实用性。

在第31730号复审决定（200710200553.1）中，涉案申请要求保护一种高效电动机，其中定子和转子的硅钢片被磁化后产生作用力，使转子运转到与定子平直时，电流转换器将电流转给下一个定子线圈，按顺序继续反复下去，能使同一轴上多个转子轮流做功连续运转，在电动机运转中，产生的作用力的能量大于反电动势的能量。决定认为，该申请的高效电动机在运行过程中，其输入能量为外接发电机输入的电能，当定子铁心、线圈组成的耦合磁场通过电路输入电能时，磁场将发生变化，并对电路做出反应。考虑到转子、转轴在转动过程中必然产生装置内部的能量损耗（如热能等）及其他因素，根据机电能量转换过程中的能量关系公式"（电源输出的电能）=（耦和磁场内储能的增加）+（装置内部的能量损耗）+（输出的机械能）"可知，由电磁转矩产生的机械能输出 W_{mech} 只可能小于输入耦合场的电能 W_e，即电源输出的电能，而不可能如复审请求人所称，作用力的能量（机械能输出 W_{mech}）大于反电势的能量（输入耦合场的电能 W_e，也即电源输出的电能）。因此，涉案申请的技术方案不符合能量守恒定律，不具备实用性。

2.3 利用独一无二的自然条件

如果权利要求涉及利用独一无二的自然条件完成的技术方案，其实施与特定的自然条件联系在一起，不可能直接适用于其他不同的地方，则所述技术方案不具备实用性。

在第35623号复审决定（200510113015.X）中，涉案申请要求保护一种大洋暖流循环工程，该工程是在各大洋之间已有海峡的基础上，彻底打通太平洋—印度洋—红海—地中海—大西洋—北冰洋之间的海峡，构成暖流循环道，形成大洋间暖流的循环。根据说明书的记载，所述方案的目的在于循环开发大洋暖流资源，开创暖流恒温生态史。决定认为，该申请技术方案中所利用的各大洋之间已有的海峡属于地球上独一无二的自然条件，技术方案依托于特定的自然条件而建造，实施的工程自始至终都是不可移动的唯一产品，不可能直接运用于其他不同的地方，因而使得方案无法正常在产业上重复制造和使用，导致该申请不具备实用性。

如果权利要求的技术方案本身的实施并不依赖于独一无二的自然条件，足以重复实施，并获得预期的技术效果，即使说明书具体实施方式中涉及这些自然条件，也不影响所述技术方案具备实用性。

在第49870号复审决定（200910272785.7）中，涉案申请要求保护一种黄河上游梯级水电站群的联合运行设计与优化调度的方法，其中的参数来自于对几个特定水库的测量，或者是根据生产生活需要的具体要求而确定。决定认为，尽管该申请说明书中例举了针对黄河上游梯级水电站群的具体地理位置、气候、流量、库容量等特点选取和定义不同的参数，建立相应的龙羊峡、拉西瓦、李家峡、公伯峡、积石峡和刘家峡这六个水电站模型，在每个具体实施方式中均涉及了独一无二的自然条件，即该技术方案在实施过程中会根据具体水库的不同自然条件而形成具体实施方案，但上述参数的获取和调整方法不依赖上述独一无二的自然条件而能够重复实施，普遍适用于不同的地理条件，其技术方案可以重复实施，具备实用性。

2.4 非治疗目的的外科手术方法

人体或者动物体的非治疗目的的外科手术方法，由于是以有生命的人或者动物为实施对象，一般而言无法在产业上使用，通常不具备实用性。

在第65326号复审决定（201010301212.5）中，涉案申请要求保护病人的进食方法，包括在病人进食时首先将硅胶管的末端经口腔插入至病人食管上端的步骤。根据说明书的记载，该进食方法更接近病人的生理需要，有利于营养供给，同时有利于病人吞咽功能的恢复，减轻病人的痛苦。决定认为，介入性治疗、介入性处置均属于专利法意义上的外科手术方法，通常指无需开刀、无需暴露病灶，只需在血管、皮肤上进行微创治疗或处置的方法，或者经人体原有的管道进行非创伤性治疗或处置的方法。该申请所要求保护的进食方法使用硅胶管这种器械，经过人体咽喉、食道进入人体并直达病灶部位，属于前述情形。该申请的技术方案属于非治疗目的的外科手术方法，不具备实用性。

如果要求保护的技术方案中包含了简单的介入性处置步骤，只要该步骤个体差异小，且不必须依靠医护人员的专业技能就能实施，则不宜将该技术方案认定为非治疗目的的外科手术方法。

在第30369号复审决定（200610081469.8）中，涉案申请要求保护一种以腺病毒为载体乳腺表达生产转基因蛋白药物的方法,其中包括"腺病毒导入乳腺"的步骤。决定认为,本申请的所述方法作为一个整体,其要解决的技术问题是生产转基因蛋白药物。其中"导入乳腺"步骤不需要利用和考虑个体特异性,从说明书的内容来看,对动物个体及动物的乳腺没有任何特定要求,不需要根据个体的特有特征进行相应的改变;"导入乳腺"这一步骤也是本领域技术人员在利用乳腺生物反应器生产基因工程蛋白药物过程中常用的,例如其可以采用乳导管通过动物乳头通道直接将腺病毒"灌入"乳腺而不对动物造成伤害。即使将"导入"理解为以注射的手段导入,在无需考虑个体差异的情况下,"注射"这种简单的介入性处置操作也可以不必依靠医护人员的专业技能而轻易实施。此外,根据说明书的记载,权利要求的方法还达到了不伤害动物、使用安全、效益可观、缩短新药研发周期、降低成本的有益技术效果。因此,权利要求所述技术方案并不会因为在有生命的动物体进行实施而导致无法在产业中使用,具有再现性,且能够取得有益的技术效果,符合实用性的规定。

2.5 无积极效果

明显无益、脱离社会需要、严重污染环境、严重浪费能源或者资源、损害人身健康的发明或者实用新型技术方案因无积极效果,而不具备实用性。

在第 110431 号复审决定(201210109724.0)中,涉案申请要求保护一种消除大中城市空气污染的方法,所采用的技术手段为:在城市周边建立几个大型产气厂,将产气厂产生的气通过管路通到路灯杆根部,从路灯杆根部喷出,来清除空气中的污染物。决定认为,大气层的最底层是对流层,风、云、雨等气象变化多发生在这一层,对流层中厚度在 1～2 公里以下是低层大气,排入大气的污染物大部分活动在此层。城市污染物在空气中扩散、稀释的最直接的决定因子是自然界风的作用,而自然界风形成的直接原因是大气气压在水平方向分布不均匀。尽管该申请的技术手段是完全可以实现的,但是相应的技术方案仅能够在地表几米的范围内控制一定量的干净气流,其风速、风量不足以影响大气气压,继而不足以影响厚度为 1～

2公里的低层大气中污染物的扩散,也无法实现"把空气中的病毒、细菌和污染物吹散,清除空气中的所有垃圾"的目的。因此权利要求1的技术方案消耗能源而不能产生预期的积极效果,明显无益、脱离社会需要,不具备实用性。

第六章 说明书

专利制度的一个重要特点是"以公开换取保护",发明人以向社会公开其发明创造为代价,获得一定时间期限内的专利独占权。一方面,一定时期内垄断的专利保护可以提高发明人从事发明创造的积极性;另一方面,发明人对专利技术信息的及时充分公开又有助于推动科技的整体进步,实现设立专利制度的初衷。

专利制度的这一特点是通过对专利申请文件或专利文件的撰写要求体现出来的。具体而言,要求说明书应当满足《专利法》第 26 条第 3 款的规定,即要获得专利独占权,申请人必须承担充分公开其专利技术的义务,对发明或实用新型作出清楚、完整的说明,使得所属领域技术人员能够实现要求保护的发明或实用新型。这一规定以保证社会公众能够从专利申请文件中获得有用的实现发明创造的技术信息为前提,界定了发明创造能够被授予专利权的最低要求,也为专利申请的新颖性、创造性和实用性的审查提供了事实基础。

判断说明书是否符合《专利法》第 26 条第 3 款的规定,核心在于准确把握"以所属领域技术人员能够实现为准"这一标准。说明书中对发明或实用新型的说明是否足够清楚和完整,最终应归结于说明书中记载的内容是否达到了使所属领域技术人员能够实现该发明或实用新型的程度。

所属领域技术人员能够实现,是指所属领域技术人员按照说明书记载的内容,就能够实现该发明或者实用新型的技术方案,解决其技术问题,并且产生预期的技术效果。在具体的判断过程中,最重要的是把握以下三点:一是要准确站位所属技术领域,从所属领域技术人员的角度,判断说明书对于发明或实用新型技术方案的说明是否清楚,对于实现该技术方案的必要信息记载是否完整;二是要根据说明书记载的内容、相关现有技术以及所属技术领域的公知常识,合理认定发明或实用新型所要解决的技问题或预期的技术效果，客观判断发明或实用新型技术方案能否解决所述技术问题，能否达到预期的技术效果；三是当由于技术领域特殊性等原因，使得对于技术方案能否解决所要解决的技术问题或达到预期技术效果的判断必须依赖于相应的实验结果加以证实才能得出结论时，还要考察说明书中对实验结果的记载情况。

1 能够实现的必要条件

在说明书中对要求保护的技术方案进行清楚、完整的说明，以使所属领域技术人员依据说明书记载的内容就能够实现该技术方案，是《专利法》第 26 条第 3 款的基本内涵。虽然技术方案能否实现依赖于很多因素，比如技术方案本身是否遵循自然规律等，但清楚说明该技术方案、完整记载实施该技术方案不可缺少的技术内容是能够实现该技术方案的必要条件。

1.1 清　楚

在说明书中清楚地说明要求保护的技术方案，是所属领域技术人员能够实现该技术方案的前提。如果针对要求保护的技术方案，说明书中的表述含糊不清，导致所属领域技术人员无法清楚、准确地理解其含义，无法实现要求保护的技术方案，则说明书不符合《专利法》第 26 条第 3 款的规定。

1.1.1 技术用语

为保障所属领域技术人员能够实现发明或实用新型的技术方案，说明书使用的技术术语应当含义清晰、指向明确，不会造成理解错误。如果描述发明或实用新型所使用的技术术语在所述技术领域中存在歧义，说明书中又未对该技术术语的含义予以明确界定，使得所属领域技术人员不能够清楚地理解并实现发明或实用新型，则说明书不满足《专利法》第 26 条第 3 款的规定。

在第 11647 号复审决定（01107369.1）中，涉案申请要求保护一种治疗胃病的中药组合物，其中含一味药是"藤子暗消"。经查中药领域工具书《中药大辞典》可知，"藤子暗消"是中药异名，它对应于两种正名的原料——"南木香"和"羊蹄暗消"。决定认为，说明书中没有具体说明

"藤子暗消"的性状特征和功能，无法认定其为这两味药中的哪一种；而且，这两味药虽然均可在治疗胃病中使用，但性味不同，在使用中不能随意互换，因此无法认定"藤子暗消"可以同时指代这两种原料。另外，审查过程中申请人提交了一份植物鉴定证明，主张涉案申请中使用的"藤子暗消"是不同于"南木香"和"羊蹄暗消"的第三种中药，但该植物鉴定证明并不足以证明所属领域技术人员在阅读涉案申请说明书时能够获知其中使用的中药材"藤子暗消"是所述第三种中药。基于所属领域技术人员在阅读涉案申请说明书时不能获知"藤子暗消"这一中药异名指代的究竟为何种中药原料，因此无法实现该发明。涉案申请说明书不符合《专利法》第 26 条第 3 款的规定。

说明书中通常应当使用发明或实用新型所属技术领域的技术术语。如果使用自造词，应当在说明书中给出明确的定义或者说明，以保证其对于所属领域技术人员来说含义是清楚的。如果说明书中对于与实现发明或实用新型密切相关的内容使用了自造词，但未对该自造词的含义予以明确界定，导致所属领域技术人员不能够清楚地理解并实现发明或实用新型，则说明书不满足《专利法》第 26 条第 3 款的规定。

在第 13248 号无效决定（200410001150.0）涉及的案件中，涉案专利要求保护一种用于治疗骨质增生疾病的药物的制造方法，其特征在于，使用气相指痕光谱定量，使其重量百分比为云母石 97.1%、黄连 0.97%、枯矾 1.93%，但是说明书中对于"气相指痕光谱"并未给出明确的定义。决定认为，涉案专利所要求保护的技术方案中包括"使用气相指痕光谱定量"的步骤，然而"气相指痕光谱定量"不是所属技术领域的常规术语，属于专利权人的自造词。根据说明书中对于"气相指痕光谱"所检测对象的描述可以确定，该检测方法不同于现有技术中已知的"气相色谱法"；同时，包括实施例在内的涉案专利说明书的所有部分也均未提及和对其进行解释，由此导致所属领域技术人员无法确定三种组分的准确含量，无法实现涉案专利的技术方案。

1.1.2　明显错误

说明书在对要求保护的技术方案进行描述时，存在错误在所难免。如果说明书中存在错误，但所属领域技术人员根据其所掌握的普通技术知识并结合申请文件的上下文不仅能够识别该错误，而且能够确定其唯一正确的理解，则所述错误为明显错误。该明显错误的存在通常不会影响所属领域技术人员准确理解并实现要求保护的技术方案，不会导致说明书不符合《专利法》第26条第3款的规定。

在第12720号无效决定（01266086.8）涉及的案件中，涉案专利要求保护一种洗涤抽胶处理桶，其说明书在描述该洗涤抽胶处理桶中滤网的位置时存在前后不一致的问题：根据说明书概述部分的文字记载，滤网设置于胶质出口下方，但在说明书附图所示的技术方案中，滤网架设于胶质出口上方。决定认为，涉案专利所述洗涤抽胶处理桶的用途是从海藻中萃取获得天然胶质，根据说明书中对所述洗涤抽胶处理桶的具体实施方式以及工作原理的描述，被绞碎的海藻原料从位于桶体上方的原料导入口输入，海藻原料释出天然胶质，天然胶质可渗透滤网集聚于排放口关闭的桶体底部，经位于桶底的胶质出口抽出所需的天然胶质。基于说明书记载的上述内容可以确定，滤网必然位于胶质出口的上方。若将滤网置于胶质出口的下方，则无法实现将海藻原料和天然胶质相分隔以获得纯净天然胶质产品的发明目的，将没有任何技术意义。因此，说明书中技术方案概述部分对于"滤网位于胶质出口下方"的记载属于明显笔误，且该笔误的存在不足以导致所属领域技术人员对涉案专利的技术方案产生错误的理解，不会导致涉案专利不符合《专利法》第26条第3款的规定。

在第13880号无效决定（02802459.1）涉及的案件中，涉案专利要求保护一种氧化铝纤维聚集体及其制造方法。根据说明书的记载，在制造氧化铝纤维聚集体的过程中使用的纺丝液中，铝和硅的重量比为99∶1～65∶35，碱性氯化铝的浓度为180g/L～200g/L，水溶性高分子化合物的浓度为20g/L～40g/L。请求人认为，当碱性氯化铝的浓度为180g/L～200g/L时，纺丝液无法形成合适的粘度，采用该组分的纺丝液实际上无法制备获得涉案专利的氧化铝纤维聚集体；专利权人认为，说明书中"碱性氯化铝的浓度"为明显错误，应当是"铝的浓度"。对于说明书记载的上述内容中的"碱性氯化铝的浓度"是否属于"铝的浓度"的明显笔误，是否影响说明书的充分公开，决定认为：涉案专利中无论是说明书还是权利要求书，只要涉及纺丝液组分的部分记载的均是"碱性氯化铝的浓度",并且除了实施例以外,该术语均与其所在段落的上下文要表达的意思完全对应,没有出现意思表达不连贯的现象;虽然实施例中部分参数存在矛盾之处,但是除将"碱性氯化铝的浓度"认定为"铝的浓度"的笔误外,还存在其他合乎常理的可能,例如,可将实施例1中"20重量%硅溶胶溶液606g"理解为"6.2重量%硅溶胶溶液606g"的笔误;对于"1.0L的铝浓度为165g/L的碱性氯化铝的水溶液",既可将其理解为"1.0L铝浓度为51g/L的碱性氯化铝的水溶液"的笔误,又可将其理解为"0.3L铝浓度为165g/L的碱性氯化铝的水溶液"的笔误。因此,所属领域技术人员根据说明书的记载不能直接确定"碱性氯化铝的浓度"属于"铝的浓度"的明显笔误,说明书中记载的技术方案对于所属领域技术人员而言是含糊不清的,不符合《专利法》第26条第3款的规定。

1.2 完 整

原则上,一份完整的说明书应当包括帮助理解发明或实用新型不可缺少的内容,确定发明或实用新型具有新颖性、创造性和实用性所需的内容以及实现发明或实用新型所需的内容。实践中,只有当说明书中内容的缺失影响到所属技术人员实现发明或者实用新型时,才会因说明书记载内容不完整而认为其不符合《专利法》第26条第3款的规定。

1.2.1 缺乏具体技术手段通常不满足完整说明的要求

如果说明书中只给出任务或设想,或者只表明一种愿望或结果,而未给出任何使所属领域技术人员能够实施的技术手段,则其对于发明或实用新型的描述不完整,将因缺乏解决技术问题的技术手段而被认为无法实现所述发明或实用新型。

在第28896号复审决定(00130391.0)的涉案申请中,权利要求涉及"一种易脱离的球形燃料箱,内有气胆,压力可调"。根据说明书的描述,该球形燃料箱用于降低飞行器在空难中的伤害,具体而言,将所述燃料箱与飞行器成易脱离安装关系,发生事故时,燃料箱会因冲击或气压脱离飞行器,从而降低事故的损害程度。但是说明书只描述了该燃料箱为球形,内有气胆，压力可调，对于如何实现"发生事故时易脱离"这一设想和/或结果，没有记载任何具体的技术手段，缺少对于实现该结果的相应技术要素的描述。决定认为，说明书没有记载任何具体的技术手段来实现燃料箱与飞行器之间的"易脱离"，导致所属领域技术人员按照说明书记载的内容，不能实现易脱离的燃料箱的技术方案，并产生预期的技术效果，实现发明目的，因此说明书对技术方案的说明不符合《专利法》第26条第3款的规定。

如果说明书对于理解和实现发明或实用新型必不可少的技术内容仅表述为相应的功能或者效果，所属领域技术人员无法对应于具体的技术手段，则说明书对技术方案的说明未达到能够实现该发明或者实用新型的程度。

在第21737号复审决定（200510091773.6）中，涉案申请要求保护一种用于改善二维/三维视野的液晶显示装置及其显示方法。根据说明书的记载，现有技术的液晶显示装置是利用电机方法进行修正或调整的机械可调式结构，调整复杂，准确度与稳定度低，仅可应用于正确输入观看者欲停留的位置/角度信息的情况，无法在毋须考虑观看者距离显示装置远近的情况下仍能维持一致的高质量画面。涉案申请选择本身具有可调整特性的组成材料作为可调整结构单元，或者再结合现有的机械结构，通过精确控制引导单元与感光单元彼此间的距离，提供最佳化的二维/三维视野效果。决定认为，涉案申请说明书中仅记载组成材料的特性包括电性、膨胀特性、温度特性和压力特性，没有记载具有上述特性的组成材料的具体成分和结构，也没有记载如何将这种材料的特性应用于液晶显示装置中并与其中的部件配合来实现精确地控制引导单元与感光单元彼此间的距离，从而达到最佳化的二维/三维视野效果，而这些要素对于实现涉案申请的液晶显示装置及显示方法来说是必不可少的。由于对所属领域技术人员来说，根据说明书记载的内容无法具体实施这种可调整式的结构单元，以达到精确地控制引导单元与感光单元彼此间的距离，提供最佳化的二维/三维视野的技术效果，所以涉案申请未对发明作出完整的说明，不符合《专利法》第26条第3款的规定。

1.2.2 完整说明并不意味着文字描述要面面俱到

在说明书中完整描述要求保护的技术方案,并不意味着说明书对于所述技术方案的文字描述要面面俱到。对于所属领域技术人员基于其常识能够知晓的内容,如果未在说明书中作详细说明,也不影响所属领域技术人员对技术方案的理解和实施,则其缺失不足以导致所述技术方案不满足《专利法》第 26 条第 3 款的规定。

在第 24253 号无效决定(200710017898.3)的涉案专利中,权利要求 1 涉及一种移动式隧道窑烧砖系统,请求人认为,说明书中没有说明沿环形轨道移动的码坯机组是如何与环形输坯机配合工作的,导致说明书对于要求保护的技术方案的说明不符合《专利法》第 26 条第 3 款的规定。对此,决定认为,根据背景技术的介绍可知,移动式隧道窑烧砖工艺是现有技术中已知的一种烧砖工艺,现有技术中存在多种移动式隧道窑方案,其中功率最大的制坯机组都要求供电线路具有旋转连接的功能,这导致方案存在诸多弊端。涉案专利将制坯机组固定,通过在环形轨道一侧设置与环形轨道同心的环形输坯机,将制坯机组制出的砖坯经普通输坯机输送至环形输坯机,再通过环形输坯机与沿环形轨道旋转的码坯机组联接,使得砖坯被移至码坯机组进行进一步处理。鉴于实施涉案专利的所属领域技术人员熟知移动式隧道窑烧砖工艺,因此,结合涉案专利的发明目的和这些设备的作用及功能,所属领域技术人员应当知晓如何将砖坯从环形输坯机移至码坯机组上,例如既可以采取人工搬运,也可以借助机械手等方式。由于说明书并不必须要把所属领域技术人员熟知的这些技术内容一一作文字记载,因此,在所属领域技术人员基于说明书记载的内容,结合其常识能够实现权利要求技术方案的情况下,涉案专利说明书缺失的内容并不足以导致涉案专利不符合《专利法》第 26 条第 3 款的规定。

在第 17596 号复审决定(200510018971.X)涉及的案件中,涉案申请要求保护一种检测猪伪狂犬病毒荧光定量 PCR 试剂盒,其中涉及使用"标准阳性模板 pG–HB",该阳性模板是含有猪伪狂犬病毒毒株 gE 基因 167 个核苷酸片段构成的 pGEM–T 载体。但说明书中没有记载有关 pGEM–T 载体构建的信息,也没有记载如何将伪狂犬病毒 gE 基因 167 个核苷酸片断连接入

pGEM - T 载体。对于上述信息的缺失是否会导致说明书公开不充分，决定认为，pGEM - T 载体是所属领域技术人员公知的常规载体，可以通过商业途径购买获得，至于如何将已知的 gE 基因 167 个核苷酸片段连接入载体，也属于所属技术领域的常规技术，所属领域技术人员运用常规实验手段即可实现"标准阳性模板 pG - HB"的制备，说明书中省略相关载体构建信息不会导致涉案申请不符合《专利法》第 26 条第 3 款的规定。

在第 45408 号复审决定（200810033228.5）中，涉案申请要求保护一种单套通信器件实现的双卡双待手机，该手机通过片选模块控制电子开关以控制 SIM 卡切换。针对涉案申请不符合《专利法》第 26 条第 3 款的驳回理由（说明书中仅给出了各模块及其要实现的功能和效果，没有给出如何具体实施的技术手段），决定认为，虽然涉案申请说明书没有具体描述片选模块和电子开关的内部构造，也没有具体描述如何通过片选模块控制电子开关实现 SIM1、SIM2、SIM 接口的选择性连通，但是片选技术是模拟及数字电子技术领域公知的芯片选择技术，所属领域技术人员很容易根据模拟及数字电子技术领域的公知常识构造出具有片选功能的片选模块，而电子开关也是所属技术领域公知的电子元件，其内部结构是所属领域技术人员所熟知的，因此，通过片选模块发出的片选信号实现对电子开关中和 SIM 卡相应管脚的选择，从而在需要读写 SIM1 时，通过片选模块给出的片选信号，将选中的 SIM1 的 I/O 和 CLK 两个管脚连通至 SIM 接口，需要读写 SIM2 时，通过片选模块给出的片选信号，将选中的 SIM1 的 I/O 和 CLK 两个管脚连通至 SIM 接口，从而实现两个 SIM 卡之间的切换，是所属领域技术人员结合公知常识完全能够实现的。说明书中未记载的内容属于所属领域技术人员的常识，这些内容的缺失并不会导致要求保护的技术方案不符合《专利法》第 26 条第 3 款的要求。

1.2.3 背景技术中符合要求的引证文件也需纳入考虑

判断说明书对于技术方案的公开是否满足《专利法》第 26 条第 3 款的规定，应当考察说明书中记载的全部内容。虽然对于实现发明必不可少的内容，通常不建议以引证文件的方式撰写，但是在特定情况下，引证文件中记载的内容也可以作为判断说明书是否充分公开的参考。这样的引证文件必须满足以下条件：第一，引证文件应当是公开出版物；第二，说明书中对于引证文件的出处以及引证内容给出明确的指引；第三，所引证的非专利文件和外国专利文件的公开日应当在涉案专利或专利申请的申请日之前公开，所引证的中国专利文件的公开日不晚于涉案专利或专利申请的公开日。

在第1512号复审决定（94115232.4）涉及的案件中，驳回决定认为，涉案申请中所用的骨乳粉、骨乳酱、浓缩骨乳液是用第94100648.4号中国专利申请中的生产方法获得的，但该申请在涉案申请的申请日之后公开，在涉案申请的申请日及申请日之前公众无法了解到涉案申请所用的这些成分，因此无法实现发明。对此，决定认为，《专利法》第26条第3款主要是为了确保申请人向公众公开有关其发明创造的足够信息，以此作为其获得一定时间期限的专利独占保护的前提条件，从而实现申请人和公众的利益平衡。如果基于所公开的申请文件，公众客观上确已能够获得实施该发明创造所需的必要信息，就应当认为该专利申请的说明书符合《专利法》第26条第3款的规定。涉案申请的说明书已经引用了申请人本人向专利局提出的在先申请，并在说明书中描述了有关内容，当涉案申请公开时，其所引用的在先第94100648.4号专利申请也已公开，公众可以根据说明书的提示找到该文件并得知所述"骨乳粉、骨乳酱、浓缩骨乳液"的具体成分及制备方法，从而获得实施该发明所需的必要信息。在这种情况下，应当认为涉案申请符合《专利法》第26条第3款的规定。

在第7908号复审决定（03128910.X）涉及的案件中，发明采用的原料含氟混合环硅氧烷是一种新的物质，不能从现有技术中获得，涉案申请中也未公开其制备方法。涉案申请说明书的背景技术中引证了申请号为03128909.6的专利申请，其中公开了"含氟混合环硅氧烷、制备方法及其用途"，但该专利申请的公开日与涉案申请的公开日相同。决定认为，在涉案申请公开时，第03128909.6号中国专利申请也同时处于公众能够得知的状态，公众在阅读涉案申请说明书内容的同时，可以根据说明书的指引毫不费力地找到其中引证的第03128909.6号中国专利申请，获知含氟混合环硅氧烷及其制备方法的相关技术内容，从而获得实施涉案发明所需的必要技术信息。这种情况下，涉案申请符合《专利法》第26条第3款的规定。

在第 46074 号复审决定（200510107600.9）中，涉案申请要求保护一种将视频源从第一频率转换成第二频率的系统，其中第二处理电路重复输入视频帧或场以将第一频率转换成第二频率，在频率转换的时候，还需要进行解隔行扫描，使用"运动自适应解隔行扫描"方式。但是说明书中并未包含有关"运动自适应解隔行扫描"的内容。决定认为，虽然涉案申请说明书引用了美国临时专利申请 60/616071，其名称为"在执行反转影讯视频解隔行扫描中对不规则性的探测与纠正"，其中涉及运动自适应解隔行扫描器（MAD），但是该专利申请的公开日晚于涉案申请的申请日，不能被引入作为涉案申请说明书的一部分来判断技术方案是否充分公开。

2 能够实现的判断

能够实现，是指所属领域技术人员按照说明书记载的内容，就能够实现发明或实用新型的技术方案，解决其技术问题，并且产生预期的技术效果。

2.1 权利要求与能够实现

判断是否能够实现应当针对权利要求书中要求保护的技术方案。如果说明书中给出了技术手段，但对于所属领域技术人员来说，根据说明书记载的内容，该技术手段无法使权利要求的技术方案被具体实施，则说明书的公开不符合《专利法》第 26 条第 3 款的规定。

在第 34992 号复审决定（200810218971.8）中，涉案申请要求保护一种飞行汽车，能够飞行是该汽车的必要技术特征。根据说明书的描述，其使用升空装置使汽车垂直升降并可悬浮在任意高度，从而实现具有飞行功能的汽车。具体而言，由两层密度低柔软坚韧不透气的材料组成升空装置，其中外层材料与内层材料之间形成小空腔，内层材料形成大空腔，小空腔中充入压缩空气，大空腔内部"抽成真空"；内外层材料之间用密度低柔软坚韧弹性小的蜂窝状材料连接；小空腔充入压缩空气后能承受大空腔中空气被抽走所形成的"真空压力"，使得升空装置"不会因为真空压力而塌缩"；大空腔内部空气密度小于升空装置外部空气密度，从而获得类似氦气球的与大空腔体积相关的升力。决定认为，分析上述技术手段可知，对于小空腔而言，由于其内侧的大空腔被抽真空，内侧的压力小于大气压，而小空腔外侧受到的是大气压的作用，外侧压力比内侧压力大，内外压差会导致小空腔向内收缩，致使内侧的大空腔塌缩，直至大空腔内外压力基本相等。大空腔塌缩后其内部气体压力接近外部大气压，大空腔受到的浮力显然不足以使汽车升空，而小空腔内部的气体密度大于外部的大气密度，因此小空腔受到的浮力不足以克服其自身的重力，升空装置无法悬浮，也就无法实现汽车的飞行。基于说明书中给出的技术手段不能实现飞行的汽车，而这恰恰是权利要求所要求保护的技术方案，因此说明书对要求保护的技术方案的公开不符合《专利法》第26条第3款的规定。

2.2 技术问题、技术效果与能够实现

要解决的技术问题得到解决与达到预期的技术效果是一个问题的两个方面。能够解决发明或实用新型要解决的技术问题或者能够达到预期的技术效果是发明或实用新型技术方案能够实现的一个重要因素。实践中，既可以直接考察要解决的技术问题是否得到解决，也可以通过对比预期的技术效果与实际产生的技术效果反推要解决的技术问题是否得到解决。

虽然说明书记载或声称要解决的技术问题（或预期的技术效果）是判断技术方案是否被充分公开的重要依据，但是，在判断说明书是否符合《专利法》第26条第3款的规定时，不能仅局限于考察所述技术方案能否解决说明书中声称要解决的技术问题（或能否达到预期的技术效果）。如果说明书中声称要解决的技术问题未得到解决（或未达到预期的技术效果），所属领域技术人员根据说明书公开的内容、技术方案本身、相关现有技术以及所属技术领域的公知常识，能够确定所述技术方案至少能够解决一个技术问题（或达到至少一种技术效果），则不宜适用《专利法》第26条第3款否认其获得专利权的可能性。

2.2.1 明显夸大的技术效果

虽然在说明书中客观、准确描述技术方案所能产生的技术效果是申请文件撰写的基本要求，但是实践中也不乏明显夸大技术效果的专利申请。

如果根据对技术方案的理解，能够确定发明或实用新型可以解决现有技术中存在的问题，具有有益的技术效果，则说明书中对于发明或实用新型技术效果的明显夸大通常不会导致其不符合《专利法》第26条第3款的规定，除非申请人坚持以该明显夸大的技术效果作为技术方案充分公开的判断基础。

在第16761号复审决定（200510049005.4）涉及的案件中，涉案申请要求保护一种贯流式真空海水淡化装置和方法，说明书中称该装置和方法可以实现用真空泵对系统进行一次抽真空后，就保证在系统运行中维持永久真空，但是，基于对技术方案的整体理解，涉案申请技术方案不可能达到永久真空的技术效果。对于说明书中夸大描述的技术效果是否会导致涉案申请不符合《专利法》第26条第3款的规定，决定认为，根据涉案申请说明书记载的内容，所属领域技术人员可以确定，该装置和方法能够有效地防止外界气体进入真空系统，从而可在较长的时间内维持真空；同时，结合实际需要可知，所述装置在一个使用周期或使用寿命内维持真空即可，并不要求阀门"永久"密封，装置"永久"真空，即所属领域技术人员根据说明书的记载能够实现发明的技术方案，解决相应的技术问题。在这种情况下，如果仅因申请人在申请文件中对技术效果进行了夸大记载，实际获得的技术效果不能达到申请人声称的程度，就剥夺申请人就该发明的方案获得专利保护的权利，明显有失公平。

2.2.2 声称产生多种技术效果

当说明书中声称发明或实用新型的技术方案能够解决多个技术问题（或者产生多种技术效果）时，说明书记载的内容通常只要使所属领域技术人员确定所述技术方案能解决其中一个技术问题（或达到其中一种预期效果），即被认为满足《专利法》第26条第3款的要求。

在第12018号无效决定（03117579.1）涉及的案件中，涉案专利要求保护一种甘露聚糖组合物，根据说明书的记载，涉案专利的甘露聚糖组合物相对于现有技术已知的甘露聚糖肽产品，成分更加清楚，疗效更好，安全性更高，分子截留方法简单，成本低，但是说明书中仅证明了该甘露聚糖相对于现有技术中已知的甘露聚糖产品具有更高的药效活性,并没有证明其具有安全性高的优点。决定认为,在涉案专利说明书已经证明了其产品的药效活性优于传统产品的情况下,说明书未能充分证明涉案专利产品的其他性能,例如毒性优于传统产品,并不会导致涉案专利不符合《专利法》第26条第3款的规定。

2.3 实验证据与能够实现

当所属领域技术人员依据现有技术的整体状况,结合所属技术领域的常识及其具备的常规技能,无法预期权利要求的技术方案能够具有声称的用途和/或使用效果时,说明书中应当提供相应的实验证据,证明所述技术方案具有所述用途和/或使用效果。

2.3.1 需要实验证据的情形

并非所有的专利申请都必须在说明书中给出实验数据才能满足《专利法》第26条第3款的规定。在大部分情况下,所属领域技术人员根据技术方案本身足以确定技术方案能够产生的技术效果,申请人无需再通过实验证据进行证明。只有在某些以实验为主的技术领域,当所属领域技术人员无法确定技术方案能够产生的效果时,提供表明所述技术方案效果的实验证据才是必不可少的环节。也就是说,发明必须依赖实验结果加以证实才能成立,是说明书中必须给出实验数据的前提。

如果所属领域技术人员根据现有技术的整体状况无法确定所要求保护的技术方案能否产生声称的技术效果,例如对于结构上与已知化合物不接近的化合物以及已知化合物的全新用途发明,由于现有技术中不存在相关或类似的技术方案,要求保护的技术方案效果的确认就成为发明能够成立的基础。对于这类发明,如果说明书中未公开相关实验的实验结果,则不符合《专利法》第26条第3款的规定。

在第73780号复审决定(200780042615.9)涉及的案件中,涉案申请要求保护一种通式化合物,说明书中记载所述化合物可以控制血管生成或抑制TNF-α、TNF-β、IL-12、IL-18等细胞因子的生成,从而可治疗癌症、与血管发生相关的病症、疼痛包括但不限于复杂区域性疼痛综合症、黄斑变性和相关综合症、皮肤病等多种疾病，但未公开任何能够证明该化合物效果的实验数据。决定认为，涉案申请要求保护的化合物属于结构全新的化合物，现有技术中并无与其结构相似且具有相同或相类似活性的化合物，故该化合物能否解决说明书中声称的技术问题、达到预期的技术效果将依赖于实验结果的证实。但是涉案申请说明书中并未提供任何实验数据，而是仅仅泛泛地提到该化合物具有多种机理的活性，可以治疗大量的疾病。在这种情况下，说明书中公开的实际上仅仅是一种结果未定的宽泛的研究方向，不能满足《专利法》第26条第3款对说明书的要求。

但是，如果所属领域技术人员根据现有技术的状况能够预期技术方案的用途和/或使用效果，则发明不属于必须依赖实验结果加以证实才能成立的情况，即使说明书中未记载相应的实验数据亦满足《专利法》第26条第3款的规定。

在第66546号复审决定（200680050481.0）涉及的案件中，涉案申请要求保护补体旁路途径抑制剂在制备用于预防或改善补体活化相关眼部疾病的药物中的用途，但说明书中并未记载足以证明补体旁路途径抑制剂能够用于治疗补体活化相关眼部疾病的实验数据。对于上述补体旁路抑制剂的治疗效果是否必须依赖实验结果加以证实才能成立，决定认为，现有技术中已知补体抑制剂可以通过阻断膜攻击复合物MAC，达到治疗补体活化相关眼部疾病的效果。虽然现有技术中用于治疗补体活化相关眼部疾病的补体抑制剂并非补体旁路途径抑制剂，但是旁路途径是所属技术领域公知的补体系统活化途径之一，所属领域技术人员结合现有技术中对补体抑制剂治疗原理的描述以及所属技术领域对补体旁路激活途径的认识，能够预见到补体旁路途径抑制剂同样能够影响MAC的组装，进而治疗或改善与补体活化相关的眼部疾病，故涉案申请不属于必须依赖实验结果加以证实才能成立的情况，未记载相应的实验数据并不会导致说明书不符合《专利法》第26条第3款的规定。

在第63757号复审决定（200680053212.X）中，涉案申请要求保护一种半导体芳胺聚合物。针对说明书不符合《专利法》第26条第3款的驳回理由（即，涉案申请声称要求保护的芳胺聚合物可以用于磷光发光材料的基质材料,但说明书中没有记载任何有关该芳胺聚合物本身和由其制得的器件的光电性能数据,导致所属领域技术人员不能实现该发明),决定认为,经查,说明书实施例1-9合成了咔唑类或三芳胺的化合物,实施例10-18使用实施例1-9的化合物与芴进行偶联聚合反应合成了所述半导体聚合物,实施例19将实施例10合成的聚合物1在LED内作为空穴传输材料进行了应用,其中以CBP[4,4'-双(咔唑-9-基)联苯]和铱的络合物作为磷光发射层,实施例20将聚合物1在绿色LED内用作基质,其也使用了上述CBP和铱的络合物。根据所属技术领域的公知常识,三芳胺、咔唑等化合物是所属技术领域常用的空穴材料,而聚芴类聚合物是所属技术领域常用的聚合物发光材料,前者的作用是通过平面共轭结构和富电子的性能来辅助空穴的传递,而后者的作用则是通过提供平面共轭结构使电子和空穴结合成为激子。实施例19-20中所使用的CBP和铱的络合物是所属技术领域常用的磷光掺杂剂,利用其较低的三线态能隙将其作为客体,接收来自主体材料(基质)三线态能级上的能量,然后发出磷光。鉴于实施例中的化合物都是所属技术领域公知的电致发光材料,所属领域技术人员基于公知常识即能够预期通过上述化合物制备的半导体聚合物同样具有光电性能,也能预期权利要求19-20的器件在磷光掺杂剂的作用下能够发出磷光。因此,即使说明书未记载相应的发光效果,所属领域技术人员基于说明书公开的内容结合公知常识也能够预期到涉案申请技术方案能够解决发光的技术问题,并产生预期的技术效果,未记载光电性能数据不会导致说明书不符合《专利法》第26条第3款的规定。

在第74341号复审决定(200880023124.4)涉及的案件中,涉案申请要求保护新型儿茶酚胺衍生物(前药),其通过在体内代谢为儿茶酚胺化合物(母体化合物)的方式产生药物活性,该前药是亚甲基二氧基形式的前药或酯形式的前药。对于权利要求的技术方案是否属于必须依赖实验结果加以证实才能成立的情形,决定认为,涉案申请说明书中引用的三篇现有技术文献已经公开了涉案申请化合物的母体化合物及其具有的药理活性,涉案申请的改进之处在于将母体药物改造为前药。鉴于所属领域技术人员根据其拥有的普通技术知识结合现有技术中对于类似化合物的研究,能够预见涉案申请所要求保护的亚甲基二氧基形式的前药能够代谢为相应的母体药物，因此该技术方案并不属于必须依赖实验结果加以证实才能成立的情形，未提供实验数据不会导致发明不符合《专利法》第26条第3款的规定。

当权利要求要求保护晶体化合物时，一方面，说明书中不仅应当说明所述晶体化合物的物质组成和晶体结构，而且应当记载能够证明所述物质组成和微观结构的相应的物理化学参数（如定性或定量数据和谱图）；另一方面，说明书中还应当记载所述晶体化合物的至少一种制备方法，使所属领域技术人员能够实施。如果所属领域技术人员根据说明书记载的信息不能确认所述晶体化合物的物质组成和微观结构，或者依据说明书记载的制备方法不能确信能够得到所述晶体化合物，则说明书对于所述晶体化合物的公开未达到所属领域技术人员能够实现的程度。

在第13582号无效决定（96195564.3）中，涉案专利权利要求1保护含1~8摩尔水的Ⅰ型结晶阿托伐他汀水合物，其通过两种表征方式共同对所述结晶水合物进行定义：（1）产品组成，即含1~8摩尔水的阿托伐他汀水合物；（2）表征其微观结构的X射线粉末衍射谱（下称XPRD）或碳13核磁共振谱（下称^{13}C NMR）数据。决定认为，首先，对于水合物晶体，水会不会占位或者含水量的多少将影响其XPRD，在所属技术领域中并没有统一的教导，在说明书中仅声称阿托伐他汀水合物中水不占位、不影响XPRD，但没有提供相应证据的情况下，所属领域技术人员无法确信含1~8摩尔水的阿托伐他汀水合物都具有相同的XPRD；其次，权利要求保护的结晶产品是通过其组成（阿托伐他汀，水含量）和微观结构（XPRD或^{13}C NMR）共同定义的，水含量是产品组成中必不可少的一部分，但说明书中未提供任何数据证明得到的Ⅰ型结晶阿托伐他汀水合物中确实包含1~8摩尔水，从说明书公开的制备方法步骤、用于表征产品晶型的XPRD和^{13}C NMR数据及谱图中也无法推知结晶产品中的水含量为1~8摩尔；再者，无论是根据说明书给出的一般性方法，还是根据具体实施例，所属领域技术人员均无法确信如何才能受控地制备得到涉案专利保护的含1~8摩尔水的Ⅰ型结晶阿托伐他汀水合物。因此，涉案专利说明书对权利要求1中结晶水合物的公开没有达到所属领域技术人员能够实现的程度，不符合《专利法》第26条第3款的规定。

2.3.2 对实验证据的要求

对于需要在说明书中提供实验证据加以证实的情形，所提供的实验证据应达到所属领域技术人员确信技术方案能够具有所述用途和/或技术效果的程度。未达到这一程度的实验证据，无法用于证实权利要求的技术方案能够实现。

在第 53577 号复审决定（200680050758.X）中，涉案申请要求保护一种式 Ia 或 Ib 的化合物（结构式略），说明书中称所述化合物对胆固醇酯转运蛋白（CETP）有抑制作用，能够用于治疗由 HDL 胆固醇的低水平和/或 LDL-胆固醇和甘油三酯的高水平所影响的疾病，例如动脉粥样硬化和心血管病。涉案申请说明书公开了化合物通式、通用合成方法、1272 个制备实施例，记载了分析化合物药理学特性的标准试验方法，但是对于相关测试结果，说明书仅记载"在小于 100μM 的两个不同浓度下，本发明化合物将胆固醇酯转运蛋白（CETP）抑制了 30% 以上，其效力优选小于 5μM，更优选具有小于 500nM 的效力"，没有具体说明实验结果由哪些样品获得。决定认为，首先，涉案申请的效果无法依据公知原理、定律和结构就可以推出，且涉案申请也从未提及存在现有技术证据致使所属领域技术人员能够推知，在申请日时能够成功通过该权利要求的技术方案解决胆固醇酯转运蛋白的抑制；其次，对于实验结论的记载方式，"实验所采用化合物、实验方法、实验结果以及实验结果与其要证明的用途和/或效果的对应关系是实验证据必不可少的组成部分"，涉案申请略去了全部的实验用化合物的名称及结构，代之使用"本发明化合物"代表这些化合物，使得所属领域技术人员无法得知具体采用的实验物质，无法获知实验证据中出现的活性数据具体对应何种化学结构，也就无法判断出效果与化学结构之间的具体关系。并且，《专利法》第 26 条第 3 款对于充分公开的要求是将其作为一种申请人欲换取专利独占权而必须履行的义务，如果所属领域技术人员根据说明书公开的技术信息，需要通过大量反复的试验才能最终确认其所要求保护的技术方案是否能够解决其主张的技术问题或者确认具体哪些化合物能够解决主张的技术问题，则不能认可该申请人已经履行其充分公开的义务，这对于公众而言也是不公平的。该案中，说明书中关于实验结果的记载未达到所属领域技术人员能够实现发明的程度，不能证明说明书对于要求保护的技术方案的公开符合《专利法》第 26 条第 3 款的规定。

说明书中对实验结果予以描述时，并不仅限于提供最原始的底层实验数据，提供的实验数据只要能够使所属领域技术人员确信发明具有所述用途和/或使用效果即可。

在第 73510 号复审决定（201010115179.7）中，涉案申请要求保护含有 18487C→T，20598C→T 或 24549T→C 杂合突变的 VANGL2 突变基因，以及该突变基因在制备应用于神经管畸形的孕前预警基因检测的基因芯片中的用途。该案争议点之一在于，说明书提供的实验结果能否证实所述 3 个突变与神经管畸形疾病之间的相关性。对此，决定认为，虽然涉案申请说明书未明确记载所述 3 个突变位点在 6 个病例样本中的分布情况，也未明确记载所述 3 个突变位点在所有对照样本中的检测结果，但是说明书中对实验结果的表述并不仅限于提供原始实验数据，涉案申请说明书，尤其是实施例 1 和附图 1 中记载的内容已清楚地表明了试验中待测样本与正常对照之间的对比结果，能够证明所述 3 个突变与神经管畸形之间的关联性。

专利审查过程中，要求在说明书中提供实验数据的目的在于证明技术方案的可行性，但在药品上市申报审批中要求提供实验数据，目的则在于证明药品的可靠性、安全性和有效性，二者属于完全不同的要求。不宜用药品上市申报审批中对实验数据的要求作为专利审查过程中认定实验数据的基准。

在第 66176 号复审决定（200880114256.8）中，涉案申请要求保护肝癌罹患诊断标志物在制造肝癌罹患诊断试剂盒中的用途。决定认为，专利审查的标准并不等同于行政管理部门的市场准入标准。相对于专利审查中对于发明具备可行性的要求而言，医药行政管理部门对于诊断标志物的准入标准从可靠性、安全性、有效性等方面提出了更高的要求。以医药行政管理部门的市场准入标准来要求专利申请中的实验数据，超出了专利审查所适用的所属技术领域的一般证明标准。涉案申请说明书中证明所述标志物与肝癌存在合理的相关性，即已满足了对专利说明书充分公开的要求，该标志物的灵敏度是否偏低不是判断说明书是否充分公开时需要考虑的因素。

2.3.3 补充实验数据

申请日后提交的补充实验数据只可以用于印证专利申请说明书中已经公开的内容，而不能改变依据原始申请文件确定的公开的事实。

在第 69977 号复审决定（200780033059.9）中，涉案申请要求保护火蚁毒液提取物在治疗阿尔茨海默病的药物中的用途。为了克服驳回决定指出的公开不充分的缺陷，复审请求人提交了在动物模型中进行进一步研究所得的实验数据（附件 1），以佐证说明书中的研究结果。决定认为，首先，实施例 1 采用的是所属技术领域研究此类疾病的标准实验模型和方法，具体的实验条件、评价标准等均是已知的，所属领域技术人员能够理解其实验结果的含义，实施例 2 的实验清楚体现了该患者用药前后的对比情况，实施例 1 和实施例 2 的结果能够相互印证，在综合考虑说明书的整体内容后，所属领域技术人员已经能够将火蚁毒液提取物与治疗阿尔茨海默病建立合理的关联；其次，复审请求人提交的附件 1 中所用的动物模型和研究方法与说明书实施例 1 一致，附件 1 的研究虽然是在申请日后做出的，但其反映的内容并不是申请日之后的新发现，其实验数据只是进一步验证了说明书实施例 1 中的实验结果，能够辅助证明说明书实施例 1 中的实验结果是可信的。因此，可以用于佐证由说明书实施例 1 和实施例 2 所得到的实验结果。

如果申请日后提交的补充实验证据所证明的技术效果是所属领域技术人员无法从专利申请公开的内容中得到的，则所述补充实验证据不能证明说明书对要求保护的技术方案的公开符合《专利法》第 26 条第 3 款的规定。

在第 73780 号复审决定（200780042615.9）中，涉案申请要求保护一种通式化合物（结构式略），说明书中公开了 58 个具体化合物的制备方法及产物的结构确认数据。说明书记载，涉案申请的化合物可以控制血管生成或抑制某些细胞因子的生成，从而可治疗癌症、与血管发生相关的病症等一系列适应症。为了克服公开不充分的缺陷，申请人在实质审查过程中补充提交了在该通式范围内的 32 个具体化合物抑制 TNFα 的效果实验数据。决定认为，鉴于根据现有技术无法预期所述化合物能够具有说明书声称的活性，说明书中也未公开任何效果实验数据说明这一点，因此，尽管申请人补充提交的实验数据所涉及的 32 个具体化合物在涉案申请说明书中记载的 58 个具体化合物之内，但是并不能证明申请人在申请日时已经完成并公开了相关效果验证工作，不能改变说明书公开不充分的事实。

2.4 生物材料的保藏

对于涉及生物材料的发明，如果该生物材料是实现发明必不可少的要素，同时又是公众不能得到的，申请人应当将所述生物材料提交到国家知识产权局认可的保藏单位进行保藏。未按要求进行保藏的，涉案专利或专利申请不符合《专利法》第 26 条第 3 款的规定。

2.4.1 "公众不能得到"的含义

根据《专利法实施细则》第 24 条的规定，应当将生物材料进行保藏的前提是该生物材料是公众不能得到的，其中"公众不能得到"，是指该生物材料既无法由所属领域技术人员根据说明书提供的信息制备获得，也无法在申请日前由公众通过商业购买等方式获得。

在第 20304 号复审决定（99807588.4）涉及的案件中，涉案申请要求保护一种可从粘膜炎布兰汉氏球菌中分离出来的属于粘膜炎布兰汉氏球菌抗原的蛋白质。对于其中涉及的粘膜炎布兰汉氏球菌 K65 菌株是否属于公众不能得到的生物材料，决定认为，根据说明书的记载，所述 K65 菌株来自澳大利亚 Sir Charles Gardinar 医院回收的痰液的临床分离物，由于客观条件的限制以及样品中特定微生物存在的偶然性，所属领域技术人员无法根据说明书中给出的信息重复获得同样的菌株，同时该菌株也不是可以通过商业购买等途径获得的已知菌株，因此，该 K65 菌株属于公众不能得到的生物材料。

在第 44765 号复审决定（200910238154.3）涉及的案件中，权利要求的技术方案中涉及"鸡新城疫病毒 ZM10 株"。决定认为，根据申请人提交的兽药注册证书和销售发票可知，所述鸡新城疫病毒 ZM10 株是公众在申请日前可以通过商业渠道购买得到的生物材料，属于申请日前公众可以得到的生物材料，因此无需进行保藏。

2.4.2 "实现发明必不可少"的含义

实现发明必不可少的生物材料，是指发明的重复实施需要完全依赖所述生物材料。如果所属领域技术人员依据说明书公开的信息可以重复实施发明，不是必须从所述生物材料开始，则该生物材料不是实现发明必不可少的要素，未对其予以保藏不会导致说明书对要求保护的技术方案的公开不符合《专利法》第 26 条第 3 款的规定。

在第 5350 号复审决定（93121424.6）中，涉案申请要求保护一种免疫活性嵌合抗 CD20 抗体，说明书中公开了通过制备特定的杂交瘤 2B8 获得该抗体的方法以及编码该抗体的 DNA 序列。对于未保藏所述杂交瘤 2B8 是否会导致说明书不符合《专利法》第 26 条第 3 款的规定这一问题，决定认为，虽然涉案申请的嵌合抗 CD20 抗体最初是通过制备特定杂交瘤 2B8 的方式获得的，但是在说明书中已经公开了编码该抗体的 DNA 序列。在此情况下，所属领域技术人员再次制备该抗体时，并不是必须要从制备杂交瘤开始，其完全可以依据说明书中公开的核苷酸序列信息，通过所属技术领域的常规技术人工合成出涉案申请要求保护的嵌合抗 CD20 抗体，因此，杂交瘤 2B8 并不是实现发明必不可少的生物材料，未保藏该杂交瘤不会导致涉案申请不符合《专利法》第 26 条第 3 款的规定。

2.4.3 说明书中的保藏信息

对于涉及生物材料保藏的专利申请，说明书中原则上应当记载该生物材料的保藏信息，包括该生物材料的分类命名、拉丁文学名、保藏单位名称、地址、保藏日期和保藏编号等，并以所属领域技术人员根据说明书记载的信息能够得到该生物材料为准。部分信息的缺失如果不影响到所属领域技术人员得到该生物材料，则不会导致说明书对要求保护的技术方案的公开不符合《专利法》第 26 条第 3 款的规定。

在第 18816 号无效决定（95117436.3）中，涉案专利的技术方案中使用了保藏号为 CGMCC 0239 的热带假丝酵母菌株，但是说明书中仅记载了该菌株的保藏单位和保藏编号，没有记载该菌株的保藏日期。对于该瑕疵是否会导致涉案专利不符合《专利法》第 26 条第 3 款的规定，决定认为，对于保藏单位和保藏编号确定的生物材料而言，其保藏日期是唯一的。虽然涉案专利说明书中记载的菌株保藏信息不完整，但是所属领域技术人员根据说明书中已公开的保藏信息，即菌株的保藏单位和保藏编号应当能够获知保藏日期，并足以得到该热带假丝酵母菌株从而实现发明，所述瑕疵不会导致涉案专利不符合《专利法》第 26 条第 3 款的规定。

第七章　权利要求

《专利法》第 26 条第 4 款规定："权利要求应当以说明书为依据，清楚、简要地限定要求保护的范围。"《专利法实施细则》第 20 条第 2 款规定："独立权利要求应当从整体上反映发明或者实用新型的技术方案，记载解决技术问题的必要技术特征。"

根据上述规定，授予专利权的权利要求保护范围应当清楚，且与其对现有技术做出的贡献匹配，能够得到说明书的支持；此外，独立权利要求还应记载解决技术问题的必要技术特征。

1　权利要求保护范围的确定

专利作为一种知识产权，其权利范围是由权利要求界定的，授权专利通过权利要求向社会公示权利范围，并且以权利要求作为保护范围的依据进行侵权判定。因此，正确认定权利要求保护范围是专利申请授权、专利确权乃至专利保护的基础。

1.1　权利要求的理解与认定

发明或者实用新型专利权的保护范围以权利要求的内容为准，说明书及附图可以用于解释权利要求的内容。一般情况下，权利要求中的用词应当理解为相关技术领域通常具有的含义。在特定情况下，如果说明书中指明了某词具有特定的含义，并且权利要求保护范围由于说明书对该词的说明而被限定得足够清楚，则这种情况也是允许的。

1.1.1　所属领域通常具有的含义

《专利审查指南》规定："权利要求中的用词应当理解为相关领域通常具有的含义。"因此，确定权利要求的保护范围，需要所属技术领域的技术人员全面理解发明，以该领域的通常含义理解权利要求中的用语。

当权利要求的用语属于所属领域普遍认同的惯用技术术语时，应当按照其含义理解权利要求，特别是在授权程序中；当权利要求的用语并非具有唯一确定含义时，所属技术领域技术人员应当在全面了解说明书描述的发明的前提下，理解权利要求中用语的正确含义，进而确定权利要求的保护范围。此外，在确定权利要求的保护范围时，强调所属领域技术人员的理解的另一个主要目的，是要避免因脱离技术意义地进行机械的字面理解而导致产生不符合逻辑的理解。

1.1.1.1 所属领域惯用术语

如果权利要求中的某一术语在发明或实用新型所属技术领域内被广泛使用，并且其一般惯用的含义已被所属领域技术人员广泛知晓并认同，则该术语应当优先被理解为所述一般惯用的含义，除非这一含义明显导致权利要求的技术方案在技术上不合逻辑或者没有意义。

在第75644号复审决定（200910261837.0）涉及的案件中，权利要求1限定液压控制制动器系统包括"先导卸荷溢流阀"。决定认为："依据本领域技术人员的公知常识，先导卸荷溢流阀具有防止系统过载的作用，系统正常工作时，阀口处于关闭状态，液压泵输出流量全部进入执行元件；当系统超载，系统的压力超过溢流阀调定值时，溢流阀迅速打开，油液流回油箱，系统压力不再升高，确保系统安全"，也就是说，在液压传动领域中，术语"先导卸荷溢流阀"属于被普遍知晓的技术术语，通常被理解为阀常闭，以并联方式在系统中被动工作，以内泄式泄油的模式起到卸荷作用，这一含义在液压传动领域已被广泛接受。在按照这一含义理解权利要求不会导致出现技术上不合逻辑或没有意义的情况出现时，权利要求1中的"先导卸荷溢流阀"应当理解为其在所属领域中的上述通常含义。

1.1.1.2 参照说明书和附图理解权利要求的用语

对于权利要求中使用的在所属技术领域内未被赋予普通、惯用含义的用词，应当以权利要求的技术方案为基础，结合说明书中对该技术方案所对应的技术问题和技术效果的描述，客观确定该用词涵盖的技术含义。

在第 30469 号无效决定（201120297051.7）涉及的案件中，权利要求 1 保护一种空调室内机，其中限定"导风板（1）在转动过程中，整个转动空间都处在出风口外侧；当空调器停止运行时，导风板（1）覆盖在出风口外端部"。决定认为，根据说明书的记载，"本实用新型的目的在于提供一种空调室内机，具有导风板打开闭合机构，通过简单的装配方式，实现导风板闭合情况下，与出风口位置处完全封闭，没有缝隙，外观效果好"，可见涉案专利权利要求 1 保护的技术方案所对应解决的技术问题在于，"导风板在完全闭合情况下与出风口在上下以及左右方向上均存在缝隙，导致灰尘、霉菌进入空调器"，结合说明书和附图的内容，所属领域技术人员能够确定，权利要求 1 中"导风板覆盖在出风口外端部"真正表达的含义应当为"导风板在上下以及左右方向上均覆盖出风口的外端部"。

在第 30705 号无效决定（00817905.0）涉及的案件中，权利要求 1 请求保护一种用于注入器的注射器，其中限定"无论所述注射器相对于所述注入器的定向如何，所述注射器均借助向后的轴向移动连接于所述注入器"。请求人认为，上述限定包括了注射器相对于注入器"定向"和"非定向"两种情形，"定向"是权利要求 1 所要求保护的一个下位技术方案。对此，决定认为，按照一般文义解释，权利要求 1 中的"无论 A 相对于 B 的定向如何"所表达的含义是不苛求 A 相对于 B 的定向方向，而不是表示 A 相对于 B 可以是"定向"或者"非定向"的。此外，说明书中的记载也印证了这一点，如涉案专利说明书在描述发明目的时记载"……需要一种可以方便地连接于注入器的注射器，而且不必考虑注射器和/或注射器柱塞的特定方向"；以及"在将注射器连接于注入器之前，不需要以任何特别的方式定向注射器"，并且说明书提供了数十个实施例以释明如何在无需定向的情况下做到将注射器连入注入器中。由此可见，权利要求 1 要保护的技术方案应是方便的无需特别定向方式即可连接于注入器的注射器，注射器"定向"连接至注入器的技术方案并不属于权利要求 1 保护范围中的下位技术方案。

某些技术术语在不同的技术领域中可能具有不同的含义，要准确理解此种术语的含义，正确确定相应权利要求的保护范围，应当以所属技术领域的技术人员角度，在阅读专利文件的基础上全面理解发明，进而确定所述术语的具体含义。

在第31835号无效决定（201010104157.0）涉及的案件中，独立权利要求1要保护一种显示处理方法，其限定为：一种组件显示处理方法，其特征在于，包括：移动终端获取组件处于待处理状态的指示消息；所述移动终端根据所述指示消息对容器中显示在屏幕上的显示区域进行缩小处理，以使所述屏幕在所述显示区域缩小后空余出的区域显示所述容器的隐藏区域，所述容器包括容纳组件的显示区域和隐藏区域。对于该权利要求的理解，当事人间存在分歧，争议焦点主要集中在对"组件"的理解。请求人认为专利说明书通过举例的方式给出了什么是组件，同时说明，组件不限于上述举例，因此，权利要求中的"组件"可被理解为如对比文件中公开的网页、应用程序窗口、菜单、电子名片等。专利权人则认为本专利的"组件"应被理解为与说明书中的定义性质等价或相同的组件。

决定认为，专利发明中经常出现"组件"一词，但在不同的技术领域，组件的具体含义并不完全相同，例如，在电学领域通常将其理解为组成电子元件的各个部分，在计算机编程领域可以将其理解为程序指令的执行对象，并且该对象在显示过程中会存在缓冲显示，等等。因此，不同技术领域会中"组件"具有不同的含义，要正确理解具体专利中所描述的"组件"，则应当以本领域技术人员的角度，依据专利文件本身，全面理解发明后确定所述"组件"的具体含义。本专利涉及电子用户设备的用户界面处理技术领域，本领域技术人员知道，现有UE的用户界面上都可以放置很多例如PC中各种应用程序的快捷方式、Widget、文件或文件夹等，本专利说明书背景技术部分记载："每种UE的用户界面上都可以放置很多组件，例如PC中各种应用程序的快捷方式、Widget、文件或文件夹等，从而便于用户使用这些组件进行相应的操作，例如打开文件或者进入相应的应用程序。"因此，本专利说明书已经对所述的"组件"有相应的定义，本领域技术人员能够明了，"组件"是用来打开文件或者进入应用程序的上述PC中各种应用程序的快捷方式、Widget、文件或文件夹等，其有别于文件及应用程序本身。

专利权的保护范围以其权利要求的内容为准，说明书及附图可以用于解释权利要求。对权利要求的理解与认定应站位本领域技术人员的视角，基于权利要求的文字记载，结合对说明书的理解，确定权利要求的保护范围。

在第33700号无效决定（200510105502.1）涉及的案件中，涉案专利的主题为一种物理认证方法及一种电子装置。无效程序中，双方当事人争议的焦点在于，如何理解权利要求1包含的两个技术特征，"设置操作命令与物理认证方式的对应关系"以及"系统查询所述的操作命令与物理认证方式的对应关系，获知所述第一操作命令对应的第一物理认证方式"。请求人认为权利要求1的这种限定使其保护的技术方案包含了操作命令与物理认证的一对一的对应关系；专利权人则强调，从权利要求1的限定看，其只是设置了操作命令与物理认证有对应关系，并未限制所述操作命令与物理认证对应关系的具体形式，因此不包括一对一对应关系的情形。

合议组认为，基于权利要求1的文字记载可以看出，其限定了操作命令与物理认证方式有对应关系，虽然没有文字直接记载这种关系是一对一的，但从说明书相关内容看，涉案专利针对的是现有技术"虽然能够实现对使用者的身份认证，但不能够解决使用者对交易合法性认证的问题，即不能解决合法使用者与电子装置之间绑定的问题"做出的改进，为了克服这种缺陷，涉案专利的主要发明构思是，针对每一操作命令提前预设好对应的物理认证操作，由此建立合法使用者和物理认证装置之间的绑定关系，以达到安全认证的目的。说明书技术方案部分还记载，"所述操作命令与物理认证方式的对应关系为操作控制列表，所述的操作控制列表中，设置操作命令内容与对应的物理认证"，并且"第一操作命令为一组命令组合……所述第一操作命令与物理认证方式的对应关系为逻辑表达关系，包括一对一，一对多或多对多的关系"。可见，权利要求1是对说明书中记载的多个实施例的一种概括，基于本领域技术人员对涉案专利技术方案的整体理解，其操作命令与物理认证方式的对应逻辑表达关系包括一对一的方式，其能够实现发明目的，提高认证的安全性。因此，一对一的对应关系，是权利要求1所概括的多种实施方式的中一种。

正确确定权利要求1的保护范围之后，判断作为现有技术的证据1是否能破坏权利要求1的创造性，便如同拨云见日。证据1的技术方案中记载了提前设置完成的数字签名第一操作命令与物理认证按键之间的一对一的对应关系,此时如果不进行查询操作也就无法获知某一操作命令是否需要进行物理认证以及物理认证方式。所以,证据1已经公开了权利要求1中"设置操作命令与物理认证方式的对应关系"以及"系统查询所述的操作命令与物理认证方式的对应关系,获知所述第一操作命令对应的第一物理认证方式"的技术特征,合议组在此基础上评价了权利要求1的创造性。

在结合说明书的技术方案以及与之对应的技术问题和技术效果理解权利要求中的用语时,如果在本领域技术人员能够排除其他不合理的含义,确定该用语的正确含义,则应当以该确定的含义解释作为权利要求的所述用语。

在第20220号无效决定(03103421.7)涉及的案件中,权利要求1要求保护一种具有切线机构、凸轮机构、切线连接部件、压脚抬起连接部件的缝纫机,其中限定"所述驱动凸轮部件和切线连接部件及压脚抬起连接部件,设有在用切线机构结束了切线以后连续地由压脚抬起机构使压脚上升时、在从切线结束时到压脚开始上升期间、即使凸轮机构因驱动马达而动作也不向所述切线机构和压脚抬起机构的任何一个传递驱动马达驱动力的空车区间"。针对无效请求人所提出的权利要求1中的"所述驱动凸轮部件"指向不清楚;"设有在用切线机构结束了切线以后连续地由压脚抬起机构使压脚上升时"和"在从切线结束时到压脚开始上升期间"对"空车区间"的并列限制导致这一概念不清楚的无效理由,决定认为,由涉案专利说明书第2页第9～11行的记载的内容可知,"凸轮机构"由"第一凸轮"和"第二凸轮"构成,而且在说明书中"凸轮机构"同样采用了"凸轮部件"的描述;此外,结合说明书第11页倒数第2～4行的记载可以毫无疑义地确定涉案专利的"凸轮机构"设置有空车区间。由于本领域技术人员可以确定涉案专利的"凸轮机构"为被驱动的部件,因此,尽管涉案专利权利要求1中使用了"所述驱动凸轮部件""第一凸轮""第二凸轮""凸轮机构"多个不同的技术术语,但根据权利要求1中上述多个术语的逻辑关系、说明书中的上述相关记载以及附图的相应描述,可以毫无疑义地确定权利要求1中的"所述驱动凸轮部件"是指由"第一凸轮"与"第二凸轮"构成的"凸轮机构"。此外,涉案专利申请是利用位于切线结束到压脚抬起之间的"空车区间"来替代现有技术中由控制马达减速来实现充分延时的控制方式，从而达到缩短循环周期的目的，从涉案专利说明书具体实施方式部分及附图同样可以唯一地确定涉案专利所称"空车区间"设置在切线结束和压脚上升之间。因此，虽然涉案专利权利要求1中关于"空车区间"的限定中存在不符合汉语语言表达习惯的技术特征，但是结合涉案专利的说明书及附图可以唯一地推断出涉案专利的"空车区间"设置在"从切线结束时到压脚开始上升期间"。

依据说明书载明的技术问题和技术效果理解权利要求时，需要关注其是否是权利要求的技术方案本身能够解决的技术问题以及实现的技术效果，即权利要求是否限定了解决该技术问题并实现相应效果的技术特征；否则，这种依据技术问题或技术效果的理解将会引入权利要求并未记载的技术特征，不恰当地限缩权利要求的范围。

在第26515号无效决定（201020010229.0）涉及的案件中，权利要求1保护一种表面光整加工自动线，包括双滚筒光饰机、输送机、连磁力分选机和螺旋干燥机，其中限定"所述双滚筒光饰机与振动光饰机同时存在"。专利权人称，涉案专利中双滚筒光饰机与振动光饰机同时存在，分别对较小和较大零件同时进行光整处理。对此，决定认为，根据说明书的记载，涉案专利中，要解决"对较小和较大零件同时进行表面光整加工处理"这一技术问题，必须将双滚筒光饰机与振动光饰机并联连接使两者分别对较小和较大零件进行处理。然而，权利要求1仅限定"双滚筒光饰机与振动光饰机同时存在"，而未限定并联排布方式。由于同时存在并不等同于并联排布，串联排布也是一种具体的同时存在方式，而若采用串联排布方式则不足以解决上述技术问题，因此依据说明书中记载的技术问题，认为权利要求1的技术方案"可对较小和较大零件同时进行处理"是将"双滚筒光饰机与振动光饰机同时存在"限缩理解为"双滚筒光饰机与振动光饰机并联连接"，这实质上是不恰当地引入了仅在说明书中记载的"并联连接"这一具体的排布方式特征。

应当以权利要求为基础，参照说明书和附图理解权利要求中限定的词语；避免在权利要求没有相关记载的情况下，引入说明书中的内容对权利要求进行限制。

在第26381号无效决定（201320554852.6）涉及的案件中，权利要求1保护一种包括外环、中间凸环、内凸环等部件的吸盘罩。对于权利要求1中的"外环"是否应当根据说明书描述的技术效果以及具体实施例解释为"顶压在弹性胶体背部的环状部"，决定认为，虽然说明书发明内容和实施例部分均披露了外环、内凸环和中间凸环均顶压于弹性胶体背部的情形，但权利要求1的名称为"吸盘罩"，其中并未对外环与独立于吸盘罩的弹性胶体的位置关系进行限定，说明书中也未明确排除环状部未顶压在弹性胶体背部的结构，因此不能以解决"吸盘吸力不够大"这一技术问题的名义将权利要求中的"外环"理解为"顶压于弹性胶体背部的外环"，具有没有顶压于弹性胶体背部的外环的吸盘罩同样落入权利要求1的保护范围。

1.1.1.3 避免机械的字面解释

权利要求是对技术方案的表达，技术上明显不合逻辑或没有意义的技术方案通常不在权利要求的保护范围内。理解权利要求应当站在所属领域技术人员的角度，避免仅从字面上机械地将那些明显排除在外的内容作为权利要求保护的技术方案的一部分。

在第15759号无效决定（200410088150.9）涉及的案件中，权利要求保护一种将散热片应用于多个等离子体显示板的方法，包括提供其上具有粘合剂的散热材料和分离材料的散热片复合材料，其中限定"粘合剂和分离材料在每秒一米的分离速度下产生不大于每厘米40克的平均脱开负荷"。决定认为，虽然仅从数值范围上看，权利要求1中的数值可以包括0，甚至负数或者无穷大，但是对于技术方案的理解应当以所属领域技术人员为主体。如果对于所属领域技术人员来说，某数值或数值范围明显违反发明所属领域的客观规律，是所属领域不可能采用的极端数值或数值范围，则不应将技术方案中的数值范围理解为包含相应的数值或数值范围。对于权利要求1中的上述数值范围来说，如果平均脱开负荷为0，则粘合剂与分离材料不可能分开；如果为负数，则二者根本就不能粘合在一起，更谈不上所谓的脱开负荷。因此，平均脱开负荷为0或负数的情形显然违背所属领域的客观规律，是所属领域不可能采用的方式，权利要求1中的所述数值范围不可能包含0和负数，权利要求1的保护范围也不覆盖这种所属领域技术人员不可能采用的方式。

1.1.1.4　对不符合技术逻辑的明显错误用词的理解

由于权利要求撰写的复杂性，有时不可避免会产生错误描述，使得人们按照其字面含义理解会产生没有技术意义、不符合逻辑的情况。对于那些所属领域技术人员根据说明书和附图能够确定其属于明显错误，并能够唯一、合理地确定其正确含义的，在能够通过修改进行弥补时应当允许进行修改，若无修改机会，则应当根据其正确含义理解和确定权利要求的保护范围。

在第 28581 号无效决定（201020693709.1）涉及的案件中，权利要求 1 保护一种毛边机，其中限定"网篮摆动装置与网篮旋转装置通过同一传动机构驱动带动网篮在旋转的同时摆动"。决定认为，从字面上看，网篮的动作方式似乎为"在旋转的同时摆动"，即"一边旋转一边摆动"。但结合涉案专利说明书记载的传动机构的组成形式可知，在摆动机构通过摆动轴带动支撑盒从而带动网篮摆动的同时，会带动支撑盒内的从齿轮摆动，造成从齿轮与主齿轮不断的摆动啮合，在此情况下，如果旋转机构带动传动轴从而带动主齿轮旋转，会造成相互啮合的主齿轮和从齿轮发生干涉，使得主齿轮和从齿轮不能正常工作，甚至导致齿轮损坏。这意味着依照上述字面含义理解，毛边机将无法正常工作，技术上明显不成立。然而，所属领域技术人员基于其掌握的机械传动常识可知，涉案专利网篮的正常动作方式应当是摆动到一定位置后进行旋转，同一传动机构实际是指包括多个零部件的能够传递摆动驱动装置和旋转驱动装置所输出动力的同一套传动机构。因此，权利要求 1 中的上述表述属于明显错误，应当理解成"网篮摆动装置与网篮旋转装置通过同一套传动机构，带动网篮既能够摆动，也能够旋转"，并不表示网篮同时进行旋转和摆动。

在第 12816 号无效决定（200520058768.0）涉及的案件中，权利要求 1 保护一种压砖机用布料设备，其包括"分别与各个供料仓相连接并可输送各个供料仓到规定位置的控料输送带"。请求人认为，从文字表面看，权利要求 1 中的供料仓与控料输送带相连接，控料输送带可输送各个供料仓到规定位置。但根据说明书的描述可知，控料输送带与供料仓并未连接，并且输送带仅输送供料仓中的色料（而非供料仓）到规定位置。因此，权利要求限定的控料输送带与供料仓相连接的方案是所属领域技术人员无法实施的方案。对此，决定认为，所属领域技术人员结合申请文件的记载能够知晓说明书和权利要求书针对控料输送带的记载存在矛盾，同时，在申请文件记载的整体信息的基础上，所属领域技术人员能够认识到，控料输送带不应当与供料仓连接而随着供料仓一起前进，而是应当布置在供料仓下面，同时"输送带辊动将供料仓中的色料带出"。因此，所属领域技术人员基于其所掌握的知识能够识别出权利要求 1 中的表述存在错误，并能够根据说明书和附图得到唯一、合理的信息，在此情况下，权利要求 1 的上述表述应当被理解为"分别与各个供料仓相邻并可输送各个供料仓中的色料到规定位置的控料输送带"。

1.1.1.5　对"由……组成"与"包括"等术语的理解

"由……组成""……的组成为……"是化学领域封闭式组合物权利要求中经常出现的用词，一般会将其理解为不含有权利要求限定的组成特征以外的其他特征；但实践中不能将含有这类用词的权利要求一概理解为"封闭式权利要求"，需要所属领域技术人员根据发明的具体情况具体分析，例如，当权利要求的其他技术特征所作的限定与上述这种封闭式理解相反时，不能仅由于存在相关术语而认定其为封闭式权利要求。

在第 38616 号复审决定（200610157409.X）涉及的案件中，权利要求 1 保护一种治疗癫痫的饮食配方，其中限定"所述配方为：肥肉 153g，土豆 90g，鸡蛋 60g，盐、胡椒粉适量，且所述配方中，每 1000 千卡热量中含有 10g 水溶性膳食纤维"。决定认为，"开放"与"封闭"是相对的概念，不能仅凭权利要求中出现了"所述配方为……"的表述，就认为该产品组成中不再包含其他物质。权利要求明确限定其配方除了肥肉 153g，土豆 90g，鸡蛋 60g，盐、胡椒粉适量外，还包括水溶性膳食纤维，其加入量为"每 1000 千卡热量中含有 10g 水溶性膳食纤维"，这表明，在形成基础配方之后，还需要按热量配比添加水溶性膳食纤维，水溶性膳食纤维与肥肉、土豆、鸡蛋、盐和胡椒粉等其他特征一起共同构成对饮食产品组成的限定。

"包含""包括""主要由……组成"是开放式权利要求的典型用词,一般情况下,采用该类用词限定的组合物权利要求应当被理解为除了权利要求中载明的组分外,还可以含有没有明确记载的除杂质以外的其他组分。但开放式组合物权利要求并非意味着权利要求未明确记载的任意组分均可以包含在权利要求的技术方案中,哪些组分能够包含在权利要求中,需要结合权利要求中的其他特征从整体上进行判断。

第 56244 号复审决定(200780050794.0)涉及一种可光限定的聚合物组合物,权利要求采用了"包括一种聚合物"的开放式限定形式。关于权利要求中是否包括除指明的聚合物之外的其他任意组分,决定认为,对于开放式组合物权利要求,不能片面理解为其中包含任意未在权利要求中说明的组分,而是应当基于所属领域技术人员的角度进行判断。该案中,权利要求的主题名称已经明确限定要求保护的是"可光限定的聚合物组合物",而不是任意的物质,"可光限定的聚合物组合物"这一技术特征意味着在权利要求的技术方案中除所述聚合物外,可以进一步加入其中的仅是所属领域技术人员熟知或应知的符合"可光限定的聚合物组合物"这一限定条件的组分,而不可能是任意的其他组分。

在开放式组合物权利要求中,如果针对该组合物所包含的某一组分采用了明确的封闭式限定,则应当在对该组分进行封闭式理解的前提下,对该组合物作出开放式理解。

在第 30915 号复审决定(200680003862.3)涉及的案件中,权利要求保护一种固体氧化物燃料电池装置,该装置中加入的密封材料"包含"一定重量的玻璃料和一定重量的氧化锆或白榴石添加剂,其中限定,"玻璃料本身具有按摩尔%的以下组成……"。决定认为,权利要求 1 对密封材料采用了"包含以下组分"的开放式限定,说明密封材料还可以包含除了所述玻璃料和添加剂以外的其他材料。与此同时,权利要求 1 对玻璃料本身采用了封闭式限定方式,即权利要求 1 中的玻璃料除了权利要求 1 中列出的各种成分以外,不应含有其他成分。这一限定方式使得对比文件中涉及的玻璃成分中存在一起形成新晶相的 BaO、SiO_2、Al_2O_3 等成分的技术方案被排除在权利要求 1 的范围之外。

1.1.2 说明书指明的特定含义

《专利审查指南》规定："如果说明书中指明了某词具有特定的含义，并且使用了该用词的权利要求的保护范围由于说明书中对该用词的定义而被限定得足够清楚，这种情况是允许的。"

特定情况下，如果说明书针对某一用词进行了特别定义，则应当将所述用词理解为说明书中指明的特定含义。但说明书的这种特别定义对所属领域的技术人员来说应当是明确无误的，且不会导致权利要求整体上的不清楚；若针对该用词说明书仅给出了示例性的具体实施方式或者仅进行了泛泛的说明，则不能认为说明书指明了该用词特定的含义。

第40682号复审决定（200710154555.1）涉及的案件要求保护一种补偿曲轴信号内的干扰的方法。对于如何理解权利要求中"实际阶段""理想阶段"这两个用词的含义，决定认为，涉案专利说明书第4页第6~7行以及第18~19行明确指明，"实际阶段通过监视曲轴以及因而轮子经过参考角度 θ 而转动的时间来确定""理想阶段为曲轴将在其内转动给定角度 θ 而不会遭受任何干扰的阶段"。可见，说明书中明确指明了两者具有的特定含义，结合所述特定含义所属领域技术人员能够准确理解权利要求保护的技术方案，权利要求的保护范围因说明书中对于上述两个用词的明确说明也被限定得足够清楚，因此，应当按照说明书中给出的上述定义理解这两个用词的含义。

在第18982号无效决定（03112744.4）涉及的案件中，权利要求1保护一种钢砂的生产工艺，其中包括多个用词，例如"外形具有棱角的轴承钢料""破碎"等。专利权人主张，应当根据说明书中的记载，将"外形具有棱角的轴承钢料"理解为"块料或板料"，将"破碎"理解为"使用颚式破碎机或鄂式破碎机的粗碎级（而且是轧碎），而后用辐式破碎机细碎级"。对此，决定认为，说明书中虽然出现了"轴承钢料可以是一种块料、也可以是一种板料"以及"对于粗大的轴承钢料或者轴承钢边角废料可以先采用颚式破碎机或鄂式破碎机将其轧碎成小块，而后用辐式破碎机细碎成钢砂"的表述，但这些表述均采用"可以是"的示例方式，其所例举的内容均为"外形具有棱角的轴承钢料"和"破碎"的下位概念或具体实施方式,并非对相应技术名词的明确定义,因此不能依据说明书中的有关内容对权利要求中出现的相应用词进行限缩性理解。

1.2 技术特征对权利要求保护范围的影响

确定权利要求的保护范围,原则上应当考虑权利要求中的所有技术特征。但是每一特征对权利要求保护范围的作用实际体现在其对权利要求保护主题的影响上。实践中,应当以权利要求为基础,根据申请文件中披露的技术内容和现有技术的状况,判断技术特征对权利要求保护主题的影响。

1.2.1 考虑权利要求中的所有技术特征

判断某一技术特征对权利要求保护范围的实际影响时,不仅应考虑该技术特征本身,还应考虑其给权利要求带来的影响。如果产品权利要求中某一构件的位置特征除了限定所述构件的位置外,还含有所述构件与其他构件之间的连接关系,则这一限定构件之间连接关系的特征同样对权利要求的保护范围产生影响。

在第85584号复审决定(201110416124.4)涉及的案件中,权利要求1保护一种冰箱。决定认为,权利要求1的技术特征"所述导水部件设在所述安装槽内"限定了导水部件的位置,即位于安装槽中,结合权利要求中"在所述冷冻室的底壁面上设有安装槽,所述安装槽沿左右方向设置且位于所述箱体的前侧"可知,安装槽的位置位于冷冻室的底壁面和箱体的前侧,因此导水部件也位于冷冻室底壁面的前侧区域,这决定了导水部件与储水凹部的出水口基本处于相同的水平面,由此也决定了导水部件与储水凹部出水口的对接形式,即必须允许导水部件对接在储水凹部的出水口的侧面。对比文件1中只允许排流管道对接在出水口下方的旋转固定对接方式也因此被排除在权利要求1的范围之外。

方法权利要求中包含的原料特征属于方法步骤的操作对象,是方法步骤的一部分,对方法权利要求的保护范围会产生影响。

在第16560号复审决定(02807692.3)涉及的案件中,权利要求30保护一种产生环绕钻井的深入地下岩层的裂缝的方法,其中包括将权利要

1的压裂液组合物注入到所述钻井中的步骤。驳回决定认为，涉案发明相对于对比文件2的多个优点并不是因为采用了权利要求30限定的方法所产生的，因此不认可权利要求30的创造性。对此，决定认为，确定权利要求的保护范围时，权利要求中的所有技术特征原则上均应当予以考虑，权利要求30产生环绕钻井的深入地下岩层的裂缝的方法中，使用权利要求1所限定的水力压裂液组合物对该权利要求进行了限定，而采用所述水力压裂液组合物使得权利要求30所限定的方法能够通过用更少添加剂的嵌段共聚物提供更耐高温、更强粘度的凝胶，因此，所述水力压裂液组合物对该权利要求的保护范围具有限定作用。在将权利要求30所限定的技术方案与对比文件进行比对时，不能忽略所述水力压裂液组合物对权利要求30的限定作用。

1.2.2 方法特征对产品权利要求的影响

对于含有方法特征的产品权利要求，其特征的实际作用取决于其对产品本身的形状、结构等是否具有影响。如果所述方法特征影响着产品的结构等，则具有限定作用。

在第86605号复审决定（200780039612.X）涉及的案件中，权利要求1保护一种共处理的组合物，其中限定"所述组合物经喷雾干燥"。决定认为，喷雾干燥是利用雾化器将溶液、乳浊液等分裂成细小雾状液滴，然后使其在下落过程中与热气体接触进行热传质，瞬间将大部分水分除去而形成粉末或颗粒状产品。与此相比，对比文件1公开的制备组合物的方法是普通热风干燥，该干燥过程仅是利用热空气对流传热作用蒸发水分。由于喷雾干燥包括了雾化形成液滴的过程，所以所获得的物料在结构上与普通热风干燥不同。与采用热风干燥相比，采用喷雾干燥获得的粒子均一性更好，粒径更小，比表面积更大，孔隙间更加疏松。对比数据确也证明，喷雾干燥和热风干燥制备得到的组合物具有不同的结构和性质。因此，权利要求1限定的方法特征"所述组合物经喷雾干燥"对产品的结构产生了影响，对保护范围具有限定作用。

在第63284号复审决定（200680025990.8）涉及的案件中，权利要求1保护一种反冲洗分配装置，其中限定"在用气体进行反冲洗的过程中，当液体存在于水道中时，将水道中的气/液界面维持于高于所述液体开口"。对于该特征，决定认为，所述反冲洗装置包括过滤器、水道和隔离装置，根据权利要求1的技术方案可知，水道中的液体存在于水道、第二隔离装置所形成的空间，液体经由第二隔离装置进入第二辅助水道，气/液界面高于液体开口，必然要求第二隔离装置具备使水道中的液体满足一定存量的结构，因此所述方法特征对权利要求1的反冲洗分配装置具有限定作用。

1.2.3 物理、化学参数对产品权利要求保护范围的影响

对于以物理、化学参数表征的产品权利要求，如果因所述物理、化学参数不同导致产品物质结构不同，则该物理、化学参数对权利要求的保护范围具有限定作用。

在第97832号复审决定（201080038124.9）中，权利要求1保护一种SCR催化剂，其中限定SCR催化剂的X射线晶体衍射（302）面的半值宽度（FWHM）为0.28~0.34，水合处理后的900℃加热失重为15.0~18.0重量%。决定认为，权利要求1的参数半值宽度（FWHM）限定了催化剂的晶体状态，水合处理后900℃的加热失重率限定了催化剂的表面状态，而特定的晶体状态及表面状态可以提高沸石与过渡金属的相互作用，能够显著提高低温、特别是在200℃以下的NOx还原性能。由此可见，权利要求1所限定的半值宽度（FWHM）范围以及水合处理后的900℃加热失重范围等参数特征意味着催化剂结构的改变，也影响了催化剂的性能，因此对权利要求1具有限定作用。

1.2.4 给药特征和/或机理限定对权利要求的影响

在制药用途发明中，若权利要求含有给药对象、给药方式、给药途径、药物用量及给药时间间隔等给药特征的限定，但这类特征对制药过程不产生影响，同时也不会影响发明涉及的适应症，则它们对权利要求的保护范围不具有限定作用。类似地，在含有给药特征限定的产品权利要求中，所述给药特征的实际限定作用取决于其对产品本身的影响；如果所述给药特征既不改变产品的结构，也不会为产品带来功能或性质上的改变，则对权利要求的保护范围不具有限定作用。

在第84987号复审决定（200780019257.X）涉及的案件中，权利要求1保护减毒的修饰的活胞内劳森菌的用途，其用于制备在具有母体来源的抗胞内劳森菌抗体的1天大至9天大的动物中引发对胞内劳森菌的免疫反应的药剂，其中进一步限定动物为猪且具有每毫升血清或流体至少1∶4的可检测的抗胞内劳森菌抗体滴定度。该权利要求与对比文件3的区别仅在于给药对象不同。决定认为，首先，无论施用对象体内是否存在母源性抗体、所存在的抗体滴度高低以及是否影响疫苗的免疫效果，所述疫苗预防的疾病是相同的，都是预防动物感染胞内劳森菌而发生的回肠炎；预防的机制也是相同的，都是通过使用相同的疫苗来诱导动物体内产生相同的中和性抗体。因此，涉案发明的制药用途已经被已知用途的作用机理、药理作用所揭示。虽然药物和疫苗的使用效果在不同个体中会存在差异，但这些差异通常不会使药物或疫苗所治疗或预防的疾病发生改变。而且，具体使用对象的限定也没有导致涉案发明的疫苗与对比文件3的疫苗在减毒菌含量、剂型等方面出现不同，进而影响到药剂的制备过程。基于此，权利要求1中的给药对象特征对其保护范围不具有限定作用。

在第118708号复审决定（201180048732.2）涉及的案件中，权利要求1请求保护一种包含IL-17抗体、缓冲剂、稳定剂和增溶剂的液体药物组合物及用于向患有慢性斑块型牛皮癣的患者皮下施用所述IL-17抗体的工具在制备用于治疗慢性斑块型牛皮癣的药物中的用途，其中限定了具体给药剂量、给药时间、频次、给药途径等特征。决定认为，权利要求1中所限定的具体给药剂量、给药时间、频次等通常与医生对治疗方案的选择密切相关，与制药方法没有直接、必然的关联性，属于仅体现于用药行为中的特征，对制药用途不具有限定作用。但权利要求1中限定的给药方式意味着所制备的药物组合物中包括了相应用于皮下施用的缓冲剂、稳定剂和增溶剂，即对药物组合物的组成产生了影响，因此，其中限定的给药方式对制药用途权利要求具有限定作用。

在第87170号复审决定（200680005096.4）涉及的案件中，权利要求1请求保护一种用于免疫人类患者以抵抗脑膜炎奈瑟球菌引起的疾病的试剂盒，其中限定所述患者为已经用破伤风类毒素和/或除脑膜炎奈瑟球菌外的生物的荚膜糖与破伤风类毒素的偶联物预先免疫过。决定认为，权利要求

1 对试剂盒使用对象的限定并没有对试剂盒的组成、结构或含量等产生影响，也没有为试剂盒带来任何功能和性质上的改变，没有给产品本身带来任何实质性影响，因此对产品权利要求不具有限定作用。

治疗机理特征通常不会直接影响药物的制备过程，对于以治疗机理特征限定制药用途的权利要求，需要重点考虑机理是否对制药用途所涉及的适用症产生实质性影响。

在第 56322 号复审决定（200810128453.7]）涉及的案件中，权利要求 1 请求保护番茄红素在制备用于降低哺乳动物血压的药物方面的用途，其中限定"所说的血压降低不是通过治疗动脉粥样硬化达到的"。决定认为：权利要求 1 中"所说的血压降低不是通过治疗动脉粥样硬化达到的"属于用治疗机理对用途进行的限定。而在所属领域中，无论高血压是否由动脉粥样硬化引起，均可以通过番茄红素降低血液中 LDL 浓度以增加血管横切面积予以治疗，该治疗机理的限定并没有将所治疗的高血压限定至某种特定类型的高血压，因此对权利要求的保护范围不会产生实质性影响，不具有限定作用。

2 权利要求应当清楚

权利要求应当清楚地界定专利要求保护的范围。一方面，权利要求不清楚，则不能明确地向公众告知权利范围的边界，社会公众将因不清楚相应的边界而不知其实施何种行为会侵犯他人的专利权；另一方面，权利要求不清楚，将无法判断权利要求限定技术方案是否满足新颖性和创造性等的要求。

权利要求清楚包括两个层次，一是权利要求的类型应当清楚；二是权利要求所要求的保护范围应当清楚。

2.1 权利要求的类型应当清楚

权利要求的类型清楚，首先要求权利要求的主题名称应当清晰地表明该权利要求的类型是产品权利要求还是方法权利要求。

在第 11926 号复审决定（00110674.0）涉及的案件中，权利要求 1 要求保护一种"三笔通快速汉语输入输出系统—新式汉语拼音编码方案"。决定认为，该主题并没有清楚地表明权利要求 1 究竟是产品权利要求"三笔通快速汉语输入输出系统"，还是方法权利要求"新式汉语拼音编码方案"，因此造成权利要求 1 的主题类型不清楚。

权利要求的类型应当清楚，还要求权利要求的主题名称应当与权利要求的技术内容相适应，即对于方法权利要求应尽量用工艺过程、操作条件、步骤、流程、所用原料等与方法密切相关的特征进行限定，对于产品权利要求则应尽量用产品本身的结构等特征进行限定。但采用方法特征限定产品权利要求以及采用结构特征限定方法权利要求并不必然导致权利要求的保护主题与限定特征不相适应，进而导致权利要求的类型不清楚。

在第 12087 号复审决定（02131618.X）涉及的案件中，权利要求 22 保护一种电化学检测器，包括多孔基底、基底一侧上的电极和压缩的区域，其中所述压缩的区域"是通过压缩基底的一个区域到一定范围形成一个边界而得到的，它能阻止电解质在基底内迁移，该压缩的区域确定，或者与基底的边缘或电极的边缘一起确定预定区域的电极上的一个区"。驳回决定认为，权利要求 22 中既包括产品特征，又包含方法特征，导致该权利要求不清楚。对此，决定认为，由于涉案申请中压缩的区域是通过压缩基底到一定范围所形成的，用常规的结构特征无法清楚地表征该压缩的区域的结构，相反，用上述方法特征能够清楚地限定出该压缩区域的结构特征及其效果，因此，权利要求 22 使用方法和结构特征同时对权利要求保护的主题进行限定不会导致权利要求不清楚。

在第 7438 号无效决定（95112714.4）涉及的案件中，权利要求 1 保护一种用户自行点播视听节目的方法。请求人认为，权利要求 1 作为方法权利要求，应按照点播方法的步骤进行描述，而该权利要求是按照点播系统的组成进行描述的，因此其保护范围不清楚。对此，决定认为，作为方法权利要求，与所述点播方法相关的步骤是其必须具备的技术特征，而事实上，该权利要求完整地限定了相关点播步骤，在这种情况下，权利要求中进一步述及与该点播方法相关的点播系统的组成使得对于该点播方法的理解更加容易和清晰，并不会造成该权利要求的保护范围不清楚。

2.2 权利要求的保护范围应当清楚

2.2.1 所属领域技术人员的考量

判断权利要求是否清楚，应当站位所属领域技术人员，不仅关注各技术特征本身，还应考虑它们之间的关系，将权利要求作为一个整体考察其保护范围是否清楚。

在第27263号无效决定（201220314651.4）涉及的案件中，权利要求1要求保护一种燃气表断电保护电路，其中前序部分限定"第一二极管（D1）的负极与燃气表的MCU连接"，特征部分进一步限定"第一二极管（D1）的负极经截断电路与第一电容（C1）正极连接，第一电容（C1）经接地的放电电路与所述MCU连接"。请求人认为，权利要求1中二极管D1与MCU的连接关系不清楚。对此，决定认为，在电子电路领域，"连接"一词表示元件与元件、器件与器件、模块与模块等之间进行电气连接和电信号传递，并不意味着必须"直接连接"而在电路上不能存在其他的中间器件。因此，涉案专利前序部分出现的"连接"一词并不意味着二极管D1与MCU之间必须"直接连接"，不能存在其他中间器件，上述两个技术特征之间并不矛盾，且与说明书、说明书附图公开的具体实施方式一致，因此，权利要求1的保护范围是清楚的。

在第46138号复审决定（98111077.0）涉及的案件中，权利要求1请求保护一种合理安置蓄电池的电动自行车。关于"合理安置"是否导致权利要求1不清楚，决定认为，首先，权利要求1对"合理安置"的具体手段进行了说明，即蓄电池盒安装在座管前后至少一个空间区域，倾斜度小于16度，且采用的是用于维护其倾斜度小于16度的梯形静态纠位装置；其次，权利要求1对合理安置后所达到的技术效果也进行了说明，即"倾斜度小于16度""合理安置所述牵引用蓄电池后的整车重心平衡"。在此基础上，所属领域技术人员根据权利要求1整体记载的内容能够清楚地确定蓄电池盒如何合理安置于电动自行车上，权利要求1的保护范围是清楚的。

2.2.2 相对用词和程度用词

在权利要求中应尽可能避免出现含义不确定的相对用词，如"厚""薄""强""弱""高温""高压""很宽范围"等，除非这种用词在特定领域中具有公认的确切含义。对于权利要求中的相对用词，应当结合权利要求书、说明书和附图中公开的内容，判断其是否会导致权利要求的保护范围不清楚，避免机械地将该类用词一概归结为不清楚的用词而不被允许使用。

在第23742号无效决定（200420091540.7）涉及的案件中，权利要求1请求保护一种防电磁污染服，其中限定"所述服装在面料里设有由导磁率高而无剩磁的金属细丝或者金属粉末构成的起屏蔽保护作用的金属网或膜"。针对权利要求1中"导磁率高"是否属于会导致保护范围不清楚的含义不确定的技术术语，决定认为，专利权的保护范围由权利要求来限定，如果权利要求中包括含义不确定的词语，且结合涉案专利的说明书、所属领域公知常识以及相关的现有技术，仍不能确定权利要求中该词语的具体含义，则应认为该权利要求保护范围不清楚。所属领域公知，导磁率也可称为磁导率，且磁导率有绝对磁导率与相对磁导率之分，根据具体条件的不同还涉及起始磁导率、最大磁导率等概念。不同概念的含义不同，计算方式也不尽相同。磁导率并非常数，当磁场强度H发生变化时，磁导率即会发生相应变化。涉案专利说明书中，既没有记载导磁率在涉案专利技术方案中是指相对磁导率还是绝对磁导率或者其他概念，也没有记载导磁率高的具体范围和包括磁场强度H等在内的计算导磁率的客观条件。所属领域技术人员根据涉案专利说明书，难以确定涉案专利中所称的"导磁率高"的具体含义，从而难以进一步界定权利要求的保护范围，因此权利要求1的保护范围不清楚。

在第64059号复审决定（201010161103.8）涉及的案件中，权利要求1请求保护一种影像处理系统，包括存储器、数据分割单元和影像处理装置，其中数据分割单元将影像数据分割为第一部分及第二部分，"该第一部分包含这些像素各自的至少一较高有效位数据，该第二部分则包含这些像素各自的至少一较低有效位数据"。决定认为，权利要求1中的"较高有效位"和"较低有效位"对组成像素数据的两部分"第一部分"和"第二部分"的分割位置进行了限定;而所属领域技术人员熟知,对于 n 位二进制数据,根据数据位的权值高低,其从左到右的有效性依次降低,其中最高有效位是最左边的一位,最低有效位是最右边的一位;相应的较高有效位是指相对靠左边的各数据位,较低有效位是指相对靠右边的各数据位。具体到影像处理领域,由于所处理的图像数据位数不同,对于"较高有效位"和"较低有效位"的界限虽然没有统一的规定,但是所属领域技术人员根据数据处理的不同目的,能够明确其可以接受的界限范围,例如,根据涉案申请对像素数据进行处理的目的——减少数据处理所需要的硬件资源和处理时间,所属领域技术人员在进行"较高有效位"和"较低有效位"的划分时必然会考虑相应的技术效果,并将界限局限在一个明确的范围内。因此,权利要求 1 中的"较高有效位数据""较低有效位数据"的含义是清楚的。

在权利要求中也应尽可能避免使用"大约""略""接近""类似物"等可能导致保护范围不清楚的程度用词。但是,如果这类用词属于考虑误差、结构相对性后的客观描述,同时权利要求的保护范围也不会因这类用词的存在而出现边界不清晰的情况,则该类用词不会导致权利要求的保护范围不清楚。

在第 29834 号无效决定(200620057997.5)涉及的案件中,权利要求 1 保护一种防止漏油的直流无刷风扇,其中限定轴承(3)插设于轴套(82)内,轮毂(6)内中心处设有转轴(4),转轴(4)插设于轴承(3)的轴孔(31)内,轴套(82)上端(82a)设有内径较转轴(4)外径略大的供转轴(4)插入轴套(82)的穿透孔(82b),在轴套上端(82a)设置带有穿透孔(10a)的绝缘放油盖,穿透孔(10a)内径较转轴(4)外径略大。决定认为,涉案专利在轴套内装有轴承和转轴,轴套上端穿透孔(82b)的内径首先必须要保证轴承和转轴能够插装到位并能够相互配合,所属领域技术人员基于权利要求 1 的描述及其所具备的知识和能力,能够理解并确定转轴(4)和穿透孔(82b)的配合关系及"略大"所要表明的尺寸关系,因此,此处的"略大"并不会导致权利要求 1 的保护范围不清楚。另外,对于"穿透孔(10a)内径较转轴(4)外径略大"的问题,根据涉案专利说明书的记载,风扇在工作过程中,绝缘防油盖与转轴要发生相对转动，二者之间必须留有一定的间隙以保证二者能够顺畅地相对转动，同时，由于绝缘防油盖要起到防油的作用，故其穿透孔的内径要尽量小，所属领域技术人员基于涉案专利权利要求1的描述及其自身所具备的知识水平和能力也能够理解并确定穿透孔（10a）和转轴的配合关系以及"略大"所要表明的尺寸关系，即既要保证风扇的正常运转，又要保证绝缘防油盖起防油作用。因此，此处的"略大"也同样不会导致权利要求1的保护范围不清楚。

2.2.3 明显错误

当权利要求中某一用词的表述存在错误，但结合说明书和附图的内容，本领域技术人员能够确定其唯一正确的改正方式，则该错误属于"明显错误"，在授权程序中应建议申请人对"明显错误"进行修改，在确权程序中不应当基于该明显错误而作出权利要求不清楚的认定。

在第26590号无效决定（200410080417.X）涉及的案件中，权利要求1保护一种采用大功率开关的家用豆浆和豆腐机用原边电源控制装置，其中限定"一个或多个继电器，其彼此并行连接并且连接在所述第一大功率开关和所述变压器之间……"。请求人认为，当继电器为一个时，无法彼此并行连接，因此，权利要求1保护范围不清楚。对此，决定认为，首先，根据上述涉及继电器的限定特征，所属领域技术人员能够明了对于一个继电器的方案，其必然不存在继电器彼此并行连接的情况，而是继电器连接在第一大功率开关和变压器之间，并根据一控制单元所输出的控制信号来向驱动电机和加热器提供或中断输送电源，同时控制驱动电机和加热器的开闭即可。因此，"一个或多个继电器彼此并行连接"属于明显的撰写错误，不会影响权利要求的边界并导致权利要求保护范围不清楚。

当权利要求中的某一用词或技术特征含义不确切、存在错误或与其他技术特征含义相互矛盾或抵触时，且结合说明书和附图也无法确定其唯一含义，则该用词或技术特征不属于明显错误，将导致权利要求的保护范围不清楚。

在第8296号无效决定（95117800.8）涉及的案件中，权利要求要求保护一种喷墨式记录设备用的墨盒，其中限定"所述通孔的宽度的端部的尺寸大于所述供墨口的尺寸"。请求人认为，结合说明书和附图无法清楚理解上述用语的含义，因此该权利要求的保护范围不清楚。对此，决定认为，上述用语中"所述通孔的宽度的端部"不通顺，结合上下文中"所述通孔具有一个宽的端部和一个窄的端部""所述通孔的窄的端部的尺寸"可以确定，上述用语中"宽度的端部"应为明显的打字错误，其唯一正确合理的解释应当是"宽的端部"。此外，根据权利要求的文字描述可知，漏斗形密封件安装在供墨口之内，且该漏斗形密封件的宽的端部的尺寸足以接合所述供墨口，而其窄的端部的尺寸小于所述供墨口，所述的通孔位于所述漏斗形密封件上并穿过所述漏斗形密封件。既然如此，那么所述通孔的宽的端部的尺寸不可能大于所述供墨口，因此上述用语明显与权利要求中的其他技术特征相互矛盾和抵触。但是，结合权利要求的上下文并借助说明书和附图可知，由漏斗形密封件、供墨口以及供墨针状体所构成的组件中存在着与"所述通孔的宽的端部"密切关联的多个技术特征，"所述通孔的宽的端部"与这些密切关联的多个技术特征之间的尺寸的相对大小均具有一定的技术意义，而不同限定会形成不同的技术方案。存在争议的上述用语在涉案专利说明书和附图中存在着多种可能的合理解释，并不能确定其唯一正确的方式就是"所述通孔的宽的端部"与"供墨针状体"进行尺寸比较并进而得出"所述通孔的宽的端部的尺寸大于供墨针状体的尺寸"的结论，因此，上述用语导致权利要求的保护范围不清楚。

2.2.4 权利要求之间的引用关系

从属权利要求可以对其引用的在前权利要求中已经存在的技术特征作进一步限定，也可以增加在前权利要求中不存在的技术特征，但是无论采用哪一种方式，权利要求本身作为整体，应当清楚限定技术特征之间的关系。如果从属权利要求中的部件或构件特征在其引用的权利要求中缺乏基础性限定，导致所属领域技术人员无法从整体上判断该部件或构件特征在整个技术方案中的物理位置或者与其他部件之间的连接关系，则该权利要求不清楚。

在第28505号无效决定（200580020214.4）涉及的案件中，权利要求1

保护一种用于儿童安全支撑物的基座,权利要求15引用权利要求1,进一步限定"定位器,其用于将所述钩子定位在未结合位置并且将所述按钮定位在释放位置……"。决定认为,专利权人坚持认为权利要求15引用权利要求1,不存在引用关系错误,但在权利要求1中并未出现"钩子"的限定;此外,将权利要求15作为一个整体,所属领域技术人员无法确定"钩子"在基座中的位置或其与其他部件之间的关系,因此权利要求15的保护范围不清楚。

反之,即便某部件或构件特征在引用的权利要求中没有出现过,如果所属领域技术人员结合其具备的知识和能力能够确定该部件或构件特征是对所引用的权利要求中已有特征的进一步限定,则不会导致权利要求的保护范围不清楚。

在第27503号无效决定(200720171400.4)涉及的案件中,权利要求1要求保护一种拉伸件切边机,包括机架、模具总成等部件,其中限定模具总成分为上、下两部分,顶料气缸与模具总成的下部分连接。权利要求3引用权利要求1,其中限定顶料气缸(20)安装在凹模(12)的下部。请求人认为,权利要求3中的"凹模(12)"没有引用基础,导致权利要求3的保护范围不清楚。对此,决定认为,虽然从属权利要求3的"凹模"在其引用的权利要求1中没有出现过,但权利要求1已经限定了模具总成分为上、下两部分以及顶料气缸位于模具总成下部分的下部。根据所属领域的常识可知,顶料气缸用于将完成切边的零件和模芯顶出,在此基础上,权利要求3进一步限定了"顶料气缸安装在凹模的下部",所属领域技术人员能够清楚地理解权利要求3中的"凹模"是对模具总成下部分的进一步限定,从而能清楚地理解权利要求3的保护范围。

如果一项装置权利要求引用了在前的方法权利要求,装置本身的结构部件组成能够与方法中的具体步骤相对应,两者之间并无矛盾或冲突,则结构特征和引用的方法特征共同对权利要求保护主题的限定是清楚的。

在第71761号复审决定(200580027592.5)涉及的案件中,权利要求11-17请求保护一种用于在通信系统中登录通信关系的方法,权利要求18

请求保护一种网络连接计算机,其具有用于实施根据权利要求 11－17 其中之一所述方法的装置,所述装置包括:用于接收询问消息、应答消息和包括通信单元的用户简档的来自第一数据库的简档应答消息的接收单元,用于发送修改过的询问消息、应答消息和向第一数据库询问通信单元的用户简档的简档询问消息的发送单元。决定认为,权利要求 11－17 涉及一种用于在通信系统中登录通信关系的方法,其中网络连接计算机接收询问消息和应答消息,并且使用第一数据库中存储的通信单元的用户简档检验询问消息,可见其需要从第一数据库中接收通信单元的用户简档,这与权利要求 18 请求保护的网络连接计算机中的接收单元的功能相对应。权利要求 11－17 中网络连接计算机还用于发送修改过的询问消息和应答消息,并且使用第一数据库中存储的通信单元的用户简档检验询问消息,可见其需要向第一数据库请求通信单元的用户简档,这与权利要求 18 请求保护的网络连接计算机中的发送单元的功能相对应。因此,根据权利要求 18 包含的关于装置结构特征的限定和所引用的方法权利要求 11－17 的内容,所属领域技术人员可以清楚地确定权利要求 18 请求保护的网络连接计算机的结构以及其中每个单元所完成的功能,该权利要求的保护范围是清楚的。

2.2.5　同一权利要求中针对同一技术特征的不同限定

一项权利要求针对同一技术特征限定出两个不同的范围,通常会导致该权利要求的保护范围不清楚。

在第 113756 号复审决定（201410319236.1）涉及的案件中,权利要求 1 要求保护一种高强度叶片的制造方法,其中限定"所述叶片的材质以重量百分含量由以下组分构成：Al：26～32%，Ni：2.53～4.21%……Ni：0.08～0.15%……"。复审请求人认为,采用这两个数值范围的技术方案均可解决技术问题,所属领域技术人员看到合金组合物中存在两个"Ni"含量的时候,必然会想到两者要么是"或"的关系、要么是"和"的关系。按照常规做法,当采用"和"的关系时,通常不会在权利要求中写两遍,而是会将两者直接相加,因此,利用排除法可以确定此处二者应当是"或"的关系。对此,决定认为：权利要求 1 中对 Ni 元素限定了两个含量,所属领域技术人员不清楚两个 Ni 元素含量之间的关系,也不清楚在叶片材质的整体百分含量中 Ni 元素组分的具体含量是多少；而且，即使参考说明书中关于叶片材质组分的表述方式，也无法确定权利要求 1 中的取值究竟是哪个含量范围，因此，两个 Ni 元素含量的表述导致权利要求 1 的保护范围不清楚。

3 权利要求应当以说明书为依据

判断权利要求能否得到说明书的支持，是将权利要求请求保护的技术方案与说明书公开的技术内容进行比较，判断权利要求的概括是否超出说明书公开的范围。这一过程需要综合考虑多种因素，如申请文件记载的信息、发明的改进之处、现有技术的整体状况、所属领域技术人员的知识和能力、对技术效果的可预测性等。

说明书公开的范围是所属领域技术人员基于说明书记载的技术内容及其所提供的教导，结合所属领域的整体技术水平能够合理概括得到的解决发明技术问题的内容，不能解决发明技术问题的技术方案不属于发明人对社会做出的贡献，不应当得到保护。

3.1 申请文件的教导

3.1.1 申请文件记载的信息

权利要求技术方案与说明书存在一致性表述，并不意味着权利要求实质上必然能够得到说明书的支持。如果所属领域技术人员基于说明书公开的技术内容无法获得权利要求的技术方案或者无法确认权利要求的技术方案能够解决发明的技术问题，则即使权利要求技术方案与说明书的表述一致，权利要求也得不到说明书的支持。

第 10447 号无效决定（96190788.6）涉及的案件要求保护一种通过探测、比较信号的方式检查位于物料带上的图样的装置，其中权利要求 1 的特征 d）为："比较器将输出信号的组合顺序与预定的信号顺序比较，若两者顺序相似，则产生比较器的输出信号"。涉案专利说明书中与该特征对应的六处描述中，有四处公开产生比较器输出信号的条件是"两者顺序相同"，有两处公开的条件是"两者顺序相似"。决定认为，说明书中存在与权利要求一致的表述仅意味着权利要求的撰写符合形式支持的要求，并不意味着能够以此内容作为基础概括得出特征 d) 的内容。由于说明书中对于"相似"的判断标准未作任何说明，所属领域技术人员也难以把握或预先确定两个信号顺序有多少位相同可被称为"相似"，因此，无法更进一步确定相应的技术方案能够解决发明的技术问题，仅凭说明书中所述两处文字记载的内容，不能认定权利要求 1 能够得到说明书的支持。

相反，如果所属领域技术人员依据说明书公开的内容能够获得实现权利要求的技术方案并解决相应技术问题的完整教导，则即使权利要求的技术方案与说明书的文字记载不完全一致，权利要求也能够得到说明书的支持。

在第 23765 号复审决定（200510114303.7）涉及的案件中，说明书的发明内容部分和四个实施例记载的技术方案均包括在验证密码后"把随机密码对照表删除"的技术特征，然而，权利要求 1 的技术方案没有包含上述特征。决定认为，涉案申请说明书在描述第一、第二实施例时，针对删除随机密码对照表的步骤均使用了措辞"可以"。对于所属领域技术人员来说，"可以"一词表明技术方案并不必须包括删除随机密码对照表的步骤，即删除随机密码对照表的步骤是选择性的，既可以执行，也可以不执行。虽然第三、第四实施例中包括有删除随机密码对照表的步骤，但对于所属领域技术人员来说，通过对上述实施例的整体分析，已经能够获得权利要求 1 请求保护的方案。并且，根据涉案申请说明书的记载可知，其要解决的技术问题是通过将用户欲输入的密码和实际输入的密码两部分在物理空间上分开处理，保证其不被同时偷窥，权利要求 1 的技术方案已经能够解决上述技术问题，并获得相应的技术效果。因此，权利要求 1 能够得到说明书的支持。

在第 24368 号无效决定（99102137.1）涉及的案件中，权利要求 5 涉及缝合管状针织品边的操作方法，其中限定"翻转步骤是在将第一半列线圈转移到暂时支撑件的相应的元件上、然后转移到翻转步骤支撑件之后进行的"。请求人认为，说明书并未记载权利要求中限定的"暂时支撑件"，因此权利要求 5 得不到说明书的支持。对此，决定认为，根据权利要求 5

的描述,"暂时支撑件"用于在翻转步骤中将第一半列线圈转移到翻转步骤支撑件前进行暂时支持,涉案专利说明书和附图描述了详细的翻转步骤进行的过程和相关的部件名称,依据说明书和附图的记载可知,其中的转移件84即为权利要求5中记载的暂时支撑件。虽然两者名称存在不同,但所属领域技术人员可以从说明书中确定这种对应关系,因此,权利要求5中的"暂时支撑件"并不会导致该权利要求得不到说明书的支持。

当说明书记载的技术内容以具体实施例的形式存在,并且这些实施例的目的在于阐明发明的技术构思,指引所属领域技术人员按照实施例所反映的技术教导解决问题,而不是将发明仅仅局限于这些实施例本身时,所属领域技术人员在阅读说明书后,应基于实施例理解发明,判断根据这些实施例给出的教导是否足以概括出所请求保护的权利要求。

在第30818号复审决定(03816918.5)涉及的案件中,权利要求1要求保护一种清洁皂条,其包括表面活性剂、保湿剂和表皮脱落剂颗粒。决定认为,现有技术中存在去表皮皂条或者高水平保湿剂皂条,涉案申请要解决的技术问题是提供一种能够同时获得保湿和表皮脱落作用的温和皂条。说明书实施例记载了采用所属领域常见的表面活性剂、保湿剂和表皮脱落剂颗粒的五个不同配方的清洁皂条,并对使用效果进行了验证。实验结果显示,上述不同类别、不同重量范围的"合成洗涤剂表面活性剂""保湿剂"和"表皮脱落剂颗粒"相互配合,能达到预期的技术效果。同时,说明书还描述了可采用的其他已知的合成洗涤剂表面活性剂、保湿剂和表皮脱落剂颗粒。实施例记载的五个具体配方的清洁皂条所含的表面活性剂、保湿剂或表皮脱落剂的种类和含量均有所不同,但各种成分仍然发挥其本身应有的清洁、保湿、润肤和/或表皮脱落等效能,所属领域技术人员依据实施例的结果能够预期采用说明书其他已知的合成洗涤剂表面活性剂、保湿剂和表皮脱落剂颗粒的技术方案应该同样能够解决发明的技术问题并达到发明的技术效果。同时,所属领域中并不存在使用其他种类的合成表面活性剂、保湿剂和表皮脱落剂的组合会产生拮抗或者抵消作用,从而不具有表皮脱落和保湿性能的技术障碍。结合说明书的全部内容,应允许基于说明书中使用的具体不同种类的合成表面活性剂、保湿剂和表皮脱落剂,概括形成权利要求中所述的"合成洗涤剂表面活性剂""保湿剂"和"表皮脱落剂颗粒"。因此,权利要求1能够得到说明书的支持。

如果说明书的各个具体实施方式提供的教导具有一致性,使得所属领域技术人员足以得出方向性或规律性的结论,则基于该方向性或规律性合理概括获得的技术方案能够得到说明书的支持。

在第63571号复审决定(200780036082.3)涉及的案件中,权利要求1要求保护一种用于将木素纤维素原料酶促水解成可溶性糖的方法,其中限定了添加到木素纤维素原料中的纤维素酶混合物中纤维二糖水解酶CBH1和CBH2的百分含量、CBH2相对于CBH1和CBH2之和的分数(fC2值)和EG2相对于EG1和EG2之和的分数(fE2值)。决定认为,说明书中记载了纤维二糖水解酶、葡聚糖内切酶的功能和酶促水解机理,同时提供了以fE2、fC2和CBH%(即CBH1%+CBH2%)等为参数所例举的100多种不同配比的混合物相对于基准混合物的活性值的实验证据,并将这些结果以fE2、fC2为坐标做成二维区域统计图,进而得到直观的三维立体示意图。所述实验数据在以fE2、fC2为坐标的图中均设计为等距排列,客观反映了酶混合物活性的连续变化规律。从实验结果看,在权利要求限定范围内得到的几十种混合物均具有比基准混合物高至少13%的活性,呈现出一定的规律性。综合考虑实施例数值变化趋势及其他因素,所属领域技术人员能够确信上述范围的纤维素酶混合物都将具有将经预处理的木素纤维素原料酶促水解成可溶性糖的活性,因此涉案申请权利要求1能够得到说明书的支持。

"坏点"通常是指权利要求保护范围内含有依据说明书的记载能够确认其不能解决发明技术问题并实现相应技术效果的某一或某些"点",也即某一或某些技术方案。

如果所述"坏点"的存在使得所属领域的技术人员难以从说明书记载的内容中获得方向明确的教导和指引,导致其不能识别除这些"坏点"之外,权利要求中是否还存在其他坏点,则所述权利要求得不到说明书的支持。

在第9525号无效决定(93109045.8)涉及的案件中,权利要求1要求保护一种β异头物富集的核苷的方法。决定认为，与现有技术相比，涉案发明通过对"离去基团种类、核碱种类、核碱当量、反应温度、溶剂等"多个反应条件的特定选择实现了产物中β异头物的富集，从说明书的实施例来看，其提供的采用不同反应条件的实施例中部分能够实现β异头物富集，但部分不能实现，说明书并未揭示这些反应条件与反应终产物之间的对应规律。在缺乏有效指引的情况下，要从权利要求概括的宽泛的多个反应条件中通过实验筛选出能够实现β异头物富集的反应条件组合需要付出超出所属领域技术人员能力范围的过度劳动，因此权利要求的概括是不恰当的。

在第76759号复审决定（200580046682.9）涉及的案件中，权利要求要求保护一种通式（Ⅰ）的化合物或其药学上可接受的盐。决定认为，根据说明书的记载，该申请所要解决的技术问题是提供一种选择性雄激素受体调节剂。说明书记载了通式（Ⅰ）中若干化合物的效果试验数据，但实验结果显示，其中部分化合物具备选择性雄激素受体调节活性，部分化合物并不具有相应的活性，结构变化引起的活性变化未呈现一定的规律，导致所属领域技术人员难以确定化合物结构变化与活性变化之间明确的对应关系。在说明书未提供明确方向指引的情况下，所属领域技术人员根据说明书充分公开的内容难以预期权利要求1中R_5选自3-甲基-4-氟-苯基、三氟甲基羰基的技术方案都能解决涉案申请所要解决的技术问题，因此权利要求得不到说明书的支持。

3.1.2　发明的改进之处

一般而言，与发明相对于现有技术的改进之处不相关或关联性不大的技术特征通常属于现有技术的范畴，所属领域技术人员容易知晓其替代方式并预见其技术效果；相反，对于那些与发明改进之处密切相关的技术特征，所属领域技术人员通常很难预见其替代方式，如果说明书中针对该技术特征的公开不能达到使所属领域技术人员能够概括得出并预期到其相应技术效果的程度，则权利要求得不到说明书的支持。

在第63698号复审决定（200580017490.5）涉及的案件中，权利要求1涉及鸟苷酸环化酶B（GC-B）活化剂CNP及其衍生物在制备关节炎治疗剂或预防剂中的用途，其中限定 CNP 衍生物具有在 SEQ ID NO：1/2 的氨基酸序列中的 1~5 个氨基酸的缺失、置换或附加。决定认为，涉案申请对现有技术的改进之处在于发现 GC－B 活性剂 CNP 这一已知肽及其相应衍生物的新用途，多肽本身结构的修饰并不是发明的改进之处。所属领域技术人员结合现有技术整体状况能够较好地预期多肽结构变化对功能可能产生的影响，因此，未对多肽衍生物的结构进行具体限定并不会导致相应权利要求得不到说明书的支持。

在第 9525 号无效决定（93109045.8）中，权利要求 1 要求保护一种 β 异头物富集的核苷的方法。决定认为，现有技术中合成 2'－脱氧核苷的方法通常是非立体选择性的，而该发明通过对"离去基团种类、核碱种类、核碱当量、反应温度、溶剂等"多个实验条件的特定选择才能实现合成方法的立体选择性，即对这些实验条件的特定选择是发明为实现立体选择性在现有技术的基础上做出的技术改进。权利要求对于该特征的概括是否能够得到说明书的支持，取决于说明书中对这些反应条件与反应终产物之间对应规律的阐述和证明程度。在说明书没有揭示这些反应条件与反应终产物之间对应规律的情况下，从权利要求所概括的宽泛的反应条件中筛选出能够实现 β 异头物富集的反应条件组合需要付出过度劳动，因此权利要求的概括是不恰当的。

3.2 现有技术的水平

3.2.1 所属领域技术人员的知识和能力

如果所属领域技术人员在说明书记载内容的基础上，结合其普通技术知识能够确定发明可以采用除实施例之外的其他等同或替代实施方式来完成，且所述这些其他实施方式能解决相同的技术问题，则应允许权利要求概括为涵盖所述其他实施方式。

在第 47864 号复审决定（200380106690.9）涉及的案件中，权利要求保护一种分离的结合人 CD20 的人单克隆抗体，所述抗体包含分别具有 3 个 CDR 和 4 个 FR 的重链和轻链可变区，其中具体列出了所述 CDR 区的序列。经比对确认，所限定的 CDR 与说明书中记载的人单抗 2F2 或 7DB 相应的 CDR 区完全相同。决定认为，根据说明书的记载，涉案申请要解决的技术问题是提供抗 CD20 治疗性抗体。说明书中制备了 4 株抗 CD20 人单抗，通过具体实验验证了抗体的结合特性及其诱导的细胞吞噬和杀伤作用，动物模型实验结果也显示其中的人单抗 2F2 和 7DB 具有较好的治疗效果。对所属领域技术人员而言，抗体分子轻、重链可变区的六个 CDR 形成的空间结构直接接触抗原，决定了抗体的特异性，而骨架区一般仅用作支持 CDR 的支架，其序列和结构相对较为保守。虽然可变区中不同骨架区的选择可能会对单抗的结合特性有一定程度的影响，但通常对单抗的抗原结合功能的影响不是决定性的，而且在单抗的人源化改构中，所属领域技术人员通常会有目的地选择能够保持抗原结合区天然构象的骨架，骨架区的替换也属于所属领域技术人员的常规技术。可见，结合抗体制备相关的普通技术知识，所属领域技术人员在说明书记载内容的基础上，能够合理预期具备所述六个 CDR 的抗体即使具有不同于人单抗 2F2 和 7DB 的骨架区，通常也会具备与人单抗 2F2 和 7DB 相同或类似的治疗效果，因此权利要求能够得到说明书的支持。

在第 28003 号无效决定（200920189941.9）涉及的案件中，权利要求 1 涉及一种分体式自溶式电液执行器，其中包括"双冗余电机泵组""双冗余供油液压回路""双冗余过滤器""冗余单向阀"。请求人主张：专利说明书和附图都明确说明并显示电机泵组、供油液压回路、过滤器和单向阀都是一套在使用，一套在备用，即冗余一套。但权利要求 1 限定电机泵组、供油液压回路和过滤器是两套冗余，单向阀是一套冗余，显然得不到说明书的支持。对此，决定认为，虽然权利要求 1 中的"电机泵组""供油液压回路""过滤器"的冗余数量与"单向阀"的冗余数量不同，然而根据说明书的记载可知，冗余设置就是在发生故障的时候可以使用备用的部件继续工作，至于冗余部件的数量，其属于所属领域技术人员根据实际需要可以进行合理配置的范畴，所属领域技术人员可以预期采用多套冗余也同样能够达到相同的功能和效果。因此，权利要求 1 能够得到说明书的支持。

在第 79249 号复审决定（200610059990.1）涉及的案件中，驳回决定针对的权利要求 1 涉及一种用于调节和控制灯的灯丝加热的方法，其中包括检测第一个灯（L1）的至少一个布置在调节回路中的第一灯丝（W1）

的工作参数的步骤。决定认为，说明书仅仅给出将"灯丝的加热特性的信息""具体以加热功率为例"作为灯丝的"工作参数"的情形，对所属领域的技术人员来说，灯丝的加热特性工作参数除了加热功率之外还包括加热电流、加热电压等，上述"加热功率"仅仅是灯丝的加热特性工作参数中的一种，采用灯丝的具有加热特性的工作参数均能够确定灯丝加热的调节量，进而解决涉案申请要解决的低功耗执行灯丝的附加加热的技术问题。但是，如果灯丝的工作参数采用与"加热特性"无关的其他工作参数信息，则无法实现对灯丝加热的调节，进而也无法解决涉案申请要解决的低功耗执行灯丝的附加加热的技术问题。因此，所属领域技术人员根据说明书充分公开的内容仅能够得到或概括得出权利要求1的采用灯丝的加热特性的信息作为工作参数进而获得调节量以调节灯丝加热的技术方案，故权利要求1得不到说明书的支持。

3.2.2 技术效果的可预测性

权利要求能够合理概括的范围通常与技术效果的可预期程度相关，一般而言，技术效果的可预期程度越高，权利要求可合理概括的范围越大。通常情况下，在机械等产品结构与功能之间的关系较为明晰的技术领域中，产品结构变化对功能效果影响的可预期程度相对较高；相反，在化学等侧重实验的技术领域中，当产品结构与功能之间的构效关系不明确时，依据现有技术和所属领域技术人员的常识往往难以确定产品结构变化对功能效果的影响，技术效果的可预期程度相对较低。

在第77341号复审决定（200880014620.3）涉及的案件中，权利要求1请求保护一种自动装配机，包括第一门架单元，其中限定"所述第一门架单元可被第二门架单元替换"，说明书中给出的实施例中公开的是特殊结构的装配机。针对所属领域技术人员能否预见除实施例之外的任意替换方式均能解决发明要解决的技术问题，决定认为，涉案申请要解决的技术问题是，如何灵活地根据需要来提高精度，或者使机器具有良好的可触及性以及在门架移动时很高的灵活度。为解决该技术问题，附图1-6对应实施例通过将自动装配机的门架单元设计成可取下和替换的方式，使得自动装配机具有可改装性。另外，附图3、5对应的实施例通过将所述第一门架单元替换成所述第二门架单元,可以将具有较高精度的自动装配机改装成具有良好可触及性和移动灵活度的自动装配机,从而满足精度要求或者可触及性和移动灵活度的要求。虽然说明书中仅给出了一种包括磁轨、磁性元件、替换区域、导向滑板等用于所述替换的结构及相应的替换流程,但说明书中的具体实施方式仅仅是说明性和示例性的,其并不是为了将涉案申请限于这种具体的实现形式。由于用于实现部件替换的活动机构,例如导轨、插槽、螺栓、其他可锁定和解除锁定的机构等在机械领域是常见的,选用这些常见机构后所产生的技术效果也是所属领域技术人员可以预期的,因此,所属领域技术人员能够预见可以通过何种结构和相应的步骤流程来实现所述门架单元的替换,从而解决涉案申请所述的技术问题。故权利要求1能够得到说明书的支持。

在第13841号无效决定(94194707.6)涉及的案件中,权利要求1涉及一种使用微生物生产目的物质的方法,其中限定所述微生物属于埃希氏杆菌属或棒状杆菌。涉案专利说明书实施例中仅记载了导入含转氢酶基因质粒的大肠杆菌菌株AJ12929、AJ12872和AJ12930,验证了采用该方法制备的大肠杆菌B-3996和AJ12604菌株生产氨基酸的能力。决定认为,所属领域技术人员已知,埃希氏杆菌属和棒状杆菌均包括多种不同的菌种,每一菌种又有多种不同的菌株。不同菌种、甚至相同菌种的不同菌株间均具有不同的特性,涉案专利实施例1中使用的几种菌株是具有把"还原型烟酰胺腺苷二核苷酸磷酸产率通过提高所述微生物细胞中烟酰胺核苷酸转氢酶的活性而提高"功能的菌株,然而,正如说明书背景技术所述,"该酶的生理活性几乎未知",虽然涉案专利利用转基因方式获得了具有上述功能的菌株,但并非只要属于埃希氏杆菌属或棒状杆菌的任何菌株在采用该方法进行转化后均可以实现发明预期的技术效果,现有技术中也没有上述菌属的微生物都可以采用转基因方法获得上述功能的记载。因此,在该专利说明书实施例中仅使用了特定具体菌株进行了试验并验证其试验效果的情况下,所属领域技术人员根据说明书的描述尚不能预见所有属于埃希氏杆菌属以及棒状杆菌的菌株都可以通过提高所述微生物细胞中转氢酶的活性而提高其生产L-氨基酸的产量。权利要求1概括的技术方案得不到说明书的支持。

了解现有技术的状况是把握技术效果可预测水平的重要手段。现有技术公开的相应内容越多，对结构与效果之间的关系揭示得越详细，意味着技术效果的可预期性越高。

在第63698号复审决定（200580017490.5）涉及的案件中，权利要求1涉及鸟苷酸环化酶B（GC-B）活化剂CNP及其衍生物在制备关节炎治疗剂或预防剂中的用途，其中限定CNP衍生物具有在SEQ ID NO：1/2的氨基酸序列中的1~5个氨基酸的缺失、置换或附加。决定认为，在说明书公开内容的基础上能够得到或概括得到的技术方案，既包括所属领域技术人员根据其普通技术知识合理预测的与说明书公开的具体实施方式具备相同性能或效果的等同替代方式或明显变形方式，也包括根据与发明相关的现有技术整体状况能够合理预见到的解决发明技术问题的实施方式。涉案申请对现有技术的主要贡献在于发现GC-B活性剂CNP这一已知肽及其相应衍生物的新用途。说明书验证了多肽本身能够治疗骨关节炎，现有技术文献也通过验证一系列多肽变体的基本功能充分揭示了该多肽的各部分功能结构域对其基本功能的影响。所属领域技术人员在结合现有技术证据所公开的多肽结构变化与功能之间的相关数据的基础上能够很容易地预测对所述多肽的哪些位点进行相应的取代、缺失和/或添加不会明显影响肽活性，并预期这些多肽变体也能够实现涉案发明治疗骨关节炎的目的，因此权利要求1能够得到说明书的支持。

3.3 与功能性特征有关的支持问题

功能性特征原则上应当理解为能够实现所述功能的所有实施方式。如果权利要求中限定的功能是以说明书实施例中记载的特定方式完成的，所属领域技术人员并不能明了该功能还可以通过其他替代方式实现，则所述功能性特征的使用将导致权利要求得不到说明书的支持。

在第37170号复审决定（200780019411.3）涉及的案件中，权利要求1要求保护透皮治疗系统（TTS），其含有活性物质、导致该活性物质不能使用的化学剂和媒质，其中限定活性物质和化学剂在空间上彼此分开，所述媒质固定于TTS的外覆盖层内部，当从患者的皮肤上除去所述TTS时，该媒质能够以不取决于剥离方向的方式使所述活性物质与所述化学剂彼此接触并进行化学反应，从而通过这种接触破坏该活性物质。决定认为，权利要求1的技术方案实现发明目的的关键在于媒质具有上述所限定的功能。从说明书的记载可知，涉案申请的实施例是通过以下方式实现媒质的这一功能的，即，首先，媒质为硬质多棱角的锋利材料，以在揭除TTS时能够不取决于剥离方向而刺破活性物质与化学剂之间的间隔；其次，化学剂要采用例如溶液状态的流动形式以便快速而充分地与活性物质接触；最后，化学剂与活性物质之间存在吸收性的纤维层，保证化学剂在短时间内的定向分布，启动化学剂与活性物质发生反应，以实现在从皮肤上剥离TTS时即破坏活性物质的效果。这三个特征对于媒质实现所述功能缺一不可。所属领域技术人员依据申请文件的记载不能明了还可以采用除实施例的特定方式之外的其他方式实现媒质的该功能，达到从皮肤上剥离TTS时，自动释放灭活剂使其中残存的活性物质自行被灭活的技术效果。因此权利要求1得不到说明书的支持。

在第33444号复审决定（200510092177.X）涉及的案件中，权利要求1请求保护一种对多个打印机时序安排打印工作的方法，其中限定将各个打印工作打包，并根据下述至少之一的时序安排……打印顺序。决定认为，权利要求1中的"使打印机处于非操作模式的时间周期数最小化"和"使连续运行时间最大化"是对所述时序安排所实现的效果进行的限定，属于功能性限定的技术特征，然而涉案申请说明书中仅仅给出了特定情况下高级工作的时序安排方法可以实现上述效果，例如，实施例中只有黑色打印和印刷色打印的最终编排结果，没有给出高级工作最佳化例程的工作原理，因此所属领域技术人员不能明了此功能是否可以采用说明书中未提到的其他替代方式来完成，权利要求1得不到说明书的支持。

在第25815号无效决定（201120482733.5）涉及的案件中，权利要求1涉及一种雕铣雕刻机自动上下料装置。请求人认为，权利要求1记载的"上下机构"和"翻转机构"均为功能性特征，应当理解为覆盖了能够实现"上下"以及"翻转"功能的所有结构，然而说明书仅记载了一种实现"上下"功能的"上下机构"的特定方式，所属领域技术人员无法得知其他能够实现"上下"以及"翻转"功能的结构也能够解决涉案专利的技术问题，因此权利要求1得不到说明书的支持。对此，决定认为，权利要求1的技术方案通过设置在机头座上的上下机构、翻转机构与具有上料框、下料框和雕铣台的移动工作台之间的配合，实现涉案专利说明书所记载的"结构设计合理、简单且能（自动）上下料"的发明目的。涉案专利说明书中已经对"上下机构"和"翻转机构"的一种结构和功能作出了详细的示例性说明，在此基础上，所属领域技术人员根据其所具备的知识水平和设计能力能够合理地预料到除了涉案专利说明书记载的上述具体实施方式之外，还存在其他结构形式的"上下机构"和"翻转机构"，例如利用滑轨作导向件来实现上下升降。因此，所属领域技术人员基于说明书的记载能够概括得出权利要求1的保护范围，权利要求1能够得到说明书的支持。

如果所属技术领域的技术人员有合理的理由怀疑功能性特征所包含的一种或多种方式不能解决发明或者实用新型所要解决的技术问题，并达到相同的技术效果，并且请求人未能举证或作出说明推翻该合理怀疑的，则采用所述功能性特征的权利要求得不到说明书的支持。

在第8654号复审决定（00800400.5）涉及的案件中，权利要求1要求保护一种电动机，包括控制电路，其中限定"所述控制电路控制所述的电动机，使得电动机可选择性地避免永久磁铁转子的转动速度在发生谐振而导致振动增大的一预定范围工作"。决定认为，所述控制电路使用了功能性限定，覆盖了实现电动机可选择性地避免永久磁铁转子的转动速度在发生谐振而导致振动增大的一预定范围工作功能的所有电动机控制电路。依据涉案申请文件记载的内容可知，涉案申请是通过微处理器进行特定的编程、使用特定的控制方法来实现电动机可选择性地避免永久磁铁转子的转动速度在发生谐振而导致振动增大的一预定范围工作，所属领域技术人员难于预见该功能性特征所概括的除涉案申请实施例之外的其他方式均能达到涉案申请的目的，因此权利要求1得不到说明书的支持。

对于说明书中未给出或仅给出一个具体实施方式，权利要求采用相应的功能予以限定的情形，不能因此直接认定该功能性特征导致权利要求得不到说明书的支持，而是需要站位所属领域技术人员的视角，判断所述功能是否可以采用说明书中未提到的其他替代方式来完成。

在第 9235 号复审决定（99105006.1）涉及的案件中，权利要求 1 要求保护一种插接件，其中限定"检测电路，其检测所述至少一个端子的电平状态，当检测到的电平状态表明有可插拔部件与所述连接器连接时，控制所述电子开关电路逐渐向第一端子施加接插件的电压"，说明书记载了一种能实现上述功能的检测电路。决定认为，虽然在涉案申请的实施例中，电子开关电路 108"逐渐"向第一端子施加插接件的电压的功能是通过定时电路（RC 电路）实现的，但对所属领域技术人员来说，RC 电路作为定时电路是通用的技术，且不是唯一实现该功能的方式，无论采用何种形式的定时电路，只要能够配合开关电路逐渐向第一端子施加插接件的电压即可。因此，所属领域技术人员根据实施例的教导，可以想到采用其他方式实现"逐渐"向第一端子施加插接件的电压这个功能，权利要求 1 能够得到说明书的支持。

3.4 马库什化合物权利要求的支持问题

结构决定性质是化学领域公认的基本原则，结构相近的化合物通常具有相似的活性。在判断涉及马库什化合物的权利要求能否得到说明书的支持时，需要重点考虑权利要求限定范围内的化合物相互之间的结构差异大小、说明书所选择的进行了活性实验的化合物在结构上的代表性以及发明的贡献所在等多种因素。

在第 13639 号复审决定（02818983.3）涉及的案件中，权利要求 3 要求保护通式（Ⅰ）化合物在制备用于降低血浆葡萄糖、甘油三酯、总胆固醇的药物中的用途。针对依据说明书中药物活性例记载的化合物的活性能否概括出权利要求 3 所保护的其他式（Ⅰ）化合物也具有相似活性这一问题，决定认为，对于说明书中记载的具体化合物活性实验数据，应当从多个角度进行考察，例如，发明的核心所在、权利要求化合物定义范围中所涉及化合物相互之间的结构差异大小以及权利要求保护范围概括的宽窄、活性实验中作为实验对象的化合物结构上是否具有代表性、专利申请文件记载的其他相关信息和现有技术、所属领域技术人员作为判断主体所应具有的分析推理能力等。涉案申请进行活性验证的实施例化合物均具有相同的 3 - {4 - [2 - (吡咯 - 1 - 基) 乙氧基] 苯基} - 2 - 乙氧基丙酸结构，相互之间的差别仅在于 R4 基团的不同，且分别对应于权利要求 3 的 R4 定义中的三种取代基类型。上述实施例化合物相互之间因占据化合物绝大部分的结构相同而呈现整体结构相似，所属领域技术人员可以合理地预期这些化合物将具有类似的活性。同时，活性实验数据表明 R4 为权利要求所述取代基时，化合物具有相似的活性，这在一定程度上教导了对 R4 基团进行结构修饰后并不会对化合物的活性产生重大影响。基于说明书实施例的教导，所属领域技术人员能够合理预期本申请中与活性试验中化合物结构相近的、具有 3 - {4 - [2 - (吡咯 - 1 - 基) 乙氧基] 苯基} - 2 - 乙氧基丙酸结构但 R4 基团不同的其他式 （Ⅰ） 化合物将具有降低血浆葡萄糖、甘油三酯和总胆固醇的活性。在没有任何相反证据证明或者合理理由怀疑某些通式 （Ⅰ） 化合物不具备相应活性的情况下，不宜认为该权利要求 3 不符合《专利法》第 26 条第 4 款的规定。

在第 33421 号复审决定 （200580016099.3） 涉及的案件中，权利要求 1 要求保护具有 H4 受体亲和活性的通式 （Ⅰ） 或 （Ⅱ） 化合物。决定认为，权利要求 1 中定义的大部分化合物在实施例 1 - 69 中均有相应的具体化合物予以支持，尽管说明书中未验证个别取代基所定义的化合物的活性效果，但实施例中已经公开了与这些未验证的取代基结构近似的取代基，所属领域技术人员可以根据化合物领域中"结构决定性质"这一基本常识合理推测这些通过结构近似取代基所定义的化合物也具有类似的活性效果。同时，也没有其他证据表明处于通式 （Ⅰ） 或 （Ⅱ） 的母核结构之外的末端取代基对化合物活性效果具有明显的不利影响，因此，在说明书公开了活性效果的具体化合物基础上，通过所属领域的常见取代基团，例如烷基、羰基等对通式母核结构之外的取代基团进行结构修饰所获得的化合物也应具有类似的活性效果，所属领域技术人员根据说明书公开的内容能够预期权利要求 1 中式 （Ⅰ）、（Ⅱ） 化合物将具有调节 H4 受体表达的活性，权利要求 1 能够得到说明书的支持。

在第 86593 号复审决定 （201010225843.3） 涉及的案件中，权利要求 1 涉及化学式 Ib 所示的一系列杂环羰基甘氨酸化合物在制备用于治疗慢性疾病性贫血的药物中的用途。决定认为，尽管说明书中一般性地指出了用多个不同通式表达的化合物均可实现涉案发明，但是仅提供了通式 Ib 中两个具体化合物 A 和 B 的相关实验数据，而通式 Ib 中取代基的选择范围还包括了与上述具体化合物相应基团结构性质差异较大的基团。由说明书的记载和所属领域的公知常识可知，所述化合物的作用靶点是特定的受体，其活性除了与化合物分子本身的理化性质相关外，还与化合物分子与受体的相互作用和相互匹配有关，一些特定基团的改变可使整个分子结构发生变化，进而改变其理化性质，影响药物与受体的结合以及药物在体内的吸收和运转，最终直接影响其药效学性质。由于权利要求 1 化学式 Ib 中的取代基还可以是其他与化合物 A 和 B 相应基团相比差异巨大的功能基团，上述差异较大的取代基对整个分子理化特性的影响是不能预先确定的，而且，上述取代基中不同基团选择组合之后给整个分子药用特性产生何种影响更难以预测，因此基于本申请说明书公开的内容，所属领域的技术人员无法预见权利要求 1 所述式 Ib 化合物均具有治疗慢性疾病性贫血的效果，权利要求 1 得不到说明书的支持。

3.5 与数值范围有关的支持问题

当权利要求涉及数值范围时，说明书通常应给出两端值附近（最好是两端值）的实施例，当数值范围较宽时，还应当给出至少一个中间值的实施例。但是，缺少相应的实施例并不意味着采用所述数值范围限定的权利要求必然得不到说明书的支持，能否得到支持应当结合申请文件的教导和所属领域的技术水平进行综合判断。

在第 8661 号复审决定（98803571.5）涉及的案件中，权利要求 1 要求保护一种用于预防鱼类和有壳水生动物由选自虹彩病毒、双节段 RNA 病毒和对虾棒状 DNA 病毒引起的感染性疾病的饲料，所述饲料中含有混合比例为 0.5g/kg～50g/kg 的硫酸化多糖。说明书记载，出于预防感染目的，硫酸化多糖的混合比例通常优选约为 0.5g/kg～50g/kg。说明书给出了两组实施例，分别验证了混合物比例为 0.5g/kg、1.0g/kg、3.0g/kg 和 5.0g/kg 时明虾的存活率以及混合物比例为 1.0g/kg、1.5g/kg、2.0g/kg 和 2.5g/kg 时黄条鲫的存活率。关于这一内容是否足以支持权利要求中硫酸化多糖的混合比例为 0.5g/kg～50g/kg 的技术方案，决定认为，分析实施例的结果表明，在 0.5g/kg～5.0g/kg 这一范围内，岩藻多糖的混合比例越高，鱼类和有壳水生动物的存活率也越高。同时，说明书还公开了岩藻多糖预防感染性疾病的机理，即岩藻多糖的岩藻糖残基等参与细菌和病毒表面的糖脂和糖链反应，而细菌和病毒表面的糖链在它们黏附于生物体的细胞进行感染时起着重要作用。基于此，所属领域技术人员可以预测，岩藻多糖混合比例越高，其岩藻糖残基参与糖脂和糖链反应的可能性越高，对感染的预防程度也相对越高，在岩藻多糖混合比例从大于 5.0g/kg 到小于等于 50g/kg 这一范围内，鱼类和有壳水生动物的存活率应该会随岩藻多糖的混合比例增加而升高，或者至少是将存活率保持在较高的水平。在没有言之有据的理由怀疑该数值范围不能实施的情况下，应当认为具有该数值范围的权利要求能够得到说明书的实质支持。

在第 29234 号无效决定（200780033118.2）涉及的案件中，权利要求 1 保护一种含有核壳纳米粒子的光学涂层组合物，其中限定所述纳米粒子具有 10nm～200nm 的平均尺寸。针对请求人所指出的上述较宽的尺寸范围导致权利要求得不到说明书支持的无效理由，决定认为，涉案专利说明书的实施例 1-3 记载了在测定胶束尺寸的数据中，测定的平均胶束因测量条件不同直径最小为 26nm，最大为 45nm。实施例 6 中记载了采用 NeoCryl XK-30 乳胶粒子制备核壳纳米粒子的方式，但其中没有给出其尺寸数据。可见，在涉案专利说明书真正实施的技术方案中，所制备的核壳纳米粒子的尺寸范围仅为 26nm～45nm，该范围与权利要求 1 所限定的 10nm～200nm 的范围差别很大。而在高分子领域中，粒径小于 20nm 的高分子球形颗粒属于超小粒径聚合物纳米粒子，通过两亲性嵌段共聚物形成胶束或通过微乳液聚合获得的乳胶粒子通常难以制出直径小至 10nm 的粒子。根据涉案专利说明书公开的信息，难以获知如何制备出直径为 10nm 和 200nm 的核壳纳米粒子，在没有任何数据支持的情况下，所属领域技术人员也难以确定根据涉案专利说明书所披露的两种技术路线能制备出平均尺寸为 10nm 的核壳纳米粒子。权利要求 1 中关于纳米粒子具有 10nm～200nm 的平均尺寸的概括得不到说明书的支持。

4 独立权利要求应当记载必要技术特征

必要技术特征,是指发明或者实用新型为解决其技术问题所不可缺少的技术特征,其总和足以构成发明或者实用新型的技术方案,使之区别于背景技术中所述的其他技术方案。实践中,判断某一技术特征是否为必要技术特征,最主要的争议点通常集中在以哪一技术问题为基础作出判断。

4.1 以发明或实用新型声称要解决的技术问题为准

权利要求应当从整体上反映发明或实用新型的技术方案,记载解决技术问题的必要技术特征,其中所述"技术问题"是指专利说明书中记载的发明或实用新型所要解决的技术问题,是专利申请人基于其对说明书中记载的背景技术的主观认识在说明书中声称要解决的技术问题。

如果说明书声称发明创造解决多个彼此相互独立的技术问题,即使独立权利要求的技术方案未能解决上述全部技术问题,通常情况下,并不认为所述独立权利要求必然缺少必要技术特征。

在第13330号无效决定(200420015408.8)涉及的案件中,权利要求1保护一种电池套标机,包括机架、张标机构和推杆。决定认为,根据说明书背景技术的记载,涉案专利所要解决的技术问题有两个:一是针对现有电池套标机的张标机构及推送机构往复运动依次只能套一个电池而生产效率低下的问题,提供一种生产效率高的电池套标机;二是针对现有技术中不能实现自动加假底而需人工加假底的问题,提供一种可同时完成套标及加假底的电池套标机。为解决上述第一个技术问题,涉案专利把多根推杆分布在一个转盘上,转盘每旋转一周,即可完成多个电池的套标过程。权利要求1已经限定"多根推杆分布在转盘上""使多根推杆随转盘的转动依次做往复运动的驱动机构",该限定构成了解决上述第一个技术问题不可缺少的必要技术特征。虽然权利要求1不包括解决上述第二个技术问题所不可缺少的技术特征"加假底机构",但只要所请求保护的技术方案能够解决说明书记载的多个技术问题中的至少一个技术问题,就应当认为其并不缺少解决技术问题的必要技术特征。

第七章 权利要求

要求独立权利要求应当包含必要技术特征,是为了保证其所限定的技术方案能够解决发明声称的技术问题,而非要求其必须包含那些存在于优选实施方式中、为达到更优技术效果而设置的技术特征。

在第 25796 号无效决定(200720190084.5)涉及的案件中,权利要求 1 保护一种定位组合式轮胎螺母,其中限定垫圈和导向定位套管垫圈的两个套和端的端面设有承插结构。请求人认为,权利要求 1 未限定承插结构是锥形或斜面,缺少必要技术特征。对此,决定认为,根据说明书的记载,针对现有技术中汽车轮胎螺栓的螺杆直径与轮盘螺栓孔直径存在一定间隙,从而导致螺杆折断和车轮的不规则运转的技术问题,涉案专利通过轮盘与轮胎螺栓组合件固定时的自动找准中心和减少轮盘与螺栓组合件的结合间隙,提供一种定位组合式露台螺母,解决了所述技术问题。涉案专利中的自动找准中心是相对于现有技术中由于轮盘与螺栓组合件之间的间隙而言的,目的是确保螺栓不易折断和车轮的规则运转。由涉案专利给出的实施例可以看出,承插结构设置于螺母与导向定位套管垫圈之间,其用于螺母与导向定位套管垫圈的结合,当承插结构为锥形时,能够实现自动的对正,改善螺栓受力情况,当承插结构为圆柱形时,相对于直接将轮盘与螺栓组合件结合而言,通过导向定位套管以及螺母、垫圈与导向定位套管之间的承插配合,减少了上述轮盘与螺栓组合件之间的结合间隙,必然也会改善轮盘通过螺栓组合件与轮毂的对中情况,从而达到确保轮胎螺栓不易折断以及车轮不易形成不规则运转的目的。因此,根据涉案专利说明书的记载可以确定,只要具有导向定位套管垫圈以及其与螺母垫圈之间的承插结构,不论是圆锥形还是圆柱形的承插结构,都能够在轮盘与轮胎螺栓组合件固定时实现车轮与轮毂的自动找准中心,"锥形或斜面"形式的承插结构只是能够更好实现自动对中的优选方案,并非解决上述技术问题的必要技术特征。因此,权利要求 1 并不缺少必要技术特征。

在第 23455 号无效决定(201220081824.2)涉及的案件中,权利要求 1 要求保护一种果汁调理机。根据说明书的记载,所述实用新型要解决的技术问题是果汁调理机在充分搅拌、混合并萃取机内食材的同时不破坏固体食材。请求人认为,权利要求 1 中的"凸肋"不足以与背景技术中破坏固体食材的刀片结构相区别,缺少凸肋的"具体形状及排布方向",不能解决上述技术问题。对此，决定认为，涉案专利权利要求1中对于扰动凸肋的限定是"圆盘具有……复数扰动凸肋……所述扰动凸肋相间隔地成型于所述顶板上"，可见该扰动凸肋为复数，设置位置是成型于圆盘的顶板上，设置方式是相互间隔，而"凸肋"顾名思义是指凸出的肋状物，涉案专利中圆盘和凸肋所起的作用是在驱动装置的驱动下转动，从而使凸肋对食材产生搅拌、萃取的效果，所属领域技术人员知晓，凸肋能够起到搅动作用的原理在于增大了接触面积并能够增大阻力，这进一步解释了涉案专利中采用凸出的肋状物结构（"凸肋"）的原因。涉案专利权利要求1已经对扰动凸肋的数量、可设置的位置及基本设置方式等作出了限定，所属领域技术人员基于以上限定和对涉案专利技术方案的理解及其自身掌握的知识，可以明确得知涉案专利中的圆盘及其顶板上设置的凸肋无论结构还是功能均应不同于背景技术中提到的刀具，相比在转动过程中起到切、割、打碎食材作用的刀具，涉案专利中的圆盘和凸肋不仅可以搅动、混合、萃取食材，显然更加不易破坏固体食材，解决了上述技术问题，并且足以使涉案专利权利要求1与背景技术中所述的采用刀具的技术方案区别开来。至于凸肋的具体形状和排布方向，属于为达到更佳技术效果而设定的技术手段，并非解决上述技术问题必不可少的技术特征。

4.2 与发明或实用新型要解决的技术问题相对应

判断某一技术特征是否属于必要技术特征时，需要判断该技术特征与发明或实用新型要解决的技术问题之间的对应关系。与所述技术问题无直接对应关系的技术特征通常不属于解决该技术问题的必要技术特征。

在第75496号复审决定（200480043226.4）涉及的案件中，独立权利要求1要求保护一种化妆品组合物，包含快速干燥咖啡果制品，其中限定，当所述咖啡果为成熟咖啡果时，其表面损害不超过表面积的5%和/或其真菌毒素水平以干重计为，总黄曲霉毒素低于20ppb，总串珠镰孢菌毒素低于5ppm，总呕吐毒素低于5ppm，赭曲霉素低于5ppb。针对咖啡果制品的制备方法以及其在化妆品组合物中的含量是否属于实施发明必不可少的技术特征这一争议点，决定认为，根据涉案专利申请的背景技术可知，涉案发明要解决的技术问题是降低含有咖啡果制品的化妆品中真菌毒素的含量，特别是总黄曲霉毒素的含量，提高化妆品的安全性。权利要求1中已经记载"化妆品组合物"中"包含咖啡果制品"，限定了"快速干燥"和"成熟咖啡果如何选择"的特征。所属领域技术人员按照权利要求1的要求选择咖啡果并快速干燥后，咖啡果中的真菌毒素含量就远远低于背景技术中的含量，当用所属领域已知的常规方法将其制成咖啡果制品时，根据多酚物质在化妆品中的常规用量和所述咖啡果制品中多酚的含量，就可以计算咖啡果制品的使用比例。当以这一比例将其用于化妆品中时，即可解决涉案发明的技术问题。与此相比，驳回理由中涉及的"咖啡果制品的制备方法以及其在化妆品组合物中的含量"所对应的技术问题是咖啡果提取物用于化妆品时所具有的抗氧化作用、抗炎作用等，与降低含有咖啡果制品的化妆品中真菌毒素含量之间没有因果对应关系，因此，上述"咖啡果制品的制备方法以及其在化妆品组合物中的含量"不属于权利要求1中为提高化妆品安全性的必要技术特征。

在第10292号无效决定（03118186.4）涉及的案件中，权利要求1要求保护一种由一定比例的六种药物制备而成的治疗灰指甲、手足癣的药物。根据说明书的记载，涉案专利所要解决的技术问题是高温高压提取公丁、苦参等药材时，有效成分遭到破坏，并且所采用的浸提方法生产周期长，产品质量难以控制，导致产品质量存在缺陷。为解决该技术问题，涉案发明采用原料组方和制备方法相结合的方式，通过配方组成和严格的工艺制作出液体药剂，所述制备方法可以避免高温高压对有效成分的破坏，能够获得疗效更好的药物组合物。因此，决定认为，涉案发明中制备方法是获得最终产品不可缺少的技术手段，是解决发明技术问题必不可少的技术特征。权利要求1仅记载了药物组合物的原料及配比，没有记载相应的制备方法，缺少解决技术问题的必要技术特征。

在第27294号无效决定（200910031420.5）涉及的案件中，权利要求1保护一种吹瓶机的输瓶装置。根据说明书的记载，该输瓶装置的主要用途是将由机械手夹持吹塑出来的瓶子在被机械手松开后输送至罐装系统，从而实现与罐装系统的对接。根据背景技术的介绍，现有技术中采用的是使机械手松开的瓶子掉入输瓶装置的漏斗中，再通过漏斗水平移动将瓶子送入与罐装系统相连的进瓶风道中。但是这一装置在输送瓶子的漏斗与瓶子分离时容易出现卡瓶现象,稳定性差。为了解决该技术问题,涉案发明采用结构简单的滑架,滑架设在用于输送瓶子的滑架安装座上,安装座上设置挂瓶条和与挂瓶条相配合的压缩空气喷嘴。决定认为,权利要求1中限定了位于滑轨上且包括底座、立柱和安装座的滑架以及挂瓶条和与挂瓶条相配合的压缩空气喷嘴,上述结构使得挂瓶条与瓶子之间分离顺畅,已经足以解决所要解决的技术问题。请求人主张缺少的"机械手""灌装系统""进瓶风道"以及"对接方式"等技术特征属于涉案专利的技术方案可以与之配合使用的技术特征,并非涉案专利为解决所述技术问题不可缺少的技术特征。

当某一或某些技术特征与发明要解决的技术问题之间存在紧密联系,以致所属领域技术人员能够确信,缺少所述特征将导致相应技术方案无法解决发明的技术问题时,则以该技术方案作为发明的独立权利要求将不符合专利授权条件。

在第7009号无效决定(98103220.6)涉及的案件中,权利要求1要求保护一种镇痛药,该镇痛药含有活性制剂和药用辅料,其中活性制剂含有"天冬氨酸、苏氨酸、丝氨酸、谷氨酸、甘氨酸、丙氨酸、缬氨酸、异亮氨酸、亮氨酸、酪氨酸、苯基丙氨酸、赖氨酸、组氨酸,并且含有尿刊酸、尿嘧啶、次黄嘌呤、黄嘌呤、胸腺嘧啶"。决定认为,根据申请文件的记载,涉案专利的活性制剂均取材于特定的生物来源,即大白兔接种牛痘病毒后的发痘皮肤组织,该发痘组织在涉案专利步骤(b)~(g)所述条件下经过多步处理制成具有镇痛活性且副作用小的制剂。所属领域技术人员公知,构成生物样本的组分复杂多样,提取和处理生物样本的方法和条件一般会影响终产物的性能。在没有证据显示不采用发痘组织作为原料且不经步骤(b)~(g)处理的、仅具有上述18种组分和理化性质的产品能够成为镇痛药物的情况下,原料发痘组织和制备方法(a)~(g)的技术特征是解决本发明技术问题不可缺少的必要技术特征。

第八章　修　改

申请人对发明和实用新型专利申请文件的修改不得超出原说明书和权利要求书记载的范围。所属的记载范围包括原始申请说明书和权利要求书文字记载的内容、根据原始说明书和权利要求书文字记载的内容以及说明书附图能直接、毫无疑义地确定的内容。

1　修改依据

1.1　可以作为修改依据的内容

专利申请文件的修改依据是该申请申请日提交的权利要求书、说明书和说明书附图。申请日提交的说明书不应仅理解为以纸件形式记载的内容，还应包括以计算机可读形式记载的相关内容。

在第18951号复审决定（200410026438.3）涉及的案件中，复审请求人于申请日提交的申请文件包括计算机可读形式的核酸/氨基酸序列表，该序列表可以打开并读取相关内容，只是文件格式不符合《核苷酸和/或氨基酸序列表和序列表电子文件标准》；申请人于复审程序中提交了纸件形式的序列表，其中记载的序列与申请日提交的计算机可读形式的副本中的序列完全一致。决定认为，修改不得超出原说明书和权利要求书记载的范围，是指不得以增添、删节或者替换等方式修改，导致修改后的申请文件中增加了原说明书和权利要求书没有记载并且又不能从中直接确定的内容。对于该发明专利申请来说，原说明书中已包括或记载了所述序列表，但其只提交了该序列表计算机可读形式的副本，未提交该序列表的纸件并置于纸件说明书的最后，只是属于形式上不符合《专利审查指南》的要求；对于申请文件中所存在的形式缺陷，专利审查制度设计中通常是允许申请人通过补正来克服的。因此，复审请求人基于原说明书中所述序列表计算机可读形式副本在纸件说明书中增加该序列表相关内容，不违反《专利法》第33条规定的对申请文件的修改原则。

PCT国际申请的修改依据是该申请原始提交的国际申请的权利要求书、说明书和说明书附图。

在第21276号复审决定（02825721.9）涉及的案件中，复审请求人办理了改正译文错误手续，依据PCT公开文本对本申请进入中国国家阶段时提交的原始国际申请文本的中文译文的权利要求书第1页、说明书第18~19页进行了译文更正，并提交了相应的替换页；在此基础上又修改了相应的权利要求。决定认为，以上译文更正的替换页是依据原始国际申请文本所作的译文更正，所作修改与原始提交的国际申请内容一致，符合《专利法》《专利法实施细则》和《专利审查指南》的相关规定，合议组将以此配合国际申请文本用以判断申请文件的修改是否超范围。

分案申请的修改依据是原申请申请日提交的说明书、权利要求书和附图。

在第89135号复审决定（201010246386.6）涉及的案件中，复审请求人将驳回理由中提到的修改超范围之处分别修改为"本地微控制器，其包括存储器单元""射频收发器，连接至所述本地微控制器以便将数据发送至所述测量计"。母案申请的原始说明书第7页第31~32行记载了"本地微控制器140还可以包括存储元件"；对于药物配送设备胰岛素笔中所包括的数据发射装置记载了射频收发单元，其通过发射射频信号而将数据发送到葡萄糖测量计；且根据母案申请的原始说明书附图可以直接地、毫无疑义地确定射频收发单元与本地微控制器相连。母案申请中的上述内容可以作为判断修改是否超范围的依据。

当说明书中引证了申请日前公开的外国专利文件，且对所引证的文件及引用部分给出了明确指引时，应当认为本申请说明书中记载了所述引证文件引用部分的内容，该内容可以作为修改的依据。

在第 89660 号复审决定（200680028239.3）涉及的案件中，权利要求 3 在原通式（Ⅰ）化合物制药用途权利要求的基础上被修改为"14 个具体化合物在制备用于治疗细菌感染的药物中的用途"，其中限定了化合物通式（Ⅰ）、14 个化合物的编号以及相应制备方法等内容。原始说明书记载了"式（Ⅰ）化合物可按照描述于 WO2004/011436 的方法制备，其通过引用结合到本文中；WO2004/011436 也描述了本发明化合物，具有与其相同的化合物号。下表中的实施例号参考该专利的实施例号，表示化合物的制备方法"，随后记载了上述一系列具体化合物的制备方法。决定认为，说明书中引证了申请日前公开的外国专利文件 WO2004/011436，且对所引证的文件及引用部分给出了明确指引，应当认为本申请说明书中记载了所述引证文件引用部分的内容，该内容可以作为修改的依据。

如果申请日提交的说明书在其背景技术部分明确记载了与发明技术方案直接相关的信息，导致本领域技术人员足以认识到该信息属于发明技术方案的一部分，该申请文件的修改依据还应包括该背景技术部分的内容。

在第 56013 号复审决定（200480040265.9）涉及的案件中，原权利要求 1 要求保护一种用于检测样本中葡萄糖的装置，其中包括至少一个葡萄糖-半乳糖结合蛋白，和与所述结合蛋白相关的"至少一个报道基团"。在复审程序中，请求人将其中的"至少一个报道基团"修改为"环境灵敏荧光基团"。原说明书的背景技术部分明确记载本发明"利用葡萄糖-半乳糖结合蛋白产生荧光信号以响应葡萄糖结合"，同时还要"利用环境灵敏荧光基团……产生荧光信号"。复审决定认为，根据原说明书背景技术部分对现有技术缺陷和改进思路的记载可知，该申请的技术方案中正是利用环境灵敏荧光基团作为报道基团，有效促使葡萄糖-半乳糖结合蛋白在结合葡萄糖之后产生荧光信号，从而有效检测样本中的葡萄糖，该背景技术部分的内容可以作为修改的依据。

1.2 不能作为修改依据的内容

说明书摘要以及摘要附图是说明书记载内容的概述，仅是一种技术信息，不具有法律效力；摘要以及摘要附图可以在申请日后提交，其内容不属于专利申请原始记载的内容，不能作为修改说明书或者权利要求书的依据。

在第 35892 号复审决定（200710169424.0）涉及的案件中，复审请求人补入说明书附图 18，并且强调修改依据为原始提交的说明书摘要附图。决定认为，虽然补入的附图 18 在原始提交的说明书摘要附图中出现过，但摘要及摘要附图不具有法律效力，不能作为修改申请文件的依据。

说明书附图仅仅是示意性的，不允许将通过对说明书附图进行测量得到的具体尺寸参数增加到申请文件中。

在第 90167 号复审决定（201110442890.8）涉及的案件中，复审请求人在权利要求 1 的技术方案中增加了技术特征"所述的第一、第二、第三和第四绞线对横截面圆心的连线与横铝带和竖铝带的夹角均为 45 度"，并且强调该修改是通过测量说明书附图 2 中第一、第二、第三和第四绞线对横截面圆心的连线与横铝带和竖铝带的夹角而得到的。决定认为，上述夹角度数的技术特征明显属于通过测量附图得出的尺寸参数技术特征，并未在原说明书和权利要求书中有直接文字记载，也不可能由原说明书、权利要求书文字记载的内容以及说明书附图直接地、毫无疑义地确定，不能作为修改申请文件的依据。

对于作为优先权基础的在先申请，其记载的未要求优先权的其他内容，不属于在后要求优先权申请的原始记载内容，不能作为修改的依据。

在第 60010 号复审决定（200680043814.7）涉及的案件中，复审请求人将权利要求 1 所述透液装料仓在沼气池内被发酵的温度范围修改为"常温或 30℃～60℃"，同时将说明书的相应内容进行了适应性修改。针对透液装料仓在沼气池内被发酵的温度，原申请文件仅记载了 15℃～80℃ 这个范围，以及优选值 57℃，并未记载发酵温度范围可在"常温或 30℃～60℃"；而作为该申请的优先权文件的在先申请文件中明确记载了所述沼气池内的发酵温度范围包括：30℃～60℃、75℃～99℃；温度点包括：常温、57℃等。决定认为，该申请的优先权文件不能作为修改说明书或者权利要求书的依据，因此修改后的沼气池温度为"常温或 30℃～60℃"的技术方案超出了原说明书和权利要求书记载的范围。

专利申请公开文本不能作为修改说明书或者权利要求书的依据。

在第 29367 号无效决定（98805898.7）涉及的案件中，无效请求人根据该专利申请授权文本的权利要求 27–30 与该申请在中国国家阶段公开的中文文本的相应内容存在差异，主张上述权利要求修改超范围。决定认为，由于该专利为进入中国国家阶段的 PCT 国际申请，在评述该专利是否符合《专利法》第 33 条规定时，应以原始提交的国际申请文本中的说明书、权利要求书和附图作为判断基础。

2 "直接地、毫无疑义地确定"的判断

2.1 基于公知常识的技术特征改变

虽然原始申请文件没有直接的文字记载，但所属领域的技术人员在阅读该申请文件后，基于该领域的基本原理或技术上固有的内在联系，能够确定某技术特征是客观存在的，则该技术特征应当属于所属领域技术人员根据说明书和权利要求书能够直接、毫无疑义确定的内容。

在第 78703 号复审决定（200810084576.5）涉及的案件中，复审请求人在权利要求 17 中增加了技术特征"一假固定手段，系存在筒形件及光电组件的接触位置，其中该筒形件与光电组件系藉黏接配合的形式互相结合"。原权利要求 9 中记载了"一假固定手段，系使得该光电组件与该筒形件藉粘接材料结合，以形成粘接配合"，同时原说明书以及附图 9a~9c 记载了多种通过粘接材料 96 实现粘接配合的具体方式，其中的"粘接"即为"黏接"。决定认为，在原申请文件记载的上述内容的基础上，基于本领域的基本原理可知，粘接（或黏接）必然是在被粘接（或黏接）的两个组件（筒形件和光电组件）的接触位置进行。本领域技术人员根据该申请原说明书和权利要求书记载的内容能够直接地、毫无疑义地确定修改后的权利要求 17 中有关"假固定手段"的内容。

在第 12569 号复审决定（03117259.8）涉及的案件中，权利要求 1 要

求保护一种新型传动机构，具有机座和托轮，其特征在于承传带绕在两个托轮上并托承着工作机的滚筒转动；修改后的权利要求中增加了技术特征"滚筒同时支承在承传带和托轮上"。针对该特征，原说明书还记载"两托轮不直接受重"。决定认为，权利要求1的上述特征虽然在原始说明书文字中没有明确记载，但是原说明书在描述安装过程时提到"把滚筒吊装到托轮及承传带上"；原说明书附图也显示，承传带支承着滚筒，承传带压在托轮上；将本申请的结构结合本领域基本工作原理可知，滚筒虽然直接压在承传带上，但是通过承传带将大部分重量转移到托轮上，即滚筒的重量实质上是由承传带和托轮共同支承的，即权利要求1的特征"滚筒同时支承在承传带和托轮上"能够根据说明书上下文、附图结合本领域常识直接地、毫无疑义地确定。至于原始说明书记载的特征"两托轮不直接受重"，从字面上来看似乎与修改后的权利要求的文字描述不一致，但是本领域技术人员结合其上下文以及说明书附图、本领域常识，能够理解原文想要表达的真正含义是两托轮不直接承受大部分重量，大部分重量是通过承传带传递给托轮，即托轮间接承受大部分重量。这与权利要求1描述的含义实质上是相同的。涉及上述技术特征的修改后的权利要求1没有超出原始说明书和权利要求书的记载范围。

在第15876号无效决定（96198841.X）中，该专利权利要求1要求保护一种用于控制移动站的唤醒模式与睡眠模式的方法，在实质审查中将该方法具有计时器的技术特征修改为"具有与无线通信系统要求无关的可变周期的计时器"。该专利原说明书中的相应记载如下："在分组数据模式中，将移动站设置在活动模式中预定的活动时间量，并且在此活动模式中，将移动站保持唤醒移动用户可选择的时间"以及"移动站可以返回到DCCH睡眠模式由在活动计时器确定的另一用户可选择时间量"。决定认为，尽管原说明书中并没有记载计时器具有可变周期，更没有记载其具有与无线通信系统无关的可变周期，但是本领域技术人员从前述记载的"活动模式中预定的活动时间量"可知，说明书中记载的"计时器"是具有周期的；同时，由前述的"移动用户可选择的时间"以及"另一用户可选择时间量"记载可知，计时器对活动时间量进行计时，活动时间量是可以选择的，计时器能够被用户选择和设置，由此可以理解为，计时器是依赖于用户的设置，而不是系统的生成，即与无线通信系统要求无关，综上可以从本专利原说明书中直接地、毫无疑义地确定该申请要求保护的方法"具有与无线通信系统要求无关的可变周期的计时器"的技术特征。

当用一个新的技术术语替换原始提交的申请文本中的技术术语时，如果替换前后的技术术语在含义上相同，则该修改符合《专利法》第33条的规定。

在第12398号复审决定（0012315.4）涉及的案件中，复审请求人提出复审请求时将原权利要求1中的"该原料及原料的重量份数比为"修改成"由以下重量配比的药物组成"，同时对说明书的相关记载进行了适应性修改。决定认为，该申请技术方案中药物的各原料组分均为本领域常规的中药，可以将各原料经过简单的干燥、灭菌、粉碎及混匀后即作为药物使用，也可以直接组合而成药物组合物，而"重量份数比"和"重量配比"的含义一致，均指各组分重量之间的比例关系，上述修改可以从原说明书记载的内容直接确定得出。

当用一个新的技术术语替换原始提交的申请文本中的技术术语时，如果本领域技术人员根据原始申请文件的内容足以确定，该术语相比原技术术语更加准确地表述了原始说明书和权利要求书公开的信息，则该修改符合《专利法》第33条的规定。

在第6342号无效决定（92107756.4）中，该专利授权公告文本的权利要求1要求保护一种锚梁式静压桩法，其中包括在地基上铺设锚梁的步骤。与原始申请文件相比，将原申请文件中的技术特征"在基础上铺设锚梁"修改为"在地基上铺设锚梁"。在本专利原始提交文本说明书附图中对锚梁下的部分采用了类似两撇两捺的表示方法。决定认为，凡是因建筑物荷载作用而产生应力和变形的岩体或土体，统称为"地基"；而"基础"则为安全可靠地将建筑物荷载传递给地基的地下结构部分，是建筑物地上结构的延续。本领域技术人员普遍采用类似两撇两捺或三撇三捺的标记来表示地基，并且类似的表示法得到行业内的普遍认可，虽然具体的表示方法略有异同，但是形式极为相似，左右斜道多一少一的区别不会导致所属领域技术人员误解其含义，由此可以确定该专利原始提交的说明书附图中类似两撇两捺的标记即为地基的表示符号。在原始提交的说明书中记载了现有的锚杆静压桩法必须先浇注承台，在承台上留桩孔（或凿孔）预埋锚杆（或钻孔胶埋），承台保养，然后将压桩机固定在承台锚杆上，利用承台上部的建筑物的重量来克服压桩反力，其缺点是施工期长，施工费用大，在浇注承台后桩的位置不能移动，变换桩位时移动不方便。而该专利就是针对上述缺陷提出一种移动方便、可在狭小的场地和空间使用的压桩方法，并且在说明书及其权利要求书中对锚梁式静压桩法进行描述时均未提及在架设锚梁前需要建造基础的步骤，说明书特别强调"油压千斤顶在高压油的作用下，桩10逐段压入土中"，并无先穿过"基础"后进入土中的描述，这与附图中将锚梁下部表示为地基是完全一致的。将原申请文件中的技术特征"在基础上铺设锚梁"修改为"在地基上铺设锚梁"未超出原始记载的范围。

在全面理解原始申请文件的基础上，所属领域技术人员运用其领域的普通技术常识，能够认定所解读出的信息与修改后的信息一致，则修改符合《专利法》第33条的规定。

在第64566号复审决定（200680026027.1）涉及的案件中，权利要求1要求保护一种用于阻止位于身体表面下的目标区域内的快速分裂细胞的生长的装置。复审请求人提复审请求时将该权利要求中的生物相容场导具有"近端""远端"修改为生物相容场导具有"第一端""第二端"。决定认为，参见说明书具体实施方式部分可知，该申请中的场导（FG, Field Guide）优选例如棒、管、棍或线的细长形状，场导FG可以采用绝缘棒、实心塑料绝缘棒、空心绝缘棒或者空心导电棒均可，且棒的长度为5cm，并且可以插入皮肤组织内。由以上记载，本领域技术人员可知，上述场导属于棒状物，并且进一步的，根据本领域技术人员所具备的公知常识，可知棒状物都具有两个端。此外，所谓"近端""远端"属于使用状态的描述，并且权利要求1中在上述特征之后仍有进一步限定："所述第二端放置在身体表面下并与所述目标区域相邻，以及所述第一端放置在所述身体表面附近或上面"，这样的限定意味着所述两端具有不同的使用位置，修改为"第一端""第二端"后整体方案的保护范围并没有发生变化。在此基础上可以认定，从所述生物相容场导具有"近端""远端"修改为具有"第一端""第二端"未超出原始记载的范围。

在第66037号复审决定（200910139411.8）涉及的案件中，权利要求1请求保护一种用于选择缩放的计算机实现的方法。复审请求人提出复审请求时对权利要求1进行了修改，将特征"根据与所述输入关联的压力量的变化来改变与所述显示设备关联的缩放"，修改为以下特征"根据与所述输入关联的压力量的变化来改变与所述输入关联的对象的缩放"。决定认为，参见本申请说明书具体实施方式部分可知，用户可根据屏幕上压力量的变化来改变所选中范围的缩放，以选中所需对象。并且，本申请用户选择输入的对象可以是像素、字符、绘图对象、文件图标。此外，根据权利要求书的上下文可知，输入对象来自显示设备的显示表面，压力量与所述输入关联。综上述分析可知，本申请涉及的是与输入关联的对象相关的计算机实现方法，并且压力量是与所述输入关联的，可见与输入关联的压力量的变化改变的是应该是与输入关联的对象，并且可以是该对象范围的缩放。上述修改后的内容可以从原申请文件所记载的内容中直接地、毫无疑义地确定。

如果所属领域公知常识性技术手段并非是依据原申请文件明确记载的信息直接地、毫无疑义地确定的内容，仅是该领域现有技术中一种可能的选择，则并不意味着可以将该公知常识性内容通过修改补入到专利文件中。

在第18125号无效决定（200510137122.6）涉及的案件中，授权公告文本中的权利要求1要求保护一种硅橡胶胶管生产工艺，其中步骤a与原始申请文件相比，增加了技术特征"涂上隔离剂、将胶料附着在带有隔离剂的胶囊的表面上、成型后再缠上水包布"。针对"该特征属于公知常识，因此增加该特征不会导致修改超范围"的理由，无效决定认为，在胶管的技术领域中，虽然涂上隔离剂有利于成型后的胶管脱模，但是并不是所有的胶管成型都需要涂隔离剂；并且胶管成型后缠上水包布也不是生产胶管必须的步骤。因此，即使该技术特征属于本领域的公知常识，但其仅属于对现有技术技术方案的一种选择，并未记载在原说明书和权利要求书中，也不能从原说明书和权利要求书中直接地、毫无疑义地确定得出,相应修改超出了原始申请文件所记载的范围。

2.2 基于分离技术特征的重新组合

对于将原始申请文件中不同技术方案的技术特征重新组合形成新的技术方案的修改方式,应着重考虑技术特征之间的关联性。如果原始申请文件已经表明某些特征之间只能以某种特定的方式组合才能解决其技术问题,实现其技术效果,则需要将这些相互关联的特征及其特定的组合方式作为一个整体来看待,不能将其割裂、抽离、组合形成新的技术方案,否则就会超出原始申请文件记载的范围。

在第 34136 号复审决定(02823751.X)涉及的案件中,修改后的权利要求 1 在原说明书概述部分描述的技术方案的基础上,分别依据实施例 1 和 3 的记载,增加了"甘露糖醇的含量为 30w/w% 或 35w/w%"的技术特征。决定认为,修改后的权利要求 1 仅从实施例 1 和 3 中抽出关于甘露糖醇含量的特征,与说明书概述部分的其他特征相组合形成新的技术方案,而实施例 1 和 3 均是由具有特定含量、特定组分、特定制备方法步骤组合而成的具体实施方案,根据说明书整体记载可知,关于甘露糖醇含量的特征均只能以实施例所述的特定方式组合才能解决其技术问题,实现其技术效果,上述修改后的技术方案是本领域技术人员依据原始申请文件的记载无法直接地、毫无疑义地确定的,权利要求 1 的修改超出了原申请文件记载的范围。

如果依据原始申请文件,能够得出各技术方案中的特征可以相互关联组合,则通常允许采用将技术特征重新组合形成新的技术方案的修改方式。判断各技术方案中特征之间的关联性时,应当考虑要解决的技术问题以及欲达到的技术效果,结合所属领域的普通技术知识,客观分析原始申请文件对发明内容和各实施例的描述,确定各实施例中的技术特征之间是否为特定的组合方式。

在第 31579 号复审决定(200510012488.0)涉及的案件中,请求人将权利要求1修改为"药物组合物在制备治疗高血压合并高血脂心脑血管疾病的药物中的用途,其中药物组合物是含有马来酸左旋氨氯地平2.5mg和阿托伐他汀钙20mg的胶囊、片剂或无菌溶液"。决定认为,对于马来酸左旋氨氯地平和阿托伐他汀钙的含量与剂型以及辅料成分和含量之间的关系而言,该申请说明书实施例1、4、5记载了多个马来酸左旋氨氯地平和阿托伐他汀钙的含量不同、辅料用量不同,但剂型都为片剂的组合物,实施例1、6、9记载了多个马来酸左旋氨氯地平和阿托伐他汀钙的含量相同,但剂型、辅料成分都不同的组合物,这意味着该发明药物组合物中马来酸左旋氨氯地平和阿托伐他汀钙的含量与药物剂型,及其所用到的辅料成分和含量的关系并非是特定的。在此基础上,结合说明书记载的"试验组中马来酸左旋氨氯地平2.5mg和阿托伐他汀钙20mg复方片剂""本发明所称问题是以下述技术方案实现的:一种治疗高血压合并高血脂心脑血管疾病的药物组合物,它以左旋氨氯地平及其可药用盐、HMG-COA还原酶抑制剂及其可药用盐为主要成分、配以可药用载体组成,其中,所述左旋氨氯地平可药用盐选自马来酸盐……;所述HMG-COA还原酶抑制剂选自阿托伐他汀……及其可药用盐,各组分含量按重量单位计为:马来酸左旋氨氯地平1.25mg~20mg,阿托伐他汀钙含量为2.5mg~100mg。上述治疗高血压合并高血脂心脑血管疾病的药物组合物,所述剂型为片剂、胶囊剂、颗粒剂(包括散剂)、缓释剂或注射剂剂型"和"上述治疗高血压合并高血脂心脑血管疾病的药物组合物,所述剂型为无菌溶液组合物"的内容,能够直接地、毫无疑义地确定,该发明的包含马来酸左旋氨氯地平2.5mg和阿托伐他汀钙20mg的用于治疗高血压合并高血脂心脑血管疾病的药物组合物可以是片剂、胶囊剂或无菌溶液剂型。

2.3 基于下位概念或实施例的概括

申请人在原始申请文件中记载的多个下位概念或实施例的基础上,将其概括修改为上位概念,此时应当考查所属领域的技术人员是否能够通过所述的多个下位概念或者实施例,直接地、毫无疑义地得出该上位概念的技术方案。

在第7581号复审决定（94110912.7）涉及的案件中，权利要求1要求保护一种辊式磨机，修改后增加了"在磨盘的磨面与磨辊之间存在可调节间隙"的技术特征；原说明书中记载了辊式磨机的三个实施例，分别采用三种不同的具体弹性机构以在两个部件之间提供可调间隙。决定认为，在这三个实施例中磨辊均在弹性机构的弹性力作用下向磨盘施加压力，调节螺钉可以调节磨辊与磨盘之间的预置间距，(1)当辊式磨机处于未工作状态时，磨辊与磨盘之间没有物料，磨辊在上述弹性力的作用下与磨盘压合在一起，或者调节螺钉与下机壳压合在一起以形成预置间距，该预置间距可以通过调节螺钉来调节；(2)当辊式磨机处于正常工作状态，磨辊与磨盘之间存在有均匀的物料，在物料颗粒尺寸大于预置间距时，磨辊在上述弹性力作用下压在物料上，物料压在磨盘上，此时不存在间隙；在物料颗粒尺寸小于预置间距时，调节螺钉与下机壳压合在一起，而停止对物料的进一步磨碎，此时磨辊与物料之间存在微小的间隙；(3)当辊式磨机处于非正常工作状态时，即当有过大的不可粉碎的物料进入时，由于该物料的进入将克服上述弹性力而迫使下机壳下移并偏转，从而使得物料通过而不会出现卡死现象，此时由于下机壳的下移或偏转，而在磨辊与物料之间存在瞬间较大的间隙。在这三种工作状态中，磨辊与磨盘之间的间距既可以通过调节螺钉来主动调节，也可以根据物料的大小而发生相对移动来被动调节，它们之间也存在着不同程度的间隙。对本领域技术人员而言，这三种实施方式代表了本领域在两个部件之间提供可调间隙的所有可能方式，可以视为原始申请文件表达了申请人不限方式提供可调间隙的意思表示，允许依据三个实施例在权利要求中增加两个部件之间存在可调节间隙的技术特征。

2.4 基于必要技术特征的删除

必要技术特征是指，发明或者实用新型为解决其要解决的技术问题所不可缺少的技术特征，其总和足以构成发明或者实用新型的技术方案，使之区别于背景技术中所述的其他技术方案。如果删除技术方案中的必要技术特征，则修改后的技术方案将不能解决其技术问题，该方案超出了原说明书和权利要求书记载的范围，是不允许的。

在第 9215 号无效决定（02111380.7）涉及的案件中，权利要求 1 要求保护一种用作服装面料的竹纤维，修改后删除了"不含化学试剂的纯天然竹纤维"的技术特征。原申请说明书背景技术提到，现有的竹纤维软化剂普遍含碱，制作中污染环境；还明确记载"本发明的目的在于克服现有技术的以上不足而提供一种具有良好耐折性，可以代替棉花、化纤等服装面料，不含酸碱化学试剂的纯天然竹纤维制品及其制造方法"；"本发明由于采用天然植物脱胶软化剂，对竹纤维进行软化处理，使制得的竹纤维产品的柔韧性和耐折度大大提高""本制造工艺为纯物理工艺，竹纤维内不含酸碱性化学试剂，生产过程无环境污染"；具体实施方法部分则采用了"特制的脱胶软化剂"。决定认为，该申请的发明点就是采用区别于现有技术中含酸碱的普通软化剂的特殊的竹纤维脱胶软化剂，并非所有的脱胶软化剂都能解决其技术问题。采用天然植物脱胶软化剂对于该发明要解决的技术问题而言是必要的，本技术领域技术人员依据原申请文件明确记载的技术信息并不能直接地、毫无疑义地确定包含任何脱胶软化剂的技术方案，修改超出了原申请文件记载的范围，是不允许的。

2.5 基于明显错误的修改

对于明显错误的修改，不能因为存在其他理论上的修改可能就得出修改超范围的结论，而应当站在本领域技术人员的视角，基于原始申请文件整体表达的技术信息探寻申请人的真实意思表示。

在第 16242 号复审决定（02148588.7）涉及的案件中，申请原始说明书附图列出的是叶黄素的结构式及其英文名称"Lutein"，并描述了该物质属于二羟类胡萝卜素，与玉米黄素组合治疗相关疾病，但是原始申请文件中相应的药物组分的文字描述均是"芦丁"。请求人认为后者属于明显错误，将"芦丁"修改为"叶黄素"。针对该修改，复审决定认为，第一，"芦丁"的文字记载与相应的化学结构式及其英文名称之间存在着明显矛盾，由此本领域技术人员从原始申请文件本身即可意识到出现了错误之处。第二，尽管既可能是文字记载存在笔误，也可能是化学结构式及其英文名称存在笔误，但是站位本领域技术人员，基于原始说明书的记载可知，该申请的发明目的在于提供黄斑色素所包含的两种类胡萝卜素来增加体内相应类胡萝卜素的量,从而延缓、预防和治疗年龄相关的白内障和黄斑衰退,而基于本领域的普通技术知识可知,黄斑色素正是由叶黄素和玉米黄素组成,因此可以确定该申请的药物产品中除了所含有的玉米黄素外,另一种类胡萝卜素成分应为叶黄素,而非黄酮类的芦丁。同时,基于原始说明书描述的药物组分结构特征,亦可以确定该药物组分属于类胡萝卜素,而非黄酮类化合物,亦可排除修改为黄酮类化合物"芦丁"的可能性。因此允许将"芦丁"修改为"叶黄素"。

在第24591号无效决定(03139760.3)涉及的案件中,在实质审查阶段,申请人将说明书实施例2化合物的名称及结构式中氟的位置由5位修改为4位(见图8-1),无效宣告请求人认为,该修改在原始申请文件中没有依据,上述修改也不属于更正明显错误。

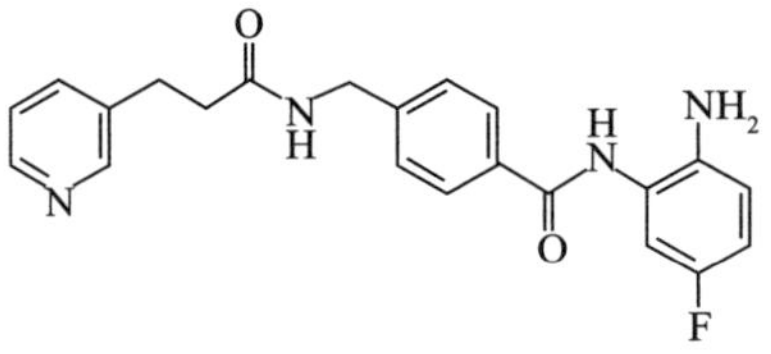

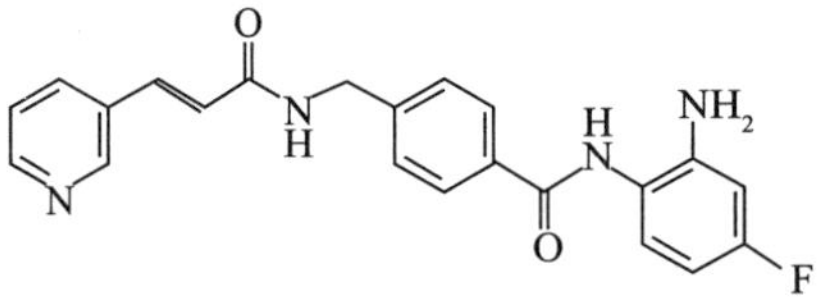

图8-1 氟位置的变化

决定认为,该专利实施例2中的化合物是将4-[N-(3-吡啶丙烯酰基)氨基甲基]苯甲酸与4-氟-1,2-苯二胺反应获得的,虽然所述苯二胺上同时存在两个氨基,但由于卤素F的存在,使两个氨基的反应活性明显不同。专利权人提交的有机化学领域的基础教科书中记载,氨基氮原子上电子云密度越高,碱性越强,空间位阻越小,胺被酰化的反应活性越活泼。卤素取代基使邻、对位碳原子比间位碳原子具有更多的电子云密度,故得到的产物以邻、对位为主。本领域技术人员根据其所掌握的基础理论知识,能够容易地意识到,在此类反应中卤素的存在增大了其邻、对位上基团的反应活性,该案中由于原料4-氟-1,2-苯二胺中氟的邻位上是未取代的，对于仅存的对位氨基和间位氨基来说，显然对位氨基的反应活性更强，故申请人将原来处于间位取代的产物修改为对位取代产物（将氟由 5 位修改为 4 位）属于更正明显错误。

在第 111983 号复审决定（201210088627.8）涉及的案件中，权利要求 1 请求保护一种大马士革结构的制作方法，在审查过程中，申请人将原权利要求书和说明书的记载的特征"稀氢氟酸是由质量百分比浓度为 49% 的浓氢氟酸与水按照 500∶1～2000∶1 的体积比混合而成"修改成为"所述稀氢氟酸是由质量百分比浓度为 49% 的浓氢氟酸与水混合而成，浓氢氟酸的体积∶水的体积 = 1∶500～1∶2000"。决定认为，从原始申请文件记载的内容看，原申请文件的权利要求 8 和说明书第 19、63 段中记载了"稀氢氟酸是由质量百分比浓度为 49% 的浓氢氟酸与水按照 500∶1～2000∶1 的体积比混合而成"。但是，由于如下分析：①如果将质量百分比浓度为 49% 的浓氢氟酸与水按照 500∶1～2000∶1 的体积比混合，得到的氢氟酸的浓度范围为 48.918%～48.979%，这与 49% 的浓度数值相差极小，其腐蚀性能也与 49% 的浓氢氟酸的差异也可以忽略，因此，本领域技术人员在将 49% 的氢氟酸认为是浓氢氟酸时，不会同时将 48.918%～48.979% 的氢氟酸认为是稀氢氟酸。②本申请中，稀氢氟酸是用于清洗沟槽、孔内的副产物的，而该清洗应当尽可能减小对器件本身的腐蚀，若浓氢氟酸的体积∶水的体积 = 500∶1～2000∶1，该浓度氢氟酸将严重腐蚀沟槽、孔中暴露出的金属导电层，将对器件造成破坏性损害。因此，本领域技术人员看到上述特征时，从说明书的整体及上下文可以看出的唯一的正确答案，即上述"500∶1～2000∶1"属于明显笔误，应该为"1∶500～1∶2000"。此时应当允许将其修改为正确的方式，并且该修改是不超范围的。

2.6 基于权利要求类型转化的修改

涉及计算机程序的专利申请，权利要求的主题可以是方法，也可以是程序模块构成的装置。但是由于上述方法和装置权利要求本质都是由计算机程序实现，因此，在判断修改是否满足《专利法》第 33 条的规定时，应当充分考虑这类权利要求的特点。

在第98049号复审决定（200780050969.8）涉及的案件中，该申请权利要求1请求保护一种用于存储恢复的装置。复审请求人提出复审请求时对权利要求书进行了修改，修改后的方法权利要求25增加了如下技术特征"使用所述存储部的序列号及从数据包头收集的信息重建索引"。该特征在原始申请文件中仅仅出现于程序模块装置部分。决定认为，该申请属于涉及计算机程序的发明专利申请，其权利要求的撰写方式可以是某种方法，也可以是实现方法的装置，在这里，方法和装置往往是以不同方式表达同一个发明构思，且通常二者是相互对应的，而并不像实体装置和方法那样泾渭分明。具体到修改是否超范围的问题，说明书中说明书附图2A的程序模块装置，在该装置实现其功能和目的的时候，不可避免地应用了相应的方法，即对象索引装置使用何种参数来重建索引对于装置和方法均同样适用。修改后的权利要求25中的技术特征"使用所述存储部的序列号及从数据包头收集的信息重建索引"，并非意味着将另一技术方案的内容加入，而是将已有技术方案中实现某一步骤的装置这种技术手段用符合方法权利要求撰写方式的形式进行了表达。因此，上述修改是未超出原始保护的范围的。

我国专利法中虽然排除了疾病诊断治疗方法的可专利性，但认可物质的医药用途（即瑞士型权利要求）的可专利性，因此瑞士型权利要求成为疾病诊断治疗方法的常见修改方式，通常认为该修改方式符合《专利法》第33条的规定。

在第102350号复审决定（200910111868.8）涉及的案件中，复审请求人将权利要求1所述"检测人β-珠蛋白基因突变的方法，其特征在于应用改良分子信标的熔解曲线检测人β-珠蛋白基因突变"修改为"改良分子信标在制备检测人β-珠蛋白基因突变的检测试剂中的用途，其特征在于应用改良分子信标的熔解曲线检测人β-珠蛋白基因突变"。决定认为，该修改将疾病的诊断方法修改为相应的医药用途权利要求，符合《专利法》第33条的规定。

第九章 单一性

单一性条款的设立，是为了防止申请人将内容上无关或者关系不大的多项发明创造作为一件专利申请提出，为专利申请的处理、检索和审查带来不便，并影响授权后对专利纠纷的审理和处理以及公众有效利用专利文献的便利性。因此，单一性的立法初衷主要是对合案申请进行必要的限制，而非对专利创新价值做出评判。

单一性条款规定"属于一个总的发明构思的两项以上的发明或者实用新型，可以作为一个申请提出"，决定了单一性的审查需要围绕发明构思进行判断。所述发明构思是发明人基于现有技术中存在的技术问题或技术缺陷在谋求解决方案的过程中所提出的技术改进思路，两项以上的发明属于一个总的发明构思通常表现为其在技术问题、技术方案或技术效果等多个方面具有关联性。

1 单一性判断的要点

属于一个总的发明构思的两项以上的发明或者实用新型，应当在技术上相互关联，这种技术上的关联性是以包含一个或者多个相同或者相应的特定技术特征的形式表现在所述发明创造的权利要求技术方案中的，故单一性审查的关键在于特定技术特征的判断。

1.1 特定技术特征的认定

特定技术特征是体现发明创造对现有技术做出的贡献的技术特征，已被现有技术公开的技术特征通常不属于特定技术特征。

在第31784号复审决定（01807738.2）涉及的案件中，权利要求1－11分别请求保护在选自A82846A、A82846B、A82846C和PA－42867－A的母体糖肽的 N1 位酰化的单酰化糖肽及其制备方法等。决定认为，上述技术方案之间均涉及对所述指定母体糖肽的 N1 位进行酰化处理以制备 N1 位酰化的用于控制微生物生长的单酰化糖肽的技术特征，然而所述母体糖肽 A82846A、A82846B、A82846C 和 PA-42867-A 及其 N1 位作为单酰化位点已经被现有证据所公开，并不能体现发明对现有技术做出的贡献，因此上述技术特征不属于特定技术特征。

在特定技术特征的认定中，需要避免孤立、片面地理解技术方案中出现的技术特征，应在准确把握发明构思的基础上关注技术特征之间的内在联系，并将彼此依存、协同发挥作用的若干技术特征作为一个整体看待。

如果一项产品权利要求为解决现有技术存在的问题所采用的发明构思表现为产品中不同的结构或组成特征之间的位置或连接关系，则不能仅基于上述结构或组成特征本身被该现有证据公开而认定该产品权利要求缺乏单一性。

在第 23516 号复审决定（02810621.0）涉及的案件中，权利要求请求保护一种肽免疫原，其由（i）选自 SEQ ID Nos：22-50 或 51 的辅助 T 细胞表位；(ii) 一个 $A\beta_{1-42}$ 肽 SEQ ID NO：65 的 N 末端片段，所述 $A\beta_{1-42}$ 肽 N 末端片段由 10-28 个氨基酸残基组成，其中每个片段包含 $A\beta_{1-42}$ 肽的第一个氨基酸残基-天冬氨酸；和（iii）任选地，一个由至少一种氨基酸组成的间隔臂以隔离免疫原性结构域组成。决定认为，权利要求相对于现有证据的发明构思在于将辅助 T 细胞表位与长度为 10~28 个氨基酸的 $A\beta_{1-42}$ 肽的 N 末端片段相融合以增强 $A\beta_{1-42}$ 肽 N-末端片段的抗原性，进而提供能够治疗阿尔兹海默氏病的肽免疫原。虽然单独的辅助 T 细胞表位和 $A\beta_{1-42}$ 肽已经分别被现有证据公开，但将二者相互融合以增强其抗原性才是发明的贡献所在。因此，权利要求不同肽免疫原之间的特定技术特征在于上述两类肽序列片段的融合。

认定方法或用途权利要求中存在的特定技术特征，不仅要考虑技术方案中涉及的产品特征，还要考虑与产品特征相互配合以体现对现有技术做出的贡献的其他技术特征。

在第 73221 号复审决定（201010236081.7）涉及的案件中，权利要求 1 请求保护一种培育相比于对照组幼虫，重量至少大 50% 的蜜蜂幼虫的方法，其中限定以具备某通式结构的 HDAC 抑制剂喂饲年轻工蜂，并以其分泌的蜂王浆喂饲蜜蜂幼虫，所述通式化合物具有共同的"苯基苯并二氢吡喃"主体结构。决定认为，权利要求中存在的多个技术方案之间所包含的技术特征不仅在于通式化合物所具有的共同结构，还包括该通式化合物的使用方法特征。虽然通式化合物具有的共同结构已被现有证据公开，但涉案申请的发明构思在于将该通式化合物用于增加蜜蜂幼虫重量。因此，所述通式化合物和饲喂蜜蜂幼虫的具体步骤之间是紧密联系的，在划分特定技术特征时应将其作为一个整体。

1.2 相同或者相应的特定技术特征

不同技术方案属于一个总的发明构思表现为方案之间包含一个或多个相同或者相应的特定技术特征。相同的特定技术特征因通常以相同或相似的方式记载在技术方案中，故容易做出判断；而对相应的特定技术特征的理解，除关注《专利审查指南》的具体举例外，还应注意的是，如果不同技术方案出于解决共同的技术问题的目的，在同样的发明构思指引下，采用的是性质或功能类似，且相互替代后能够获得相同技术效果的技术特征，则同样应当认为这些技术方案之间存在相应的特定技术特征。

在第 30798 号复审决定（200510067901.3）涉及的案件中，独立权利要求 1、5 均涉及包含"卡止部"的"自行车用刹车装置"，权利要求 1 限定卡止部具有能够插入轮毂轴安装槽的折弯部，权利要求 5 限定卡止部具有能够容纳固定部件的孔部，其位于与轮毂轴安装槽相对位置的螺纹部。决定认为，虽然权利要求 1 和 5 中的"卡止部"在结构上存在差别，但结合说明书对所述卡止部工作过程的描述可知，二者所限定的技术方案均利用了卡止部与轮毂轴安装槽的协同配合作用，相对于现有证据而言，二者的发明构思均在于无需对车架另行穿孔或进行特殊加工而直接利用与轮毂轴安装槽的配合来卡止卡止部，进而实现阻止固定支架相对于车架的旋转。因此，虽然上述两项权利要求所限定的卡止部在结构上存在差别并不相同，但其具体工作方式类似,均与轮毂轴安装槽协同作用解决相同的技术问题,实现相同的技术效果,可以相互替代。因此,二者构成相应的特定技术特征。

2 特定领域单一性的判断

实践中,针对马库什权利要求和涉及生物序列的权利要求的单一性判断是个难点。

2.1 马库什要素是化合物的权利要求

判断马库什要素是化合物的权利要求是否具有单一性,需要考虑两个因素:

① 是否所有化合物均具有共同的性能或作用;

② 是否所有化合物均具有共同的结构,该共同结构能够构成它与现有技术的区别特征,并对通式化合物的共同性能或作用是必不可少的,或者在不能有共同结构的情况下,所有化合物应属于发明所属技术领域中公认的同一化合物类别。

2.1.1 具有共同的性能或作用

在马库什化合物权利要求的单一性判断中,所有化合物应当具有共同的性能或作用,所述"共同的性能或作用"通常表现为通式化合物应当具有共同的用途或功效,但不意味着该通式涉及的具体化合物的效果在"量"上应达到相同的程度,这同样适用于涉及生物序列权利要求的单一性判断中对是否具有共同的性能或作用的认定。

在第43330号复审决定(200580038186.9)涉及的案件中,权利要求1-8分别请求保护具有共同结构特征的多个人源化抗β7抗体。决定认为,根据说明书的记载,虽然具有上述共同结构特征的多个抗体在与其靶标α4β7结合活性的程度上存在差异,但生物活性存在差异并不能表明这些抗体不具有共同的性能或作用,相反,活性实验结果表明经人源化改造的上述抗体均具备结合α4β7的活性,不能仅依据结合活性程度的不同来否定它们之间具有共同的性能或作用。

2.1.2 具有共同的结构

对于马库什化合物权利要求而言,如果通式化合物所具有的共同结构单元能够使该通式化合物区别于现有技术已知的具有相同或相似用途或功效的化合物,且该共有结构单元对通式化合物的共同性能或作用是必不可少的,则该通式化合物权利要求具备单一性。

在第 45610 号复审决定(200510079136.7)涉及的案件中,权利要求 1 请求保护由通式表示的化合物或其可药用盐。决定认为,权利要求中通式化合物具有共同的结构单元,即哌啶 – 4 – N – (CH_2) $nCHR_4$ – 苯基,而现有技术证据中公开的具有类似用途或功效的通式化合物具有的共有结构单元为哌啶 – 4 – 基 – N – 羰基,可见,权利要求所述化合物的共有结构单元能够构成其与该现有技术证据的区别技术特征,且该结构单元对通式化合物的共同性能或作用是必不可少的,因此,可以认定权利要求中所有化合物具有单一性意义上的共同结构。

如果现有技术中仅公开了通式化合物的共有结构单元,但没有公开任何与上述结构的用途或功效有关的内容,或者现有技术中含有该共有结构单元的已知化合物具有完全不同于涉案申请的用途或功效,且该用途或功效是所属领域技术人员基于现有技术无法认识到的,则该结构单元本身的公开并不影响马库什化合物权利要求的单一性。

在第 36871 号复审决定(02823332.8)涉及的案件中,权利要求 1 请求保护一种由通式表示的化合物或其药学上可接受的盐。决定认为,权利要求 1 所示通式化合物均具有"苯基 – 亚甲基 – N(被氨基取代的环烷基) – C(= O) – 特定的苯并噻吩"的主体结构,虽然其中共有的结构单元(苯基 – 亚甲基 – N – C(= O) – 苯并噻吩)已被现有证据所公开,但该现有证据中公开的包含该共有结构单元的类似结构化合物具有促性腺释放激素抑制活性,而涉案申请化合物是用于调节细胞分化或增殖的,两者具有不同的活性或用途,而且没有证据表明所述活性或用途之间存在内在的联系,所属领域技术人员在现有证据所认识的已知活性或用途的基础上无法预期到促性腺释放激素抑制活性有助于调节细胞分化或增殖活性,因此,虽然该共有的结构单元本身已被现有证据公开,但并未导致通式化合物缺乏具备单一性。

2.1.3 公认的同一类化合物类别

对于涉及将不同类别的已知化合物组合以实现特定用途的马库什组合物权利要求,需要判断具体类别中并列可选择的化合物是否属于该发明所属领域中公认的同一类化合物类别。所述"公认的同一类化合物类别"是指根据所属领域的知识可以预期到该类的成员对于要求保护的发明来说其表现是相同的一类化合物。

在第32288号复审决定(200810082668.X)涉及的案件中,权利要求涉及由氟乙烷、二氟甲烷、五氟乙烷和碳氢化合物组分组成的新型环保型制冷剂,其中限定碳氢化合物组分为选自异丁烷、正丁烷、丙烷和丙烯中的一种或一种以上。决定认为,制冷剂领域公知,异丁烷、正丁烷、丙烷和丙烯均为制冷剂组分的小分子碳氢化合物,与矿物油具有较好的相容性,在此基础上,所属领域技术人员依据本领域的普通技术知识能够预期上述几种不同化合物在制冷剂组合物中的表现是相同的,故属于所属领域公认的同一化合物类别。

2.2 生物序列的单一性

生物序列(核酸、肽或蛋白质)活性和生物学功能的实现不仅依赖于其一级序列结构,而且与空间结构紧密相关。当仅依据氨基酸或核苷酸在一级结构上的线性排列顺序,难以界定不同序列之间的共同结构以及共同结构与共同性能的关系时,还需要基于发明的整体构思从所述一级序列结构与其空间结构的关系、生物序列的获得途径及其发挥作用的方式等方面进行综合判断。

在第118807号复审决定(200980158591.2)涉及的案件中,权利要求分别涉及包含或由HLA-A*2402限制性表位所组成的多肽。决定认为,结合说明书的记载,权利要求所述多肽是针对特定MHC分子的隐蔽表位肽及其相应的优化表位肽,所述优化表位肽是在初始隐蔽表位肽的基础上通过对特定位置氨基酸残基的指定取代而获得的，相对于相应的隐蔽表位肽能够显著增加 CTL 免疫反应。然而，就一级序列结构而言，由于在特定位置上存在的个别共有氨基酸残基仅占多肽的较小部分，并未从整体上形成所述肽的基本结构单元，因此难以将其界定为不同序列之间的共同结构，而且也无法确定该共有残基与所述多肽显著增加 CTL 免疫反应的共同性能之间的关系。但决定认为，本领域公知抗原表位肽与 MHC 分子的结合依赖于其与 MHC 分子的抗原结合槽在空间构象上的互补性，即虽然从一级序列结构上无法确定不同序列结构的抗原表位肽之间存在共同结构，但可以确定由所述抗原表位肽一级序列结构中的氨基酸残基通过折叠所形成的特定空间结构是识别和结合相同的受体进而实现后续显著增加 CTL 免疫反应的关键，而权利要求所述肽序列均是筛选的初始隐蔽表位肽以及在初始隐蔽表位肽基础上通过调整序列结构中特定位置的氨基酸残基以增强其与 MHC 分子的构象互补性这一相同的发明构思获得的优化表位肽，所述肽均具备与 MHC 分子的抗原结合槽互补的特定空间结构，属于一个总的发明构思。

第十章 证据的认定

"证据"是指证明的根据,其具有很强的目的性和工具性。证据既可以用来证实某项主张,又可用来证伪某项主张。从可否作为认定事实根据或者是否具有证据能力的角度,可将证据理解为证据材料和裁判证据。证据材料是证据能力尚未得到确认的证据,尚需通过法定的证据调查程序来调查和确定其是否具有证据能力,此时还不能作为认定事实的根据。裁判证据是指证据材料经过法定的调查程序,确认其具有证据能力,可以作为认定事实的根据,此时的证据即裁判证据。从证据材料到裁判证据的过程,即为证据的认定。

1 证据资格与证明力

证据资格,又称证据能力,是指证据用于证明案件待证事实必须具备的法律所许可的资格。证明力,是指证据事实对待证事实有无证明作用以及证明作用程度。单一证据的认定是以证明力为核心,审查证据的真实性、合法性、关联性。在无效程序中,证据真实性是双方当事人争议的焦点。真实性的判断主要考虑证据的形式、来源、内容等因素。

1.1 书 证

对于书证,一般要求当事人提交原件,在原件无法获得时,可以提供复印件,但应证明原件与复印件相符。当事人可以通过公证或第三方出证等方式证明复印件的真实性。无效程序中常见的书证包括:专利文献、书籍、期刊、会议资料、发票、合同以及保密协议等。

对于馆藏的会议资料类证据,不能仅因为证明复印件与原件相符的证明材料形式存有疑点而否认其真实性,而应考量该形式上的疑点是否为法律法规所允许,是否符合生活常识、交易习惯,从而认定其真实性。

在第 21646 号无效决定（97180299.8）涉及的案件中，请求人提交了证据 7（会议资料）和证据 14（期刊），分别为盖有中国科学院文献情报中心信息服务部和江苏省科学情报研究所资料专用章的红章和骑缝章的复印件。专利权人认为上述证据缺少文献复制证明，并且证据 7 还出现馆藏单位外的其他图书馆馆藏章，因此对其真实性提出异议。决定认为，首先，上述馆藏单位本身具有保存文献资料的资质，也对外提供文献复制服务，并且上述证据上盖有馆藏单位的红章和骑缝章，印章印记清晰、形式真实，因此可以证明上述证据可以通过国内的文献服务单位获得；其次，虽然一些文献服务单位在提供文献复制服务时，会提供文献复制证明，但我国法律对此并没有明确的要求，也并不是所有文献服务单位都会提供文件复制证明；再次，对于证据 7 第 2 页中出现的中国科学院兰州图书馆藏书章，其印章颜色明显不同于封面加盖的馆藏单位红章，因此，该印章应当是文献本身带有的图章，在复印或扫描过程中保留了其影像，而封面红章以及骑缝章才是请求人获得该文献的直接来源，因此，证据 7 复印件上的两个印章并不相互冲突。故对上述证据真实性予以认可。

对于请求人提交的保藏证明类证据，之后补交完善其法定形式的证明文件的，需要将证明文件与保藏证明对照，综合考虑其形式、内容要件以及出具证明文件的主体资格来认定其真实性。

在第 17476 号无效决定（03814382.8）涉及的案件中，专利权人提交了签署日期为 2011 年 6 月 6 日的反证 8（荷兰真菌保藏所（CBS）提供的关于保藏物的声明）。后于 2011 年 7 月 25 日在公证员的公证下再次签署了该文件的副本，在口头审理时专利权人提交了反证 8 的原件、副本及其公证认证文件。请求人认为：（1）反证 8 中的签名人在 2011 年 7 月 25 日签署了反证 8 的文件，而反证 8 文件本身的签署日期却是 2011 年 6 月 6 日，两者不相吻合；（2）公证人证词中仅证明反证 8 中的签名人签署了该声明，并未记载签名人与荷兰真菌保藏所的关系，以及是否有权限代表该中心签署此类声明。决定认为，鉴于公证程序需要一定时间，因此允许当事人在举证期限后口审辩论终结前，补交完善证据法定形式的相关证明文件，同时考虑到反证 8 的原件和副本在内容上一致，且原件上由原签名人签字说明其于 2011 年 6 月 6 日已在该文件原件上签字；反证 8 的声明中明确记载了签名人是荷兰真菌保藏所专利管理部门主任，按照外国微生物保藏机构的一般制度，推定其可代表该机构签署此类声明。因此，在请求人没有提供相反证据的情况下，其对反证 8 的真实性有异议的理由不成立。

书证来源的审查具体包括审查书证形成过程、书证提供者是否与本案有利害关系等。对于发票类证据，如果通过发票上载明的核查途径无法查询到其信息，且当事人未充分说明或者提供证据证明发票无法核实的原因，则对其真实性不予认可。

在第 24351 号无效决定（201230663851.6）涉及的案件中，请求人提交的证据 2 为其公司的产品画册以及该画册的印刷费发票原件。专利权人认为该发票无法查验，否认其真实性。合议组在口头审理过程中，当庭使用专利复审委员会的笔记本电脑，打开 IE 浏览器，输入广东省地税局网址 http://www.gdltax.gov.cn，点击地税局主页左侧的"涉税查询"下的"电子发票查验及抽奖登记"查询栏，通过输入证据 2 的发票代码、发票号码和开票金额进行查询，查询状态显示：无此发票信息。为了核查发票真伪，合议组进一步拨打了广东省税务服务热线电话 020-12366 进行咨询，工作人员表示网上查询系统于 2010 年正式上线使用，对于此后开具的名称为"广东省地方税收通用发票（电子）"的电子发票，理论上在开具发票时电子系统会自动验销。决定认为，鉴于证据 2 中发票的开具时间是 2011 年 3 月 9 日，如果地税局官方网站查询不到该发票的发票信息，则基本可以否定该发票的真实性，在请求人未提供其他证据进一步证明发票真实性的情况下，对该发票的真实性不予认可。

对于非正规出版物的商品目录类证据，应从证据的表现形式、来源、是否符合交易习惯等方面进行审查。如果证明商品目录形成过程和发行方式的证人与当事人有利害关系，则不能单独作为认定该证据真实性的依据。

在第 23134 号无效决定（201230049189.5）涉及的案件中，证据 1 是包括一份商品目录以及一份请求人公司的董事长出具的证明，用于证明请求人公司的所述商品目录已于 2006 年发行，上述文件均经公证认证。决定认为，证据1的商品目录由页边角依序标有数字"13"至"56"的散页组成，由于单页的商品目录存在印制随意的可能性，加之证据1属于请求人自己的商品目录，作为利害关系人，仅以个人书面意见对证据1的商品目录发行和获得的渠道进行简单说明，不足以证明其在2006年已发行。基于此，仅凭现有证据不能认定所述商品目录的真实性。

1.2 证人证言

对于证人证言的真实性，需要从证据表现形式、证据来源、证据内容等角度审核。既需对证人的智力状况、品德、知识经验、法律意识和专业技能进行综合分析，也需考察证人与当事人之间是否存在利害关系，是否与其他证据相互佐证。

通常，未经出庭质证的证人证言不能单独作为认定案件事实的依据。就内容看，宣誓书实质上属于证人证言，证人未出庭就其内容进行质证，同时又没有其他证据对其内容予以佐证的情况下，对其真实性不予认可。

在第30710号无效决定（201330006530.3）涉及的案件中，证据4为卡骆驰鞋设计师（请求人公司员工）以宣誓书形式出具的证人证言并经公证认证。决定认为，就宣誓书的内容看，其意欲证明在2012年4月23日，该设计师已完成款号为14445的一款凉鞋，并附有图片，与涉案专利外观基本相同。然而，该证人未出庭质证，其宣誓书不能单独作为定案的依据，在未提交其他证据加以佐证的情况下，该证言内容不能被采信。

证人应当出庭作证，接受质询。只有证人出庭质证，才能对影响证人证言证明力的各种因素进行审查。对于证人通过回忆多年前的经历而提供的证人证言，如果书面证言与口头审理时证人的陈述明显不一致，在没有其他证据佐证的情况下，对其真实性不予认可。

在第30049号无效决定（200930165887.X）涉及的案件中，证据8为证人孙宝国提供的书面证言，请求人当庭提交了该书面证言原件，证人出席口头审理并接受质证，但当庭表述的内容与书面证言不一致。决定认为，证人孙宝国的当庭陈述与其书面证言明显存在如下不一致之处：（1）具体的销售方式和销售区域不一致，口头审理当庭证人声称每次拿少量的货，在扬州地区的农村集市进行销售，而书面证言载明其每次取得大量货物，并销售给全国各地的经销商；（2）销售牙刷的型号不一致，口头审理当庭证人声称销售的牙刷型号为"XS－412A"，而书面证言中载明销售的是型号为"XS－421A"的牙刷。此外，根据证人所述，书面证言中的图片并非自己拍摄，其是在看到请求人提供的实物后，基于对该牙刷手柄部位弯曲设计的印象，确认是自己几年前销售过的产品。鉴于证据8是证人孙宝国对多年前所发生事件进行追忆后所作的陈述，其真实性与证人的感觉、记忆力、理解力等主观因素有关，同时书面证言与口头审理当庭证人的陈述存在明显不一致之处，因此，对证据8不予采信。

域外证人证言应当进行公证认证，但履行法定公证认证手续只是证明证据的取得途径可以得到确认，并不当然证明证言本身内容的真实，其真实性还需从证人与当事人是否存在利害关系、证人是否出庭质证、是否有其他证据相互佐证等方面综合考量。

在第16628号无效决定（98810319.2）涉及的案件中，请求人提交的证据11~13是经公证的宣誓书及其附件，涉及域外证人普哈德先生（请求人Ⅰ的退休员工）和克拉夫奇克女士（请求人Ⅰ的在职员工）出具的证言，其附件包括多份域外形成的书证。决定认为，首先，由于美国出具的上述公证文书并不对公证事项（所附书证和证人证言）的内容真实性和合法性进行审查核实，因此上述公证书的公证意见仅表示证人签名属实及经过宣誓，不能证明上述证言毫无虚假以及所附书证合法真实。其次，出具证言的普哈德先生和克拉夫奇克女士与请求人Ⅰ存在明显的或潜在的利害关系。同时，也没有其他证据可以佐证证据11~13的证言。基于此，证据11~13的证言均难以被采信。

书面形式的单位证明，本质上属于证人证言，如相关人员未能出席口头审理质证则不能单独作为认定案件事实的依据，如果有其他证据佐证，则其真实性、证明力应当通过对全部证据的综合审核来认定。

在第28469号无效决定（200630186090.4）涉及的案件中，证据3为公证书，其上记载：对号牌为皖 AF6×××的车辆的前风挡玻璃进行拍照显示：车辆的前风挡玻璃的左下方具有一标签，该标签具体格式为：由上至下分为五部分……。证据 4 为福耀玻璃（湖北）有限公司出具并盖章的说明材料，主要内容为：该公司供货请求人的玻璃产品中存在两种标签格式，具体为……。证据 5 为从搜狐网站下载的网页打印件，主要内容为：可通过汽车的玻璃编号查看出厂时间，具体规则为……。请求人认为，结合证据 3~5，可以确定公证书中的汽车前风挡玻璃最晚生产于 2005 年 8 月，早于涉案专利的申请日。决定认为，证据 4 的提供者是请求人的供货方，二者存在一定的利害关系，在证人未出庭质证的情况下，证据 4 的真实性、证明力应结合其他证据来确定。其次，证据 3 所拍摄的号牌为皖 AF6×××的车辆的前风挡玻璃上的标签格式与证据 4、证据 5 中所述玻璃的标签格式均不一致，因此，证据 3、证据 4、证据 5 不能相互佐证，不能支持请求人的主张。

1.3 鉴定意见

鉴定意见是具有专门知识和技能的人员，对与案件有关的专门性问题，运用其专门知识或借助仪器设备，进行分析、鉴别作出的结论。对鉴定意见的审查可以考虑鉴定机构、鉴定人员的资质，鉴定程序、鉴定的依据以及所使用的技术手段等方面。

在第 4694 号无效决定（96233118.X）涉及的案件中，请求人提交了证据 5-1，20 芬兰马克钞票正反面复印件，之后提交 20 芬兰马克（编号为 2185741611）的钞票一张作为鉴定物证。由于双方当事人均未确定鉴定机构，专利复审委员会遂委托中国计量科学研究院对编号为 2185741611 的 20 芬兰马克钞票（1993）的防伪安全线有关尺寸进行鉴定，获得了中国计量科学研究院出具的鉴定报告。决定认为，中国计量科学研究院是中华人民共和国国家法定计量检定机构，其鉴定人员、鉴定程序、鉴定依据、所使用的科学技术手段以及鉴定结论，无论从形式还是内容上均符合法律规定。对中国计量科学研究院作出的鉴定报告，双方当事人质证后均未提出有效的反驳意见。因此，对该鉴定意见予以采信。

用于证据保全的鉴定意见，不同于公证机关的公证。对其真实性的判断，应考虑检材的来源是否合法、真实，检材是否可以再现，鉴定人是否接受质询等。

在第26939号无效决定（201430428191.2）涉及的案件中，证据1是拉卡萨国际家居发布的网站宣传资料打印件，证据2为福建中证司法鉴定中心出具的【2015】数检字第37号司法鉴定检验报告书，载明委托人的委托鉴定事项为网页内容证据保全，其所附光盘中包含了证据1所示网页内容。请求人拟用证据2证明证据1的真实性。合议组使用专利复审委员会的电脑，输入相应网址当庭核实，未找到证据1的相应页面。决定认为，作为鉴定对象的检材是司法鉴定意见正确与否的关键因素之一，与证据1相关的检材通过互联网已不能查询到，也即检材灭失，当事人无法对其质证，检材是否在当时是互联网客观存在的网页信息无从查证。鉴定报告中的检材由请求人利用自己的电脑提交，作为本案当事人，其电脑是否经过清洁无法确认。同时，鉴定程序由请求人单方启动，对于司法鉴定机构的资质、司法鉴定人的执业资质、是否涉及回避等，应当给予专利权人发表相关质证意见的机会，但鉴定人未能到庭接受质询。综合上述因素，在证据1所示网页内容已不能被查询到情况下，仅凭证据2所示鉴定报告不足以证明证据1所示网页内容的真实性。

1.4 互联网证据

互联网证据具有数字性、易修改性，对互联网证据的形式、来源以及内容的审核，体现在对互联网证据来源以及网站对于互联网信息的形成、存储、传送与接收等运行机制等方面。

1.4.1 网站运行机制

来源于政府类或公共组织类网站的互联网证据，由于其网页信息的形成、存储、传送与接收通常由相关制度加以保障，如果该类证据通过公证、当庭上网演示等方式可以确认其来源可靠，在没有相反证据的情况下，可以认可其真实性。

在第 20926 号无效决定（201120270279.7）涉及的案件中，请求人提供的证据 3 是国家发改委网站公布的实行能效效率标识的产品目录。口头审理当庭，采用专利复审委员会电脑，输入证据 3 所示网址并登录，显示页面与证据 3 内容相符。决定认为，证据 3 所涉及的网站是作为政府部门的国家发改委的官方网站，其运行机制一般比较可靠，所显示的信息一般具有较好的公信力，经核实，证据内容与网站显示信息相符，在专利权人未提出相反证据的情况下，对证据 3 的真实性予以认可。

3GPP 作为重要的国际性标准化机构，其网站所有文件的上传及修改都有明确规则，即网站运行机制可靠。在无相反证据的情况下，来源于 3GPP 网站上的网页证据的真实性通常可以得到确认。

在第 27334 号无效决定（200580013835.X）涉及的案件中，请求人提交的证据 1 为 3GPP 网站网页并经公证。口头审理当庭，合议组及双方当事人从上述网站下载打印了证据 1 所涉及的文件全文。专利权人认为该打印文件与上述公证书所公证下载的内容每一页格式显示不同，对其真实性有异议。决定认为，3GPP 是一个国际标准化机构，是目前通信领域重要的国际性组织之一，其官方网站公信度高，所有文件的上传及修改都有明确的时间记载以及确定的时间生成规则。经当庭从上述网站下载打印证据 1 全文的过程可知，该文件处于下载后状态时所显示格式与打印后的文本的格式有差异，但是二者文件内容完全一致。鉴于 3GPP 网站管理机制可靠，在专利权人未提供反证证明网站内容存在修改的情况下，对证据 1 的真实性予以认可。

微信公众平台是腾讯公司为微信公众号用户提供的服务平台。一般而言，经微信公众平台发布的文章，公众号管理者对该文章不能进行删除以外的其他操作，在没有相反证据的情况下，可以认定来源于微信公众平台的相关证据的真实性。

在第 26912 号无效决定（201430429543.6）涉及的案件中，请求人提交了证据 1，该证据是卡米罗国际家居发布在微信公众平台的网站宣传资料的打印件。专利权人认为，无论是微信公众平台本身还是平台文章内容都不能作为合法有效的证据来源，文章发布时间、发布内容易修改，发布时间不能唯一对应发布内容。在口头审理中经当庭演示，通过访问"卡米罗国际家居"的微信公众号，由合议组随机抽取文章，以账号登入后台对所选文章进行修改并重新发布，演示结果显示原有文章无法再找到。决定认为，微信公众平台是腾讯公司为微信公众号用户提供的服务平台，作为我国大型互联网综合服务提供商之一，腾讯公司的信誉度较高，系统环境相对稳定可靠，管理机制相对规范。就微信公众平台的使用而言，微信公众号一经取得后即由账号管理员负责信息发布，但发布时间由系统自动生成；文章一经平台发布，账号管理员仅能对其进行删除操作，不具有其他修改权限。当庭演示的结果印证了这一机制。公众号的订阅用户和普通公众对其更不具备任何修改权限。因此，在专利权人未提供有力证据证明微信公众平台发布及修改文章的规则与已知情形不同，或是证据1经发布后确实已被修改的情况下，应当认为证据1确系微信公众平台发布的文章，其真实性可以得到认可。

淘宝网站上所公开的交易快照信息是交易完成后由系统自动形成，网站经营者以外的其他人一般不能更改交易快照的信息，在对方当事人没有提供反证证明交易快照被修改的情况下，其真实性可以得到确认。

在第24692号无效决定（201230045240.5）涉及的案件中，请求人提交的证据1为公证书，其上记载：登录互联网，进入淘宝网，输入卖家的账户名及密码，进入卖家的交易记录，显示出多条交易记录。其中，订单编号为1155047060的交易记录，成交时间为2008年10月23日，商品名称为"乐扣保鲜盒/GL32"。点击该记录的相关链接，打开交易快照页面，可以浏览该产品的放大照片。决定认为，淘宝网是国内知名的经营性交易平台网站，其交易快照是作为第三方的淘宝网站在买卖双方发生交易行为时对交易信息的记录，包括交易时间、产品名称及照片等信息。该交易记录信息是交易双方完成交易后由系统自动形成，其目的是作为买卖双方发生交易的凭证，所有的数据维护由淘宝网站管理，网站经营者以外的其他人一般不能更改交易快照信息。专利权人虽然不认可交易记录的真实性，但并未提出有说服力的理由或反证，因此，对证据1的真实性予以认可。

1.4.2 互联网证据的保全方式

互联网证据的保全方式，除实践中经常采用的公证的方式外，也可以采用互联网档案馆、时间戳等方式。互联网档案馆可用于佐证互联网证据修改的可能性，间接说明互联网证据来源的网站运行机制是否可靠。

在第 18091 号无效决定（200510022721.3）涉及的案件中，请求人提交的证据 2 包括美国因特网档案室（web.archive.org）存档保存的"ranchero.com"等网站的部分网页页面打印件、美国因特网档案室办公室经理的证人证言以及相应的公证认证文件。决定认为，美国因特网档案室是一家对互联网网站页面按时间进行存档并供用户回溯访问的公益性网站，具有较高的知名度和信誉度；该网站管理人员出具的证人证言表明网页页面打印件来自该网站的存档，并且对网页获取和存档方式、公众对存档网页的回溯访问方式、网页存档的 URL 格式（可以从 URL 地址中确定该归档文件的 HTML 文件的归档时间）和存档时间均进行了证明。同时，没有证据表明美国因特网档案室及相关证人与本案双方当事人具有利害关系。因此，证据 2 的真实性可以得到认可。

互联网档案馆通过一定的技术手段从网络中抓取网页，抓取方式是对网页内容进行独立抓取，被抓取的网页上方有时间记录条，每个时间记录条对应一个时间。若非互联网档案馆直接抓取的网页，在没有其他证据佐证的情况下，对其真实性不予认可。

在第 29998 号无效决定（201130036005.7）涉及的案件中，请求人提交的证据 1 为香港翁余阮律师行出具的声明书公证文件，其主要内容为清洁电脑后输入网址 http://archive.org/，进入 archive 主页，在查询栏输入 bitzer.de 进行检索，在检索记录中找到 2007 年 6 月 12 日的记录，依次点击并保存得到 KP-100-4-hr-te 的 PDF 文件，其中第 18 页显示的型号为"4H-15.2"的产品立体图以及第 49 页显示型号为"4J-13.2（Y）..4G-30.2（Y）"的产品图，请求人分别将两幅图片作为现有技术与本专利进行比对。决定认为，证据 1 是针对互联网档案馆的网页进行的公证，互联网档案馆的运行机制为通过一定的技术手段从网络中抓取网页、记录其抓取时间并予以保存可供查询，抓取方式是对单独网页内容进行独立抓取，被抓取的网页上方有时间记录条，每个时间记录条对应一个时间。根据第18页显示的内容，该页面上方有时间记录条，记录条左侧有"07.02.11 - 08.02.23"字样，根据记录条左侧有"07.02.11 - 08.02.23"字样，可以确认该网页是上述时间段内的某一条记录，因此可以确定其真实性。证据1第49页的页面是通过点击第18页上某一型号而得到的链接网页，并非互联网档案馆所抓取的网页，因此没有时间记录条等信息，无法直接确认该网页的真实性。

1.5 域外证据

除有特别规定，中华人民共和国领域外形成的证据应当经所在国公证机关进行公证，并经中华人民共和国驻该国使领馆予以认证，或者履行中华人民共和国与该所在国订立的有关条约中规定的证明手续。未履行公证认证手续的域外证据，对其真实性通常不予认可；但是，如果其待证事实得到其他证据的印证，则可以认可该证据的真实性。

在第13188号无效决定（99812498.2）涉及的案件中，请求人提交的证据6为一本国外出版的英文书的复印件，在口头审理当庭提交了该书原件。专利权人认为证据6是域外证据，缺乏公证认证手续而对其真实性提出异议。决定认为，证据6属于未履行公证认证手续的域外证据，在证明形式上存在瑕疵。但是，鉴于证据6的作者、出版商、版次、相关页码与本专利说明书"发明背景"部分所引用的《抗生素生物技术》一书及其相关页码完全一致，并且证据6相关部分内容也与说明书所涉及和概括的内容对应一致，因此本专利说明书"发明背景"部分描述的上述内容能够佐证证据6的真实性。

履行了公证认证手续并不意味着该域外证据必然具有真实性。对域外证据的真实性应从证据的表现形式、来源、内容等方面进行审核。

在第20736号无效决定（200730170517.6）涉及的案件中，请求人提交的附件3为美国《千年产品图片展》第68～70页，附件5为附件3的公

第十章 证据的认定

证认证文件。请求人以附件3公开的图片作为对比设计与本专利进行比对。决定认为，附件5是由美国加利福尼亚州政府出具的一份公证书以及中华人民共和国驻旧金山总领事馆出具的认证手续，形式上无明显瑕疵，附件5的公证书是对"Tog Wu对附件3之画册的封面页和版权信息页进行了翻译"这一事项进行的公证，该公证手续可以证明Tog Wu进行了所述翻译行为，但对于附件3之画册的来源无证明作用，在无其他证据加以证明的情况下，仅凭附件5的公证认证手续不足以证明附件3的真实性，合议组对其真实性不予认可。

如果域外证据能够从除香港、澳门、台湾地区外的国内公共渠道获得，则不需办理公证认证手续。

在第14712号无效决定（01815839.0）涉及的案件中，请求人提交的证据4为印有"January 10-11, 2000, Sydney, Australia"字样的外文文献，并提交了在国内公共图书馆获取证据4的馆外索取证明。决定认为，请求人提交了盖有"上海图书馆上海科学技术情报研究所文献服务部"印章的《馆外索取证明》，证明该文献服务部以馆际互借的方式从国家图书馆索取，该文件的ISBN号为1-886362-40-8，版权所有人为Iron & Steel Society；上述《馆外索取证明》已表明该文献属于可以通过国内公共渠道获得的公开出版物，因此，即使未履行公证认证手续，也认可其真实性。

在34304号无效决定（201310630670.7）涉及的案件中，请求人为了证明本专利中的鉴权功能是本领域的现有技术，提交了一份通过搜索引擎在互联网上搜索到的对比文件5，该证据内容显示其是由法国图卢兹大学的埃琳娜·法拉利编写、美国摩根和克莱普尔出版社于2010年出版，书名为《数据管理系统的访问控制》的一本外文书籍，该书籍是一套数据管理综合课程丛书中的一本，请求人提交的内容涉及该外文书籍的封面、前言、版权信息页、以及第二章的部分内容共16页。专利权人对对比文件5提出两点质疑，一是该证据不是书籍原件，无法核实其真实性；二是该证据是从互联网获得的，但其使用的搜索引擎检索获得的途径仍然表明该证据位于国外，属于域外证据，请求人未办理公证认证手续。针对专利权人对对比文件5真实性的质疑，请求人随后提交了一份提交了一份证明文件2，其是由国家图书馆科技查新中心出具的文献复制证明,该证明涉及上述外文书籍部分页面的复印件,包括书的封面页、前言页、扉页、版权信息页和第二章的部分内容,共十七页。通过对比可以看出,其与前述证据部分页面存在一些细微地差异,且文献复制证明中多出了一页。

经过审查,合议组认为,证明文件 2 多出的一页,同样是封面页的内容,其余内容只是在字号上的细微差异,实质内容相同,且 ISBN 号相同;国家图书馆科技查询中心是国家科技部认可的查新机构和国家图书馆科技文献咨询专职机构,其出具的文献复制证明真实可信,因此可以确认对比文件 5 的真实性。此外,根据《审查指南》的相关规定,对于域外证据,当"有其他证据足以证明该证据真实性的","当事人可以在无效宣告程序中不办理相关的证明手续",则请求人可以不再提交相关的公证认证文件。

2 举证责任

举证责任又称证明责任,是指当事人对自己提出的主张有提供证据进行证明的责任。除法定举证责任倒置以及免除举证责任的情况外,当事人对自己提出的主张所依据的事实或者反驳对方主张所依据的事实有责任提供证据加以证明;当没有证据或者证据不足以证明当事人的事实主张的,负有举证责任的当事人应当承担不利后果。

请求人主张使用公开,应举证证明。如果请求人提供的发票上的产品型号与实物的产品型号一致,则能够相互印证该产品在发票所示日期销售。如果专利权人主张产品虽然销售,但经维修改变技术特征,应就此承担举证责任,提交有证明力的反驳证据。作为该产品的制造者和其主张的维修者,专利权人有能力据此提交证据。如果专利权人仅提交没有显示时间等信息的图片、图纸、实物,则不能有效支持其主张,没有完成举证责任,应当承担不利后果。

在第 27858 号无效决定(201420054693.8)涉及的案件中,请求人提供的证据 6 包括编号为 14450663 的浙江增值税专用发票 1 张,其上显示杭州园科公司在申请日前向专利权人购买了 TM240A 产品;还包括公证书 1 份,其上记载公证员等人于 2015 年 5 月 19 日到杭州园科公司对摆放在该公司的一台 TM240A 产品实物进行拍照及装箱封存。证据 7 的实物即为上述封存的那台 TM240A 产品。专利权人认为，TM240A 贴片机的编带进料装置结构变化有 3 个阶段：初代气动式、第二代舵机驱动式、电磁驱动，而请求人提供的实物证据 7 经过多次维修及零件更换，因此不能排除在使用过程中替换为现有结构的可能。为支持其主张，专利权人提交了图片、图纸及图片所示的气动进料模块、舵机进料模块、多种嵌入装置等实物。决定认为，证据 6 与证据 7 相互吻合、相互印证，可以认定：TM240 产品已于证据 6 发票所示日期（申请日前）因销售行为而构成使用公开，专利权人虽然提交了贴有"气动""舵机""大修更换"标签的编带进料装置、嵌入装置等实物及图片、图纸，但是，没有说明其来源，相关图纸上也没有设计和审核人员签名、公章、日期等信息；并且，根据惯例，产品型号是用于表征产品结构以便购买者识别，因此，同一产品型号一般对应相同的产品结构，专利权人虽然主张涉案产品编带进料装置曾采用过多种结构，但是并没有证明 TM240A 贴片机的编带进料装置结构变化的起止时间，也未明确指出杭州园科公司购买的该台 TM240A 贴片机在销售时的编带进料装置应当是何种结构，更没有证据证明其替换为其他结构，因此，仅凭专利权人提交的所述反证并不足以证明该主张。

请求人提供合同等证据相互印证，用于证明使用公开的事实。专利权人主张合同双方存在保密义务，则应提供相关证据加以证明。如果专利权人提交的证据能够证明供需双方因存在保密义务而不能构成专利法意义上的使用公开，则专利权人完成了举证责任，请求人应就其主张的使用公开的事实进一步举证，否则应当承担不利后果。

在第 21507 号无效决定（02159947.5）涉及的案件中，请求人提交证据 6～10 以证明权利要求 1 的技术方案构成使用公开。根据所述证据可以认定的事实为：北京博后筛分公司（合同供方）与淮南矿业谢桥煤矿（合同需方）签订了一份《工矿产品订货合同》（证据 8），约定了产品型号、交货时间、交货方式等，并实际履行。专利权人提交了反证 1～5（包括证据 8 中供需双方签订的保密协议书、技术协议书等），用于证明请求人提交的证据不构成本专利的现有技术。决定认为，反证 2 技术协议书与证据 8

中所列产品名称、规格型号、交货时间、交货方式、买卖双方代表人的签字等内容可相互呼应，且证据8也提及了"技术要求见技术协议书""双方另签订技术协议书一份"。根据反证1~5，可以确定协议的需方是负有保密义务的特定人，需方购买和使用的行为不构成专利法意义上的使用公开。在请求人没有提供其他证据证明该产品能为公众所知的情况下，对请求人主张的使用公开不予支持。

3 证明标准

负有举证责任的当事人对待证事实的证明应达到证明标准。双方当事人对同一事实分别举出相反的证据，但都没有足够的依据否定对方证据的，应当结合案件情况，判断一方提供的证据证明力是否明显大于另一方提供的证据证明力，并对证明力较大的证据予以确认。

3.1 达到证明标准

公开出版物类证据如果是域外证据，在公证认证手续完备的情况下，还要核实出版物的公开时间。如果出版物本身未明确出版日期，则具有资质的出版单位出具的证言以及交易记录、供货时间等可以用于佐证。在无相反证据的情况下，一般认为上述证据相互印证可以清楚地反映待证事实，达到证明标准。

在第14484号无效决定（200430088722.4）涉及的案件中，请求人提交的证据1为德国慕尼黑公证师出具的公证书，用于证明德国博物馆图书馆收藏有2004年第9期《今日客车》杂志；另提交了进行公证认证的证据6，包括3份文件：（1）书籍供应商德国霍瑟门德公司组织部负责人提供的证言，用于证明该杂志于2004年9月17日在书店上架，根据电脑记录显示是在当天提供给订户的；（2）霍瑟门德公司查询杂志的交货时间，并附有霍瑟门德公司电脑拷屏文件；（3）霍瑟门德公司的注册证明。请求人据此主张该杂志的公开时间最迟是2004年9月17日。决定认为，上述证据证明，德国律师曾向霍瑟门德公司询问杂志上架和公开时间，该公司出证证明上架时间为2004年9月17日；该公司提供的相关电脑数据记录证明该杂志是在 2004 年 9 月 17 日交货。因此，在专利权人没有提供其他反证的情况下，证据 1 和证据 6 可以证明，在德国出版的 2004 年第 9 期《今日客车》于 2004 年 9 月 17 日向公众公开。

使用公开的证据是多份证人证言的，如果证人身份、亲历活动性质与出证内容之间符合人们的认知习惯，而且上述证言内容之间可以相互印证，在无相反证据的情况下，一般认为上述证据可以清楚地反映待证事实，达到证明标准。

在第 26919 号无效决定（201110155811.5）涉及的案件中，证据 2-1 至证据 2-11 为经公证认证的域外证人证言。其中，证据 2-1 至 2-3 的证人为展会承办方，证据 2-4、2-11 的证人为展会评委，证据 2-5、2-6 的证人为展会参展方，证据 2-7 至 2-10 的证人为展会参会观众，证据 2-1、2-5、2-6 附有 Allma cc4 产品视频光盘，请求人拟用上述证据证明 Allma cc4 产品及宣传视频在申请日前举办的德国某展览会上向公众展出和播放的事实。专利权人认为所有的证人均未出席口头审理，且不能证明在展会上公开的视频就是证据 2-1、2-5、2-6 中的产品宣传视频。决定认为，请求人在举证能力范围内提供了来自不同国家、具有不同职业的证人的证言和相应的证据，这些证人包括展会的承办方、参展商、观众、评委。经分析，各证人证言之间对现场展示的 Allma cc4 产品的特点与证据 2-1、2-5、2-6 中该产品的宣传视频内容一致。尽管证人因客观原因未出庭接受质证，但多份证人证言能够相互得到印证，并且证人分别是展会承办方、该参展产品生产者、该展会评奖团评委，其各自的工作性质决定其参加该科技展会符合常理，出具的证言也符合认知习惯，在没有相反证据的情况下，对证人证言陈述的事实应当予以确认。

对于商品交易过程产生的装箱单等证据存在瑕疵的，如果瑕疵符合生活、交易习惯，不违反法律规定，并且多份证据之间能够相互印证，在无相反证据的情况下，一般认为上述证据可以清楚地反映待证事实，达到证明标准。

在第 11359 号无效决定（01310952.9）涉及的案件中，请求人提交的证据1~6分别为产品的销售发票、使用说明书、产品合格证明书、装箱单、购销合同、对销售产品使用情况进行保全的公证书，用以证明专利产品在申请日前已公开销售和使用。请求人还补充提交如下证据：补证1，专利权人公司原总经理王豫康证明产品销售的证人证言；补证2，补证1中证人身份的证明材料；补证3，购销合同中买方公司出具的单位证明；补证4，证明证据2原件与复印件一致的公证书。专利权人对证据2~4的真实性有异议，认为其上没有单位公章。决定认为，首先，产品说明书、合格证明书、装箱单上没有盖单位公章的情况在日常生产生活中属于常见情况，没有盖单位公章并不足以证明其是不真实的；其次，证据3所示合格证明书上有王豫康的签章，且专利权人对王豫康的身份为原总经理无异议；再次，本案中证据2~4与补证3、4相互印证，均显示其为专利权人所销售产品的说明书、合格证明书、装箱单，在专利权人未提交反证的情况下，上述证据的真实性可以确认；最后，上述证据中销售发票、销售合同、使用说明书、合格证明书、保全公证书和证人证言形成了完整的证据链，其中有关日期、生产厂家、外观、性能参数、型号、商标等内容均相互印证，足以证明该产品在申请日前销售的事实。

如果图片中车牌号、车架号、发动机号与行驶证记载的信息相互吻合，在无相反证据的情况下，行驶证上显示的日期可以认定为公开日期，达到了证明标准。

在第13232号无效决定（200620109926.5）涉及的案件中，请求人提交了附件3和附件4的公证书。其中附件3为一辆摩托车的行驶证、机动车销售发票等材料；附件4为该摩托车的照片，其上有车牌号、车架号、发动机号等信息的摘抄。决定认为，附件4中的车牌号、车架号、发动机号与附件3中的行驶证、机动车销售发票信息相互吻合、相互印证，鉴于行驶证发证时间早于申请日，因此附件4照片显示的内容也早于申请日被公开。

对于未经公证仅以打印件形式提交的网页证据，如果当庭核实所涉及的网页存在，且上述网页证据来源的网站运行机制可靠，网站与当事人之间无利害关系，在没有相反证据的情况下，一般认为上述证据可以清楚地反映待证事实，达到证明标准。

在第20926号无效决定（201120270279.7）涉及的案件中，请求人提交的证据1为请求人采集于京东商城网站的8份不同时间点的页面记录打印件，请求人主张上述证据涉及的产品在申请日前已经公开销售。专利权人对该证据的真实性提出异议。口头审理当庭，合议组采用专利复审委员会电脑，输入证据1所示网址并登录，显示页面与证据1内容相符。决定认为，证据1分别从京东商城的产品上架时间、商品购买咨询页面、商品评价页面、网友讨论帖等多个方面，记录了时间跨度自2011年5月至2012年7月的涉案产品信息，且证据1的网页打印件与口头审理当庭打开的京东网站显示内容相符。京东商城属于独立运营的网站，目前没有证据证明其与当事人之间存在利害关系，也无证据证明网站管理者有动机对所述网页时间或内容进行修改。专利权人仅提出上述网页可能被修改过，但未提交相应的证据支持该主张。因此，合议组对证据1予以采信。

在第23776号无效决定（201230608118.4）涉及的案件中，请求人提交的证据1为公证书原件，其中详细记录了在阿里巴巴网站首页通过搜索"国品海藻面膜"得到时间各不相同的6份交易快照页面，均显示了相同的一款"国品海藻"面膜的包装。证据3是对证据1中2份交易快照页面的鉴定意见书，用于证明网页内容完整真实。决定认为，阿里巴巴网站属于知名度较高的经营性交易网站，结合证据3中记录的阿里巴巴网站关于"订单快照"的说明，可以认定网站上订单快照的内容真实地记录了买卖双方商品买卖的相关情况，且快照的生成由计算机自动形成，所有数据维护由网站进行管理，买卖双方或是第三人均无法自行修改。因此，在没有反证的情况下，可以认定证据1所示的商品已经在互联网上公开并销售。

一般情况下，对于已被生效的法院判决所认定的事实，可以直接作为定案依据，生效的法院判决对待证事实的证明达到证明标准。

在第21569号无效决定（200810045235.7）涉及的案件中，请求人提交的证据4为上海市高级人民法院（2009）沪高民三（知）终字第137号民事判决书，其中记载了原审法院查明上海西普锆制品有限公司于2008年1月21日购买了两种规格的陶瓷丸，该购买过程由上海市黄浦区第一公证处进行现场公证并对两种陶瓷丸进行证据保全。其后，原审法院委托中国科学院上海硅酸盐研究所对其进行化学成分分析；该研究所于2009年4月13日出具《分析测试报告》，描述了上述两种陶瓷丸的化学组成。证据4中记载"经审理查明，原审判决查明的事实基本属实"，即上述两种规格的陶瓷丸在2008年1月21日公开销售的事实已被生效的法院判决所认定。决定认为，基于证据4所记载的事实，可以认定上述两种规格的陶瓷丸的化学成分处于公众想得知就能得知的状态，已经构成本专利的现有技术，对证据4中载明的事实予以确认。

3.2 未达到证明标准

印刷随意并且缺乏核验途径的产品手册，对待证事实的证明力较弱。如果当事人未提交其他证据或提交的其他证据不能佐证产品手册真实性或者公开时间，则上述证据不能充分证明待证事实，没有达到证明标准。

在第20325号无效决定（200630077336.4）涉及的案件中，请求人提交的证据1为Jufeng Metal plastic Co（HK）东莞市鑫宏实业有限公司的产品样本，其上记载：电话0769-5328518，但未注明公开时间；证据5为第97届中国文化用品商品交易会会刊资料，封面载明的时间为"2006.4.1—3"，该会刊无正式出版刊号，其中第94页载明参展单位：JU Feng Metal Plastic Co，电话0769-85328518；证据6为公证书，用于证明东莞市电话号码升至7位始于2005年12月10日零时。请求人认为，证据5参展单位英文名字与证据1中公司英文名称相同，因此该公司参加了展会并公开了证据1。决定认为，首先，证据5没有正式出版发行刊号，其上参展单位电话号码为8位，而证据1中的公司电话号码为7位，作为公司在交易会上散发的资料，其联系方式为商业贸易中重要的商业信息，证据1中电话号码仍然为升位前的号码，这与商业展会中散发资料需信息准确的习惯不符。因此，仅凭证据5与证据1中公司英文名称相同，并不足以证明证据1就是在证据5所述展会中公开的产品样本。其次，证据1为产品样本，其上记载了升位前的电话号码，证据6仅证明了东莞市电话号码升位的时间，其证明证据1的制作时间是在证据6的电话号码升位之前，但并不足以证明证据1

第十章 证据的认定

在电话号码升位前公开发行。因此,对产品手册公开的事实不予采信。

与生效的法院判决、裁定认定事实的证明力不同,法院庭审笔录、调查笔录仅能证明当事人在庭审时的陈述,若上述证据没有被生效的法院判决、裁定所认定,或者没有其他证据予以佐证,其对待证事实的证明力通常不能达到证明标准。

在第12765号无效决定(200420048699.0)涉及的案件中,请求人提交的证据1为浙江省杭州市中级人民法院的案号为(2007)杭民三初字第145/146号的庭审笔录以及调查笔录的复印件,其上盖有"浙江省杭州市中级人民法院民事审判第三庭"红章以及骑缝章。对于证据1中有关庭审笔录、调查笔录的部分,决定认为,此仅能证明该案当事人进行了陈述,并不能证明笔录内容、调查内容所述属实。

对于用多份证人证言来证明负有保密义务而不构成出版物公开的情况,应综合考虑证人是否与本案有利害关系,证人亲历活动的性质是否保密,证言内容是否为证人亲历、是否与待证事实相关,以及多份证据之间是否相互印证,从而判断相关人员是否负有保密义务。

在第14484号无效决定(200430088722.4)涉及的案件中,请求人提交了《客车杂志》《今日客车》等多份证据,用于证明上述出版物上的图片在申请日(2004年9月23日)前公开。专利权人依据提交的反证1《客车杂志》经理的证言、反证3《今日客车》主编的证言、反证4《今日客车》编辑的证言、反证7专利权人母公司工作人员的证言,主张其在2004年8月24日召开的新闻发布会上展示客车模型时,告知在场的媒体记者禁止在申请日前发布所拍摄的照片,即主张上述《客车杂志》《今日客车》未经其同意而公开。决定认为,反证1中的证人没有亲临新闻发布会现场,其证言中关于新闻发布会现场情况的部分不具有证明力;反证3中的证人没有亲临新闻发布会现场,且其证言没有提及新闻发布会现场有人要求在某个日期之前不得公开展品;反证4中的证人称其亲历发布会现场拍摄了客车比例模型的照片,但未提及现场有人要求在某个日期之前不得公开展品;反证7中的证人属于专利权人的员工,与本案有直接的利害关系,在没有其他证据佐证的情况下，其证言不能被采信。综合专利权人提交的反证，专利权人召开的是展品的新闻发布会，召集的是各大专业媒体记者，目的是向社会公众推介新车，在此情况下，专利权人主张记者对其新车保密，不符合常理。因此，对请求人主张的出版物公开予以支持。

互联网证据是否易于修改影响其对待证事实的证明力。如果互联网证据来源的网站交互性强，允许用户上传、修改、删除产品的信息，在无其他佐证的情况下，上述证据不能充分证明待证事实，没有达到证明标准。

在第17049号无效决定（200930073390.5）涉及的案件中，请求人提交的附件5为公证书，其中包括"Made-in-china.com"网站的相应网页。请求人主张以该网页上显示的"咖啡玻璃水瓶（LTP1228Y）"产品信息的发布时间"2008-12-22"作为该产品的公开时间。决定认为，附件5的公证书记载了登录"Made-in-china.com"网站的检索过程并保存了相关网页的打印件，公证书能够证明该网络证据的证据来源及网页打印件形成时与网页内容的一致性。综合网站的相关页面来看，Made-in-china.com网站是由焦点科技股份有限公司创办及维护的第三方电子运营平台，企业用户通过网络注册成为会员，会员可以上传发布产品的信息，会员对其发布的信息具有修改、删除的权限。网站负责对信息进行整合，给公众提供检索途径以便快捷地找到企业产品；但网站仅提供卖方的联络方式，买方不能通过网站直接交易，也没有产品的销售记录。虽然在产品目录的检索页中显示了"咖啡玻璃水瓶（LTP1228Y）"产品信息的发布时间为"2008-12-22"，但由于企业会员对其发布的信息具有修改权限，仅以当前证据不能确定当前显示的发布时间就是该信息中产品照片的上传时间，且无其他相关证据能佐证发布时间没有经过修改。因此，请求人主张的事实没有得到充分证明。

4 举证期限

证据应当在法定的举证期限内提交，但有特殊规定或不接受将导致事实认定有误或结论明显不合理的除外。

请求人在提出无效宣告请求之日起 1 个月内可以补充提交证据，超过该规定的举证期限提交的证据通常不予考虑。

在第 17329 号无效决定（200620109926.5）涉及的案件中，请求人于口头审理当庭提交了发票号码为 01163356 的机动车销售统一发票（证据 3-25），专利权人认为请求人当庭提交的证据 3-25 已经超过举证期限。决定认为，该证据系请求人在提出无效宣告请求之日起 1 个月后补充的新证据，且不属于《专利审查指南》所规定的例外情形，故对该证据不予考虑。

证据可以通过邮寄的方式提交。以邮寄方式提交的，以信封上的邮寄日期为证据的提交日。如果邮寄日期不清且专利复审委员会收到的日期已超出规定期限，当事人可以通过邮局出具的查询单来举证证明邮寄日期，从而确定是否举证逾期。

在第 17329 号无效决定（200620109926.5）涉及的案件中，第三请求人于 2009 年 12 月 25 提出无效请求，专利复审委员会于 2010 年 1 月 27 日收到第三请求人经邮政特快专递（EMS，编号为 ED367675665CS）补交的证据，其上未清楚地显示寄出日期，专利权人认为其超过了补充证据的期限。鉴于此，第三请求人在口头审理过程中提交了由重庆市渝北邮政局出具的邮件全程跟踪查询单。决定认为，经核对，该查询单中记录的 EMS 编号与专利复审委员会 2010 年 1 月 27 日收到的 EMS 编号一致，该查询单表明所述邮件的投递日期、妥投日期及签收日期均为 2010 年 1 月 27 日，与专利复审委员会收到上述意见陈述书及补充证据的时间相吻合。该查询单还表明，该邮件系由重庆市渝北区新牌坊邮政所于 2010 年 1 月 25 日收寄、封发，因此，2010 年 1 月 25 日应为该邮件的寄出日。故上述补充证据属于举证期内提交的证据，应予以接受。

当事人在口头审理辩论终结前，可以提交公知常识性证据或完善证据法定形式的公证文书、原件等证据。对于超过举证期限的其他证据，专利复审委员会一般不予考虑。

在第 13544 号无效决定（98116048.4）涉及的案件中，专利权人在口头审理当庭提交了反证1和反证2。其中，反证1为请求人提交的证据3、证据4的技术领域和技术问题部分的翻译稿，反证2为1987年1月化学工业出版社出版的，由胡金生、曹同玉、刘庆普编的《乳液聚合》。决定认为，根据《专利审查指南》第四部分第三章第4.3.2节关于专利权人举证期限的规定，对于专利复审委员会指定答复期限届满后，专利权人仅能提交技术词典、技术手册和教科书等所属技术领域中的公知常识性证据或者用于完善证据法定形式的公证书、原件等证据，所述反证1既非证据3、证据4译文的更正，也不属于上述证据类型，因此对反证1不予考虑；反证2出版说明中载明，其可作为高等学校有关专业的教学参考书，也可作为研究生的教材以及供从事高分子合成的科技人员参考，因此属于《专利审查指南》规定的"技术词典、技术手册和教科书等所属技术领域中的公知常识性证据"范畴，予以考虑。

当事人在举证期限届满后提交的证据通常不予接受，但若补充的证据，仅用来进一步澄清在行政诉讼中确定的焦点问题，而未用于主张新的事实，且不接受该证据将导致事实认定有误或结论明显不合理的，该证据可以被接受。

在第28512号无效决定（96112477.6）涉及的案件中，请求人提交了附件11-13，用于证明附件3公证书中所附购机发票及所附信函涉及的"枣庄第一棉纺织厂"与"山东万泰一棉分公司"之间存在的关系。该案为经法院审理后撤销决定发回重审的案件，（2013）高行终字第1574号判决撤销的理由为：没有充分证据证明"枣庄第一棉纺织厂"是"山东万泰一棉分公司"的前身，无效决定对此认定错误影响了对附件3公开日期的认定。专利权人认为该附件11-13为超期证据，应不予接受。决定认为，请求人提交附件11-13用于辅助附件3中的相关证据，澄清（2013）高行终字第1574号判决书确定的焦点事实，是对原有附件1-3的补强证据，并非用于主张新的事实，接受附件11-13有助于查明本案的事实，并且已给予了专利权人充分陈述意见的机会。若对附件11-13予以考虑，有助于对行政诉讼中的焦点问题作进一步调查，并不违背《专利审查指南》对请求人举证期限进行限制的初衷。

若超过举证期限提交的公证书所证事实超出了原有证据的证明内容，如证据来源、公开方式、公开时间，甚至证据涉及的技术内容等，则该公证书实质上已经超出了完善证据法定形式的范畴，相当于另行提出新的证据，不应予以考虑，否则，将对对方当事人造成证据突袭，并且导致请求人怠于履行其举证责任，造成案件久拖不决。

在第 31501 号无效决定（02139508.x）涉及的案件中，请求人提交了附件 16——某文章的复印件作为评价专利权利要求创造性的证据，但该附件没有任何文章出处以及公开时间的信息，为了证明该文章可以作为本专利的现有技术，请求人又提交了附件 51——一份公证书，用以证明附件 16 所属的文章是真实的，并已在本专利申请日前公开。针对这公证书，专利权人认可该公证书本身的真实性，但提出其只能证明获取附件 16 文件的方式，不能证明文件的真实性和公开性。经过调查，合议组认为，公证书记载了登陆网站，通过搜索栏搜索文章并下载的过程，其搜索的文章为一篇会议文章，但附件 16 本身并未记载或体现出其是一篇会议文件，更无公开方式与公开时间的信息；此外，该公证书的相关内容是请求人提出无效请求一个月之后提交的，所以属于请求人在无效请求之日起一个月内未曾提交过的证据，且上述证据的内容与提出无效请求时提交的附件 16 的文件内容并不一致，不能认为其是用于完善附件 16 法定形式的证据，应当被视为无效请求之日起一个月后提交的新证据，故合议组对相关内容不予接受。

5　证据的调查收集

专利复审委员会一般不主动调查收集案件需要的证据。对当事人确因客观原因不能自行收集的证据，应当事人在举证期限内提出的申请，专利复审委员会认为确有必要时，可以调查收集。

5.1　现场勘验申请的审查

对于当事人提交的勘验申请，一般应当审查该申请的时间是否在举证期限内，勘验目的、勘验地点、所勘验内容与案件的关联性以及是否提供了获得该勘验证据的线索。

在第20033号无效决定（98111352.4）涉及的案件中，请求人提交的附件4为调查取证申请书，请求专利复审委员会进行现场勘验并调取南京市玄武区人民检察院的询问笔录及相关案卷材料。决定认为，对于附件4中请求人提出的现场勘验请求，请求人没有具体陈述现场勘验的理由及欲证明的内容，也没有证明勘验内容与本案的关联性；而且，就请求人所要求的勘验目的而言，仅依据本专利说明书记载的内容就足以对其作出判断，并无现场勘验的必要。因此，对请求人的现场勘验申请不予支持。

5.2 鉴定申请的审查

当事人的鉴定申请经专利复审委员会同意后，由双方当事人协商确定有鉴定资格的鉴定机构、鉴定人员，协商不成的，由专利复审委员会指定。

在第4694号无效决定（96233118.X）涉及的案件中，请求人提交的证据5-1为20芬兰马克钞票的正反面复印件，用于与权利要求进行创造性比对；之后请求人书面请求对其采用的技术特征进行鉴定，并提交20芬兰马克（编号为2185741611）钞票一张作为鉴定物证。由于该鉴定物证是请求人主张的评价创造性的主要证据，专利复审委员会同意请求人提出的鉴定请求，确定鉴定内容为1993版20芬兰马克钞票的防伪安全线的厚度和宽度以及其窗口的长度及宽度。专利复审委员会要求当事人协商确定有鉴定资格的鉴定机构、鉴定人员，双方应于收到通知书之日起1个月内将协商结果书面答复专利复审委员会。若协商不成，或者在指定期限内未收到协商结果的书面答复，专利复审委员会将指定中国计量科学研究院为鉴定机构，鉴定费用由提出鉴定请求的一方承担。指定期限内未收到当事人的书面回复，专利复审委员会遂委托中国计量科学研究院对编号为2185741611的20芬兰马克钞票（1993）的防伪安全线有关尺寸进行鉴定，获得中国计量科学研究院出具的鉴定报告。

第十一章 程 序

遵守法定程序、公平公正审理案件是依法行政的基本要求。在复审、无效案件的审查过程中,一方面,对于法律法规中有明确规定的审查范围、履行手续等要求,应当严格遵守;另一方面,对于法律法规中没有明确规定的事项,应当本着公平公正的原则,充分考虑程序设置的目的、程序的性质等因素。

复审案件的审查过程中,最容易引发争议的是审查范围的确定和听证原则的把握。尤其是,哪些情况下合议组可以依职权引入驳回决定未涉及的理由和证据,在什么情况下可以作出维持驳回决定的复审决定。

相比复审案件,无效案件的审查要复杂一些,根本原因在于无效程序作为纠正不当授权的行政确权程序,在性质上既不同于专利授权程序,也不同于行政机关针对纯民事案件的行政裁决程序。除了合议组可以依职权审查的范围之外,审查文本的确定、当事人主体资格的认定、是否履行了对无效理由具体说明的义务,以及当事人提出的无效理由是否属于一事不再理的范畴等问题,均容易引发争议。

1 复审请求的审查

复审程序是因专利申请人对驳回决定不服而启动的救济程序,同时也是专利审批程序的延续。专利复审委员会一般仅针对驳回决定所依据的理由和证据进行审查,但为了提高专利授权质量,避免不合理地延长审批程序,必要时可以对驳回决定未提及的缺陷进行审查。

实践中,针对一个复审案件,通常审查以下内容:驳回决定的作出是否符合法定程序、驳回理由是否成立、是否需要引入驳回决定未提及的其他缺陷等。

1.1　对驳回决定程序合法性的审查

程序合法是行政决定合法的基础，无论当事人在启动复审程序时是否针对驳回决定的作出程序违法提出明确主张，专利复审委员会都将审查驳回决定的作出是否符合法定程序，例如是否符合请求原则、听证原则，是否存在遗漏当事人提出的理由或者证据导致可能影响公正审理的情况等。

1.1.1　是否符合请求原则

以申请人依法正式呈请审查的申请文件为基础进行审查是实质审查程序的一项基本原则。当申请人在规定期限内提交申请文件的修改替换页时，通常意味着放弃在此之前的相应申请文件。以申请人放弃的申请文件为依据作出驳回决定违反请求原则。

在第15067号复审决定（00809030.0）涉及的案件中，2002年4月18日，申请人在提交实质审查请求书的同时提交了说明书附图替换页共24页；第一次审查意见通知书和驳回决定记载其针对的审查文本中，说明书附图为申请人于2001年12月17日进入中国国家阶段时提交的说明书附图第1~23页。决定认为，请求人在提出实质审查请求时对申请文件所作的修改符合《专利法实施细则》第51条第1款规定的主动修改时机，无论所述修改内容是否存在超出原说明书和权利要求书记载的范围，均应当以请求人提交的主动修改后的申请文件作为审查文本，若存在修改超范围的情形，应在审查意见中一并指出。在申请人已经放弃了于2001年12月17日进入中国国家阶段时所提交的国际申请文件中的说明书附图第1~23页的情况下，针对申请人已经放弃的说明书附图发出审查意见通知书和驳回决定不符合请求原则。

1.1.2　是否符合听证原则

在驳回决定作出前，通过审查意见通知书的形式给予申请人至少一次针对驳回所依据的事实、理由和证据陈述意见和/或修改申请文件的机会是实质审查程序的另一项基本原则。如果驳回决定所依据的事实、理由和证据在驳回决定作出前的审查意见通知书中从未出现过，则驳回决定的作出违反听证原则。

第34945号复审决定（02818230.8）的涉案申请要求保护一种"有扩展用户数据的传输系统中生成或处理OFDM符号的方法及通信系统设备"。驳回决定认为，权利要求3中限定通信系统设备包括控制设备、存储设备等实体部件，同时控制设备又包括第一装置、第二装置等功能模块架构部件，这种既包括实体部件，又包括功能模块架构部件的设备在原申请文件中从未记载过，因此权利要求3不符合《专利法》第33条的规定。第34945号复审决定认为，在作出驳回决定前的四次审查意见通知书中均未将权利要求3不符合《专利法》第33条规定的以上具体事实、理由和证据告知过申请人；虽然第四次审查意见通知书中曾指出过权利要求3不符合《专利法》第33条的规定，但其中所依据的事实是"控制设备配置用于根据权利要求1所述的方法生成OFDM符号"，与驳回决定所依据的事实和理由并不相同，且申请人在答复第四次审查意见通知书时已经通过删除相关内容克服了第四次审查意见通知书中所指出的修改超范围之处。驳回决定以在先从未告知过申请人的缺陷直接驳回涉案申请不符合听证原则。

告知申请人相关审查意见所依据证据的来源及获得途径是履行听证的一个方面。如果审查意见通知书中针对证据来源的记载存在错误，并足以导致申请人无法获得该证据并针对该证据公开内容失去针对性陈述意见和/或修改申请文件的机会，则以此证据结合相关理由直接作出驳回决定将被认为违反听证原则。

在第62947号复审决定（200810239850.1）涉及的申请中，实质审查部门在第一次审查意见通知书中评述了权利要求1-6不具备创造性，使用的对比文件1是3GPP的会议文档，该通知书仅给出了对比文件1的名称"LS on HNB/HeNB Open Access Mode"和公开日期"2008年7月22日"，既未提供该对比文件1的复印件，也未注明获取该对比文件1的其他任何信息，如获取的网络地址等；随后，以权利要求1-6相对于该对比文件1不具备创造性为由作出了驳回决定，在驳回决定中明确记载了对比文件1的出处为"3GPP TSGRAN WG2 Meeting #63"，公开日期为"2008年8月22日"。决定认为，仅仅给出对比文件的名称而未给出具体出处信息，使得申请人无法依据第一次审查意见通知书中提供的信息准确获取该对比文件，不能针对审查意见所指出的问题进行针对性的解释或对申请文件进行修改；虽然驳回决定给出了对比文件1的相应出处和公开日期以弥补审查阶段的失误，但其中注明的公开日期与第一次审查意见通知书中所记载的公开日期并不相同。在此情况下，驳回决定的作出不符合听证原则。

审查意见通知书中仅就某一权利要求不符合某一法律条款给出脱离具体事实、理由和证据的笼统性的审查意见，不能被认为符合听证原则的要求。

在第41151号复审决定（200810212397.5）涉及的申请中，驳回理由是，申请人将权利要求书和说明书中的"矩形槽"修改为"U形槽"，以及对附图说明中涉及附图8-10的部分进行的修改不符合《专利法》第33条的规定。经查，实质审查程序中，申请人答复第一次审查意见通知书时提交的修改文本中就有关于"U形槽"的表述及前述对附图说明的修改内容，但针对以上修改内容，第二次审查意见通知书未对该内容是否存在修改超范围的缺陷发表意见，第三次审查意见通知书也仅给出权利要求1-3和说明书修改超范围的笼统性结论，未说明修改超范围涉及的具体事实和理由。决定认为，如果驳回理由针对的缺陷早已存在，但驳回决定作出前，实质审查部门从未就此提出意见，则直接以此为由作出驳回决定事实上没有给申请人针对相应缺陷进行意见陈述和/或修改文件的机会；同时，脱离具体事实、理由和证据的笼统性审查意见也不能作为符合听证原则的依据。

是否符合听证原则，考察的是就驳回决定所依据的事实、理由和证据，在驳回决定作出前的审查意见通知书中是否发表过实质性评述意见，并不要求审查意见通知书与驳回决定就同一问题采用相同的文字表达。

在第77553号复审决定（201010251339.0）涉及的申请中，驳回理由为权利要求1-13不具备创造性。请求人提出复审请求时主张，相比第一次审查意见通知书，驳回决定针对区别特征是否能给发明带来创造性，在论述中增加了新的事实和理由，违反听证原则。决定认为，第一次审查意见通知书中已经告知请求人对比文件1公开的内容及出处，相比第一次审查意见通知书，驳回决定虽然在评述权利要求1的创造性时增加了部分关于对比文件1公开内容的语句，但这些语句实质表达的含义已经在第一次审查意见通知书中作了论述，并且驳回决定与第一次审查意见通知书均是将权利要求1与对比文件1的区别特征认定为公知常识，并未实质上改变第一次审查意见通知书中所认定的事实、理由和证据，在请求人没有对权利要求作出修改的情况下，实质审查部门直接作出驳回决定满足听证原则。

1.1.3 对程序合法性问题的处理

对于驳回决定的作出是否符合法定程序的审查不依赖于当事人是否就此提出明确主张。如果驳回决定的作出违反法定程序导致申请人实质性地丧失了程序权利并影响到公正审理，则即使请求人未就程序违法提出明确主张，驳回决定也将会因此被撤销。

在第9844号复审决定（02811567.8）涉及的案件中，提出复审请求时，请求人未对驳回决定程序合法性问题提出意见，仅陈述了驳回决定所针对的权利要求1-6具有创造性以及权利要求7-9修改未超范围的理由。复审决定以驳回决定的作出同时违反请求原则和听证原则为由撤销了驳回决定，理由是：（1）关于请求原则。驳回决定所针对的说明书是请求人在进入中国国家阶段时提交的说明书第1~6页。但经查，请求人在答复第一次审查意见通知书时提交了说明书第4~5页的替换页，这表明请求人已经明确放弃了之前说明书第4~5页，在此情况下，应当针对请求人提交的上述修改文本继续审查，而不能以请求人明确放弃的文本为基础直接作出驳回决定。（2）关于听证原则。首先，请求人在答复第一次审查意见通知书时提交了修改的权利要求书共9项，如认定上述修改文本中的权利要求7-9存在修改超范围的缺陷，应当发出第二次审查意见通知书告知请求人，给请求人至少一次对此陈述意见和/或进一步修改申请文件的机会，而不能在未告知请求人其修改文本不符合《专利法》第33条规定的情况下，直接以此为理由作出驳回决定。虽然修改超范围的意见仅出现在驳回决定正文的案由部分而非决定的理由部分，同时在驳回决定的表格中也未填写有关《专利法》第33条的驳回理由，但该理由实质上也是该文本被拒绝的理由之一；其次，为克服第一次审查意见通知书中指出的原权利要求16、20、21和23不具备创造性的缺陷，请求人修改了权利要求书，新的权利要求1除了包含原权利要求16、20、21、23的所有技术特征外，还包含原说明书第2页最后一段有关粘合剂保存稳定性的特征，这是一项不同于原权利要求16、20、21、23中任一项的新的权利要求。对于新的权利要求1是否具备创造性的意见，在驳回决定作出之前的审查意见通知书中从未告知过请求人。

虽然驳回决定的作出违反法定程序，但违反法定程序的情形不影响对驳回理由是否成立的判断，则应当一并就驳回理由是否成立进行审查并给出审查意见。驳回理由不成立的，同时以程序违法和驳回理由不成立为由撤销驳回决定。

在第76838号复审决定（200910188417.4）涉及的案件中，驳回理由为权利要求1-17不具备创造性。提出复审请求时，请求人主张驳回决定的作出违反听证原则同时所有权利要求均具备创造性。决定认为，首先，权利要求1、9、15中的技术特征"该聚合物层的材料包括热解聚丙烯腈"一直存在，驳回决定中首次指出该技术特征为所述权利要求与对比文件2的区别特征且为所属领域公知常识，在驳回决定前的四次审查意见通知书中均未将该技术特征认定为区别特征或所属领域公知常识，就此问题在驳回决定作出之前未给予申请人至少一次陈述意见和/或修改申请文件的机会，因此，驳回决定关于上述权利要求不具备创造性的理由违反听证原则。其次，经审查，权利要求1-17不具备创造性的驳回理由也不能成立，故撤销驳回决定。

1.2 对驳回理由的审查

对于驳回决定指出的缺陷，请求人既可以通过陈述意见，必要时提供证据支持的方式对其主张加以说明；也可以通过修改申请文件，克服驳回决定指出的缺陷。经请求人陈述意见或者修改申请文件，驳回理由全部不成立的，在该申请亦不存在需要依职权引入驳回决定未指出的其他缺陷的情况下，将撤销驳回决定，继续审查程序；驳回理由部分或者全部成立的，经听证依然无法克服相应缺陷时，将维持驳回决定。

在第 43626 号复审决定（200580048239.5）涉及的申请中，驳回理由为部分权利要求相对于对比文件 1 不具备新颖性，部分权利要求相对于对比文件 1 和公知常识的结合不具备创造性，同时权利要求 1 与 41、1 与 47 之间不具备单一性。复审程序中，请求人提交了权利要求书的修改替换页。决定认为，修改文本删除了与权利要求 1 不具备单一性的权利要求 41 和 47 及其从属权利要求，克服了驳回决定所指出的涉案申请不具备单一性的缺陷；同时，修改后的全部权利要求均具备新颖性和创造性，驳回决定所指出的不具备新颖性、创造性的理由已不再成立，因此撤销驳回决定。

在第 104085 号复审决定（201210041259.1）涉及的申请中，驳回理由为权利要求 7-8 保护范围不清楚，权利要求 1-6、9 不具备创造性。请求人提出复审请求时修改了权利要求，将原权利要求 2 的附加技术特征补充记载入权利要求 1，同时删除原权利要求 2。针对修改后的权利要求（共 8 项），复审通知书认为，权利要求 1-5 和 8 不具备创造性，权利要求 6-7 保护范围不清楚，即使根据说明书的内容理解其范围，假定其不存在保护范围不清楚的缺陷，基于其部分技术特征被对比文件 1 公开，部分技术特征是所属领域公知常识，其也不具备创造性。针对复审通知书，请求人再次修改申请文件，将权利要求 4 的内容补充记载入权利要求 1，同时删除权利要求 4，并进一步陈述了权利要求 6-7 保护范围清楚的意见。决定认为，虽然经陈述意见后，修改后的权利要求（共 7 项）克服了复审通知书中指出的权利要求保护范围不清楚的缺陷，但修改后的所有权利要求仍不具备创造性，应当维持驳回决定。

1.3 对驳回决定未提及的其他理由和证据的审查

除了程序是否合法、驳回理由是否成立之外，在必要的时候可以对专利申请是否符合专利法有关规定的其他情形进行审查。所述"必要的时候"，通常是指专利申请存在驳回决定未提及的缺陷，不审查所述缺陷将导致无法对驳回理由进行审查或者对驳回理由的审查结论明显不合理。例如：当审查文本存在驳回决定未指出的明显实质性缺陷、足以用驳回决定作出前已告知过申请人的其他理由及其证据予以驳回的缺陷或者与驳回决定所指出的缺陷性质相同的缺陷时。

1.3.1 驳回决定未指出的明显实质性缺陷

按照基本的逻辑，针对一项未充分公开或者不具备实用性的技术方案，评价其新颖性、创造性没有任何意义，同样，如果一项权利要求本身存在模糊不清之处，所属领域技术人员无法明晰其技术内容或界定其保护范围，则无法对其是否与现有技术相区别发表意见。正是基于这一考虑，在复审程序中，如果专利申请存在说明书公开不充分、不具备实用性、权利要求不清楚等缺陷，导致无法对驳回决定指出的不具备新颖性、创造性等驳回理由进行审查或者对驳回理由的审查没有实质意义，则可以依职权对与之相关的理由及其证据进行审查。

在第98875号复审决定（201210023149.2）涉及的申请中，驳回理由为权利要求1-3相对于对比文件2、对比文件1及所属领域公知常识的结合不具备创造性。提出复审请求时请求人未修改申请文件。复审通知书指出，权利要求1-3请求保护的产品技术方案中仅列举了各部件名称而缺乏部件间的连接关系，从属权利要求2和3中，或者对其引用的权利要求中从未出现过的部件进行限定，或者部分语句表意不清，导致权利要求1-3的保护范围不清楚。请求人答复复审通知书时提交修改文本，将权利要求1-3修改为权利要求1-2。决定认为，经审查，该修改文本克服了复审通知书中指出的缺陷，同时结合对比文件2、对比文件1和所属领域公知常识，不足以得出修改后的权利要求1-2不具备创造性的结论，因此撤销驳回决定。

在第108827号复审决定（200910176293.8）涉及的申请中，驳回决定所针对的权利要求的主题名称为"多个光学元件"，驳回理由之一为权利要求1-14不具备创造性。针对请求人提出复审请求时提交的修改文本（未修改权利要求1的主题名称），复审通知书指出，所属领域技术人员无法清楚理解权利要求1的主题是多个具有同样构成的光学元件所组成的集合，还是由上光学元件和下光学元件等多个光学元件组成的一个光学元件模块，故权利要求1的保护范围不清楚。请求人答复复审通知书时，将权利要求1的主题名称修改为"一种光学元件模块"，同时将权利要求15的附加技术特征补入权利要求1中。决定认为，上述修改克服了复审通知书中指出的权利要求不清楚的缺陷，同时驳回决定所指出的权利要求 1 - 14 不具备创造性的缺陷也不再存在，因此撤销驳回决定。

第 114036 号复审决定（201210448431.5）涉及的申请要求保护一种用水与空气汽爆产生动力能的方法，其"以空气和水为原料，用内燃机发电机为主体，将内燃机的电子打火改为等离子打火或者激光打火，用水取代燃油，使水与空气雾化，然后通过等离子打火或者激光打火，利用温差产生汽爆，汽爆后产生动力能，动力能可以发电"。在涉案权利要求 1 - 2 因不具备创造性被驳回后，请求人提出复审请求，强调涉案申请的发明点在于用水取代燃料，在内燃机中利用温差产生汽爆，不需要燃料，不会产生污染。复审通知书依职权引入了《专利法》第 26 条第 3 款，理由是：（1）涉案申请未公开水蒸汽产生汽爆时所需的物理条件以及汽爆产生的能量的大小，导致所属领域技术人员无法知道供给缸内的水雾是否一定能产生汽爆；（2）涉案申请强调利用温差产生汽爆，但是未说明产生汽爆所需的最低温差是多少，导致所属领域技术人员在内燃机运转过程中无法为汽爆提供必要的温差，无法控制内燃机冷却系统的有效运转；（3）涉案申请在内燃机中通过汽爆产生动力能，所属领域技术人员无法知道空气和水的供给时刻、供给量，等离子打火或激光打火的时刻等必要因素，无法通过汽爆产生安全的、可控的动力能。因此，涉案申请仅仅提出了一种设想，未给出任何使所属领域技术人员能够实施的、实现其设想的技术手段，所属领域技术人员根据说明书中的记载，不能实现该发明。鉴于请求人针对复审通知书的答复未克服这一缺陷，复审决定最终以此为由维持驳回决定。

1.3.2 驳回决定作出前已告知过申请人的其他理由及其证据

如果因审查文本的修改导致复审文本中出现与驳回决定作出前相同或实质相同的权利要求，且在驳回决定作出前，该权利要求存在的缺陷已经告知过申请人，则在复审程序中，应当对已告知过申请人针对所述缺陷的理由及其证据进行审查。这是因为如果不对所述理由及其证据进行审查，将可能出现撤销驳回决定后无须听证即可再次直接予以驳回的情况，并因此造成程序震荡。

在第63494号复审决定（200910107586.0）涉及的申请中，权利要求1-3要求保护一种球形草酸钴粉体，权利要求4-10要求保护该产品的制造方法。实质审查程序中曾指出权利要求1-3相对于对比文件1不具备新颖性，权利要求4-10相对于对比文件2不具备创造性。驳回理由为权利要求1-3不具备新颖性。提出复审请求时，请求人删除权利要求1并适应性地修改其他权利要求的编号。复审通知书指出，修改后的权利要求1、2仍不具备新颖性。针对该复审通知书，请求人删除了全部产品权利要求，将原始方法权利要求4-10作为新的权利要求1-7。决定认为，驳回决定指出的新颖性缺陷已经被克服，同时经审查，修改后的权利要求1-7相对于对比文件2具备创造性，因此撤销驳回决定。

1.3.3 与驳回决定所提及的缺陷性质相同的缺陷

除驳回决定指出的缺陷外，如果申请文件中还存在与驳回理由针对的缺陷性质相同的缺陷，则可以对所述性质相同的缺陷进行审查。例如：某一权利要求针对某一技术特征的表述导致其保护范围不清楚，如果其他权利要求中也存在同样的技术特征，针对该技术特征也使用了同样的表述，该表述导致所述其他权利要求的保护范围也不清楚，此时认为所述其他权利要求存在性质相同的缺陷，在复审程序中可以依职权对这类缺陷进行审查。

在第102690号复审决定（201210138107.3）涉及的申请中，驳回理由之一为从属权利要求3和4附加技术特征中有关产品内芯成分的技术特征与其引用的独立权利要求1的相应特征不一致，导致权利要求3和4的保护范围不清楚。复审程序中，请求人未修改申请文件。经审查，除了权利要求3和4存在对产品内芯成分的限定外，权利要求1和6也存在关于产品内芯成分的特征。决定认为，权利要求1关于内芯成分的两个技术特征之间存在矛盾，导致权利要求1的保护范围不清楚；权利要求3、4均进一步限定权利要求1的产品内芯成分，但其限定均与权利要求1中的内芯成分矛盾，因此权利要求3和4的保护范围也不清楚；类似地，权利要求6要求保护权利要求1-5所述产品的制作方法，当权利要求6引用权利要求3和4时，在产品内芯的成分方面存在与权利要求3、4中同样的矛盾，因此权利要求6也存在保护范围不清楚的缺陷。

1.4 引入公知常识或公知常识性证据

复审程序中,在对驳回理由是否成立进行审查时,可以基于所属领域技术人员的知识和能力引入所属技术领域的公知常识。

第47456号复审决定(200710148482.5)涉及的申请请求保护一种废汽利用设备,驳回理由之一为权利要求1、2相对于对比文件1、2及所属领域公知常识的结合不具备创造性,其中权利要求1与对比文件1之间的区别特征"连接一个雾化喷嘴"已被对比文件2所公开。复审程序中请求人未修改申请文件。决定认为,使用雾化喷嘴对水进行雾化以更大限度地提高水与汽之间的接触面积是所属领域的常规技术手段,在对比文件1已经披露的设置淋水孔板来增加水与废汽的接触面积以提高热交换效率的基础上,所属领域技术人员容易想到将冷却水接入口直接或通过管道连接雾化喷嘴对水进行雾化,从而进一步增加水和废汽的接触面积,以达到进一步提高热交换效率的目的,权利要求1、2相对于对比文件1和所属领域公知常识的结合不具备创造性。

公知常识是所属领域技术人员知晓的普通技术知识,根据来源和表现形式的不同,通常可以分为四种类型:众所周知的事实,所属技术领域和通用技术领域的惯用手段,记载于所属技术领域和通用技术领域的教科书、工具书、技术手册等中的知识,以及在技术快速更新的技术领域记载于文献中被所属技术领域的技术人员广泛知晓的知识。在复审程序中,可以引入相关文献佐证公知常识。

第89623号复审决定(201210047343.4)涉及的申请请求保护一种汽车尾气三元催化剂烘干工艺。权利要求1与对比文件1的区别特征为"将涂敷上催化剂浆料的载体置于2400MHz~2500MHz微波环境下烘干至重量中含水量小于7%,依次通过42个微波器,在每个微波器中加热时间为15s",驳回决定中认为对比文件2公开了提高铜基催化剂性能的微波处理方法,给出了采用微波加热烘干的方式提高干燥速度和产品质量的技术启示,所属领域技术人员根据对比文件2的启示,容易想到在微波环境下烘干催化剂,并且根据实际情况经过有限次实验就可以得到权利要求1中具体使用的微波频率,因此权利要求 1 相对于对比文件 1、对比文件 2 和所属领域常规技术手段的结合不具备创造性。针对该驳回理由,决定认为,"对于 2450MHz 的工业用微波频率而言,利用微波法制备催化剂具有加热速度快、控制方便、热能利用率高、产品质量高的特点(参见《催化剂制备及应用技术》一书中第 183~185 页的内容)",即微波加热制备催化剂属于所属技术领域的公知常识,即使不参考对比文件 2,所属领域技术人员完全可以基于公知常识的教导,想到将涂敷上催化剂浆料的载体采用微波加热进行干燥以提高加热速率和生产效率,权利要求 1 相对于对比文件 1 与所属领域公知常识的结合不具备创造性。

  类似地,第 48265 号复审决定(200610159762.1)涉及的申请请求保护一种对塞式超导发动机,其采用的技术方案是:给位于两只电动活塞之间的超导磁体的绕组通电,超导磁体产生强磁场;给两个电动活塞的绕组通电,电动活塞产生磁性交替变化的磁场;利用磁场之间相吸或相斥使得电动活塞往复做功,以对外输出机械能。针以驳回决定根据迈斯纳-奥森菲尔德效应认为涉案申请不符合专利法第 26 条第 3 款规定的理由,复审决定引用了两本教科书《超导电性及其应用》和《超导电工程学》,认为超导体可分为第一类超导体、理想第二类超导体和非理想第二类超导体。其中,第一类超导体具有完全排磁通的迈斯纳态(即驳回决定中所述的迈斯纳-奥森菲尔德效应);理想第二类超导体除了第一类超导体的迈斯纳态之外,还出现了部分排磁通的超导状态,称其为混合态;非理想第二类超导体除了同样具有混合态外,还具有高临界电流密度。在超导磁体的应用中,非理想第二类超导体由于具有较高的临界温度、临界磁场和临界电流密度,能够用于制造无损耗的高磁场磁体;超导同步电机由于采用了超导磁场,使转子绕组具有极大的载流能力,产生强磁场,又几乎不存在"励磁损耗",因而具有一系列先进的技术经济特性,并给电机制造和运行带来很大的经济效益。鉴于非理想第二类超导体能够与外界电磁体发生磁场作用,并且已用于工业生产中,因此,驳回理由中"处于超导状态下的超导磁体不会与外界的电磁体发生磁场作用"的观点不成立。同时,说明书中公开的内容(超导磁体在超导状态下,由于超导材料电阻为零,用它的绕组一旦施加电流之后,其中的电流会永久地流动下去,可以获得数十倍于永久磁铁的磁场强度）与教科书的原理是一致的，所属领域技术人员在说明书公开内容及现有技术的教导下，能够使用一定的供电电压及电流实现涉案申请，驳回决定认为涉案申请的说明书未充分公开的结论是不恰当的。

1.5 复审程序中的听证

在复审程序中，在作出维持驳回决定的复审决定之前，应当对复审决定所依据的理由、证据和相关的事实，通过复审通知书等方式，给予请求人至少一次陈述意见和修改申请文件的机会。但是，需要说明的是，复审程序作为行政程序的一种，一方面，其本身具有以"救济"为主、以"审批延续"为必要补充的属性；另一方面，与典型的行政复议等程序不同，复审程序在对驳回决定进行审查时，还同时为请求人提供通过修改、举证、说明、澄清等克服驳回决定和合议组指出的缺陷的机会；加之考虑到专利审查本身具有的特点，使得复审程序中听证原则的把握具有一定的特殊性。

1.5.1 基于虚拟文本的评价

当某一权利要求存在两个以上缺陷，其中一个缺陷的存在导致无法对其他缺陷进行准确评价时，为提高审查效率，在复审通知书中可以在指出第一个缺陷的同时，以假定的方式对请求人克服该缺陷可能的修改进行预测，并在该虚拟文本的基础上对其他缺陷予以评价。如果请求人确如复审通知书所预测，将文本修改为该虚拟文本，则复审通知书基于该虚拟文本对其他缺陷的评价属于有效的听证。

在第78320号复审决定（201110222849.X）涉及的案件中，驳回决定指出，权利要求1处理冶金工业废水零排放的方法中，步骤（4）"保安过滤前添加阻"的表述不清，使得所属领域技术人员不清楚保安过滤前添加何种物质或设备，导致权利要求1的保护范围不清楚。请求人提出复审请求时将权利要求1中的这一表述修改为"保安过滤前添加网"。复审通知书指出："保安过滤前添加网"的修改不符合《专利法》第33条的规定，同时采用假定评述的方式指出，即使将其恢复为原始申请文件中记载的"保安过滤前添加阻"，相应权利要求的保护范围也不清楚，不符合《专利法》第26条第4款的规定。在对所述复审通知书进行答复时，请求人将权利要求1步骤（4）中的上述特征修改为"保安过滤前添加阻"。复审决定以权利要求1保护范围不清楚为由维持驳回决定。

1.5.2 审查文本的变化

复审程序中，因申请文件修改导致驳回理由所针对的权利要求发生变化时，如果修改后的权利要求未克服驳回决定指出的缺陷或者存在应当依职权审查的情形，应当发出复审通知书。但是，在请求人针对复审通知书的审查意见再次修改申请文件的情况下，如果事实的变化没有超出请求人将关注力聚焦于复审通知书所告知的内容后能够理性认识到的范畴，例如，权利要求中增加或变更的内容仍然为所属领域公知常识，则以修改后的审查文本为基础作出复审决定不违反听证原则。

在第14160号复审决定（02802710.8）涉及的案件中，权利要求请求保护一种搜索记录在记录媒体上的所需的节目或小组的搜索设备。驳回理由为权利要求1-8不具备创造性。提出复审请求时，请求人在权利要求1中增加技术特征"其中在再现高亮部分的同时进行确认时，该控制装置被构造成开始再现对应于高亮部分的节目或小组"。复审通知书指出，该技术特征虽然构成权利要求1与对比文件1的区别特征，但其属于所属领域公知常识，权利要求1相对于对比文件1和公知常识的结合不具备创造性。请求人再次修改权利要求书，保留前次所增加特征的前半部分"其中在再现高亮部分的同时进行确认"，将后半部分"该控制装置被构造成开始再现对应于高亮部分的节目或小组"修改为"该控制装置自动开始从开始起再现对应于高亮部分的节目或小组"。决定认为，通过确认来再现全部节目或小组是所属领域技术人员很容易想到并实现的，而连续地再现节目也是很多现有技术播放器中采用的播放方式，因此，在对比文件1公开内容的启示下，所属领域技术人员很容易想到连续地再现节目或小组的高亮部分，而且在节目确认后自动地从节目的开始播放节目也属于所属领域技术人员的公知常识。鉴于变更后的技术特征仍为所属领域公知常识，相关事实的变化并未超出请求人将关注力聚焦于复审通知书所告知的内容后能够理性认识到的范畴，因此第14160号复审决定直接作出维持驳回决定的复审决定。

2 无效宣告请求的审查

无效宣告程序是基于当事人的请求而启动的，对不当授权予以纠正的行政确权程序。在无效宣告程序中，专利复审委员会通常仅针对当事人提交的无效请求的范围、理由和提交的证据进行审查，不承担全面审查专利有效性的义务。

2.1 确定审查文本

针对同一项专利权，在同一期限内可能会存在多个不同的无效宣告请求，其中的无效理由和证据可能相同也可能不同。针对不同的无效宣告请求，专利权人基于具体的无效理由的证据，可能会对权利要求作出不同的修改。在此情况下，需要审查专利权人在不同无效宣告请求中的文本修改情况，确保同时进行审查或者合并口头审理的多个无效宣告请求针对同样的审查文本。

在第 30146 号无效决定（201220089498.X）涉及的案件中，在几乎同一时间段内，针对同一专利权存在三个无效宣告请求。其中，在第一无效请求中，专利权人在答复期限内提交意见陈述书，表明其修改意愿和具体修改方式，并在之后提交了相应的修改文本。与此同时，专利权人针对第二、第三无效宣告请求也提交了与第一请求中一致的修改文本。第二、第三请求人均认为，专利权人提交以上修改文本的时间超出了相应无效宣告请求案指定的答复期限，应不予考虑。对此，决定认为，为了提高审查效率和减少当事人负担，针对一项专利权的多个无效宣告请求，应当尽可能合并审理。在合并审理中，不得将各无效宣告请求的证据相互组合使用，但对各请求中的相关事实合议组应充分考虑。在确定审理基础时，为避免针对同一专利权作出完全不同的审查决定，亦应充分考虑关联事实，在多个请求中确定一致的审理基础，并在此基础上得出合法合理的审查结论。该案中，专利权人针对所述三个无效宣告请求提交了一致的权利要求书修改文本，所述修改方式符合《专利审查指南》的相关规定，其中，针对第一无效宣告请求，修改时机也符合相关要求。虽然为保持一致的审查基础，修改文本的提交超出了第二、第三无效宣告请求的答复期限，但是合议组已将所述修改文本转送给了第二、第三请求人，并给予二人相应的答复期限，第二、第三请求人也均在指定期限内陈述了意见或补充了无效理由及证据，并未造成二人程序和实体权利的损失。

2.2 对请求人提出的无效理由进行审查

提出无效宣告请求时，请求人应当具体说明无效理由，提交证据的，应当结合提交的所有证据具体说明无效理由。请求人在提出无效宣告请求时没有具体说明无效理由，同时在提出无效宣告请求之日起一个月内也未补充具体说明的，对于该无效理由及与之相关的证据将不予考虑。

请求人主张创造性的无效理由时，仅提出证据组合方式、罗列证据内容，未指明最接近的对比文件、未对涉案专利与对比文件的技术方案进行比较分析的，所述创造性无效理由通常被认为属于未具体说明而不予考虑的情形，相应证据也不被纳入审查范围。

在第29921号无效决定（201320425094.8）涉及的案件中，请求人在提出无效宣告请求时主张权利要求1-5不具备创造性，采用证据1、2及公知常识的结合或证据1、3及公知常识的结合两种证据组合方式。在无效宣告请求书中，仅全文罗列了证据1-3的说明书所记载的具体实施例的内容，未作任何其他说明。决定认为，请求人仅指出证据的结合方式，未对涉案专利和对比文件进行比较分析，包括指出最接近的对比文件公开了哪些特征，相对于该最接近的对比文件存在哪些区别特征，哪些区别特征被其他对比文件公开，哪些区别特征属于所属领域的公知常识，对比文件之间是否存在结合启示等，故该无效宣告请求对创造性理由的描述属于未具体说明无效理由的情形；请求人在口头审理当庭对证据1-3公开了权利要求中的哪些技术特征所作出的具体说明超出了补充无效理由的法定期限。因此，第29921号无效决定对以上有关创造性的无效理由不予考虑。

2.3 对请求人提出的无效理由之外的其他理由进行审查

专利复审委员会通常仅针对当事人提出的无效请求的范围、理由和提交的证据进行审查，必要的时候，可以对专利权是否符合专利法有关规定的其他情形进行审查。所述"必要的时候"，通常是指专利权存在其他缺陷，如果不审查所述缺陷，将导致无法对请求人提出的无效理由进行有意义的审查或者导致审查结论明显不合理。例如：专利权存在明显不属于专利保护客体、公开不充分或者不具备实用性等缺陷，或者请求人提出的无效理由与其证据明显不对应等。

2.3.1 不审查相关缺陷将导致无法对无效理由进行审查

如果专利权存在请求人未提及的缺陷导致无法针对请求人提出的无效理由进行审查，则可以针对专利权存在的所述缺陷依职权引入相关无效理由进行审查。

在第19428号无效决定（200920258053.8）涉及的案件中，权利要求1-5保护一种新型37孔耐火格子砖，其中权利要求4从属于权利要求1，附加技术特征为"所说的三边凹槽（7）是通气孔的1/6大小"。请求人主张权利要求1-5不具备新颖性。经审查，说明书及权利要求1均记载，三边凹槽位于砖体的六个角部，当多块砖体进行拼接时，三块砖体角部的三边凹槽拼合成一个通气孔，即一个通气孔由3个三边凹槽拼合而成。根据所属领域技术人员的常规认识，若由3个三边凹槽拼合成封闭的通气孔，则每个三边凹槽的大小应为通气孔大小的1/3，而非权利要求4附加技术特征限定的1/6；同时，涉案专利说明书也未对砖体拼合处的通气孔作特别说明，因此按照通常理解，当三边凹槽是通气孔的1/6大小时，无法拼合成封闭的通气孔。基于以上两点原因，权利要求4的技术方案不清楚，使得所属领域技术人员无法确定其保护范围。因此口头审理时，合议组当庭依职权引入权利要求4保护范围不清楚、不符合《专利法》第26条第4款的规定这一无效理由并进行调查。

在第12493号无效决定（01108785.4）涉及的案件中，授权公告的权利要求1-4的主题名称为"一种牦牛角梳子及加工方法"，其中既包含产品又包含方法。请求人提出的无效理由是：权利要求1不符合《专利法实施细则》第21条第2款的规定，权利要求2、3中的术语"将牦牛角两头不能用的切割掉"等概念不清楚，导致二者不符合《专利法实施细则》第

20条第1款的规定,权利要求3不符合《专利法》第33条的规定,权利要求1-4不符合《专利法》第22条第3款的规定。决定认为,涉案专利权利要求1-4的主题名称中既包含产品又包含方法,导致无法清楚地确定其保护的究竟是牦牛角梳子产品还是制备牦牛角梳子的方法。如果权利要求因不清楚而无法确定其保护范围,则无法针对请求人提出的无效理由进行审查。因此,合议组当庭依职权对权利要求1-4是否符合《专利法实施细则》第20条第1款有关清楚的规定进行调查。

2.3.2 请求书表格记载的无效理由与具体陈述意见不一致

无效宣告请求书表格部分记载的无效理由与具体陈述部分记载的无效理由不一致时,应当结合请求人提交的相关证据指向的事实所涉及的无效理由确定请求人的真实意思表示。如果系因笔误或者请求人对法律条款理解不足导致出现错误,则可以在满足听证原则及对无效理由具体说明等要求的基础上,允许请求人变更或者由专利复审委员会依职权变更无效理由。

在第29899号无效决定(201530144574.1)涉及的案件中,请求人在无效宣告请求书表格中填写的无效理由为"《专利法》第2条",在请求书附页具体意见陈述部分中则主张"涉案专利并非富有美感的新设计、与现有设计相比没有区别、与他人在申请日以前已经取得的合法权利相冲突、是申请日以前在国内为公众所知的设计",同时提交了若干现有设计证据。在口头审理时请求人表示,其在无效宣告请求书表格部分主张《专利法》第2条是为了说明在涉案专利之前存在相同的现有设计。对于这种明显因请求人对法律条款理解不足导致表格与具体意见陈述部分所载无效理由不一致的情形,经当庭释明相关法律条款的含义,允许请求人将其无效理由确定为请求书附页具体意见陈述部分所对应的《专利法》第23条第1款、第2款。

2.3.3 对存在引用关系的权利要求进行审查

如果请求宣告权利要求之间存在引用关系的某些权利要求无效,而未以同样的理由请求宣告其他权利要求无效,不引入该无效理由将会得出不合理的审查结论,则可以针对所述其他权利要求依职权引入该无效理由。

在第 25632 号无效决定（200680039321.6）涉及的案件中，权利要求 1 和 2 涉及在移动终端侧通过无线电接口执行随机接入过程的方法，独立权利要求 6 涉及在无线电基站侧通过无线电接口执行随机接入过程的方法，独立权利要求 9 涉及通过无线电接口执行随机接入过程的装置，独立权利要求 10 和 11 分别涉及通过无线电接口执行随机接入过程的移动终端和无线电基站。经查，独立权利要求 6 是与权利要求 1 所述移动终端侧相对应的基站侧方法权利要求，其中的每个步骤都和权利要求 1 相对应，同时基站侧和移动终端侧互为发送和接收装置；独立权利要求 9 和 10 分别是与方法权利要求 1 相对应的装置权利要求和移动终端装置权利要求；独立权利要求 11 是与方法权利要求 6 相对应的无线电基站装置权利要求。请求人使用对比文件 1 评价权利要求 1 的新颖性和创造性，使用对比文件 1 结合对比文件 2 评价从属权利要求 2 的创造性。经审查，权利要求 1 相对于对比文件 1 具备新颖性或创造性，权利要求 2 相对于对比文件 1 与对比文件 2 的结合不具备创造性，由于权利要求 2 从属于权利要求 1，其保护范围明显小于权利要求 1，因此，如果仅依据请求人提出的无效理由进行审查，将得出权利要求 1 因具备新颖性、创造性被维持有效，但同时权利要求 2 因不具备创造性被宣告无效的审查结论，这显然是不合理的。于是，第 25632 号无效决定依职权引入了权利要求 1 相对于对比文件 1 结合对比文件 2 不具备创造性的无效理由。此外，由于权利要求 6、9-11 的技术实质与权利要求 1 相同，如果仅依职权引入独立权利要求 1 相对于对比文件 1 结合对比文件 2 不具备创造性的无效理由，而不以同样的结合方式评价权利要求 6、9-11 的创造性，同样会得出不合理的审查结论。因此，第 25632 号无效决定同时依职权引入了独立权利要求 6、9-11 相对于对比文件 1 结合对比文件 2 不具备创造性的无效理由。

2.3.4 对存在相同性质缺陷的权利要求进行审查

无效程序并非仅平息涉案双方当事人之间的争议，其亦对不当授权予以纠正，因此其审查结论具有对世效力。当请求人提出某一权利要求不符合专利法的相关规定，经审查，其他权利要求中也存在与请求人所指出的缺陷性质相同的缺陷时，专利复审委员会可以依职权对存在相同性质缺陷的其他权利要求进行审查，否则可能出现请求宣告的权利要求无效，而存在同样缺陷的其他权利要求被维持有效的不合理结论。

在第24340号无效决定（200420048527.3）涉及的案件中，权利要求书包括独立权利要求1和从属权利要求2－7，请求人主张权利要求1和4不符合《专利法》第22条第4款的规定，具体理由是"本专利说明书并无明确实现此设计方案的手段或途径，只是在获得授权几个月后才发表文章声称此项技术要用超导技术来实现，所以由其申请书中所述情况看，其申请的技术是无法实现的，不具有实用性"。经审查，权利要求1和4所要求保护的技术方案违背能量守恒定律，不具备实用性，权利要求2、3、5－7存在同样的缺陷，因此第24340号无效决定中依职权对权利要求2、3、5－7是否符合《专利法》第22条第4款的规定进行了审查，并最终以不具备实用性为由宣告所有权利要求无效。

2.4 引入公知常识或公知常识性证据

在无效程序中，专利复审委员会可依托所属领域技术人员的知识和能力，依职权认定某一技术手段是否为公知常识，并在必要时引入技术词典、技术手册、教科书等公知常识性证据支持有关公知常识的认定。

在第14933号无效决定（200610035815.9）涉及的案件中，权利要求1请求保护一种LED快速变焦照明装置，包括本体、电源装置及LED……其中限定，LED前方的光轴上设有一可相对LED前后移动的凸透镜，LED相对该凸透镜的距离变化范围是该凸透镜的0至2倍焦距。请求人主张权利要求1相对于对比文件6不具备新颖性，具体理由是：对比文件6公开本专利权利要求1的所有技术特征，其中将LED与透镜位置设置为0到2倍是容易想到的，因此对比文件6破坏本专利权利要求1的新颖性，同时，就权利要求1的创造性，请求人的意见是"同新颖性的意见陈述"。口头审理中，合议组就"0～2倍焦距对凸透镜的成像规律是公知常识"询问双方当事人，双方当事人均进行了陈述，专利权人明确表示对此有异议。决定认为，虽然对比文件6并未明确光源与凸透镜间距的调节范围，但对所属领域技术人员来说，凸透镜与光源之间物距变化改变对光束会聚作用的规律是所属领域的公知常识，即当二者间距在 0 到 1 倍焦距范围内时，得到放大正立的虚像，此刻随着凸透镜与光源距离的增加，致使光源透过凸透镜发射出来的光束宽度变窄；当二者间距在 1 到 2 倍焦距范围内时，得到放大倒立的实像，也就是说在上述成像规律下，当将光源与凸透镜之间的物距从 0 到 2 倍焦距从小到大进行变化时，凸透镜对光源射出的光束始终进行会聚，并形成不同状态的出射光线，这一点是所属领域的公知常识。基于此，权利要求 1 相对于对比文件 6 与公知常识的结合不具备创造性。

针对创造性的无效理由，当请求人主张某技术特征被对比文件公开因而导致相关权利要求不具备创造性，经审查，该技术特征虽然未被对比文件公开，但属于所属领域的公知常识时，专利复审委员会可以依职权认定该技术特征为公知常识，并在此基础上审查所述权利要求是否具备创造性。

在第 27687 号无效决定（201220231568.0）涉及的案件中，权利要求 1 请求保护一种防风打火机气化炉，其中限定"金属杯包压在台肩上"。对于该技术特征，请求人将其理解为"金属杯底沿部分包压在台肩的底边上"，并主张证据 5 公开了该技术特征，权利要求 1 相对于证据 1、4、5 的结合或者证据 1、5 的结合或者证据 1、2、5 的结合不具备创造性；与此相反，专利权人认为该技术特征的含义为"金属杯底沿全部包压在台肩的底边上"，证据 5 并没有公开"全部包压"的情形。基于双方当事人对于该技术特征的含义理解不同，合议组在调查证据 5 是否公开"部分包压"的基础上，就"金属杯底沿全部包压在台肩的底边上"是否为所属领域公知常识进行了调查。决定认为，证据 5 公开了瓷杯前端设置有台肩，金属杯部分包压在台肩上。就"金属杯底沿全部包压在台肩的底边上"而言，由于部分包压和全部包压都能实现一定程度的牢固连接，通常全部包压相对于部分包压牢固程度更高，因此，为实现更牢固的连接，将证据 5 中公开的"部分包压"改变为"燃烧室本体 1 的下口边缘对于陶瓷杯凸缘下侧边的全部包压"对所属领域技术人员而言也是容易想到的。权利要求 1 相对于证据 1、5 的结合，或者证据 1、5 及所属领域公知常识的结合不具备创造性。

2.5 无效程序中的听证

在作出无效决定之前，给予无效决定对其不利的当事人至少一次针对审查决定所依据的理由、证据和认定的事实陈述意见的机会，这是听证原则的基本要求。无效程序中，履行听证并不意味着合议组要将如何适用法律、得出审查结论及其逻辑分析的过程告知当事人，只要通过发送审查意见通知书、转送文件、进行口头审理等方式，让双方当事人知晓决定可能依据的理由、证据和相应的事实并对其陈述意见，就应当认为已经履行了听证手续。

在专利权人缺席口头审理的情况下，只要专利权人已经知晓请求人提出的无效理由、事实和证据并获得过发表意见的机会，无论请求人、专利权人针对所述事实及无效理由的具体分析过程与合议组的认定是否完全相同，也无需通过审查通知书或者二次口头审理等方式再次履行听证手续。

在第 26999 号无效决定（200820213375.6）涉及的案件中，权利要求 1 请求保护一种音圈，其由连续的音圈线缠绕而成，相邻的音圈线间为面接触；权利要求 5 引用权利要求 1 或 2，进一步限定所述音圈线的截面呈菱形。请求人主张权利要求 1-6 相对于对比文件 2 和公知常识的结合不具备新颖性和创造性，其中，主张对比文件 2 公开的音圈中音圈线的截面呈方形，菱形是方形的下位概念。针对该无效理由，专利权人对权利要求书进行修改，删除权利要求 1-4，将从属权利要求 5 修改为权利要求 1 和 2，适应性地将权利要求 6 的序号变为权利要求 3，同时主张菱形并非方形的下位概念，对比文件 2 并未公开音圈线的截面呈菱形，同时也没有给出相应的启示。专利权人缺席口头审理。经审查，虽然对比文件 2 没有明确公开音圈线的截面呈菱形，但是其中公开音圈线的截面呈方形，方形通常包括长方形和正方形，而正方形属于菱形，因此，在对比文件 2 已经公开了采用方形音圈线实现音圈线之间面接触的基础上，采用菱形音圈线来解决相同的技术问题对所属领域技术人员而言并不需要付出创造性劳动。该案中，尽管第 26999 号无效决定对于音圈线截面的认定既不同于请求人，也不同于专利权人，但就该问题已经给过请求人、专利权人陈述意见的机会，因此即便专利权人缺席口头审理，也无需就具体分析过程再次履行听证手续。

3 当事人主体资格

根据专利法的规定,针对一项授权公告的专利权,任何单位或个人认为该专利权的授予不符合专利法及其实施细则的规定,均可以向专利复审委员会请求宣告其无效。提出无效宣告请求的单位或个人与专利权人作为无效宣告请求案件的双方当事人。

3.1 专利权人的主体资格认定

专利授权后,因权属纠纷、权利转让、权利继受等原因导致专利权人发生变更的,应当向国家知识产权局提出变更申请并在专利登记簿中进行登记。无效程序中,应当以专利登记簿中登记的专利权人作为适格的专利权人。

在20688号无效决定(95119389.9)涉及的案件中,提出专利申请时的申请人为彭斯干、电力工业部中南电力设计院、深圳晶源环保科技有限公司,经多次变更,授权时的专利权人为武汉晶源环境工程有限公司。无效程序中,请求人依据证据1和2主张,申请人首次变更时出具的著录项目变更证明文件中,第二共同申请人"电力工业部中南电力设计院"及其上级主管部门电力工业部电力规划设计总院在该文件出具日期之前实际已经注销,故首次著录项目变更不合格,导致最终变更的专利权人"武汉晶源环境工程有限公司"也不能成为涉案专利的适格专利权人。决定认为,无效程序中适格的专利权人应以国家知识产权局专利登记簿中登记的专利权人为准。请求人的主张仅仅是对专利登记簿的质疑,并不涉及评价专利权有效性的事实、理由和证据,因此不在无效程序的审理范围内。无论其提交的证据真实性是否可以确认,都不能否认审理该案时专利登记簿上"武汉晶源环境工程有限公司"作为专利权人的法律状态。

3.2 无效宣告请求人的主体资格认定

无效宣告请求人应当具备民事诉讼主体资格。对于某一社会团体提出无效宣告请求的,应当首先审查其是否具备法人资格。已办理法人登记的,其在登记存续期内具备法人资格，因而也就因同时具备民事诉讼主体资格能够成为适格的无效宣告请求人。

在19154号无效决定（200610075040.8）涉及的案件中，海南省椰果产业协会于2011年11月24日提出无效宣告请求。该协会的社会团体法人登记证书上记载的有效期限自2007年8月24日至2012年8月24日。专利权人主张，海南省椰果产业协会所作的提出无效宣告请求的决议涉嫌造假、未经报告，违背协会章程，违反了行政管理规定，因此其不具备民事诉讼主体资格，不是适格的无效宣告请求人。同时，专利权人还提交了海南省工业和信息化厅出具的认为该协会不能作为无效宣告请求人的函、海南省民政厅出具的琼民改〔2012〕1号责令改正通知书，以及该协会的协会章程、管理制度的打印材料作为证据。决定认为，根据法律规定，海南省椰果产业协会作为社会团体法人，在其有效存续期间，具有法律赋予的民事权利能力和民事责任能力，可从事与其能力相适应的民事诉讼活动。协会规程等有关材料属于协会内部的规章，只能对协会内部会员产生约束力，对外并不具备约束力，当事人对协会决定产生异议，只能在协会内部协商解决或请求法院判定协会决议是否无效。协会登记部门或主管部门对有关决议的处理决定不能影响椰果产业协会作为独立社会团体法人的基于其民事诉讼能力所作决定的成立。

4 委托手续

在无效程序中，当事人可以委托专利代理机构办理有关事务。当事人委托专利代理机构的，应当提交无效宣告程序授权委托书并注明委托权限。当事人也可以委托单位员工等人作为公民代理，但公民代理的权限仅限于在口头审理中陈述意见和接受当庭转送的文件。

4.1 根据《专利法》第19条的要求委托专利代理机构

在中国没有经常居所或者营业所的外国人、外国企业或者外国其他组织参加无效程序的，应当委托依法设立的专利代理机构。香港、澳门或者台湾地区的单位或个人，在中国大陆没有经常居所或者营业所的，无论作为请求人还是专利权人参加无效程序，均应当委托专利代理机构。

在第 14191 号无效决定（200430006956.X）涉及的案件中，专利权人为我国香港地区永久居民。在无效程序中，专利权人未提交其在中国大陆有经常居所的证明，同时委托某一律师事务所的律师作为公民代理。经查，该律师事务所不具备专利代理资质，因此在口头审理过程中，合议组依据《专利审查指南》第四部分第三章 3.6 节、第一部分第一章 6.1.1 节的规定，认为专利权人委托的公民代理出庭身份不符合有关规定，不能参加口头审理。口头审理结束后，合议组就专利权人的委托事宜和请求人依指南规定变更无效理由的事宜向专利权人发出审查意见通知书，要求其在指定期限内补正。在指定期限内，专利权人未委托有专利代理资质的专利代理机构，亦未提交任何意见陈述。决定认为，对于在中国大陆没有经常居所的香港永久居民，根据《专利审查指南》的相关规定，应当委托有专利代理资质的机构办理有关事务。鉴于专利权人委托的律师事务所不具有专利代理资质，因此，对其在无效程序中以律师事务所名义提交的两份意见陈述书及其所附反证均不予考虑和评述。

4.2 特别授权

在无效程序中，如果专利权人的委托代理人没有特别授权，则其提交的针对权利要求书的修改不能被接受。

在第 16409 号无效决定（03256223.3）涉及的案件中，专利权人委托某一律师事务所并由该律师事务所指派代理人。在专利权人提交的意见陈述书中，对权利要求书进行了修改。经查，该意见陈述书上仅有律师事务所签章，没有专利权人本人的签字，而授权委托书中显示，代理人的代理权限仅为一般代理，代收法律文书。决定认为，根据《专利审查指南》第四部分第三章第 3.6 节的规定，"专利权人的代理人代为修改权利要求书的，代理人需要具有特别授权的委托书"，该案中，专利权人没有提交对其代理人给予特别授权的委托书，其代理人无权代为修改权利要求书，因此，对经修改的权利要求书不予接受。

5 一事不再理

针对同一专利权,任何人均可以向专利复审委员会提出无效宣告请求。当针对同一专利权前后存在多个无效宣告请求时,为避免无效决定之间相互矛盾,维护无效决定的既判力,约束当事人的诉权,避免专利权人不必要的抗辩负担,防止行政资源的浪费,对于已作出无效决定的专利权,以同样的理由和证据再次提出无效宣告请求的,专利复审委员会不予受理和审理。如果再次提出的无效理由或者证据因时限等原因未被在先的无效决定所考虑,则在后无效宣告请求不属于上述不予受理和审理的情形。

5.1 "相同理由"的判断

如果在先决定已就某一权利要求整体上是否符合某一法律条款的规定作出正面认定,从其评述内容能够确定,在先决定除了对在先请求人所提事实进行审查之外,对该权利要求涉及该法律条款的所有事实均已进行了审查,则即使在后请求中请求人依据不同的事实提出针对同一法律条款的无效理由,该无效理由也属于一事不再理中"相同理由"的范畴。

在第 27348 号无效决定(200510055346.2)涉及的案件中,权利要求 1 保护一种在接收移动交换中心中执行的方法,请求人提出的无效理由之一是,权利要求 1 缺少技术特征 A。针对同一专利权的第 24798 号在先决定所涉案件中,在先请求人认为权利要求 1 缺少技术特征 B。在先决定结合说明书提到的技术问题,分析了权利要求 1 解决这一技术问题所需的所有必要技术特征,得出结论认为,独立权利要求 1 已经包含了能够解决其技术问题的所有必要技术特征,符合《专利法实施细则》第 21 条第 2 款的规定。针对在后请求人提出的上述理由,在后决定认为,虽然在后请求人提出的关于权利要求 1 不符合《专利法实施细则》第 21 条第 2 款规定的相关事实与在先决定中不同,但是在先决定已经对独立权利要求 1 包含能够解决其技术问题的所有必要技术特征进行了详细论述,同时正面认定了权利要求 1 符合《专利法实施细则》第 21 条第 2 款的规定。根据一事不再理的规定,对在后请求人关于权利要求 1 缺少必要技术特征的无效理由不予审理。

如果在先决定仅就某一具体事实能否支持在先请求人的主张作出认定，未就该事实涉及的权利要求整体上是否符合某一法律条款的规定作出全面的肯定性结论，则在后请求中在后请求人依据不同的事实针对同一法律条款提出的无效理由不属于一事不再理中"相同理由"的范畴。

在第 24079 号无效决定（95109146.8）涉及的案件中，权利要求涉及一种用于压力烧煮容器锁紧夹具的"开始和关闭夹具的控制装置"。请求人主张权利要求 1 得不到说明书的支持，理由包括：①权利要求 1 中技术特征 A、B 为功能性限定，所属领域技术人员不能明了此两项功能还可以采用说明书中未提及的其他替代方式来完成；②权利要求 1 范围内存在不能实现发明目的的安装方式。针对同一专利权的第 18774 号在先决定涉及的案件中，在先请求人主张，权利要求 1 的技术特征 B、C 概括了多种实现方式，但说明书中仅记载了其中一种实现方式，导致权利要求 1 得不到说明书支持。在先决定认定，权利要求 1 中的技术特征 B、C 与说明书中的记载完全一致，在先请求人关于权利要求 1 得不到说明书支持的观点不能成立。就在后请求中涉及《专利法》第 26 条第 4 款的以上理由，在后决定认为，在先决定中已就技术特征 B 是否导致权利要求 1 得不到说明书的支持作出认定，根据一事不再理的原则，不再对该理由予以审查。在后决定仅就理由②以及理由①中技术特征 A 是否导致权利要求 1 得不到说明书的支持进行审查。

对于使用现有技术证据组合公知常识评价同一权利要求创造性的先后两个无效请求，如果在先决定中评价过的公知常识涉及的具体事实与在后请求中请求人主张的公知常识涉及的具体事实不相同，使得在后请求的创造性无效理由整体未在在先决定中作出过认定，则该无效理由不属于一事不再理中"相同理由"的范畴。

第 28347 号无效决定（200610065336.1）涉及的案件先后存在三个无效宣告请求，均涉及权利要求 1 相对于对比文件 1 是否具备新颖性、创造性的问题。

在第一个无效宣告请求案，即第 25791 号在先决定（下称在先决定 1）涉及的案件中，请求人主张权利要求 1 相对于对比文件 1 不具备新颖性和创造性，事实基础是将对比文件1中公开的附加磁铁30与涉案专利权利要求1的"环形永磁铁和/或排列成环形的多个永磁铁"进行比较。在先决定1认为二者不同，并在此基础上得出权利要求1相对于对比文件1具备新颖性和创造性的结论。

在第二个无效宣告请求案，即第27214号在先决定（下称在先决定2）涉及的案件中，请求人主张权利要求1相对于对比文件1与常规技术手段的结合不具备创造性。在先决定2将对比文件1的磁铁14和16以及附加磁铁30分别与涉案专利权利要求1的"环形永磁铁和/或排列成环形的多个永磁铁"进行比较，认为涉案专利中的"环形永磁铁和/或排列成环形的多个永磁铁"既不同于对比文件1中的磁铁14和16，也不同于附加磁铁30，因此对比文件1和常规技术手段的结合不足以破坏权利要求1的创造性。

在第三次无效宣告请求案，即第28347号无效决定（下称在后决定）涉及的案件中，请求人提出的主张包括：①对比文件1中公开的磁铁14和16对应于涉案专利权利要求1中的"环形永磁铁和/或排列成环形的多个永磁铁"，权利要求1相对于对比文件1不具备新颖性；②权利要求1相对于对比文件1以及公知常识的结合不具备创造性。

针对以上第一个主张，在后决定认为，虽然该案与在先决定1均涉及新颖性的无效理由且所使用的对比文件相同，但评述具体特征时所使用对比文件1的内容不同；另外，该案与在先决定2涉及的无效理由并不相同，因此，该案中权利要求1相对于对比文件1不具备新颖性的无效理由不属于一事不再理的范畴；针对以上第二个主张，虽然该案与在先决定2均是用对比文件1结合所属领域公知常识或常用技术手段评价创造性，但该案中，请求人主张将对比文件1中的磁铁14和16的菱形按照环形设置、将附加磁铁30或环31作为主要支撑，或者将第二电磁铁22的辅助作用取代磁铁14和16是所属领域的公知常识，在先决定2评价的却是"磁悬浮技术的原理以及环形磁铁形成的磁场"是否为所属领域技术人员知晓的公知常识，两案涉及的公知常识的具体事实不同，因此，在后请求中权利要求1相对于对比文件1和公知常识不具备创造性的无效理由不属于一事不再理的范畴。

5.2 "相同证据"的判断

5.2.1 证据载体不同

判断在后请求中是否采用了与在先决定相同的证据时，证据的载体和实质技术内容都应当予以考虑。原则上，证据载体不同，应当被认为属于不同的证据，除非是内容完全相同的同一项专利申请的公开文本和授权文本、同一项专利申请的同族专利，或者来源于不同渠道的同一篇期刊文献等。

第9877号无效决定（94119381.0）涉及的案件中，请求人依据证据1（GB1419707）、证据2（GB1553709）的结合评价涉案专利的创造性。经查，针对涉案专利存在第5838号在先决定，其中评价了涉案专利相对于证据1和证据2'（US4103615）的结合具备创造性。专利权人认为，证据2是证据2'的优先权文本，是同一发明人分别在美国和英国提出的专利申请，属于相同的发明创造，根据一事不再理的原则，对证据1、证据2结合评价涉案专利创造性的无效理由不应当予以考虑。第9877号在后决定认为，虽然证据2是证据2'的优先权文本，但是这两份专利的权利要求书、说明书及其附图并不完全相同，因此二者属于不同的证据。

5.2.2 同一证据文件的不同部分

针对同一无效理由，如果在后请求所使用的证据文件与在先决定相同，但是使用的却是该文件的不同部分所公开的技术内容，且该技术内容未被在先决定审查评述过，则在后请求不属于一事不再理范畴中使用"相同证据"的情形。

第28343号无效决定（200780009180.8）涉及的案件中，权利要求2涉及一种冷轧钢板，权利要求4涉及权利要求2所述冷轧钢板的制造方法。针对同一专利权，第24367号在先决定所涉案件中，请求人提出，根据附件1表2中公开的内容可以确定，附件1中试验钢A的制备方法与涉案专利权利要求2钢板的制备方法相同，因此可以推定附件1公开了权利要求2、4的全部技术特征，导致权利要求2、4不具备新颖性。在先决定认为该无效理由不成立。在后请求中，请求人再次提出了权利要求2、4相对于附件1不具备新颖性的无效理由，并补充了前次无效请求中未使用到的附件1第［0022］段的中文译文和附件2-7，认为结合附件1第21、22段公开的内容和附件2-7的内容可以确定，附件1与涉案专利权利要求2的制备方法相同，因此可以推定权利要求2、4不具备新颖性。在后决定认为，请求人补充了在先无效请求中未使用到的附件1第［0022］段的中文译文；同时，请求人主张权利要求2、4相对附件1不具备新颖性，是通过比对二者的制备方法来推定附件1公开了权利要求2、4技术方案的全部技术特征，请求人通过新的证据（附件2-7）来证明这一推定涉及的技术内容，在先请求对该部分主张并未进行过审理。因此，在后请求中权利要求2、4相对附件1不具备新颖性的无效理由不属于一事不再理的范畴。

5.2.3 因增加新的证据导致证据组合方式发生变化

如果在后请求针对同一权利要求提出了与在先决定相同的无效理由，但相对于在先决定增加了新的证据，则首先需要考察新增证据是否具备证据资格。在所述新增证据资格能够被认可的情况下，在后请求因采用了与在先决定不同的证据组合方式而使得其不属于一事不再理的范围；相反，如果所述新增证据因不具备证据资格而不被采信，则在后请求属于一事不再理的范畴。

在第29176号无效决定（02810565.6）涉及的案件中，请求人以证据1作为最接近的现有技术，结合证据2所给出的技术启示评价权利要求的创造性，并主张使用证据5来证明使用式（Ⅲ）的化合物并未产生反证1中所确定的技术效果。专利权人认为，针对该专利权的第16637号在先决定中，以证据2'作为最接近现有技术，结合证据1评价了权利要求1-3的创造性并予以维持，证据2'与证据2内容相同，仅发表论文的载体不同，根据一事不再理原则，此无效理由应不予考虑。对此，在后决定认为，首先，专利无效程序是由请求人所启动的并由请求人和专利权人参加的、使国家知识产权局纠正不当授权而设置的行政确权程序。专利无效程序的设立在一定程度上保证了专利权授予的正当性，但如果对同一专利权的不同无效请求不作任何限制必然会重复耗费大量的人力、物力和财力，降低行政效率，增加行政成本，并可能出现针对同一事实和理由作出相互矛盾的审查决定，而且也会加重专利权人的应诉负担，不合理地增加专利权人维护专利权效力、打击侵权行为的成本。"一事不再理"作为约束诉权和维护既判力，防止判决相互冲突矛盾的原则，符合专利无效程序中的价值考量，立法者将其移植到专利无效程序中，减轻或避免上述情形对国家行政机关和专利权人带来的不必要负担。其次，就判断是否属于"相同的证据"而言，不仅仅局限于证据的外观表象，还要看证据的实质。该案中，在创造性评述过程中，证据 5 所起到的作用是澄清使用式（Ⅲ）的化合物并未产生反证 1 中所确定的技术效果，将影响对涉案专利创造性的判断结论。证据 5 虽然没有明确作为对比文件使用，但其也在创造性判断的考量范围内，导致在后请求的证据使用范围与在先决定中使用证据 2′和证据 1 的证据结合方式不同，在后请求不属于以同样的理由和证据再次提出无效宣告请求的情形，不属于一事不再理的范畴。

在第 21779 号无效决定（201010190797.8）涉及的案件中，请求人主张权利要求 1-4 相对于证据 1 不具备新颖性，并使用证据 2-1、2-2、2-3、2-4 构成的证据链证明证据 1 的公开性。第 19910 号在先决定已认定证据 2-1 和 2-2 并不能证明证据 1 在涉案专利申请日前处于公众可以得知的状态，证据 1 不能作为现有技术评述权利要求 1-4 的新颖性。在后请求中，请求人除证据 2-1 和 2-2 外，还提交了证据 2-3 和 2-4。经审查，证据 2-3 和 2-4 的真实性不能得到确认。在后决定认为，由于证据 2-3、2-4 的证据资格未被认可，请求人提出的证据 2-1 至 2-4 构成完整的证据链以证明证据 1 进入公开状态并破坏权利要求 1-4 新颖性的无效理由中，仅剩余证据 2-1 和 2-2。而使用证据 2-1、2-2 证明证据 1 的公开性进而评价权利要求 1-4 的新颖性的无效理由，在先决定中已经进行了认定。因此，根据"一事不再理"原则，对请求人提出的权利要求 1-4 相对于证据 1 和证据 2-1 至 2-4 不具备新颖性的无效理由不再审理。

第十二章　外观设计

1　外观设计专利的保护客体

《专利法》第 2 条第 4 款规定，"外观设计，是指对产品的形状、图案或者其结合以及色彩与形状、图案的结合所作出的富有美感并适于工业应用的新设计。"上述规定是外观设计的定义，规定了作为外观设计保护客体所要满足的条件，即保护的是对产品外观作出的设计，且该设计必须能在工业上予以应用。另外，《专利法》第 25 条第 1 款第（6）项规定，"对平面印刷品的图案、色彩或者二者的结合作出的主要起标识作用的设计"不授予专利权。这一条是对外观设计保护客体的排除性规定，符合该条限定的构成要件则不能作为外观设计专利的保护客体。

1.1　外观设计的定义

根据专利法对外观设计的定义，一项外观设计专利应当满足如下要求。

首先，外观设计必须以产品为依托，承载在具体产品上，亦即，外观设计是产品的外观设计，其载体是产品，不能脱离产品而单独存在，且该产品必须是可以单独出售或具有独立使用价值的，并不对产品的局部设计进行保护。

其次，外观设计包括形状、图案或者其结合以及色彩与形状、图案的结合。产品的色彩不能独立构成外观设计，若是产品色彩变化的本身已形成一种图案，则应当将其作为图案考虑。

最后，受专利法保护的外观设计应当是富有美感并适于工业应用的新设计。富有美感，是指在判断是否属于外观设计专利权的保护客体时，关注的是产品的外观给人的视觉感受，而不是产品的功能、技术效果或设计理念。适于工业应用，是指该外观设计能应用于产业上并形成批量生产。新设计是对可获得专利保护的外观设计的一般性定义，而不是判断外观设计是否相同或实质相同的具体审查标准。

1.1.1 富有美感

外观设计富有美感，旨在将外观设计的保护客体与发明或实用新型保护客体相区分开来，外观设计关注的是产品外观给人的视觉感受，而不是产品的功能特性或者技术效果，这是体现外观设计专利的保护客体不同于技术方案的本质特性。外观设计富有美感，只要求外观设计具有某些独特的视觉特性，能够吸引消费者的注意力，影响他们作出选择即可，并非要求产品的外观设计必须具有艺术标准上的美学价值。

在第20986号无效决定（200930180439.7）涉及的案件中，涉案专利的产品名称是播种机中用到的接种盒。决定认为，外观设计专利产品的美感不等同于美术作品、工艺品等纯美学作品的美感，因此对于外观设计专利是否富有美感的评判标准不同于美学作品，况且对产品外观的主观视觉感受也是因人而异的，一般来说，只要产品外观的形状、图案不是明显会引起人们的憎恶与反感，即可认为其具有专利法意义上的美感。

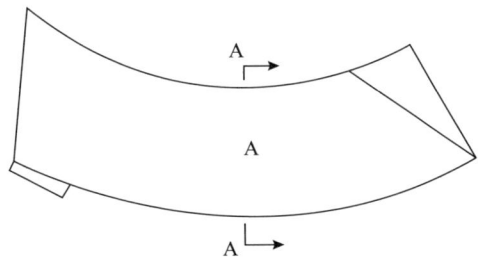

涉案专利附图

1.1.2 适于工业应用

"适于工业应用"是指承载外观设计的产品能在工业产业上应用，并形成批量生产。这种批量生产包括机械生产手段和手工生产手段。其中，虽然手工生产难免会带来产品外观的个体间差异，但如果产生的差异是细微的，在一般消费者的认知范围内不会认为是不同的设计，则应当认为该产品是可以适于工业应用的。

在第24074号无效决定（201330161342.8）涉及的案件中，涉案专利的产品名称是猪头奶黄包。决定认为，涉案专利产品为面食产品，由面团制作而成，无论是机械压制阶段还是手工团制阶段，均能制作出大小、形状基本相同的面片。基于该类产品都是以猪头造型为构思制作，在包馅过程和五官粘贴过程中即使存在手工操作上的差异，所产生的差异也不会导致产品形状发生本质上的改变，对于一般消费者来说，不会认为两者是不同的外观设计。因此，涉案专利产品适于工业应用。

涉案专利附图

1.1.3 新设计

《专利法》第2条第4款所指的"新设计"，仅仅是对外观设计的一般性定义，不是判断外观设计与现有设计是否相同、实质相同或不具有明显区别的实体标准。在判断是否是"新设计"时，仅需根据申请文件的内容及一般消费者的常识进行判断，除了以产品所属领域司空见惯的几何形状和图案构成的设计或以自然物原有形状、图案、色彩作为主体的设计外，不能轻率地将形状简单的外观设计直接认定为不是新设计。

在第28289号无效决定（201030165521.5）涉及的案件中，涉案专利的产品名称是剪力墙支撑垫块。决定认为，涉案专利的外观设计内容包括了垫块本身的长宽高比例以及其上凹槽的形状、深度、数量等多方面的内容，因此根据申请文件的内容及一般消费者的常识进行判断，涉案专利产品表面左右两侧对称设有凹槽，凹槽为倒梯形结构，四个角为圆滑倒角，该结构适于工业应用，不是司空见惯的几何形状，满足《专利法》第2条第4款的规定。

涉案专利附图

1.2 不符合外观设计定义的情形

根据专利法对外观设计的定义,并结合审查实践,不能授予外观设计专利的情形大致可以分为以下几类:第一,不是完整的产品或产品的常规形态的,如①产品的不能分割或者不能单独出售且不能单独使用的局部设计;②对于由多个不同特定形状或者图案的构件组成的产品,如果构件本身不能单独出售且不能单独使用,则该构件不属于外观设计专利保护的客体;③要求保护的外观设计不是产品本身常规的形态。第二,形状、图案、色彩不固定或难以确定的,如①因其包含有气体、液体及粉末状等无固定形状的物质而导致其形状、图案、色彩不固定的产品;②不能作用于视觉或者肉眼难以确定,需要借助特定的工具才能分辨其形状、图案、色彩的物品。第三,明显不是新设计的,如①以自然物原有形状、图案、色彩作为主体的设计,通常指两种情形,一种是自然物本身,一种是自然物仿真设计;②仅以在其产品所属领域内司空见惯的几何形状和图案构成的外观设计。第四,不适于工业应用的,如①纯属美术、书法、摄影范畴的作品;②游戏界面以及与人机交互无关或者与实现产品功能无关的产品显示装置所显示的图案;③不能在工业上批量生产的,如取决于特定地理条件,不能重复再现的固定建筑物、桥梁等。此外需要说明的是,可以授予外观设计专利的产品中包含的文字和数字的字音、字义不属于外观设计保护的内容。

1.2.1 局部设计

外观设计的"产品"应当是完整的,其既可以是一件完整产品,也可以是最终产品中物理可分离的零部件产品,但不应是完整产品中不能分割、不能单独出售或者使用的局部。

在第 18592 号无效决定（200830273384.X）涉及的案件中，涉案专利的产品名称为琴头，决定认为，该类乐器的琴体主要包括琴头、琴颈和琴箱三部分，虽然制作过程中存在分体拼接的方式，但是拼接过程并不等同于零部件的最终组装工序，为保证乐器的最终使用效果，拼接后还需要对琴体整体表面进行复杂的加工处理工序以达到目标效果，因此琴头部分仅是琴体制作过程中的一个素材，相对于制作完成的琴体而言，其并不是相对独立的零部件。涉案专利所涉及的琴头是吉他或电贝司等乐器的一个组成部分，其不能从整体的电贝司产品上单独分割出来，也不能单独出售或者使用，属于不能给予外观设计专利保护的局部或部分设计。

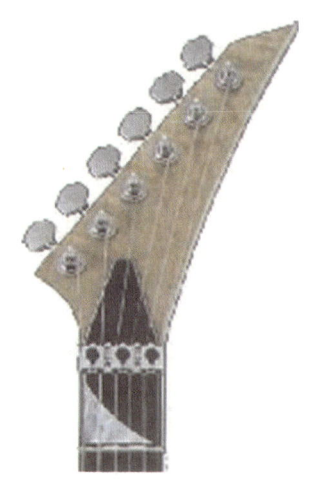

涉案专利附图

1.2.2 肉眼难以确定的物品

肉眼难以确定的物品，是指该物品的外观设计通过肉眼无法直接观察，而需借助特定工具才可以辨识。如果某物品虽然需要近距离观察才可以辨识其形状、图案、色彩，但无需借助特定工具，则其仍属于用肉眼可以确定的物品。

在第 102720 号复审决定（201430078485.7）涉及的案件中，涉案专利申请的产品名称是隐形眼镜。决定认为，根据产品名称和复审请求人提交的简要说明可知，本申请属于尺寸较小的佩戴于眼睛表面的产品，而本申请的视图以及复审请求人提交的实际照片为了清楚表达的需要均明显为放大显示，因此原审查部门考虑实际产品的大小并无不当，但是，以实际产品的大小进行考虑并不等同于仅考虑产品佩戴后的实际使用状态，此类微型产品虽然在较远距离观察时，其表面图案难以确定，但是在选购和佩戴此类产品时，在施以一般注意力进行近距离地直观辨识下，通常可以仅凭肉眼识别其表面图案，无须借助特定的工具。

1.2.3 以自然物为主体的设计

以自然物原有形状、图案、色彩作为主体的设计，不仅包括以自然物本身作为主体的设计，还包括参照自然物进行的仿真设计。仿真设计虽然形式上具备以产品为载体的要件，但实质是直接利用自然物本身的外观或仿照自然物外观作出的设计，利用的是自然物天然具备的形状、图案和色彩，设计人员未付出创新性智力劳动，不应纳入外观设计专利保护的客体范畴。

在第 21605 号无效决定（200830223154.2）涉及的案件中，涉案专利的产品名称是装饰纸。决定认为，涉案专利的装饰纸产品呈方形，主体颜色为浅色，纵向间隔排列断断续续的浅色细条纹，在浅色条纹中间有几条弯曲类似波浪的深色条纹，所有条纹的纹路效果类似表面深浅不一的石头纹路。鉴于所述图案以自然界中的大理石纹理为基础而形成，其上深浅条纹由大理石的自然属性决定，整体上不能体现设计人员的创新成果，因此涉案专利不属于外观设计专利保护的客体。

涉案专利附图

1.2.4 纯属美术、书法、摄影范畴的作品

如果外观设计的实质内容为仅起装饰作用的美术、书法、摄影作品，其载体为无实用功能的平面载体，则该外观设计为纯属美术范畴的作品。

在第 86087 号复审决定（201330087240.6）涉及的案件中，涉案专利申请的产品名称是真丝织锦画（陶工记）。决定认为，虽然复审请求人认为其请求保护的产品具有真丝的特殊质感和光泽，通过特殊的织造方法令画面栩栩如生，但所述的装饰效果、产品的材质等对判断其是否属于纯属美术范畴的作品没有直接的关系，并未改变其外观设计图片所表示的内容，而本申请外观设计图片所表示的主要内容为产品表面的图案，该内容实质上为绘画作品，即纯属美术范畴的作品，不属于外观设计专利保护的客体。

涉案专利申请附图

如果属于美术、书法或摄影作品范畴的图案和具有实用功能的产品相结合，则构成了可以重复生产的工业产品，因而不属于纯属美术、书法、摄影范畴的作品。

在第84637号复审决定（201330186335.3）涉及的案件中，涉案专利申请的产品名称是毛巾。决定认为，该专利申请要求保护的内容为一种毛巾的外观设计，对于该类产品而言，其形状通常为长方形，主要设计点即为产品表面的图案。视图中所表示的图案仅是该产品外观设计构成的一个设计要素，但其是以产品为依托的，且视图的上下边界处设计有深绿色带状图案，符合该类产品图案设计的一般原则，审查文本中所表达的产品实际是具有使用功能的毛巾产品和装饰图案的结合，因此，该专利申请

涉案专利申请附图

要求保护的内容不应被简单地认定为纯属美术范畴的作品。

1.2.5 司空见惯的几何形状和图案构成的外观设计

如果一项外观设计是由该产品领域中众所周知或极为常见的几何形状和图案构成，一般消费者对该设计习以为常，则该外观设计明显不属于"新设计"，不能被授予外观设计专利权。

在第23885号无效决定（201230111096.0）涉及的案件中，涉案专利

的产品名称是防滑抗震草棒,用于在运输过程中对运输载体内的物品起到防滑、抗震动及货物支垫的作用,是用干稻草经捆扎而成。决定认为,根据涉案专利的主视图及右视图可以看出,涉案专利的形状仅仅为一长方体,而对于用于农产品包装运输的草棒而言,其整体为长方体是一种司空见惯的几何形状,不属于《专利法》第2条第4款规定的新设计。

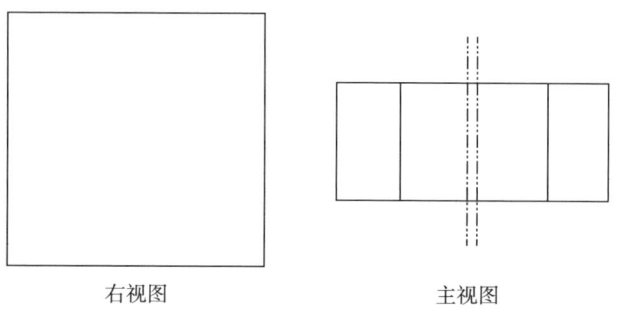

涉案专利附图

1.3 主要起标识作用的平面印刷品

《专利法》第25条第1款第(6)项排除的外观设计有三个构成要件:一是使用外观设计的产品属于平面印刷品;二是该外观设计仅是针对图案、色彩或者二者的结合而作出的;三是该外观设计主要是起标识作用。平面印刷品,主要指包装装潢类印刷品中的平面产品,立体产品及标牌类非印刷品不属于该条规定的范围。标识作用主要是指其具有标明信息和识别信息的作用,通常是显示产品商标、名称、品牌、厂家名称及地址等信息的图案和文字内容。主要起标识作用是指该外观设计主要用于使公众识别所涉及的产品、服务的来源,而不是主要起装饰性作用。满足上述构成要件则不属于外观设计的保护客体。

在判断平面产品的外观设计是否主要起标识作用时,需要对外观设计的图案、色彩以及二者的结合进行整体观察、综合判断,对于装饰效果明显且兼具有一定标识作用的设计,整体而言仍不属于主要起标识作用的设计。

在第25734号无效决定(201130422842.3)涉及的案件中,涉案专利的产品名称是食品包装袋。决定认为,虽然外观设计专利权不保护文字和数字的字音、字义,但是其位置关系、排列方式等均属于外观设计专利保护的内容。涉案专利不仅仅由文字构成,其顶部及底部的图案带、近似祥云的底纹以及从正面中部延伸至背面的对称近似椭圆的图形使得各个面形成了一个有机整体。其位于正面显著位置且占据较大面积的文字带有外圈,且设计有圆形图案,并与麦穗图案相结合,在其正面形成了明显的装饰效果。而标志位于正面上部,比例较小,正面的公司名称及侧面和背面的文字均较小,因此,涉案专利并不属于主要起标识作用的设计。

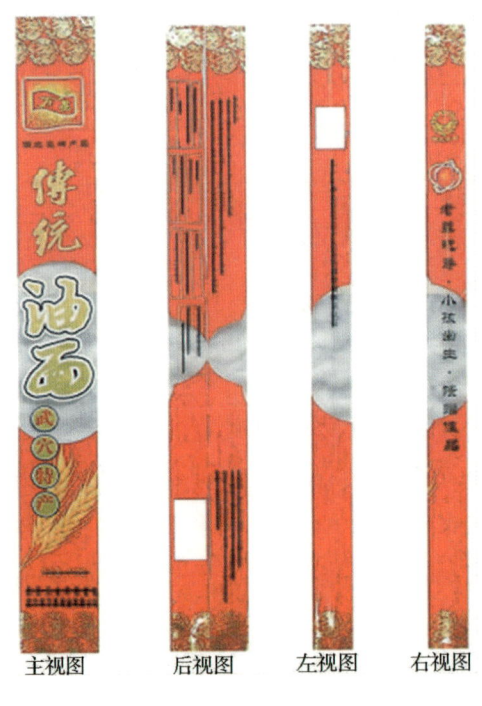

主视图　　后视图　　左视图　　右视图

涉案专利附图

2　外观设计对比判断的主体和客体

2.1　判断主体

确定外观设计对比判断的判断主体,目的在于减少判断过程中的主观性，从而使判断结果更为客观和可预见。

在审查实践中，在判断外观设计是否符合《专利法》第23条第1款、第2款规定时，引入一般消费者作为外观设计专利的判断主体。需要注意的是，一般消费者只是一个抽象人或法律拟制人，是一种法律上的假设，其知识和能力会随着时代的发展而变化，既不等同于日常生活中的普通消费者，也不应将其简单地对应于某一类具体人群。为了统一标准，从知识水平和认知能力两个维度对一般消费者进行规范，具体而言，作为某种类外观设计产品的一般消费者应当具备下列特点：第一，对涉案专利申请日之前相同种类或者相近种类产品的外观设计及其常用设计手法具有常识性的了解。常用设计手法包括设计的转用、拼合、替换等类型；第二，对外观设计产品之间在形状、图案以及色彩上的区别具有一定的分辨力，但不会刻意关注产品的形状、图案以及色彩的微小变化。

由此可见，一般消费者的知识水平和认知能力不同于日常生活中的普通消费者，其了解相关产品的功能和技术性能，知晓现有设计的状况以及常用设计手法，具有基本的设计常识和读图能力，熟知产品设计中包含的各种常见设计。对于两项不同的产品外观设计，一般消费者能快速识别二者的明显区别，而忽略极为常见或细微的设计内容。

在第27878号无效决定（201430009113.9）涉及的案件中，涉案专利的产品名称是手机。决定认为，一般消费者与日常生活中的普通消费者不是同样的含义，请求人提供的调查报告中的采访对象是零点公司在街头随机选取的路人，属于日常生活中的普通消费者，并不必然具有《专利审查指南》中规定的判断主体的相应知识和能力，对手机类产品的现有设计状况亦不具有较深的了解。其次，外观设计专利在比对判断时应以涉案专利的产品外观作为判断对象，考虑形状、图案和色彩产生的整体视觉效果，而调查报告的采访对象是街头路人，并不必然具备相应的读图能力，因而难以确认由此得到的判断结果的参考价值，该调查报告不能作为定案的依据。

涉案专利附图

外观设计的判断主体具有领域性，在认定一般消费者的知识水平和认知能力时，应当基于涉案专利这类产品的使用状况及特点加以确定。

在第18742号无效决定（201030529559.6）涉及的案件中，涉案专利的产品名称是花牌。决定认为，花牌是一种流行于我国湖北省、基于历史传承而流传至今的纸牌统称，具有其独有的特点：一是牌面图案标识性符号特征明显；二是由于受人们口口相传而约定俗成的游戏规则影响，纸牌游戏一般都有特定的受众范围。涉案专利的"一般消费者"，其对该类花牌产品的现有设计状况具有常识性的了解，包括该类产品的牌面内容、历史沿革、惯常设计以及游戏规则等方面的相关信息，"一般消费者"使用花牌娱乐过程中，会反复重复洗牌、抓牌、出牌过程，通过反复观察、对比牌面图案，对花牌图案产生较强的辨识度，会察觉到花牌图案的较小变化。

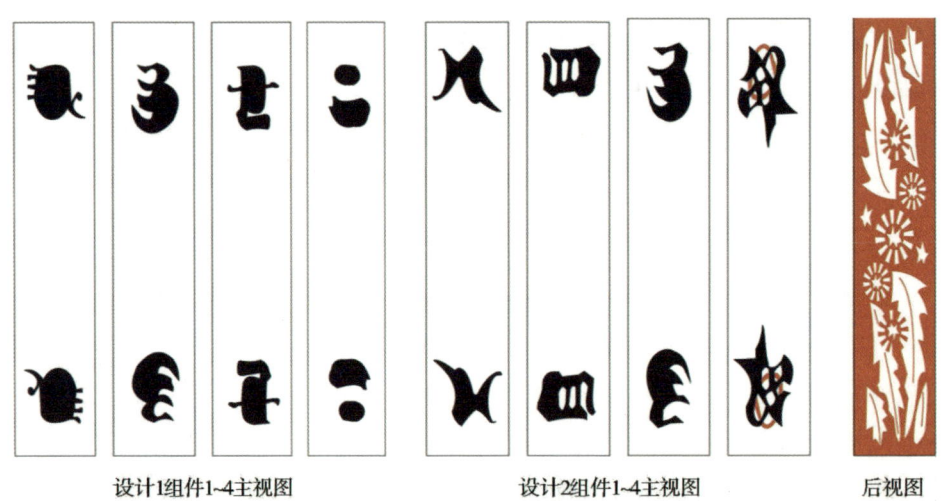

设计1组件1~4主视图　　　设计2组件1~4主视图　　　后视图

涉案专利附图

一般消费者是以法律拟制形式出现的典型抽象概念，其意义在于规范判断主体的知识水平和认知能力，使判断标准更为统一、客观和合理，不能将一般消费者对应于现实生活中的具体人群。

在第27721号无效决定（200530085147.7）涉及的案件中，涉案专利的产品名称是路灯灯具。决定认为，本案中路灯的"一般消费者"并不能简单地理解为特定的路人或者市政施工、安装人员。在将涉案专利和对比设计进行比较时，"一般消费者"并不会仅仅关注到产品的某个面而忽略其他面的设计，而是以整个外观设计产品为观察对象，采用整体观察、综合判断的方式来分析涉案专利的各个设计特征对整体视觉效果的影响权重。

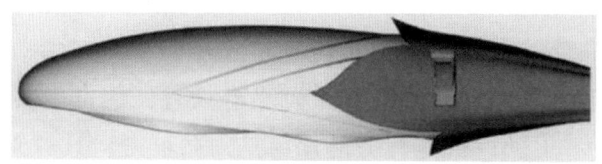

主视图

涉案专利附图

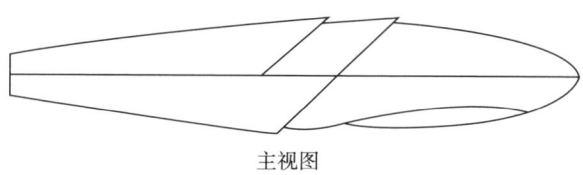

主视图

对比设计附图

2.2 判断客体

判断客体，即对外观设计专利进行对比判断时用于比较的对象。其中被比较的外观设计专利简称涉案专利，与涉案专利进行比较的判断客体称为对比设计。在外观设计专利审查中，准确地界定涉案专利的保护范围是进行对比判断的前提，而合理确定对比设计公开内容是保证对比结果正确的基础。另外，在对判断客体进行对比判断时，首先要判断相互比较的对象是否属于相同或相近种类的产品，种类的确定直接关系到对比判断的结果。

在确定涉案专利时，应当以外观设计专利授权文本中的图片或者照片表示的外观设计为准，简要说明可以用于解释图片或者照片所表示的该产品的外观设计。对于一些特殊类型的产品，确定保护范围时要遵循特定的规则。如组装关系唯一的组件产品，在作对比判断时应当以该产品的组合状态的整体外观设计作为对象。对于套件产品，则应将每一个套件作为一个单独的产品进行对比，判断其是否满足相关要求。

在确定对比设计公开的信息时，对比设计的图片或者照片未反映产品各面视图的，应当依据一般消费者的认知能力来确定对比设计所公开的信息。如果依据一般消费者的认知能力，根据对比设计图片或者照片已经公开的内容即可推定出产品其他部分或者其他变化状态的外观设计，则该其他部分或者其他变化状态的外观设计也视为已经公开。

如果对比设计是在涉案专利申请日前申请、申请日后公开的外观设计专利申请，由于其不能作为涉案专利的现有设计，因此仅能用于评述《专利法》第23条第1款，但其作为对比的范围仍然是对比设计所公告的专利文件的全部内容，判断对比设计中是否包含有与涉案专利相同或实质相同的外观设计。

如果对比设计与涉案专利是同日提出申请的外观设计专利，则仅能将对比设计要求保护的范围与涉案专利进行对比，而不能将其公开的所有内容进行对比。

在确定产品种类时，可以参考产品的名称、国际外观设计分类以及产品销售时的货架分类位置，但是应当以产品的用途是否相同或相近为准。相同种类产品是指用途完全相同的产品。相近种类的产品是指用途相近的产品。当产品具有多种用途时，如果其中部分用途相同，而其他用途不同，则二者应属于相近种类的产品。

2.2.1 确定涉案专利

外观设计简要说明中没有写明请求保护的外观设计包含色彩，则在确定涉案专利的保护范围时，对于色彩这一要素不予考虑。但对于颜色深浅不同构成图案的，则应当将其视为图案加以考虑。

在第20064号无效决定（201130293156.0）涉及的案件中，涉案专利的产品名称是台灯（兔子）。决定认为，涉案专利与对比设计相比，两者的区别在于：①涉案专利台灯的兔头正面、兔身正面和台灯的背面分别为不同的三种色调，对比设计的台灯的兔头正面和兔身正面、台灯的背面分别为不同的两种色调；②涉案专利兔头的耳朵中央有同色的椭圆形，对比设计兔头的耳朵中央有浅色的椭圆形。对于上述区别，由于涉案专利并未请求保护色彩，因此上述区别的具体色彩的不同不予考虑，仅考虑两者颜色深浅的不同可能构成的图案不同，由于上述区别①的分界线在侧面，上述区别②中两者图案一致,因此上述区别难以为一般消费者所注意到,涉案专利与对比设计实质相同。

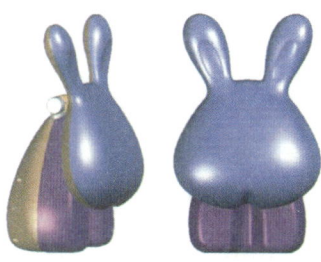
涉案专利附图

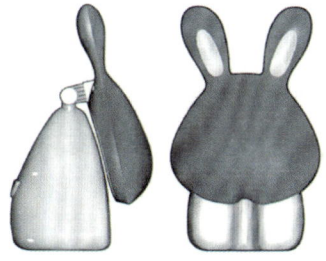
对比设计附图

对于外表使用透明材料的产品而言,通过人的视觉能观察到的其透明部分内部的形状、图案和色彩,视为该产品的外观设计的一部分,在确定其保护范围时应当予以考虑。

在第 23857 号无效决定(201230427036. X)涉及的案件中,涉案专利的产品名称是摩托车后尾灯的总称。决定认为,外观设计专利权的保护范围以表示在图片或者照片中的该产品的外观设计为准,因此涉案专利因灯罩透明而示出的可以直接观察到的内部结构也属于其外观设计的一部分,对比设计未示出其内部结构的外观设计,因此无法进行对比,且没有其他证据能够证明涉案专利所示内部结构的设计为本领域的惯常设计,因此涉案专利与对比设计不属于实质相同的外观设计。

涉案专利附图

对比设计附图

在申请文件中注明为参考图的图片或照片,应当理解为申请人并未要求对该图片或照片所示外观设计加以保护,而仅用于表明相关产品的用途、使用方法或使用场所。

在第 8897 号无效决定（02370766.6）涉及的案件中，涉案专利的产品名称是沙发床。决定认为，就涉案专利权而言，其主视图、俯视图、左视图、仰视图中所表示的产品为一张床，因此，涉案专利的保护范围即为这些视图中所表示的床的外观设计。虽然从涉案专利的名称"沙发床"以及涉案专利中所示的使用状态参考图可知，该产品可以具有沙发和床两种使用状态，但其沙发状态的部分视图仅出现在"使用状态参考图"中，因此，应当理解为申请人在提出本专利申请之时并不要求保护该产品作为沙发的外观设计。相应地，在涉案专利申请被授予专利权后，本外观设计产品的保护范围也不包含作为沙发时的外观设计。

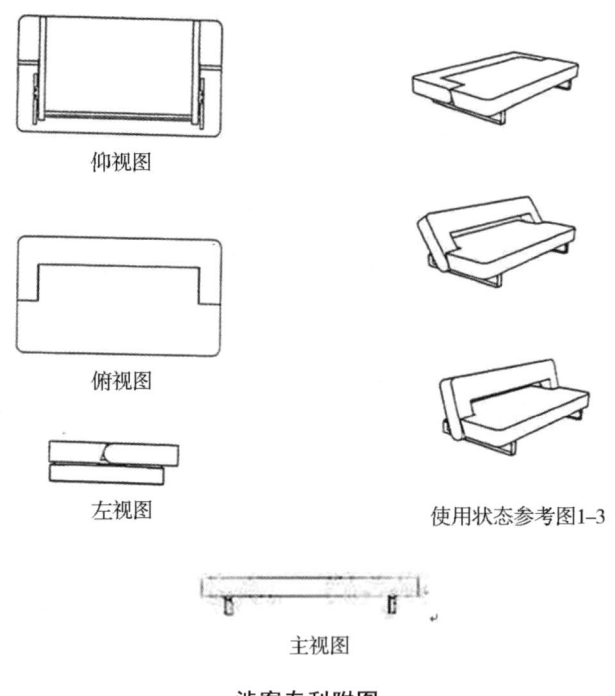

涉案专利附图

2.2.2 确定对比设计公开的信息

尽管有时对比设计未公开产品的六面视图，但如果依据所公开的视图性质，一般消费者可以推定该对比设计的完整形状，则对比设计未公开的部分视为已经公开。

第 28592 号无效决定（201330374373.1）涉及的案件中，涉案专利的产品名称是空气弹簧。决定认为，证据 1 由 1 幅剖视图表示，根据一般消费者对轨道车辆上使用的空气弹簧的了解，该类产品安装在轨道车辆车体与转向架之间，一般均为中心轴对称产品，整体呈回转体。证据 1 的剖视图中有中心线，剖视图本身也呈中心轴对称，证据 1 的表 1 中也给出了证据 1 的一些主要技术参数，包括了有效直径和最大外径的数值，因此可以确定证据 1 的空气弹簧也是中心轴对称的回转体。根据一般消费者对回转体的认知和读图能力并结合证据 1 给出的信息，将回转体的剖视图围绕中心线旋转一周，即可确定该回转体的完整立体外形。

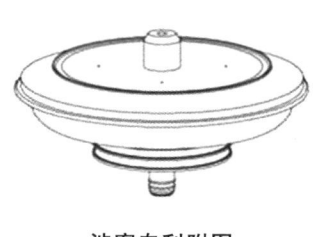
涉案专利附图

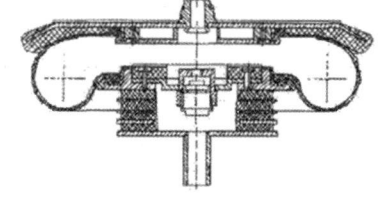
证据 1 附图

对于具有多个变化状态的产品，尽管对比设计没有公开其所有状态的视图，但如根据已公开的视图可以确定产品的另一变化状态时，也可以将其未公开的状态的外观设计与涉案专利进行对比。

在第 15238 号无效决定（200830172604.X）涉及的案件中，涉案专利的产品名称为车闸锁防尘盖。决定认为，涉案专利视图所示翻盖均为闭合状态，而对比设计的翻盖为打开状态。对于该区别，首先，防尘盖这一类产品的通常使用状态为闭合状态。其次，虽然对比设计是翻盖翻开的状态，翻盖向外翻折，但是其翻盖边缘轮廓与盖座上的沟槽边缘完全吻合，翻盖与盖座的扣合关系明显，且从俯仰视图看，翻盖的整体形状也与盖座的顶面相吻合，一般消费者能够清楚其闭合状态的整体形状。因此可以将涉案专利与对比设计的闭合状态进行对比。

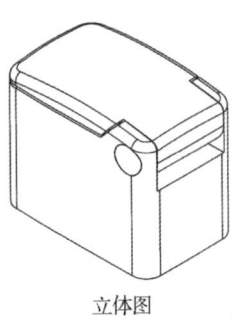

立体图

涉案专利附图

主视图

对比设计附图

简要说明可以用于解释图片或照片所示产品的外观设计。如果简要说明表明该产品为四方连续,则表明该产品的保护范围是以所示图片或照片依照单元图案重复排列而形成的图案。

在第 25588 号无效决定（201130178896.X）涉及的案件中,涉案专利的产品名称为装饰玻璃。决定认为,涉案专利由多个设计单元紧密衔接、重复排列而成,尽管对比设计没有给出重复排列时的视图,但对比设计的简要说明记载其为单元图案四方连续,其重复排列后的视觉效果与涉案专利的视觉效果差异不明显。故涉案专利与重复排列后的对比设计相比,其整体视觉效果不具有明显区别。

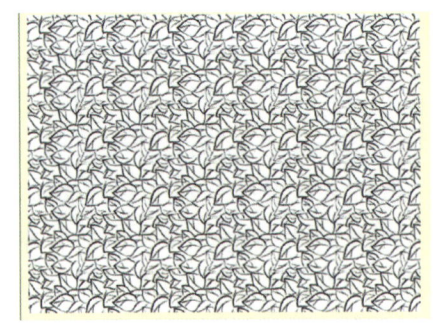

涉案专利附图

对比设计附图

2.2.3 确定产品种类

确定外观设计产品种类应当以产品的用途为准。产品的用途可以根据外观设计的简要说明、产品名称以及图片所示内容加以确定,而不应仅仅依据外观设计分类号,也不应因为产品名称中存在类似的字词、图片所示内容有相似之处即认定产品种类相同或相近。

在第27693号无效决定（201230011777.X）涉及的案件中,涉案专利的产品名称是单吸盘座。决定认为,涉案专利涉及的产品是用于挂件的配件,也就是用于装配挂件的;证据3为"气动动力头连接座",是自动钻床部件,用于金属零部件钻孔;证据4为"泡茶壶底座",用于为茶壶提供电源并控制烧水温度,可见涉案专利与证据3、4的用途相差很远,既不相同也不接近,不属于相同或相近种类的产品。虽然涉案专利与证据3、4的产品名称中均含有"座"字,但这并不代表产品的用途必然是相同或相近的,判断产品种类的标准是产品的用途,涉案专利与证据3和证据4的用途相差很远,请求人仅仅根据三者产品名称均涉及"座"就认为三者属于相近种类产品的主张不能成立。

涉案专利附图　　　　证据3附图　　　　证据4附图

2.2.4　抵触申请

判断在先申请是否构成涉案专利的抵触申请时,应当以在先申请文件的全部内容作为判断依据。虽然在先申请文件中的参考图不属于在先申请的保护范围,但在与涉案专利进行对比时,对参考图可以予以考虑。

在第23266号无效决定（201230541786.X）涉及的案件中,涉案专利的产品名称是调味罐。决定认为,在先申请的组合状态参考图示出了一种组件1~4与组件5组合后的状态参考图,其区别仅在于排列的次序不同,但是由于在先申请的组件1~4的透明罩体与组件5托盘主体彼此独立,其排列的顺序可以有多种，其中应包含与涉案专利同样的排列方式，在此情况下，在先申请与涉案专利呈现出完全相同的视觉效果。因此，涉案专利与在先申请属于相同的外观设计。

主视图

涉案专利附图

在先申请附图

在先申请公开的要素或部件多于涉案专利时,仅需将在先申请中对应于涉案专利的要素或部件与涉案专利进行对比,无需考虑在先申请的所有设计要素或部件。

第29078号无效决定(200930169984.6)涉及的案件中,涉案专利的产品名称是床(Rest-913)。决定认为,涉案专利视图只公开了所要求保护产品的形状要素,并未请求保护产品图案要素及色彩要素,因此只对在先申请公开的产品形状是否涵盖涉案专利产品形状进行评判。涉案专利产品由床架和床头及支撑脚组合而成,在先申请公开的产品由床架和床头、支撑脚及床垫支撑架组合而成,虽然在先申请比涉案专利还多出一些其他部分的形状,但由于在先申请已经公开了涉案专利产品所有形状特征,且视觉效果基本相同,故在先设计构成涉案专利的抵触申请。

立体图

涉案专利附图

立体图

在先申请附图

在涉案专利请求保护的外观设计包含色彩的情况下,如果在先申请也包含色彩,则即使在先申请未请求保护色彩,对比时也可以对在先申请的色彩要素予以考虑。

在第24905号无效决定(201330143713.X)涉及的案件中,涉案专利的产品名称是包装盒。决定认为,涉案专利请求保护带有色彩的包装盒,在先申请公开的也是带有色彩的包装盒,虽然其未请求保护色彩,但在进行比较时也应将在先申请中包含色彩的设计要素的外观设计与涉案专利进行对比。

主视图

涉案专利附图

主视图

在先申请附图

2.2.5 同样的发明创造

对于两项外观设计专利而言,判断是否构成同样的发明创造时,比较的是二者的保护范围是否相同,因此对比时应当将涉案专利与对比设计的保护范围进行整体对比,而不是与对比设计公开的部分设计要素或某些部件进行对比。

在第20512号无效决定(200730320518.4)涉及的案件中,涉案专利的产品名称是保温箱用提手。决定认为,涉案专利请求保护保温箱把手的外观设计,对比设计是带有把手的保温箱的外观设计,涉案专利的产品仅仅对应对比设计产品的一个部件,虽然其产品具有相关性,但从二者请求保护的产品外观来说,涉案专利是左右两端倒角、底边不闭合的矩形框架状的提手,而对比设计是下部具有长方体箱体、上部安装矩形框架状提手的保温箱整体,保护范围明显不同,因此涉案专利相对于对比设计符合《专利法》第9条的规定。

涉案专利附图

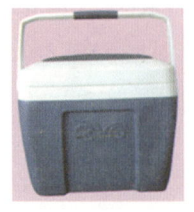

对比设计附图

2.2.6 特殊类型产品

对于组装关系唯一的组件产品而言,其使用的常态是组装后的状态,因此一般消费者会对各组件组合后的产品的整体外观设计留下印象,在对比判断时应当以该产品的组合状态的整体外观作为比较对象,而不是以单个组件的外观为对象进行对比判断。

在第27912号无效决定(201330611796.0)涉及的案件中,涉案专利的产品名称为两片式狗厕所。决定认为,涉案专利公开产品的分体式结构,对比设计仅有一幅视图,没有显示产品的分体式结构,但是涉案专利作为组件产品,其组装关系唯一,组件1和组件2不存在其他组合方式的可能,一般消费者关注的也是组件1和组件2组合后的整体产品,因此,应当以组合状态下的整体产品作为与对比设计进行比较的对象。

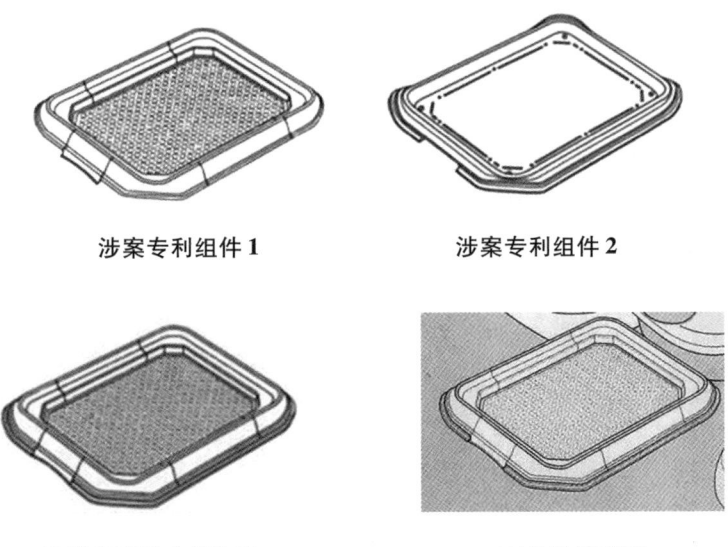

涉案专利组件1　　　　　涉案专利组件2

涉案专利组合状态图　　　对比设计附图

对于成套产品而言,套件产品中的每一件产品都具有独立的使用价值,在与对比设计进行对比判断时,应当将每一个套件产品中的单件产品作为一个单独的产品进行对比,判断其是否满足相关要求。

在第23072号无效决定(200930340182.7)涉及的案件中,涉案专利的产品名称是办公台。决定认为,涉案专利的套件1和套件2相对于证据1

在整体形状、柜体设计、柜门上的装饰性图案都基本相同，区别点属于局部细微的差异，因此涉案专利的套件1和套件2相对于证据1不具有明显区别。涉案专利的套件3与证据2相比区别在于台面形状和主台正面挡板的图案不同，所述差异处于一般消费者易于关注的部位，导致二者不构成实质相同的外观设计。因此，宣告涉案专利套件1和套件2所示外观设计专利权无效，维持套件3所示外观设计专利权有效。

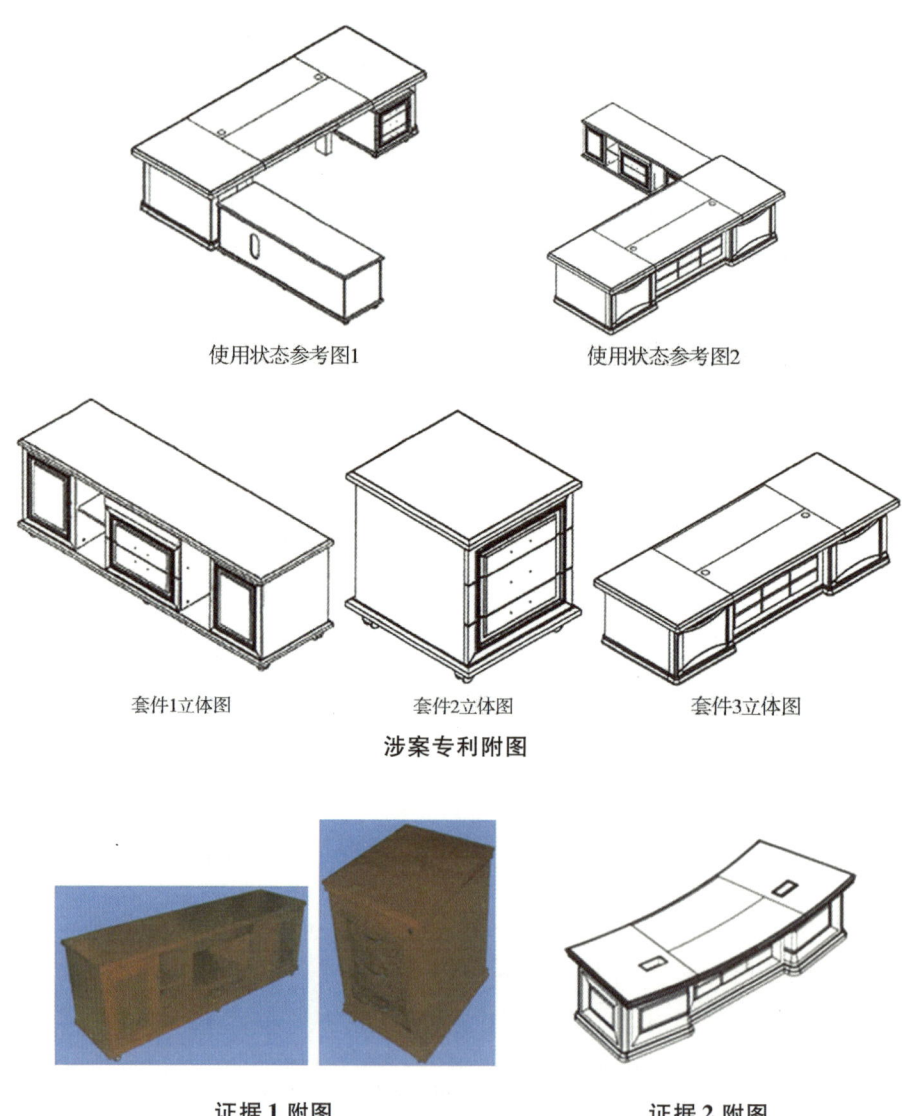

对于包括图形用户界面的产品，其图形用户界面为动态图案的，其保护范围需结合简要说明对动态变化过程的描述，由能确定动态变化过程的关键帧共同确定，两者作为一个整体设计方案不可分割，在对比判断时除了比较首尾界面，也要对比整体的变化过程。

在第 31958 号无效决定（201530383753.0）所涉及的案件中，涉案专利的产品名称是带图形用户界面的手机。决定认为，涉案专利的设计 1 和设计 2 的主视图均表达出其主界面的设计，设计 1 和设计 2 的界面变化状态图 1 至图 5 分别体现了用户向上滑动屏幕和用户向下滑动屏幕时界面切换动画效果，均从界面经过动画变化后进入应用软件的频道界面，二者动画效果具体内容不同。证据 2 公开的手机外观与涉案专利手机外观相同，证据 1 所示的主界面与涉案专利设计 1 的主界面的不同点属于局部细微差异、不具有明显区别，且证据 1 的动画切换效果与涉案专利设计 1 的动画切换效果相同，因此，涉案专利设计 1 相对于证据 2 和证据 1 的结合不具有明显区别。

涉案专利设计 2 与证据 1 的动画效果相比，除了首尾界面的具体内容相同外，具体的动画切换过程完全不同。尽管二者主界面的不同点属于细微差异，没有明显区别，但动态界面的动态变化过程相对主界面的设计而言对于消费者的体验能产生更重要的影响，在整体视觉效果上属于应当考虑的重要内容。由于涉案专利设计 2 与证据 1 的动态变化过程即具体的动画切换过程完全不同，体现在中间具体界面的内容和最终给消费者的动画效果完全不同，差异明显，故涉案专利设计 2 的界面与证据 1 的界面存在明显区别，涉案专利设计 2 相对于证据 2 和证据 1 的结合具有明显区别。

设计1主视图

设计1界面变化状态图1

设计1界面变化状态图2

设计1界面变化状态图3

设计1界面变化状态图4

设计1界面变化状态图5

设计2主视图

设计2界面变化状态图1

设计2界面变化状态图2

| 设计2界面变化状态图3 | 设计2界面变化状态图4 | 设计2界面变化状态图5 |

涉案专利附图

3 实质相同的判断

《专利法》第三次修改时，对外观设计授权标准进行了重大调整，将之前"不相同或不相近似"的授权标准改为"不属于现有设计"和"与现有设计具有明显区别"。尽管修改前后的措辞不一致，但是两者仍然有一定的对应关系，亦即，将"相近似"的情形一分为二，将相近似程度较高的情形归为实质相同，将相近似程度较远的情形归为与单独一项现有设计相比不具有明显区别。

对于实质相同的判断来说，包含两种情形：一种情形是指，涉案专利与对比设计是相同或者相近种类的产品的外观设计，并且二者的设计特征基本相同、整体视觉效果非常接近；另一种情形是指，尽管涉案专利与对比设计的视觉效果有所差异，但其区别仅仅因为采用一般消费者所熟知的常见设计手法如镜像对称、重复排列等所引起的直接变化，几乎不能体现设计者的创新性智力劳动，这也应视为实质相同的情形。

3.1 外观设计实质相同的判断基准

判定外观设计实质相同的标准在于两者的整体视觉效果基本相同，一般是涉案专利与对比设计各部分的差别很细微或处于一般消费者不会关注的部位,以至于不会影响到整体视觉效果基本相同的视觉印象;或者两者的差别仅仅是采用一般消费者所熟知的常见设计手法引起的直接变化,一般消费者对这些视觉变化往往"熟视无睹",容易忽视。

在第18183号无效决定(201030186501.6)涉及的案件中,涉案专利的产品名称是铝端盖。决定认为,涉案专利与对比设计所表示出的整体及各部分形状基本相同,其差异主要在于对比设计未表示出涉案专利主视图所示整个端盖侧壁内表面宽度从左至右逐渐缩小的形状,另外二者产品整体方向互为镜像对称,同时对比设计并未表示出如涉案专利主视图所示的侧壁内表面高度等具体细节。但基于二者整体及各部分形状基本相同或镜像对称,所形成的整体视觉效果基本相同,因此二者属于实质相同的外观设计。

涉案专利附图　　　　　　　　对比设计附图

在涉案专利与对比设计的整体形状基本相同的情况下,如果仅是产品的色彩简单变化而未形成引人瞩目的视觉效果,则一般消费者通常会认为二者构成基本相同的视觉印象。

在第23444号无效决定(201230540312.3)涉及的案件中,涉案专利的名称是鞋,其设计1所请求保护的外观设计包含色彩。决定认为,涉案专利的形状包含鞋面、鞋后跟部、鞋帮和鞋底都与对比设计相同,虽然涉案专利的颜色与对比设计存在差异,但涉案专利的各部分颜色搭配相对单一,且所用颜色也是相近色彩、色调,在二者其他设计要素基本相同的基础上,所述色彩的改变并不足以对产品整体视觉效果产生实质影响。

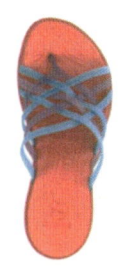 

涉案专利设计1附图　　　　　　对比设计附图

3.2 实质相同的情形

根据实质相同的判断标准，实质相同的情形大致可以分为以下几类：①区别仅为施以一般注意力不能察觉的细微差异；②区别位于产品使用时看不到或不容易看到的部位；③区别仅为简单的色彩改变；④区别仅为常用材料的替换，需要注意的是，此情形中相互替换的常用材料应当在视觉上存在差异，如果视觉上不存在差异，则属于相同情形；⑤区别仅为形状或图案整体置换为该类产品的惯常设计；⑥区别仅为镜像对称；⑦区别仅为重复排列。其中第①~③种情形是指设计特征基本相同，整体视觉效果非常接近；第④~⑦种情形是指虽然在视觉效果上体现一定的差异，但是这种差异是因为采用了一般消费者所熟知的常见设计手法所带来的，设计者并未付出任何创新性的智力劳动，两者的基本设计仍然相同，因此可以视为两者属于实质相同的情形。

3.2.1 局部细微差异

对于"施以一般注意力不能察觉到的局部细微差异"的表述，其中"不能察觉到"应理解为"并不是观察不到"，而是在一般消费者不刻意关注的情况下，所述差异留下的视觉印象相对于整体视觉效果而言容易被一般消费者忽视。

在第16678号无效决定（200930329504.8）涉及的案件中，涉案专利的产品名称是润滑油桶。决定认为，将涉案专利与对比设计比较，认定二者所示润滑油桶的整体形状及桶体、把手、桶口各部分形状和位置比例关系基本相同；对于二者有无桶盖设计差异，涉案专利的桶盖为沿桶口部形状依附其上，基本为桶口部形状顺势延伸，对桶口部形状并未带来其他变化，对比设计虽无桶盖，但从主后视图可见也有与涉案专利对应部位基本相同的倒三角形设计，即桶口部外形与涉案专利基本相同，在此情况下对比设计虽无对应的桶盖，但二者在相应部位的视觉效果极其接近，所述局部的差异极其细微，容易被忽略，故认定涉案专利与对比设计实质相同。

涉案专利附图　　　　对比设计附图

判断区别点是否属于局部细微差异，要考虑该差异相对于产品整体所占比例的大小，在产品整体上所处的位置，以及是否容易被关注等因素。如果涉案专利与对比设计的区别位于产品不容易被关注的部位，或所占比例较小，属于一般消费者容易忽略的细微差异，则对整体视觉效果不产生实质性影响。

在第 23485 号无效决定（201230351059.7）涉及的案件中，涉案专利的产品名称是凉鞋。涉案专利与对比设计的不同点主要在于：（1）鞋底内外层在后跟部分的设计，如鞋底内层上边缘是否有凸出、鞋底外层在后跟处是否具有文字等；（2）鞋跟带的设计，如其上椭圆形跑道设计的长短、是否具有小孔、圆钮上是否具有图案等。决定认为，由于对比设计的鞋底内层翻折形成的檐处于后跟位置，在使用时不容易关注到，且其本身较窄，占整个凉鞋的比例很小，属于施以一般注意力不能察觉到的局部细微差异，鞋底外层后跟部分的文字图案也是如此；另外，涉案专利与对比设计的鞋跟带都具有跑道形的设计、内部都有文字图案、两侧都有圆钮，已然形成了基本相同的设计，在此情况下，跑道形设计和圆钮图案的不同以及是否带有小孔均属于施以一般注意力不能察觉到的局部细微差异。因此，涉案专利与对比设计构成实质相同。

涉案专利附图　　　　　　　　　　　　　对比设计附图

3.2.2　使用时不容易看到或看不到的部位

产品使用时不容易看到或看不到的部位的设计不易被一般消费者所关注，不影响对产品外观整体视觉印象的形成，对产品的整体外观设计未产生实质性贡献，因而该部位即使存在区别，对整体视觉效果也不产生实质性影响。

在第 28078 号无效决定（201330373741.0）涉及的案件中，涉案专利的产品名称是开关控制器。决定认为，虽然对比设计仅有一幅立体照片图，底盒的形状未显示完整，且未显示底盒其他面的设计，但一般开关控制器在使用时，对产品的视觉效果起影响的主要是开关面板部分的形状和图案，底盒部分嵌入到墙体内部，正常使用时并不可见，而且底盒的设计主要为了配合产品内部构造。因此涉案专利和对比设计为实质相同的外观设计。

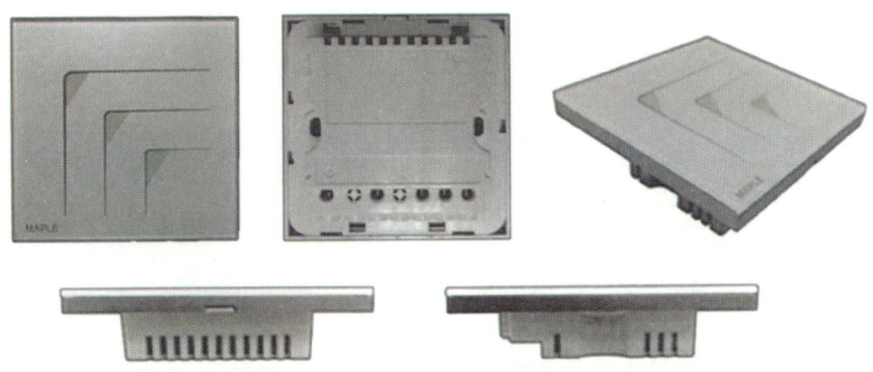

涉案专利附图

对比设计附图

3.2.3 常用材料的替换

常用材料的替换属于常见设计手法的应用,由此导致的产品外观视觉效果的不同是由于材料本身的视觉特性所导致的,设计本身并没有实质性改变和创新,因而应当认定该外观设计与现有设计构成实质性相同。

在第28419号无效决定(201130312220.5)涉及的案件中,涉案专利的产品名称是楠竹折叠方桌。决定认为,虽然涉案专利与对比设计产品表面木纹的具体图案不同,但由于木材是桌子的常用材料,因此具体木纹的不同属于常用材料的替换,涉案专利与对比设计实质相同。

涉案专利附图

对比设计附图

3.2.4 形状或图案整体置换为惯常设计

将产品的形状整体置换为该类产品的惯常设计,虽然在外观上发生了变化,但一般消费者对这种变化习以为常、容易忽视,因此该变化对外观设计的整体视觉效果不产生实质性影响。

在第 14655 号无效决定（200830007809.2）涉及的案件中，涉案专利的产品名称是包装盒。决定认为，涉案专利与对比设计正面的圆形图案、上部标志或商标图案、中部文字设计、下部饼干图案视觉效果相近且构图基本相同，虽在标志或商标图案的外形和文字及饼干图案设计略有不同，但这些不同点仅为一般消费者不易觉察的细微差异；二者包装盒侧面和背面仅为较小的图案、线条或文字说明，相对于正面图案设计不易引起一般消费者关注，而二者的形状设计均属包装盒的惯常设计，虽存在视觉差别，但一般消费者对这类惯常设计并不关注，因此仍然会留下基本相同的视觉印象。

涉案专利附图

对比设计附图

3.2.5 单一色彩的改变

将对比设计的色彩整体替换为另一种色彩，是一般消费者熟知的设计手法，未对设计本身作出实质性创新，因而应当认定对外观设计的整体视觉效果不产生实质性影响。

在第 13871 号无效决定（200830026057.4）涉及的案件中，涉案专利的产品名称是绒布。决定认为，涉案专利与对比设计相比较可知，两者的图案均由平行的宽窄直条纹构成，两者条纹的宽度略有差别。两者的图案基本相同，虽然涉案专利要求保护色彩，但涉案专利与对比设计均采用单一色彩，这种差别对视觉效果不具有实质性影响，两者属于实质相同的外观设计。

涉案专利附图　　　　　　　　　对比设计附图

3.2.6　镜像对称

镜像对称仅仅是将外观设计的设计特征以某个面为基准进行翻转，由此得到的设计与原设计除了形状、图案方向相反外并无实质区别，因此二者构成实质相同的外观设计。

在第27856号无效决定（201330346918.8）涉及的案件中，涉案专利的产品名称是视频彩票终端机。决定认为，涉案专利与对比设计的区别之一在于涉案专利的置物架位于操作台左侧，对比设计的位于操作台右侧，但上述区别仅为位置的对称互换，且证据2文中写明"第三代及其侧面设计有易于拆卸的储物盒，可根据机器摆放位置将其安装在左或右侧"，因此该区别仅在于可移动部件互为镜像对称；加之二者其他区别为施以一般注意力不能察觉的局部细微差异，因此，涉案专利与对比设计构成实质相同的外观设计。

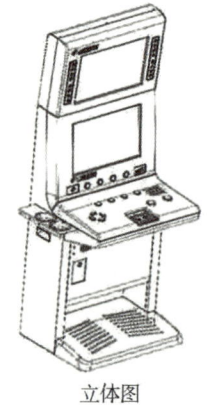

立体图

涉案专利附图

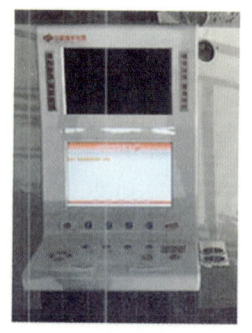

对比设计附图

4 明显区别的判断

根据《专利法》第23条第2款的规定,授予专利权的外观设计与现有设计或者现有设计特征的组合相比,应当具有明显区别。由此可见,其对外观设计专利的授权标准较第23条第1款提出了更高的要求。具体体现在:一是不再限定必须属于相同或是相近种类产品的外观设计才能进行对比;二是用于对比的现有设计不再仅限于一项;三是判断的重点落在整体视觉效果是否具有明显区别。因此,用于评价涉案专利是否符合《专利法》第23条第2款规定的现有设计的使用方式可以有以下几种情形:

(1)涉案专利与一项现有设计进行对比,二者属于相同或是相近种类的产品;

(2)涉案专利与一项现有设计进行对比,二者为不相同且不相近种类的产品,即现有设计的转用;

(3)涉案专利与两项及以上现有设计特征的组合进行对比,不再限定必须是相同或是相近种类的产品,即现有设计特征的组合。

不论属于以上哪种情形,最终均需采用整体观察、综合判断的原则,对整体视觉效果进行分析判断。

4.1 与一项相同或相近种类产品现有设计对比

在确定涉案专利与用于对比的现有设计属于相同或相近种类产品的基础上,其对比判断的方式与《专利法》第23条第1款的相同,但是如上节所述,两者的界限应当有所区别,"不具有明显区别"相对于"实质相同"来说相近似程度较远,且需要综合考虑影响视觉效果的所有因素,只有二者的区别相对于整体视觉效果不具有显著影响时,才认为涉案专利与现有设计相比不具有明显区别。

判断涉案专利与对比设计是否具有明显区别,首先应从整体上客观比较涉案专利与对比设计的相同点和不同点,然后分析两者的相同点和不同点对产品整体视觉效果影响的权重,最后综合各种因素,判断得出结论。通常情况下,产品的三维立体形状相较于其他局部设计而言,对整体视觉效果更具显著影响。

在第 23138 号无效决定（201130387769.0）涉及的案件中，涉案专利的产品名称是包装瓶。决定认为，对于酒瓶类产品而言，在满足其盛装酒类的基本功能的基础上，酒瓶的整体形状可以有各种不同的设计。涉案专利与对比设计所示酒瓶的整体形状及各部分的比例关系基本相同，足以使一般消费者形成基本相同的整体视觉印象，在此情况下，二者之间的区别属于细微差异，所述区别均不会对产品的整体视觉效果产生显著影响。

涉案专利附图　　　　　　　　对比设计附图

4.2　现有设计的转用

转用，是指将某一类产品的外观设计应用于其他种类的产品上。因涉案专利与现有设计的产品种类不相同且不相近，因此需要对用途不同的产品外观设计之间是否存在必要关联进行考量，证明在涉案专利的申请日前，一般消费者是否能够想到将其他种类的产品的外观设计运用到涉案专利所属类别的产品上。若是存在这种先例，说明该"转用"手法不具有创新性，在此基础上，若涉案专利与现有设计整体视觉效果不具有显著差异的，即可认定涉案专利不符合《专利法》第 23 条第 2 款的规定，若其中之一不满足，则涉案专利符合《专利法》第 23 条第 2 款的规定。

判断是否存在"转用"手法的先例，应当基于一般消费者的知识水平和认知能力，《专利审查指南》中所述几种无需再提供证据说明存在转用手法的先例的情形明显在此范围之内，除此之外的，一般应当提供证据进行证明，说明存在转用先例的现有设计与涉案专利属于相同或相近种类。

在第 28647 号无效决定（201430296991.3）涉及的案件中，涉案专利的产品名称是灯饰配件（茶壶）。决定认为，证据 1 公开的是一种茶壶的外观设计，与涉案专利属于不相同也不相近种类的产品，证据 2 公开的是一种茶壶形状的灯饰，与涉案专利属于相同种类的产品，公开了在涉案专利申请日前，已经存在将茶壶的外观形状应用于与涉案专利相同产品种类的灯饰产品的设计手法，即将茶壶的外观形状应用于灯饰类产品在现有设计中存在转用手法的启示。涉案专利与证据 1 相比，整体外形、各部分形状和比例相同，仅壶嘴出水口的形状存在局部细微差别。因此，涉案专利与证据 1 所示的外观设计相比不具有明显区别。

涉案专利附图　　　　　证据 1 附图　　　　　证据 2 附图

4.3　现有设计特征的组合

现有设计特征的组合对比判断中需要认定的内容主要涉及以下几个要点。

首先，需要明确什么是可以用于组合的设计特征。作为判断客体的外观设计专利是可以直接观察到的、具体的设计，所以用于组合的现有设计特征同样应当符合该要件，因此抽象的设计理念、设计思路等不属于设计特征，不能用于组合；现有设计特征应当是基于一般消费者的知识水平和认知能力能够自然地提取出来，所谓"自然地提取"，亦即其应当具有相对独立的视觉效果，可以是某一产品的整体，或是整体产品中物理可分离的某一部件，也可以是视觉上可以直接将其从整体产品设计中抽取出来的部分设计。因此，用于组合的设计特征应当是产品或者产品的某一部分的设计，或者是以一般消费者的眼光直接从某项设计中自然区分出来的某一部分的设计，人为划分的点、线、面显然不属于用于组合的设计特征。

其次，还需进一步考量在涉案专利申请日前，如何能够想到将这些设计特征进行组合，从而在外观上形成一个有机的完整整体，可以用于与涉案专利进行对比，即需要判断是否存在"组合的启示"。其中包含两层含义：一是能否想到将这些设计特征进行组合，二是设计特征组合后，在外观上能否组合成较为协调统一的有机整体，无需对各个设计特征的外形作过多的修饰、过渡或大幅的改变。是否存在组合启示，也应当是基于一般消费者的知识水平和认知能力来进行判断，一般消费者可以想到的即存在该启示，例如，通过将现有设计特征原样或是仅仅作一些在一般消费者能力范围内的细微变化即可直接拼合或替换形成一个完整产品，则具有组合启示；而各设计特征在组合的时候需要进行较大变化才可能使得外观上形成一个有机整体，通常被认为超过一般消费者的能力范围，且在变化过程中亦存在多种可能性，因此不存在组合启示。

最后，在组合成立的情况下，将其与涉案专利进行对比，判断二者整体视觉效果是否具有明显区别，具体判断标准与单篇对比相同，参见本章4.1 的相关内容。

4.3.1　设计特征的确定

如果现有设计中用于组合的部分相对于该类产品并非物理可分离，也不具有自然区分的独立视觉效果，则该部分不能作为设计特征加以组合。

在第 26759 号无效决定（201330284370.9）涉及的案件中，涉案专利的产品名称为单人位沙发，请求人主张将对比设计 2 的扶手顶部的弧形设计与对比设计 1 的扶手形状进行组合。决定认为，用于组合的对比设计特征应是对比设计中具有相对独立视觉效果的组成部分，是以一般消费者眼光可直接从对比设计中自然区分出来的部分。本案中，对比设计 2 的扶手部分为一体构成，其扶手顶部的弧形设计不是一般消费者可直接从对比设计 2 中自然区分获知的；请求人提交的对比设计 1 及对比设计 2 的扶手部分均为一体构成，也没有其他证据表明存在可将几部分组成扶手的组合启示。

  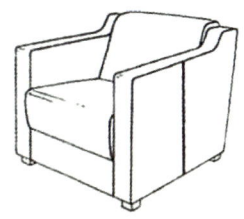

涉案专利附图　　　　对比设计1附图　　　　对比设计2附图

设计特征不是任意截取的点、线、面，从现有设计中随意划分、截取所得的部分，不属于一般消费者可以直接从现有设计自然区分获得的部分，不具有相对独立的视觉效果，不是独立的设计特征，不能用于组合对比。

在第23066号无效决定（201130455147.7）涉及的案件中，涉案专利涉及的产品名称为砌块。决定认为，对比设计特征应是对比设计中所公开的具有相对独立视觉效果的组成部分，是以一般消费者眼光可直接从对比设计自然区分出来的部分。本案中，对比设计2中凸起处的倒角特征属于特意划分、截取所得出的部分，不是一般消费者可直接从对比设计中自然区分获知的，不能据此将其与对比设计1进行组合进而与涉案专利进行对比。

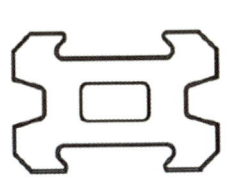 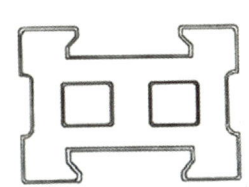 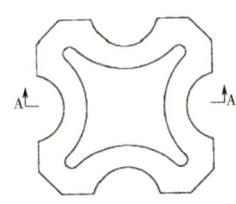

涉案专利附图　　　　对比设计1附图　　　　对比设计2附图

4.3.2　组合的方式

如果外观设计授权标准偏低，则一些申请人可能通过简单拼凑现有设计特征而提出专利申请的外观设计，往往也能获得授权并被维持有效，因此为了解决此类问题，有必要排除将惯常设计特征、知名产品的设计特征组合而成的设计，也排除对多项现有设计特征进行简单组合的设计，这种组合的方式一般仅包括拼合和替换两种，因为这两种组合方式属于常用设计手法的简单应用。

拼合，是指将两项或者两项以上设计特征直接拼合成一项外观设计。若是用于拼合的设计特征属于相同或是相近种类，拼合的相对位置关系较为固定，且只需将设计特征原样或是仅作细微变化即可实现拼合，则属于明显存在组合手法的启示，除此之外，则需要进一步判断是否存在组合的启示。

在第25220号无效决定（201130021538.8）涉及的案件中，涉案专利为真空吸尘器。决定认为，对比设计1为吸尘器主机，对比设计2为吸尘杆，对比设计3为地板吸头，其分别为手持式吸尘器的组成部分，依据一般消费者具备的常识，地板吸头顶部的管状结构、主机前侧凸起的管状吸头均用于连接，通过对比设计2所示吸尘杆，可以将对比设计1所示吸尘器主机与对比设计3所示地板吸头相组合，形成一个完整的手持式吸尘器。

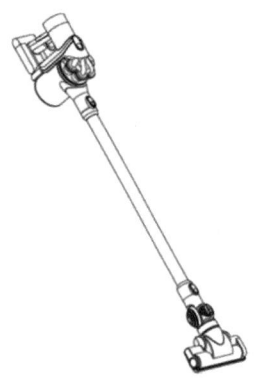

涉案专利附图

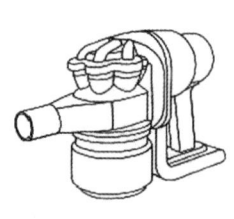

对比设计1附图

对比设计2附图

对比设计3附图

替换，是指将一项现有设计中的设计特征用其他产品的设计特征进行替换。如果这种替换仅仅是原样或略作细微变化，无需进行衔接呼应或圆滑过渡方面的修饰创作，则设计者未付出任何创新性劳动。

在第 21239 号无效决定（201130162055.X）涉及的案件中，涉案专利的产品名称为夹珠饰链。决定认为，对比设计 1 为近似菱形，有大小链环的间隔。对比设计 2 公开的首饰链也包括环环相扣的链条，且链环大小相近，呈扭曲的椭圆形，链环为中空。将对比设计 1 中的链条替换为对比设计 2 中的链条，属于常用设计手法的应用。

涉案专利附图　　　　**对比设计 1 附图**　　　　**对比设计 2 附图**

4.3.3　组合的启示

如果各项现有设计特征的用途与涉案专利相应部件的用途相同或相近，且现有设计中也存在将该多项设计特征组合在一起发挥作用的先例，则认为现有设计中存在将上述设计特征进行组合的启示。

在第 23500 号无效决定（201230030015.4）涉及的案件中，涉案专利的产品名称为模型车电子调速器，其由上部的散热扇和下部的底座两部分组成。决定认为，对比设计 1 为电子调速器，与涉案专利用途相同，属于相同种类的产品。对比设计 2 为散热扇，用于电脑主机。对比设计 2 的散热扇安装在电脑主板上用于散热，而对比设计 1 是同为电子领域的电子调速器，在对比设计 2 给出的启示下，在其上安装散热扇用于散热属于常用的设计手法；且对比设计 1 的顶部四周有螺丝孔，对比设计 2 的散热扇的四周有螺钉柱,因此二者存在组合启示。

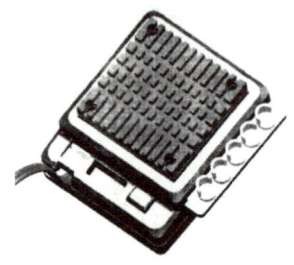

涉案专利附图　　　　对比设计1附图　　　　对比设计2附图

将现有设计特征进行组合的时候,要考虑设计特征之间是否有结合点,如果这种结合只是将其中一项设计特征任意进行分割以便与其他设计特征组合,但现有设计中并不存在这种设计的先例,则通常认为不具有组合启示。

在第23233号无效决定(201030543512.5)涉及的案件中,涉案专利涉及的产品是茶杯。请求人主张以对比设计1为基本设计,将其杯盖顶部叠加对比设计2的杯盖部分,二者组合后与涉案专利进行比对。决定认为,对比设计1和对比设计2显示外观设计均由单层的杯盖及其上不具有其他结构的光滑杯体构成,涉案专利与对比设计1及对比设计2虽然均属于相同种类的产品,但是在对比设计1本身具有杯盖的基础上欲在其上再叠加对比设计2的杯盖进行组合不属于无需举证即能证明的明显存在组合手法的启示的情况,因此合议组对于对比设计1和对比设计2的组合证明涉案专利不符合《专利法》第23条第2款的规定的主张不予支持。

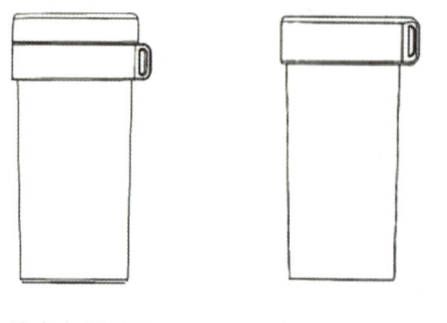

涉案专利附图　　　　对比设计1附图　　　　对比设计2附图

如果请求人主张的设计特征的替换不同于常见的组合方式，而是需要删除或增加某些部分，并需进行衔接、过渡和协调等设计，则应提供证据证明存在该组合手法的启示。

在第 26966 号无效决定（201430220570.2）涉及的案件中，涉案专利涉及的产品是床架。请求人主张对比设计 2 的床头设计替换对比设计 1 床头中未包含立柱的床头板设计。决定认为，根据一般消费者的常识性理解，对比设计 2 的床头替换对比设计 1 的整个床头设计（含两侧立柱）属于相应部件的替换。然而，请求人主张的是以对比设计 2 的床头替换对比设计 1 床头的中间部分，这明显不属于通常所理解的组合方式。结合产品本身的设计来看，对比设计 1 的床头板和两侧立柱由下方的支撑板、两支脚共同支撑，这些并非独立部件，以对比设计 2 的床头去替换对比设计 1 床头的一部分时，已不再是简单的相应部件的替换，而是需要考虑替换时设计特征之间的衔接、过渡和协调等问题，鉴于该组合方式并非常规组合方式，对其是否存在组合手法的启示应予举证，在未尽举证责任的情况下，合议组对该组合方式不予支持。

涉案专利附图

对比设计 1 附图

对比设计 2 附图

4.3.4 明显存在组合启示的情形

4.3.4.1 将多个零部件产品的设计直接拼合

如果用于组合的对比设计分别属于某产品的组成部分，且其组合方式是相同或相近种类产品中普遍采用的设计方式，这种组合方式属于明显存在组合启示的情形。

在第 22683 号无效决定（201230131083.X）涉及的案件中，涉案专利涉及的产品是酒瓶。决定认为，涉案专利由瓶体、正标和背标三部分组合而成，对比设计 1 和对比设计 2 分别公开了两款瓶贴，与涉案专利的正标和背标均仅存在细微差别，对比设计 3 公开了一款酒瓶的外观设计，与涉案专利的瓶体基本相同。由于瓶形的酒类外包装产品设计有瓶体、正标和背标等内容属于此类产品普遍采用的设计方式，因此将对比设计 3 所示瓶体在其正面和背面分别结合对比设计 1 和对比设计 2 所示酒标的组合手法在相同或者相近种类的产品中存在明显的启示。

涉案专利附图

对比设计 1 附图　　　　对比设计 2 附图　　　　对比设计 3 附图

4.3.4.2　将设计特征用相同或相近种类产品的设计特征替换

将对比设计的某一部分，用相同或相近种类产品的对比设计中的相应部分，原样或者作细微变化后进行直接替换，这种组合方式属于明显存在启示的情形。

在第 27920 号无效决定（201430345017.1）涉及的案件中，涉案专利的产品名称为手表。决定认为，对比设计 1 是可与表带结合形成完整的手表的表头，对比设计 2 本身即为表头与表带结合形成的手表，按照一般消费者对常用设计手法的了解，表头和表带是手表中可以连接固定的单独部件，分别可以进行替换，因此将对比设计 2 的表头替换为对比设计 1 的表头，属于明显存在组合手法的启示的情形，可以将对比设计 2 的表头用对比设计 1 的表头替换后的设计特征组合与涉案专利对比。

涉案专利附图

对比设计 1 附图　　**对比设计 2 附图**

4.3.4.3　图案或色彩的拼合与替换

产品形状与图案直接拼合，是常见的组合方式，属于明显存在启示的情形。

在第 29359 号无效决定（201530277977.3）涉及的案件中，涉案专利的产品名称为口罩。决定认为，涉案专利与对比设计 1 口罩形状基本相同，对比设计 2 为图案的设计，按照一般消费者对常用设计手法的常识性了解，将对比设计 2 的图案结合到对比设计 1 的口罩形状中，属于明显存在启示的情形，而对于涉案专利与对比设计 2 的图案之间存在的区别，即山形图案下有一横线，横线下排列一行小字"SIMULATES HIGH ALTITUDE TRAINING"，该文字所占整体图形的比例较小，是普通消费者不容易察觉的细微差别。一般消费者在对比设计 1 的基础上，与对比设计 2 的图案结合，并如上仅作细微变化即可得到涉案专利所示外观设计，且这种组合并未产生独特的视觉效果，因此涉案专利与对比设计 1 和对比设计 2 所示设计特征的组合相比不具有明显区别。

涉案专利附图

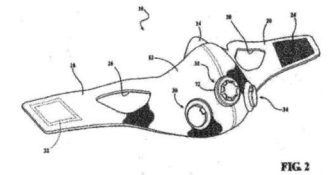

对比设计 1 附图

对比设计 2 附图

4.3.5 组合对比判断思路

在进行组合对比判断时，一般要先判断设计特征之间是否存在组合启示，但是如果涉案专利的设计特征与用于组合的相应设计特征相比存在较大差别，对整体视觉效果具有显著影响，则无需判断两者是否具有组合启示，即可直接得出涉案专利相对于现有设计特征的组合具有明显区别的结论。

在第 23419 号无效决定（201130319343.1）涉及的案件中，涉案专利的产品名称为蓝牙耳机。决定认为，将涉案专利的头戴件与对比设计 1 的头戴件相比较，两者均呈倒 C 字形，且中间均有海绵体，但涉案专利顶部的海绵体更厚，两者头戴件末端的形状不同，涉案专利具有长方形凸台，末端平直，对比设计 1 两端较宽，末端为圆弧形。将涉案专利的耳罩与对比设计 2 的耳罩相比较，两者均分为前后两部分，涉案专利的耳罩呈四方形，表面为平面，背面呈梯形斜面，而对比设计 2 的耳罩整体较厚，耳罩内部有凹陷，背面呈圆滑的梯形面。涉案专利与对比设计 1 的头戴件、对比设计 2 的耳罩形状具有诸多不同点，其差别对整体视觉效果具有显著影响，因此，涉案专利相对于对比设计 1 与对比设计 2 的组合具有明显区别。

涉案专利附图　　　　对比设计 1 附图　　　　对比设计 2 附图

4.4　整体视觉效果的判断

关于《专利法》第 23 条第 2 款的判断，其判断原则与《专利法》第 23 条第 1 款是相同的，即整体观察、综合判断，在客观地确定二者的相同点和区别点后，应当结合现有设计状况，综合考虑相同点和区别点对整体视觉效果的影响。

一般来说，所占比例较大的相对于较小的、容易被观察到的相对于不容易看到的，前者更易引起一般消费者的关注，因此对整体视觉效果的影响权重较大；结合现有设计状况，此前从未出现过的设计特征属于创新性设计，因此较惯常的、常见的设计特征对整体视觉效果的影响权重更大；设计空间较大的情况下，说明设计所受制约较少，其创作的自由度较大，因此差异若是较小，则不足以引起显著的视觉效果差异，反之，如果设计空间较小，设计创作时所受制约较大，则较小的差异也容易引起一般消费者的关注，从而对产品的视觉效果有较为显著的影响。

对于立体产品，其三维形状、整体轮廓等通常较局部设计对整体视觉效果更具有显著影响，尤其是当其设计空间较大的情况下，但若是其整体形状已经成为了该类产品较为惯常或是常见的设计时，往往设计的重点在于改进其局部的设计,此时,整体形状相对于局部设计对整体视觉效果的影响权重有所降低。对于平面产品,主要图案相对于次要内容对整体视觉效果的影响权重较大。

4.4.1 现有设计状况的考量

在外观设计对比判断时考虑现有设计状况的目的在于,确定涉案专利与对比设计的相同点和不同点对整体视觉效果影响所占的权重。如果两者的相同点或不同点在现有设计中大量出现,则对整体视觉效果影响的权重下降;如果两者的相同点或不同点在现有设计中较少出现或从未出现,则对整体视觉效果影响的权重提升。

在第 24267 号无效决定(200930263300.9)涉及的案件中,涉案专利的产品名称为轻型摩托车。决定认为,结合现有设计状况可知,踏板式轻型摩托车的各个部分在整体上的相对位置关系和尺寸比例均较为接近,二者的相同点在一般消费者看来,属于体现该类摩托车所属种类的共性特征,对于该类产品的某项外观设计具有独特的视觉效果不产生影响。而区别点中,涉案专利的前罩体和前侧罩体设计为现有设计中没有体现的创新性设计特征,该两个设计特征对涉案专利的整体视觉效果具有主导性的作用。涉案专利的其他组成部分的设计和前罩体、前侧罩体的设计

涉案专利附图

相配合,使得涉案专利具有独特的视觉效果,明显区别于对比设计。

反证 6 附图

反证 7 附图

反证 9 附图　　　　　　　　反证 10 附图

涉案专利与对比设计虽然整体轮廓较为接近，但有证据表明该整体造型在现有设计中出现频率较高，则其对整体视觉效果影响权重下降。此时，两者的不同点虽然仅占产品整体的一个局部，但因该部分设计在现有设计中从未出现过，视觉效果较为醒目，因此一般消费者容易被此部分所吸引和关注，从而对整体视觉效果产生较大的影响。

第 28948 号无效决定（201530028083.0）涉及的案件中，决定认为，对于这类吸尘器来说，集尘腔、电机、电池等部分的设计主要表现了产品的基本核心功能和用途，涉案专利这几部分的设计特征在现有设计中出现的频率较高，因此其影响整体视觉效果的权重较小；而分离腔的设计在现有设计中并未出现，且分离腔处于醒目的位置，因此对整体视觉效果影响的权重较大，容易引起一般消费者的关注，从而使得涉案专利与现有设计和设计特征组合具有明显区别。

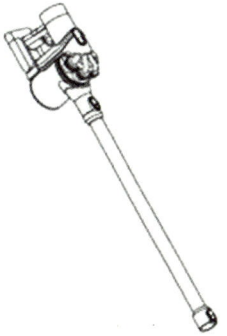
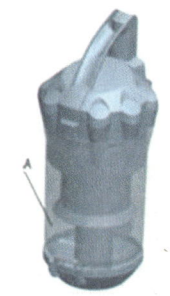

涉案专利附图　　　　对比设计 1 附图　　　　对比设计 2 附图

如果涉案专利采用了对比设计的某项独特设计特征，而该设计特征突破原有设计的束缚，打破常规造型，从而使产品以全新的整体外观面貌呈现给一般消费者，使得一般消费者会特别关注，则该设计特征对于整体视觉效果的影响显著增强。

在第16990号无效决定（201030109112.3）涉及的案件中，涉案专利的产品名称为无扇叶风扇。决定认为，虽然涉案专利与对比设计关于进风口、按钮、箭头标志等局部存在细微差别，但由于两者采用了不同于常见风扇产生气流的原理，从而产品组成部分的设计也完全有别于常见风扇的造型，具体表现为无叶片、无网罩的特有造型，一般消费者对此会给予特别关注。涉案专利相对于对比设计，不仅具有对比设计相对于常见风扇特有的无叶片、无网罩造型，同时在决定整体造型的出风口和基座两部分的整体形状设计及其位置比例关系上均与对比设计基本相同，形成了基本相同的整体造型；而差别对风扇外观设计的整体视效果不具有显著影响，因此，涉案专利与对比设计相比不具有明显区别。

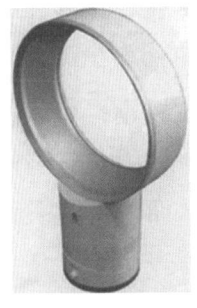 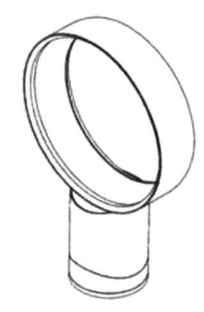

涉案专利附图　　　　　　　　对比设计附图

一项外观设计的创新性设计特征是指在现有设计中从未出现过的特征，其通常情况下对整体视觉效果的影响较强。但即使两者的区别点为创新性设计特征，也不能简单地认定涉案专利与对比设计具有明显区别，还应将创新性设计特征放在整体视觉效果中进行综合考虑。

在第24267号无效决定（201330096428.7）涉及的案件中，涉案专利的产品名称为SUV汽车。决定认为，尽管涉案专利的进气格栅是其创新性设计特征，但一般消费者对于涉案专利的视觉关注点不会仅仅局限于其进气格栅的设计,而会同时关注到涉案专利所沿用的对比设计的外饰件布局、外拱式翼子板设计、侧窗设计等诸多特征,在涉案专利沿用了对比设计的诸多设计细节尤其是沿用对比设计的创新性特征的情况下,综合考虑二者的相同点和不同点,涉案专利沿用了对比设计的诸多设计细节,包括对比设计的三维立体造型、外饰件布局,也包括对比设计的外拱式翼子板、侧窗轮廓等创新性设计特征,虽然涉案专利对汽车前脸所作的设计变化存在创新之处,但相对于整车设计而言所占比例较小,相较于二者相同点而言在整体视觉效果中的权重较轻。在"整体观察、综合判断"的基本原则之下,二者的不同点对整体视觉效果不具有显著影响,不能令涉案专利明显区别于对比设计。

涉案专利附图　　　　　　　　　对比设计附图

4.4.2　使用时容易看到的部位对整体视觉效果的影响

外观设计保护的是一种作用于人的视觉感受的设计方案,而产品使用时容易看到的部位更容易引起使用者的关注,也就对整体视觉效果具有较为显著的影响。在对比判断时,产品某一部分在使用时是否可见,以及可见部分能够带来的整体视觉效果如何则需要结合产品的具体使用场所和方式来进行评述和考量,并判断其对整体视觉效果最终影响的程度。

第 24627 号决定(201130174031.6)涉及的案件中,涉案专利的产品名称是陈列垫板。决定认为,涉案专利与对比设计的两个主要不同点在于:(1)平板部和凹槽部的相对宽窄不同;(2)涉案专利的支座为上部开设两个孔,而对比设计的支座为下部开设横向缺口。对于区别(1),陈列垫板的上表面用于直接摆放商品,其平板部和凹槽部的相对宽窄能够给消费者留下最直接的视觉印象,因此将平板部设计得较宽相对于将平板部设计得较窄属于明显的区别。对于区别（2），支座属于陈列垫板的重要部件，其在安装过程中可被安装人员直接注意到，在用于展示商品的过程中也可以由消费者从侧面直接观察到，并且在其上部开设两个孔和在其下部开设横向缺口所产生的视觉印象是完全不同的，因此该区别对整体的视觉效果也具有显著的影响。基于上述涉案专利与对比设计的区别（1）和（2），涉案专利与对比设计具有明显区别。

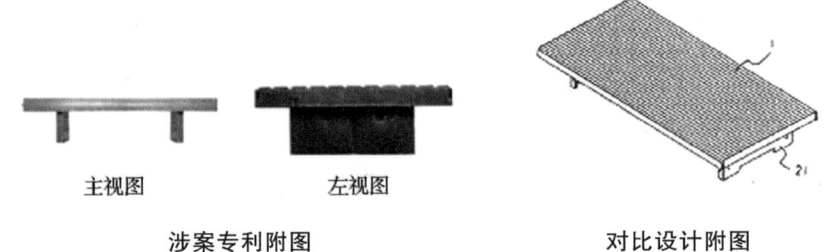

主视图　　　　左视图

涉案专利附图　　　　　　　　对比设计附图

4.4.3 惯常设计对整体视觉效果的影响

惯常设计，是指现有设计中一般消费者所熟知的，只要提到产品名称就能想到的相应设计，其应当是一个具体的、确定的设计，不是仅具有一些类似概念、模糊特征的某类型设计或是设计构思。此外，在根据一般消费者的常识不能确认的情况下，仅凭一两篇现有设计专利文献通常难以充分说明某设计特征达到了一般消费者广为熟知的程度。

在第28893号无效决定（201330005158.4）涉及的案件中，涉案专利的产品名称是摩托车，决定认为，虽然本案多份证据的车身罩体均存在镂空，尾灯都是多边形，但镂空和尾灯的具体形状各种各样，且均不与涉案专利的相应设计特征相同，据此认为涉案专利的P字形罩体、压扁的正六边形尾灯是惯常设计的主张显然不能成立，相反，请求人的举证恰巧可以说明摩托车这些部位的设计空间很大，容易作出改进，并吸引一般消费者的关注，对产品整体视觉效果具有显著影响。另外，且不论请求人指出的两

立体图1　　　立体图2

涉案专利附图

份证据中相关部位的设计与涉案专利差异明显与否,仅使用一篇专利文献来证明涉案专利某一设计特征属于惯常设计的主张也无法得到有力的支持。

4.4.4 产品功能限定的形状对整体视觉效果的影响

产品的外观设计是将产品的装饰性和功能性进行完美统一,因此与功能直接相关的设计并非必然地被排除在外观设计的保护范畴之外。即使是与功能直接相关的设计特征,在其不属于由产品功能唯一限定的特定形状的情况下,不能简单地认定其对整体视觉效果不具有影响。

在第 23735 号无效决定(200830245821.7)涉及的案件中,涉案专利的产品名称是防盗门锁。决定认为,虽然请求人主张涉案专利产品的圆弧形锁舌是通过全封闭的结合方式实现锁合功能的唯一方式,其对整体视觉效果不具有显著影响。但涉案专利的圆弧形锁舌和对比设计的钩形锁舌均实现了锁合的功能,而二者形状完全不同。涉案专利的圆弧形锁舌在实现锁合功能的同时,与锁具面板上其他锁舌共同形成了涉案专利产品对称、顺畅的整体视觉效果和设计特点。因此该设计特征不属于由产品功能唯一限定的特定形状,对产品的视觉效果产生显著影响。

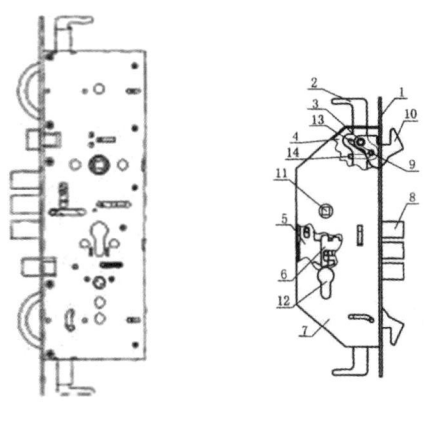

涉案专利附图　　　　对比设计附图

4.4.5 设计空间

设计空间是指产品外观设计的自由度。由于技术条件、实用功能、市场追随等因素,产品的某些设计变化会受到各种因素的制约,因而一般消费者会对该部分的变化较为关注。一般而言，设计空间小的部分，其变化对整体视觉效果影响的权重较大，而设计空间大的部分，则通常只有改变的程度足够明显才可能带来显著的视觉效果。

第24446号决定（201330267774.7）涉及的案件中，涉案专利的产品名称为电动四轮车。决定认为，本案涉及公路用电动四轮车，由于安全性能和功能的要求以及现有的技术条件的限制，座舱的三维整体形状设计必须综合考虑功能和装饰性设计。从现有设计可以看到，尽管座舱的三维整体形状设计受到众多条件的制约，但该类车在这一方面可以做出多种多样的造型独特的设计，具有较大的设计空间。电动四轮车的外观设计可以从车身三维立体造型以及车身外部的装配件和装饰性设计等方面进行评价。从外观设计受到实用功能以及技术条件限制的程度来说，开发设计三维车身的难度大于车身外部的装配件和装饰设计的难度。因此在评价涉案专利时，车身三维立体造型所占的权重应该大于车身外部装配件及装饰性设计的权重。涉案专利和对比设计的三维整体形状上是基本相同的，两者的不同点主要涉及车身外部的装配件和装饰性设计，虽然涉案专利在对比设计的基础上作出了改变，但由于涉案专利采用了对比设计所具有的较为独特的设计，特别是车头的分体式设计、座舱整体形状和车门的设计，使得涉案专利在整体上与对比设计的独特视觉效果基本相同，没有形成明显的区别。

涉案专利附图

对比设计附图

现有设计附图

4.4.6 整体视觉效果的综合判断

对于较为复杂的交通工具类产品而言,产品的整体造型与三维立体轮廓决定了产品立体形状和设计风格,如果该整体造型与三维立体轮廓在现有设计中较少出现,则对整体视觉效果应具有更为显著的影响。

第 29146 号决定（201330528226.5）涉及的案件中,涉案专利的产品名称为越野车。决定认为,涉案专利与对比设计的相同点主要为：① 车比例基本相同；② 车上半部分侧面外轮廓相同；③ 侧面线条或主要特征线相同；④ 前面的外轮廓、后脸或车尾的外轮廓、轮拱设计基本相同；⑤ 前脸的各个部件和后脸（即车尾后车窗以下的部分）的各个部件的相对位置关系相同；⑥ 前面和后面的主要线条分割相同；⑦ 一部分主要装饰件的外形相同；⑧ 顶面的轮廓相同,且均有全景天窗；⑨ 其他一些细节之处相同。

二者的不同点主要为：① 侧面看腰线以下的下部整车轮廓略有不同；② 侧面车门护板处的线面差异；③ 前面中部区域车灯内部构造设计不同；④ 前面中部区域进气格栅内部栅条的不同,以及贯穿车灯和进气格栅的金属条的有无；⑤ 前面下部区域不同；⑥ 后面中部区域不同；⑦ 后面下部区域不同；⑧ 一些零部件的有无或者形状差异；⑨ 部分细节设计不同。

根据确定下来的涉案专利与对比设计的相同点和不同点,可以看出涉案专利与对比设计相比,二者的比例相同,在设计变化比较难的侧面轮廓上非常接近,侧面主要特征线和前后脸的主要分割线相同,前脸和后脸的布局基本相同，主要装饰件如发动机罩、进气格栅、前后车灯组的外轮廓相同，还有一些细节设计相同，这些相同点决定了车的整体造型和三维立体轮廓，由此从整体上观察，二者的相同点决定了二者具有基本相同的车身立体形状和设计风格，包括都为对比设计所示的悬浮式车顶设计，侧面腰线和裙线等线条凸显硬朗的线条风格，前脸车灯和格栅的一体化设计同贝壳形发动机罩相结合，后脸车灯线条同前脸车灯线条相呼应，倒凸字形的后背门与车灯的直线条分隔等。涉案专利与对比设计的不同点在于前脸下部、车尾中部的设计以及其他一些细节设计的不同。综合考虑涉案专利与对比设计的相同点和不同点在汽车设计中的先后、难易、现有设计中出现的概率、是否容易被关注、所占据的体量比例或面积大小，二者的相同点对整体视觉效果更有显著影响，而不同点属于局部细节设计，且多数特征是现有设计或现有设计中已经给出了设计手法，从而对整体视觉效果的影响较小。而相同点不属于现有设计中的常见设计，更不是惯常设计，因此二者相同点对整体视觉效果应具有显著影响。

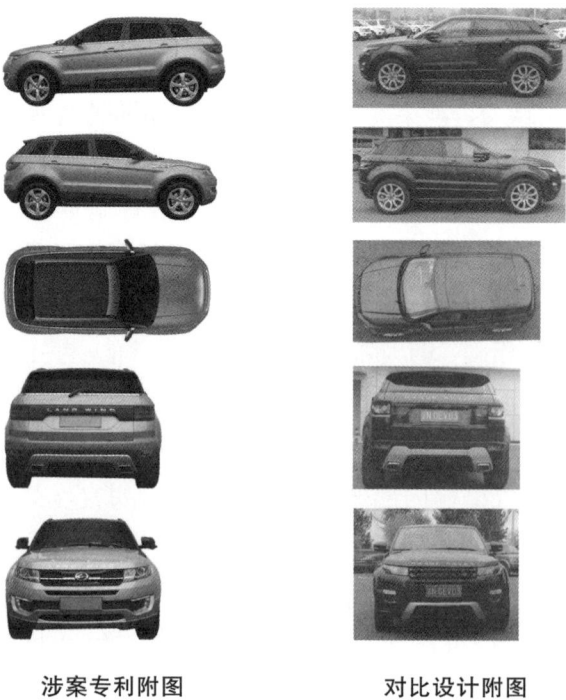

涉案专利附图　　　　　　对比设计附图

第十二章 外观设计

涉案专利与对比设计的相同点虽然占产品的比例较大，但已成为此类产品的常见设计，对产品的整体视觉效果影响较弱。而两者的不同点虽然所占比例较小，但因为设计空间所限，其已成为该产品的主要设计部分，且这些设计部分会影响到产品的整体观感，因此对产品的整体视觉效果具有较强的影响。

第27878号决定（201430009113.9）涉及的案件中，涉案专利的产品名称为手机。决定认为，将涉案专利与对比设计相比，二者的相同点在于都由屏幕、外壳以及条形按键、听筒、触控按键、卡槽、接口槽、耳机插孔以及摄像头和闪光灯等基本功能部件组成，且各构成部件的形状、比例关系及相对位置分布均基本相同，都采用了相同的长方形屏幕以及三部分式的屏幕分割设计。主要区别在于：①显示区域到侧边框的距离不同；②屏幕是否浮于基体上；③从正面到背面的过渡设计不同；④四个倒角的形状不同；⑤背部是否有文字图案；⑥音孔形状和位置、条形按键的数量、分布不同。

对于区别①，基于对比设计1-25以及现有设计状况，可以确定，涉案专利与对比设计这种在直板大屏幕智能手机左右两侧对称设置等宽边框是该类产品的常见设计，因而对产品整体视觉效果的影响较弱。二者虽然间距略有不同，但该区别相对于手机的整体设计属于局部细微差异，对整体视觉效果影响较小。

对于区别②，屏幕整体覆盖在基板上与屏幕大部分沉在基体中，即屏幕嵌套在边框中，属于两种截然不同的设计风格，对整体视觉效果会产生不同的影响。

对于区别③④⑤，根据现有设计状况可知，不同产品的正面到背面的外鼓程度可以有很大差异，因此不能简单地将外鼓程度不同的弧形曲面一概认定为是该类产品的惯常设计。手机的四个角部的设计实质上是由上下侧面与左右侧面的过渡部分以及正面到背面的过渡部分共同形成，正面到背面的过渡设计不同，形成的角部设计自然不同。综上，由于正面到背面的侧面过渡设计、背面与侧面之间的过渡设计以及四个角部的设计关系到手机产品的整个外部轮廓，同时因侧面设计与正面和背面及整个机身厚度都有关联，也会影响到产品的整体观感，因此上述设计特征对产品的整体视觉效果均具有显著影响。

对于区别⑥,条形按键、听筒、触控按键、卡槽、接口槽、耳机插孔以及摄像头和闪光灯等部件是智能手机实现通话、拍照、音量控制等常用功能的惯用配置,结合现有设计状况可知,涉案专利的细条形听筒、触控按键的设计,以及竖向排列的摄像头和闪光灯设计、底部接口槽设计应当认定为是该类产品的常见设计,且其排列方式也属于相同或相近产品类的常规排布方式,这些功能部件的细节改变相对于手机外形的整体外观属于局部细微变化,对整体视觉效果影响较小。

综上所述,直板智能手机正面大屏幕、窄边框的三段式设计已成为此类产品的惯常设计,因此整体视觉效果影响较弱,由于设计空间有限,其主要设计部位在于从侧面到背面的过渡设计。涉案专利与对比设计在手机正面到背面的过渡设计、四个角部的造型以及屏幕与基体的相对位置关系等方面存在区别,且这些区别设计特征涉及产品的外部轮廓和薄厚程度,对整体视觉效果影响较大,从而呈现出完全不同的整体视觉效果。

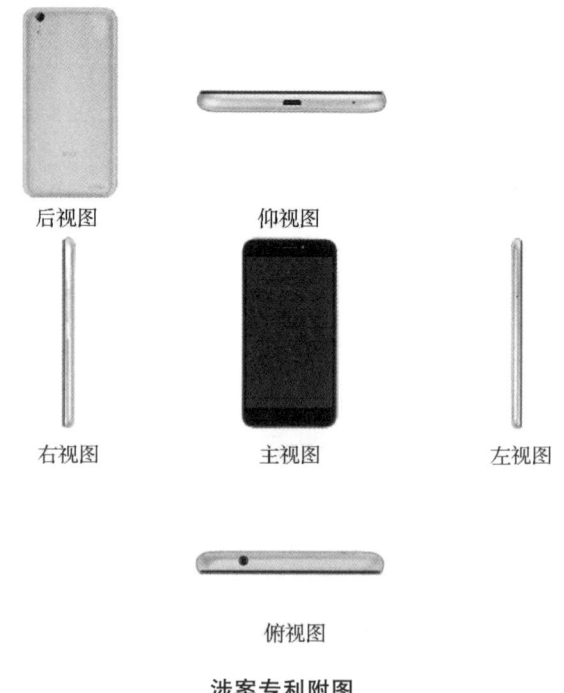

涉案专利附图

对比设计附图

5 外观设计与在先权利的冲突

权利冲突，是指不同权利的权利客体彼此重叠、交叉，多个权利人能够对包含相同内容的权利客体主张其权利，在行使权利时出现谁的权利优先的问题。

判断外观设计权利冲突是否成立，以外观设计专利权的行使是否将会侵犯在先权利为准，而不考虑外观设计专利的授予是否实际上侵犯了他人的在先权利，即权利冲突的判断采用"将会发生的侵权"作为判断标准。在进行判断时，首先要对在先权利进行认定，根据在先权利的保护范围，将涉案专利含有的相关设计与在先权利客体进行比较,如果涉案专利使用了在先合法权利的客体,从而导致专利权的实施将会损害在先权利人的相关合法权利或者权益,则认定涉案专利与在先权利相冲突。

5.1 在先权利的范围

合法权利,是指依照中华人民共和国法律享有并且在涉案专利申请日仍然有效的权利或者权益。

在先取得,是指在先合法权利的取得日在涉案专利申请日之前。

在先合法权利,是指专利权以外的权利,如商标权、著作权、企业名称权(包括商号权)、肖像权及知名商品特有包装或者装潢使用权等,但不包括外观设计以及其他类型的专利权,专利权之间的冲突通过《专利法》的其他条款予以规范和解决。

在第 27143 号无效决定(201030693463.3)涉及的案件中,涉案专利的产品名称为无线演示控制器。决定认为,《专利法》第 23 条第 3 款中的合法权利,是指在涉案专利申请日之前取得的商标权、著作权、企业名称权等。由于专利权不属于规定的可以与专利权构成权利冲突的权利范畴,因此请求人主张涉案专利与他人在先取得的外观设计专利相冲突缺乏法律依据。

5.2 请求人的主体资格

无效宣告程序中,请求人以不符合《专利法》第 23 条第 3 款的规定为由请求宣告涉案专利无效的,应当证明其是在先权利的权利人或者利害关系人。

虽然专利法并未对提出无效宣告请求的主体资格作出限制性规定,但是当外观设计与他人的在先权利相冲突时,实质上是对特定主体合法民事权益的损害,并非对不特定社会公众利益的损害,只要权利人不提出主张,就不存在权利冲突的问题,因此是否主张侵权救济是权利人或利害关系人就自身权利的有效处分,他人无权代为主张或干涉,若是对请求人资格不加以限制,可能会违背在先权利人的意志。基于对《专利法》第 23 条立法目的的解释,以权利冲突为由提起无效宣告请求时,请求人主体资格应当限定为权利人或利害关系人。

在第 24459 号无效决定（201130372593.1）涉及的案件中，涉案专利的产品名称为饮料瓶（黑卡 6 小时）。决定认为，请求人以证据 2 主张涉案专利与在先合法权利相冲突。然而证据 2 显示，所述商标申请人不是请求人，并且请求人在本案中未提交任何证明请求人与商标申请人存在利害关系的证据，在此情况下，请求人不能作为宣告涉案专利与在先权利存在权利冲突的请求主体。

5.3 与在先商标权相冲突

未经商标所有权人许可，在外观设计专利中使用了与在先商标相同或者相似的设计，专利的实施将会误导相关公众或者导致相关公众产生混淆，损害商标所有人的相关合法权利或者权益的，应当判定外观设计专利权与在先商标权相冲突。外观设计专利中含有的相关设计与在先商标相同或者相似的认定，原则上适用商标相同、近似的判断标准。

5.3.1 商标权冲突的判定原则

外观设计专利与在先商标权是否相冲突，判断依据是涉案专利是否包含了与在先商标相同、近似的标识，而不是将在先商标作为对比设计，判断涉案专利是否与其相同、实质相同或具有明显区别。

在第 22658 号无效决定（201230044273.8）涉及的案件中，涉案专利的产品名称为酒瓶。决定认为，涉案专利中的圆形图案与在先商标的设计的主体图案形状、文字排布以及相对位置均相同，这种图案和文字的组合设计具有较强的显著性，二者虽在圆环的数量上存在区别，但紧邻的双圆环和一个粗圆环从整体看基本相同，并未导致组合图案的整体视觉效果产生明显变化。相关公众仅施以一般注意力的情况下，易于将涉案专利中的圆形图案与在先商标混淆，进而导致对相关产品的来源产生误认。

主视图　　　俯视图　　　　　　　

涉案专利附图　　　　　在先商标附图

5.3.2 商品类别的认定

商品类别的认定主要依据商品的用途、生产部门、销售渠道和消费群体等因素。包装类产品与其所包装的商品之间联系紧密且通常一起销售，因此如其所包装商品与在先商标核定使用的商品类别相同或类似，则该包装类产品本身也可以视为与在先商标核定使用的商品类别相同或类似。

在第 27693 号无效决定（200930081964.3）涉及的案件中，涉案专利的产品名称为扑克牌包装盒。决定认为，涉案专利使用的"3cc"的文字设计是整个外观设计中引人注目的部分，其在实际使用过程中与扑克牌一并销售给相关消费者，并能够起到表明产品来源的作用；在先商标指定用于"扑克牌"产品，实际上也要用在扑克牌或其包装上用于标明产品的来源，上述扑克牌的包装盒与扑克牌通常也是一并销售给相关消费者的，故涉案专利与在先商标所使用的产品具有相同或类似的用途、生产部门、销售渠道和消费群体，其属于相同或类似商品。

主视图　　　　　　　展开图

涉案专利附图

第十二章 外观设计

"Bee"

在先商标附图

5.4 与在先著作权相冲突

在接触或者可能接触他人享有著作权的作品的情况下，未经著作权人许可，在涉案专利中使用了与该作品相同或者实质性相似的设计，从而导致涉案专利的实施将会损害在先著作权人的相关合法权利或者权益的，应当判定涉案专利权与在先著作权相冲突。

判断与在先著作权相冲突的依据是，在存在接触可能性的情况下，涉案专利的相关设计与在先著作权作品之间构成相同或实质性相似。在判断是否构成实质相似时，应当从作者在作品表达中的取舍、选择、安排、设计等方面是否相同或相似进行比较。

5.4.1 在先著作权的认定

著作权登记证书可以作为确定著作权归属的初步证据，在无相反证据的情况下，可以认定著作权登记证书上登记的公民、法人为作者，享有著作权。著作权登记证书由登记机构颁发，基于颁发机构的公信力，发证日期早于涉案专利申请日的，通常认可其著作权在先取得。但著作权登记时并不核查作品实际完成时间，登记证书中所载完成时间为申请登记人声称的时间，若发证日期晚于涉案专利申请日，但登记证书上载明的完成时间早于申请日，除非结合其他证据加以证明，否则仅由单方声称的作品完成时间不能证明著作权的取得在先。

在第21540号无效决定（201130394300.X）涉及的案件中，涉案专利的产品名称为瓷瓶。决定认为，证据2的著作权登记证书由国家版权局颁发，在无反证的情况下，请求人以所述登记证书能够证明其对证书上所登记的作品享有著作权，该作品包括第FZ02108号作品，并且该登记证书的发证日期早于涉案专利的申请日，可以确定请求人对于第FZ02108号作品享有的著作权构成专利法意义上的"他人在先取得的合法权利"。证据10

是国家知识产权局于 2010 年 8 月 11 日授权公告的 ZL 200930330337.9 号中国外观设计专利的授权公告文本，该外观设计专利的权利人为请求人，其中，"套件 1 主视图"所示产品的造型与第 FZ02108 号作品完全一致，从而可以确定与之一致的第 FZ02108 号作品于 2010 年 8 月 11 日起已处于为公众所知的状态，也即该作品的发表时间早于涉案专利的申请日，推定存在接触的可能性。

涉案专利附图　　　　在先作品附图　　　　证据 10 附图

5.4.2　与在先著作权作品接触

如果在先著作权的作品在涉案专利申请日前已经公开，则可以推定涉案专利专利权人有接触该作品的可能性。如果在先作品未公开且没有证据证明存在接触或接触的可能性，涉案专利与在先著作权的作品又并不完全相同，则应认定涉案专利与在先著作权不构成权利冲突。

在第 28011 号无效决定（201430118534.5）涉及的案件中，涉案专利的产品名称是包装盒。决定认为，由于证据 1 在省食品药品监督管理局注册审批的过程处于保密状态，并不向公众公开，专利权人在此阶段无接触该包装盒图样的可能。证据 1 无法确定请求人的药品包装盒是否公开上市和公开上市时间，难以证明专利权人在涉案专利申请日之前与在先著作权有接触的可能。此外，对比涉案专利与证据 1 可知，二者在寿星的面容、拐杖、服饰等处设计不同，涉案专利未包含在先著作权的独特识别特征，也难以根据二者整体图案设计相似就简单推定存在接触的可能。综上所述，在没有其他证据佐证的情况下，请求人提供的证据无法认定涉案专利与在先权利冲突，不能证明涉案专利不符合《专利法》第 23 条第 3 款的规定。

第十二章 外观设计

涉案专利附图　　　　　　　证据1附图

在判断涉案专利与在先著作权冲突时，如果在先著作权作品本身独创性较高，例如为图案较复杂的美术作品，他人独立创作出与其雷同的作品的可能性则较低，此时如涉案专利采用了与该作品完全相同的设计，则在没有相反证据的情况下，即使没有证据表明专利权人接触或可能接触该作品，也可以推定涉案专利专利权人接触过该作品，据此认定涉案专利与在先著作权构成权利冲突。

在第22153号无效决定（201230328238.9）涉及的案件中，涉案专利的产品名称是婴儿床。决定认为，对于以海洋动物为主题的创作而言，所能形成的平面美术作品千变万化，即便同样以气泡、海洋动植物为元素进行创作，不同的创作者所创作出的平面美术作品也不尽相同。本案在先作品本身的图案相对复杂，而涉案专利产品上所呈现的图案却在构图、卡通形象设计乃至用色上均与在先作品几乎一致，在专利权人没有任何理由和证据证明涉案专利中的图案是其独立创作形成的情况下，应推定涉案专利所示外观设计是在接触在先作品后完成的。

 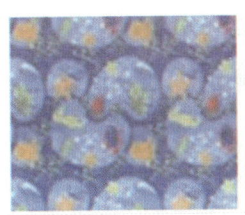 

涉案专利附图　　　　涉案专利局部放大图　　　　在先作品附图

437

5.4.3 实质性相似的认定

著作权保护的是具有独创性的表达。对于涉及卡通形象类的设计,判断外观设计与著作权作品是否实质性相似,应当首先确定著作权作品中具有独创性的部分,如果涉案专利包含了在先著作权作品的大部分具有独创性的特征,易使普通公众认为二者属于相似的形象,那么涉案专利实质上再现了在先著作权作品的形象,其构成与在先著作权作品实质性相似。

在第 25003 号无效决定(201230533617.1)涉及的案件中,涉案专利的产品名称是动物玩具(猫)。决定认为,在认定涉案专利与在先作品是否实质性相似时,应当考虑其是否以独特识别特征创作出与其他卡通形象明显区别的形象。在先作品卡通猫两腮略显夸张地鼓起形成上小下大呈圆角三角形的整体面部特征,较大的倒三角形鼻子,基本呈水平的细长宽大的嘴巴,圆形眼睛上方凸起有眉头,结合其五官的比例、身体各部分的比例,上述识别特征所形成的整体形象使得其明显区别于其他卡通猫形象,为在先作品对于卡通猫形象具有独创性的表达方式。而涉案专利包含了在先作品的上述大部分独特识别特征,整体造型以及身体与头部的比例基本一致,虽然涉案专利在上肢以及脚部的设计上有所不同,但在整体视觉上易使普通公众认为二者为同一卡通猫形象,因此,涉案专利实质上再现了在先作品的美术形象,与在先作品实质性相似。

涉案专利附图　　　　　　在先作品附图

5.5 与知名商品特有包装装潢相冲突

知名商品特有的包装装潢,是指市场上具有一定知名度、为相关公众所知悉的商品所具有的包装或装潢,且该包装或装潢与相同或类似商品具有显著区别性特征。

认定知名商品通常应当综合考虑商品销售持续时间、地域范围、相关商品广告投入及地域、相关公众对商品的知晓程度以及作为知名商品受保护的情况。特有包装装潢主要考虑其能否体现出商品来源。判断的标准是外观设计相关部分与知名商品特有包装装潢是否近似,使得购买者混淆误认。

在第10675号无效决定(200530136075.4)涉及的案件中,涉案专利的产品名称是酒瓶贴。决定认为,证据中所示"新二曲"包装装潢的瓶贴除右侧标明有粉色"兰陵酒厂"小字外,其形状、图案、色彩与涉案专利的瓶贴一致,该"新二曲"包装装潢的颈贴与涉案专利的颈贴完全一致,因此,可以推定该"新二曲"包装装潢的瓶贴和颈贴就是涉案专利产品,由于生效的法院判决和民事调解书已经认定"新二曲"包装装潢侵犯他人在先合法取得的包装装潢权,因此涉案专利的行使与他人在先取得的合法权利相冲突。

件1主视图

件2主视图

涉案专利附图

证据附图

6 其他

除了满足外观设计保护客体的要求，以及《专利法》第23条的规定，外观设计获得授权还要满足：①不违反法律、社会公德或妨害公共利益；②要清楚地显示所要保护产品的外观设计；③对外观设计专利申请文件的修改不得超出原图片或照片表示的范围。另外，如外观设计专利申请要求优先权，则还要满足在后申请与在先申请为相同主题的外观设计。

6.1 违反法律、社会公德或妨害公共利益

违反国家法律，是指外观设计的内容违反了由全国人民代表大会或者全国人民代表大会常务委员会依照立法程序制定和颁布的法律。此处所说的违反法律，是指外观设计本身违反法律，不包括外观设计本身并未违反法律但是其被滥用会导致违反法律的情况，也不包括外观设计本身并未违反法律，只是其实施为法律所禁止的情况。

社会公德，是指公众普遍认为是正当的，并被接受的伦理道德观念和行为准则。它的内涵基于一定的文化背景，随着时间的推移和社会的进步不断地发生变化，而且因地域不同而各异。专利法所称社会公德一般应限于中国境内。

妨害公共利益，是指外观设计的实施或使用会给公众或社会造成危害，或者会使国家和社会的正常秩序受到影响。如外观设计产品在使用时会对社会公众的心理状态存在不良影响，造成一定范围内群体的恐慌乃至妨碍正常的社会秩序，则应认定其妨害公共利益。

在第21709号无效决定（201230512659.7）涉及的案件中，涉案专利的产品名称是闹钟（炸弹）。决定认为，闹钟（炸弹）的产品外观形状明显是模仿简易制作的TNT雷管炸药，圆筒上绑缚的简易电路板、液晶数字显示屏及电线强化了逼真效果，使得公众将其误认为启动的定时炸弹，使用时可能造成社

涉案专利附图

会公众恐慌，危害社会公共安全。故而上述外观设计专利产品的展示和正常使用妨害了公共利益，应予无效。

6.2 外观设计应当清楚地显示专利保护的产品

外观设计的清楚显示通常从视图数量充足性、视图清晰度、视图正确性和一致性等方面加以判断。对于视图存在的错误或瑕疵，应考虑该错误或瑕疵对产品整体表达的影响程度，是否会导致其外观设计保护范围无法确定。如果视图错误或瑕疵不足以从整体上影响到该外观设计保护范围的确定，则不应认为其未清楚地显示专利保护的产品。

认定外观设计的视图是否满足"清楚地显示要求专利保护的产品的外观设计"的要求，不能仅以视图数量进行衡量。对于立体产品的外观设计，在已经提交了六面正投影视图，但还不足以使得一般消费者可以毫无疑义地得出该产品的外观设计的情况下，则明显未能满足"清楚地显示"这一要求。申请时，应当视产品外观设计的具体情况增加有效视图来弥补未能清楚表达的内容，如提交立体图或剖视图、剖面图等。

在第19275号无效决定（201030103100.X）涉及的案件中，涉案专利的产品名称为杯盖。决定认为，结合涉案专利公开的视图及简要说明，其上端面的出水口位于外圈最高侧，开关按钮位于上端面中央，由于其外圈为倾斜，从外圈较低一侧看向较高一侧，即后视图所示，并未显示出水口及开关按钮，则表明杯盖的上端面整体低于外圈最低处所示的高度，由于上端面位于外圈的内部，公开的视图中仅俯视图中显示了杯盖上端面，而仅从俯视图无法确定杯盖上端面的具体形状是平面或是弧面或是其他形状。由于根据涉案专利公开的视图无法确定杯盖上端面的具体形状，因此涉案专利未清楚地显示要求专利保护的产品的外观设计，不符合《专利法》第27条第2款的规定。

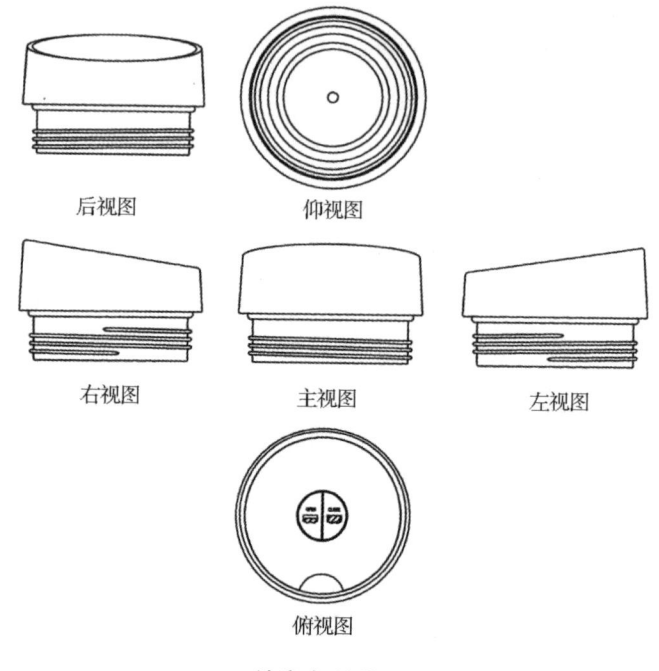

涉案专利附图

外观设计照片视图的拍摄应当遵循正投影规则,尽量避免因透视影响产品外观设计的准确表达。当产品近端和远端与镜头的距离相差较大时,不可避免会出现近大远小的现象,此时若基于常识、综合各视图,能够清楚得知产品的外观设计,则不影响其满足清楚显示产品外观设计的要求。

在第28181号无效决定(201330146252.1)涉及的案件中,涉案专利的产品名称为自动扫地机。决定认为,涉案专利在拍照成俯视图时,相机置于手杆上方,靠近镜头的手杆一端与远离镜头的主体一端相距较远,从而产生明显近大远小的透视效果,导致俯视图中对应于手杆上端的圆形尺寸明显变大,以至于遮住了主体上表面深色长条体的中间部分,这属于照片拍摄视图中的正常现象,一般人基于常识都能够清楚得知,不会产生歧义。同时,结合涉案专利的主视图、立体图及其他视图,可以清楚确定扫地机的手杆及主体上表面深色部分的具体形状。因此,请求人主张的涉案专利产品相关部位视图不对应不影响其外观设计的清楚显示,结合各视图能够清楚确定涉案专利要求保护的产品的外观设计。

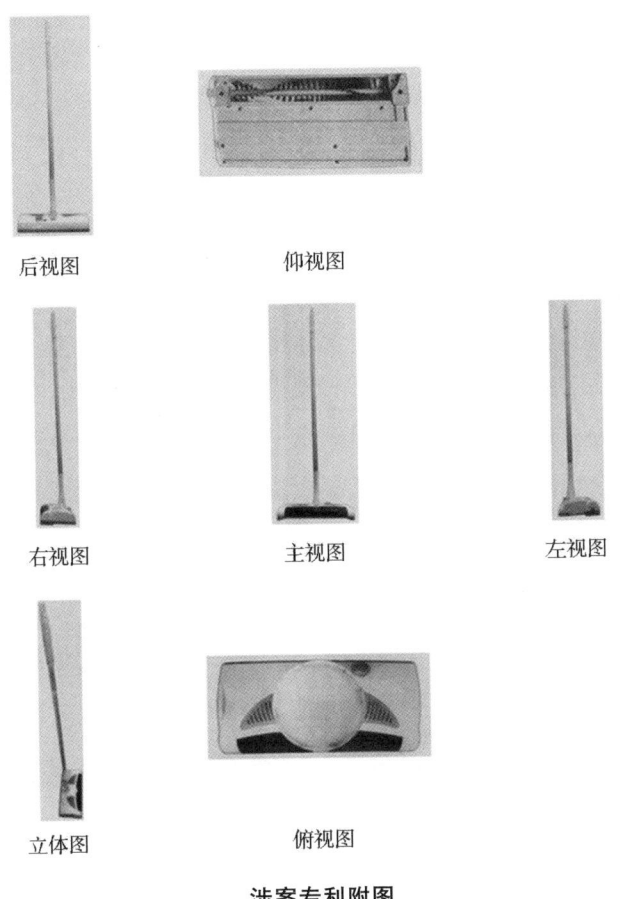

涉案专利附图

6.3 修改超范围的认定

判断外观设计的修改是否超出原图片或者照片表示的范围，其标准是修改后视图中表示的外观设计与原始申请文件中表示的外观设计相比，是否属于相同的外观设计。如果仅是视图数量发生变化，或是视图表达的产品角度不同，而视图中所体现的外观设计本身的设计特征并没有发生变化，则不能认为该修改超范围。

在第16988号无效决定（200530094659.X）涉及的案件中，涉案专利的产品名称为塑胶地毯。决定认为，涉案专利授权的外观设计相对于原始申请文件中的外观设计增加了一幅立体图，涉案专利原始申请的图片显示一种地毯，地毯上交错设置有排列紧密的数排凸起物，凸起物近似为锥体，锥体顶面圆滑过渡；在后增加的立体图所示的地毯也设置有排列紧密的数排凸起物，凸起物形状近似为锥体，锥体顶面圆滑过渡。涉案专利主视图和仰视图所显示的凸起物与立体图所显示的凸起物的形状一致，且凸起物的交错排列方式也相同，因此涉案专利主视图及仰视图所示的外观设计与立体图所显示的外观设计的内容是一致的，即该立体图表示的设计内容在原始申请的图片中已经有一致的表示。请求人主张两者凸起物的疏密程度不同、形状不同，决定认为，由于立体图与主视图和仰视图所采取的视角不同，立体图采用的不是正面投影的取景方式，所以可能造成立体图所显示的视觉效果与主视图和仰视图所显示的视觉效果有细微的差别，使人觉得两者所显示的凸起物的形状及疏密程度略有差别，但这不能由此认为立体图中所示内容与主视图和仰视图所示内容是不相同的。

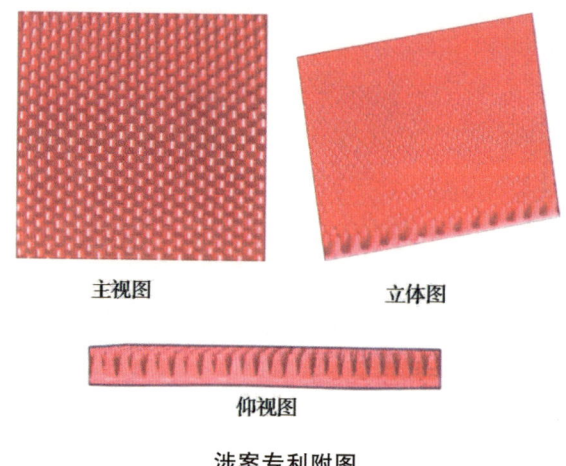

主视图　　　　　　　立体图

仰视图

涉案专利附图

6.4 优先权的认定

外观设计相同主题的认定应当根据中国在后申请的外观设计与其在外国首次申请中表示的内容进行判断。属于相同主题的外观设计应当同时满足以下两个条件：第一，属于相同产品的外观设计；第二，中国在后申请要求保护的外观设计清楚地表示在其外国首次申请中。如果中国在后申请要求保护的外观设计与其在外国首次申请中的图片或者照片不完全一致，或者在后申请文本中有简要说明而在先申请文本中无相关简要说明,但根据两者的申请文件可知,所述在后申请要求保护的外观设计已经清楚地表示在所述外国首次申请中,则可认定中国在后申请要求保护的外观设计与其在外国首次申请的外观设计主题相同,可以享有优先权。

对于在后申请要求保护的外观设计应清楚地表示在其首次申请中这一条件,其并不要求前后的视图完全一致,只要综合各视图可知二者表示的外观设计一致即可。如果在后申请各视图内容相对于在先申请作出删减,形成另一项明显不同的外观设计,则应认定不属于相同主题的外观设计。

在第17985号无效决定(200730155664.6)涉及的案件中,涉案专利的产品名称是移动电话机。决定认为,证据1、证据2分别与其优先权文本所示产品相同,均为移动通讯装置产品,虽然分别相对于其优先权文本视图不完全一致,如证据1相对于优先权文本未显示移动通讯装置插槽内的设计、证据2相对于优先权文本未显示产品背面和侧面的虚线,但分别所表示的外观设计基本相同,即证据1和证据2所示专利要求保护的外观设计已清楚地表示在对应的优先权文本中,其分别属于相同主题的外观设计。对于证据3,其优先权文本表示的是带有听筒、屏幕、操作键及侧面具有类似插口设计的移动通讯装置,而证据3所示为无相应屏幕轮廓、操作键及侧面插口设计的移动通讯装置,二者为明显不同的两项外观设计,证据3所示专利要求保护的外观设计未清楚地表示在对应的优先权文本中。因此,证据3所示专利与其优先权文本所示不属于相同主题的外观设计。

证据1 附图

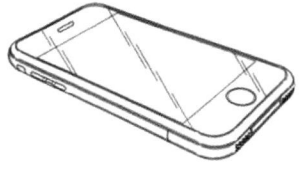
证据1 优先权文本附图

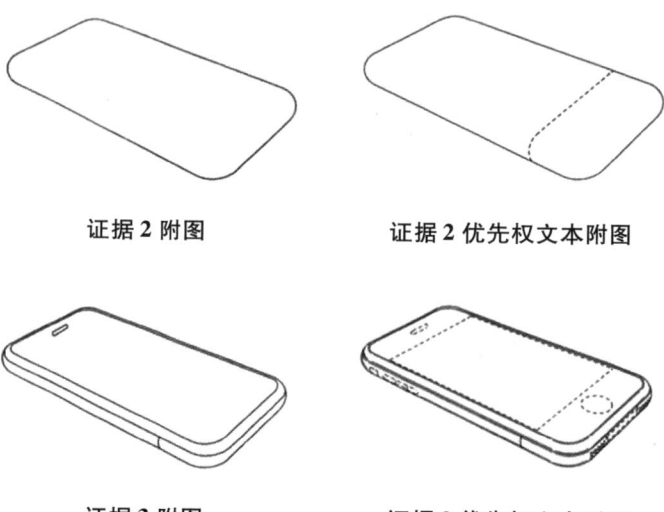